环境法学研究文库
Series of Environmental Law Studies

教育部人文社会科学重点研究基地武汉大学环境法研究所
重大项目 12JJD820010

类型化视角下的环境权利研究

汪 劲 等 著

On the Rights Related to Environment from the
Perspective of Typology

北京大学出版社
PEKING UNIVERSITY PRESS

图书在版编目(CIP)数据

类型化视角下的环境权利研究/汪劲等著. —北京:北京大学出版社,2020.6
(环境法学研究文库)
ISBN 978-7-301-31029-8

Ⅰ.①类… Ⅱ.①汪… Ⅲ.①环境法学—研究 Ⅳ.①D912.6

中国版本图书馆 CIP 数据核字(2020)第 007560 号

书　　　名	类型化视角下的环境权利研究
	LEIXINGHUA SHIJIAOXIA DE HUANJING QUANLI YANJIU
著作责任者	汪　劲　等著
责 任 编 辑	郭瑞洁
标 准 书 号	ISBN 978-7-301-31029-8
出 版 发 行	北京大学出版社
地　　　址	北京市海淀区成府路 205 号　100871
网　　　址	http://www.pup.cn
电 子 信 箱	law@pup.pku.edu.cn
新 浪 微 博	@北京大学出版社　@北大出版社法律图书
电　　　话	邮购部 010-62752015　发行部 010-62750672　编辑部 010-62752027
印 刷 者	北京溢漾印刷有限公司
经 销 者	新华书店
	650 毫米×980 毫米　16 开本　23.5 印张　397 千字
	2020 年 6 月第 1 版　2020 年 6 月第 1 次印刷
定　　　价	59.00 元

总　序

　　若以中国法学界公开发表的首项环境法研究成果《环境保护法浅论》①的发表时间为基准计算,到 2005 年初环境法学研究在中国已经历了 25 个年头。25 年来,中国的环境法学从无到有,从当初隶属于法学的经济法学科到 1997 年跃居为法学二级学科(学科名为"环境与资源保护法学"②),老一辈和新生代环境法学者们继往开来,为中国环境法学的茁壮成长作出了杰出的贡献。

　　目前,国内大多数法学院系开设了环境法学课程,而在有法学教育研究传统的高校院所,经教育部批准设立了环境法专业的硕士学位和博士学位授予点,真可谓"星火燎原"。1999 年,教育部批准设立了普通高等学校人文社会科学重点研究环境法学基地,到 2000 年,中国法学会还批准设立了环境资源法研究会。

　　在学科队伍发展壮大的同时,环境法研究的学术成果和著述也如雨后春笋般地出现。仅以我和研究生们于 2001 年年底对 20 世纪中国环境法学研究成果所作的统计,1979—2000 年我国已发表环境法学类论文近三千篇,各类教材、论(译、编)著二百余部,内容涉及环境法的各分支领域。尽管与其他传统部门法学的研究成果无论在数量还是质量上都不能相比,但它们依旧促进了环境法学这一新兴法学学科在中国的繁荣和进步。

　　20 世纪末,中国环境法学研究较为关注环境法律制度的建立。进入 21 世纪以后,中国环境法学研究一个显著的改变,就是随着研究队伍的年轻化和专业化,环境法研究者的学历背景已从过去主要由非法学专业者占主导地位回归为以法学专业者占主导地位的"正统法学研究"上来。结果,就是环境法学研究逐步从对教科书的诠释或模仿走向对环境法专题的理性思考和理论深化,环境法律解释逐步从过去注重对官方政策的引用转向现在对环境法制度的公平性与正当性的研究,环境法学研究资料的运用逐步从依靠他人翻译转到直接参考原著上来。我们欣喜地看到,近几年书架上摆放的环境法学著作中,低水平重复的著述越来越少,而以环境法学某个专题为

---

　　①　马骧聪:《环境保护法浅论》,载《法学研究》1979 年第 2 期。

　　②　因我对"环境与资源保护法学"的学科称谓颇有微词,所以在总序中我依旧使用国际社会通用的"环境法学"(Environmental Law)来表述已被命名为"环境与资源保护法学"的这一中国法学的二级学科,下同。

研究对象的学术专著越来越多。

我先后从师于武汉大学肖隆安教授和北京大学金瑞林教授,在两所被学界誉为国内环境法学研究领域鼎立南北的高校攻读环境法的法学硕士和博士学位并分别留校任职。作为中国环境法教学与研究者,我同时还见证了中国环境法学发展的整个历程。我还清楚地记得,其他环境法学界名师如韩德培教授、陈汉光教授、彭守约教授、蔡守秋教授、程正康教授,还有马骧聪教授、萧乾刚教授等对我从事环境法学教学与研究事业从启蒙直到成长期间的谆谆教诲。他们对学术研究锲而不舍的努力奋斗和一丝不苟的钻研精神,一直勉励和支撑着我们在他们的肩膀上为繁荣中国环境法学继续攀登。

为给国内环境法学者建立一个环境资源法学研究的平台,在中国法学会环境资源法学研究会 2000 年成立之初,研究会与法律出版社共同商定编辑出版《环境资源法论丛》,拟每年编辑出版一卷,刊载环境与资源法学界有关基础理论或专题研究的论文,最终形成庞大的环境与资源法学研究论文集和资料集。

然而,论文集和资料集对环境法研究成果的固化力和影响力远比不上学术专著。我通过教育部在南京大学设立的"中文社会科学引文索引检索系统"检索统计发现,在 1998—2002 年五年间中国环境法学著述的引证中,环境法学研究型专著以及教科书的学术影响力都远高于环境法的学术论文。[①] 而在环境法学研究成果的汇集上,至今中国未出现以文库或相关形式编辑出版的系列研究文集。许多优秀环境法研究著作因受出版社地位、选题计划以及作者个人学术影响力等因素的影响或限制而不能及时面对读者。这种状况若不能迅速改变,不能不说是中国环境法学研究的一种悲哀。

"北京大学是常为新的。"背负着前辈们的重任和依托北京大学的开创性学术地位,我感到有责任首开编辑出版"环境法学研究文库"之先河,建立起富有特色的环境法学研究系列知识库,让才华出众或崭露头角的环境法学者们的富有学术性、新颖性和实用性的环境法学术研究成果通过文库展现在读者面前。北大出版社副总编杨立范先生以多年主持编辑法学书籍的经验和睿智爽快地把我这一设想付诸实现。《环境法学研究文库》终以它顽强的活力呈现在大家面前。

值此新书出版之际,是以序贺之。

汪 劲
2006 年 5 月 31 日

---

① 有关调查结果,详见汪劲:《环境法律的解释:问题与方法》,人民法院出版社 2006 年版,第40—44 页。

序

  对环境法上的权利进行研究属于环境法学基本概念研究的范畴。鉴于环境权利问题在环境法学理论体系中的重要地位，自 20 世纪 80 年代初中国法学研究者开展环境法学研究以来就没有停止过对环境法上的权利及其概念等问题的研究。2012 年底教育部人文社会科学重点研究基地武汉大学环境法研究所以"环境法中的权利类型研究"为题招标重大项目，我率国内环境法学领域的精英们共同投标并有幸获得成功。

  我记得当时是以中国环境法学界崭露头角的青年才俊的标准来挑选和物色课题组成员的。在我看来，这些学者不仅功底扎实、受过良好的法学教育，而且他们勤奋好学、年富力强，正值个人学术能力和学术品位上升时期，具有很强烈的学术表现力和创造力。鉴于他们的特点，我没有采用急功近利的方式让大家尽快完成研究文稿，而是以"磨刀不误砍柴工"的原理设计了一个时间相对宽松但实施相对周密的研究计划：第一，以类型化方法将环境法上的各种权利分别分配给每位成员，让他们在一定时期内对该项环境权利进行文献综述，并归纳和总结研究中的重点、疑点和难点问题，课题组召开研讨会讨论并交流意见和看法，确定不同环境权利类型以及每位成员的论文选题；第二，每位成员必须以该论文选题的重点、疑点和难点为题撰写多篇法学论文，由课题组在每位成员所在法学院校组织召开巡回研讨会、专题讲座等方式让成员专题发表他们的研究成果和主张，并邀请相关法学学科的知名教授、学者、法官和其他实务工作者作为与谈人和评议人，对成员发表的研究成果和主张进行点评并指出存在问题与不足；第三，每位成员在此基础上重新审视自己的研究成果和学术主张，修正、论证、释明或者完善个人学术观点，并在法学核心期刊发表学术论文；第四，按照研究计划对总报告结构与内容的设计，由每位成员在专题研究的基础上完成报告的内容。

  实践证明，我的判断和做法没有错。在四年的时间里，课题组按期召开了开题报告会，举办了两次大中型学术会议、四次内部研讨会，并通过微信群进行学术和问题交流；课题组成员发表的阶段性成果被 CSSCI 收录 19 篇，并出版学术专著 1 部。值得一提的是，伴随课题研究的进展和成员高水平学术成果的不断发表,四年来全体课题组成员在本单位的职称已由副教授晋升为教授,或者从讲师晋升为副教授;巡回研讨会和专题讲座等活动也提高了环境法学科在课题组成员所在法学院校的影响力,高水平论文的发表提高了课题组成员个人在中国环境法学界的学术地位。

本研究成果的本质是课题组成员以《类型化视角下的环境权利研究》为题,经过四年研究形成的个人学术成果的集合。原计划本研究成果于2015年底提交结项。鉴于党的十八大提出了生态文明体制改革和生态文明制度建设的战略目标,我国生态文明制度建设迅速发展,各项制度建设、改革试点方案陆续发布,需要研究成果继续对涉及环境法学的重大理论问题作相应的回应。为此,课题组又返工对已完成的研究报告结合最新的政策和实践进展重新进行了梳理、补充和完善。出版之前,我们又根据最新的立法与政策进展对报告作了最后的修改。

北京大学法学院博士生吴凯、中国人民大学法学院硕士生申恒英、博士生丁霖分别协助汪劲教授、竺效教授完成了第一章和第九章的资料整理和文字修改工作;北京大学法学院博士研究生耿保江、梁增然、梁忠、任洋、傅哲明以及硕士研究生吴亦九、胡玲玲、于子豪、包育涵、温嘉琪协助进行了出版之前的文字校对工作;在此一并表示感谢!

本研究成果结集出版之际,以序为贺。

汪　劲

2017 年 12 月 28 日写于陈明楼

CONTENTS **目　录**

第一章　环境法中的权利：
类型化与体系构造

一、环境权利研究及其意义

(一) 对环境权利研究的历史考察

1. 环境权概念由来的历史考察

环境权利的提倡及其研究，是在 20 世纪 60 年代后期西方国家针对环境污染和自然被破坏大量制定环境立法的背景下展开的。

首先是公民环境权解释论，这也是原初环境权得以提倡的理论依据。它源于美国学者萨克斯教授提出的用公共信托理论解释财产所有权人在行使权利时应当服从公共权利的环境法原则。[①]

公共信托理论的雏形是 16 世纪英国法学家 T. 迪基斯就英国女王在转让连接海面土地的实施方案时提出的"转让之际在高水位线所达以下的海岸，其所有权不再为沿岸庄园主所有，全部归国王所有"的 prima facie 理论。1787 年法学家 L. M. 海勒在此基础上著文提出了公共权利（jus publicum）理论，他指出国王虽然享有对海岸的所有权，但是当私的转让与公共海岸的权利相对抗时，私的受让人的权利应当服从于普通的公共权利。或者说，保护和维持公众的捕捞及航行地役权是国王之特权的义务，国王在对海岸作为私有权予以转让时，应当服从公共权利只能在国王的潮间域范围内实行转让。这个理论在英国并未得到支持，相反却为美国法院所采纳。[②]

萨克斯教授通过对美国联邦最高法院 Martin v. Waddell 和 Shively v. Bowlby 等判例的分析[③]，梳理了联邦最高法院是如何将公共信托理论适用于海洋、海岸以及扩大到保护湖岸、野生动物、公有地、环境、湿地、大陆架等范围内的纠纷的。他认为，因各项判决的散在性导致判决书没有具体解释

---

① 以下关于环境权发展沿革的考察，除注明者外参见汪劲：《环境法律的理念与价值追求——环境立法目的论》，法律出版社 2000 年版，第 186—230 页。

② 〔日〕畠山武道：《美国环境保护法》（日文版），北海道大学图书刊行会 1992 年版，第 96 页。

③ Martin v. Waddell, 41 U. S. (16 a Pet.)367(1842); Shively v. Bowlby, 152 U. S. 1(1894).

"公共信托"的概念,因此具体的保护措施、公共权利的具体表现及其公共信托上的义务应当由州政府或州议会来决定。①

萨克斯教授对环境公共信托论的解释是,应当以"在不侵害他人财产的前提下使用自己的财产"的法格言作为环境品质之公共权利的理念基础,即权利人有义务采取所有合理手段使相邻人所受的侵害控制在最小限度内,并且相邻人还可以强制其履行该义务。② 他认为,清洁的大气和水这样的共有财产资源已经成为企业的垃圾场,他们不考虑那些毫无利润的人们普通的消费愿望,更不会考虑市民的全体共有利益。这些利益和与之相当的私的利益一样具有受法律保护的资格,其所有者应当具有强制执行的权利。因此上述格言不仅适用于所有权人之间的纠纷,而且可以适用于诸如工厂所有人与清洁大气的公共权利之间的纠纷、不动产业者与水产资源和维持野生生物生存地域的公共权利之间的纠纷以及挖掘土地的采掘业者与维持自然舒适方面的公共利益之间的纠纷"③。

萨克斯教授在评价环境立法的作用时指出,只有当我们提出这样的问题并将公共权利的正当性与传统私的财产利益予以同等对待的时候,才能说我们真正走上建立有效的环境法体系的道路。④

受环境权的公共信托论解释的影响,日本法学界于 20 世纪 70 年代展开了对环境权问题的专题讨论,目的在于将"环境权"的概念与性质从应然到实然予以明确。

在日本律师联合会于 1970 年召开的拥护人权大会上,由仁藤一、池尾隆良两位律师提出了"环境权"的主张,并阐述"任何人都可以依照《宪法》第 25 条(生存权)规定的基本权利享受良好的环境和排除环境污染",主张清洁的空气和水、没有噪声、安静的环境是每一位在该地区居住的国民之共有财产,而企业根本就没有权力单方面污染这种环境。⑤ 按照仁藤一律师的观点,如果将"环境权"作为一种权利予以确认,就可以使之成为地域居民状告企业的"请求停止"权利的依据,成为国家或地方依法控制公害的根据,成为造成环境侵害之损害赔偿的"无过失责任"的根据。

---

① 〔日〕畠山武道:《美国环境保护法》(日文版),北海道大学图书刊行会 1992 年版,第 104 页。
② 〔美〕萨克斯:《环境保护——为公民之法的战略》(日文版),〔日〕山川洋一郎等译,岩波书店 1970 年版,第 179 页。
③ 同上书,第 193 页。
④ 同上书,第 194 页。
⑤ 〔日〕淡路刚久:《环境权的法理与裁判》(日文),有斐阁 1980 年版,第 3 页。

之后，日本大阪地区的律师在大阪律师会中成立了环境权研究会，探讨环境权理论的发展与深化问题。1973 年 11 月，他们又将研究"环境权"的各种论文汇集成册，使之成为日本第一部系统、全面、具体研究环境权理论的书籍。[①] 关于环境权的基础，日本学者从对法院判决的研究出发分析提出了环境权所具有的公权性、私权性以及环境的价值判断问题。

环境权理论的提出给当时深受公害危害的地域居民带来了莫大的喜悦，因为当时的法律条款中并没有确定无过失责任，所以人们又寄希望于通过"环境权"而提起诉讼，如伊达火力发电站环境权诉讼、大阪国际机场公害诉讼等都运用了环境权理论。

那么，环境权的权利到底具有什么性质呢？这一点在日本法学界始终观点不一。按照环境权研究会的认识，环境权首先就是人权的一种。即在形式上，环境权的权能可以积极地要求国家或地方确保良好的环境这一点就是生存权的基本权利，而在对企业应保护社会弱者即公害被害者的权能上又具有社会权的基本权利性质。这些都可以从日本《宪法》规定中（第13、25 条）找到依据。淡路刚久先生则认为，环境权的理论同样具有包括所有权及人格权等在内的私权属性。即从环境权把环境作为可以直接予以支配的物来看待这一点就是"支配权"的体现，作为一种私权它才具有排除侵害的排他性，可以据此提起诉讼，这才是环境权论的目标所在。[②] 此外，还有论者认为环境权是"人类为创造舒适的生活而享受良好环境的权利"，或是"谋求健康舒适的环境保全（含'作出'）的权利"，等等。关于环境权的问题，宫本忠先生指出，一般来说，多数学者都从《宪法》第 25 条或第 13 条的补充来归纳出环境权，但是《宪法》本身关于人权的规定并不详细。首先，事实上生存权作为一项法律权利还没有明确，判例也没有迹象显示出它是否为实体法上的权利。其次，承认环境权将导致它与财产权之间的冲突，因为一旦确认了环境权就必须制约企业的事业活动。[③]

环境权论虽然在日本法学界探讨得非常激烈，但是法院判例却表现出相反的结论，即司法实践中对因环境权提起的诉讼呈否定趋向。一个著名的判例是伊达火力发电站事件（札幌地方法院 1980 年 10 月 14 日判决），它是由地域居民等联合以北海道电力公司为被告提起的禁止发电站建设的诉

---

① 〔日〕大阪律师会环境权研究会编：《环境权》（日文），日本评论社 1973 年版。
② 〔日〕淡路刚久：《环境权的法理与裁判》（日文），有斐阁 1980 年版，第 5 页。
③ 〔日〕宫本忠：《行政法与环境法》（日文），高文堂出版社 1979 年版，第 137 页。

讼。作为停止请求的法律根据,主要是环境权,后来又追加了人格权、渔业权和土地所有权。该判决的判旨是部分驳回,部分确定。驳回部分的理由就是环境权的主张"只在宪法中有纲领性规定","而环境是一定社会的自然状态,在对环境的认识和评价上居民普遍存在着差异,不可能共同享有排他的支配权,在立法没有规定的情况下不能将环境权理解为私权的对象"。该判决主要是以停止请求权为根据而否定环境权的,该判决否定环境权的另一个主张是"环境问题应通过民主主义机构决定",所以仅将环境权作为单个居民的"环境自主权"看待。① 另外,日本地方法院还在大阪国际机场事件控诉审判决中否定了环境权作为权利依据提起诉讼的主张。

虽然环境权因其在法律上没有具体规定、性质和内容不定、主体不一等原因而在判例上遭到否定,但是环境权论却极大地丰富了日本环境法的理论。现在,人们已不再单一地强调"环境权",在有关的诉讼中往往以容易引起人们关注的多样性的环境利益来提起诉讼。例如,历史的、文化的、宗教的价值、眺望利益、厌烟利益和舒适等,从而使停止请求的诉讼之"公共性"(设施和行为)成为极其重要的判断要素。② 1990 年日本学者田中成明在综合分析关于环境问题提倡的新的权利名目的基础上提出了"新的权利"理论。田中成明在分析日照权、环境权、厌烟权、知悉权、舒适权、平等的生存权等新的权利的提倡背景后指出,这些权利所宣示的正义与 20 世纪 70 年代罗尔斯和德沃金提出的反功利主义之以权利为基础的正义论和原理相关,并与之有相通的一面。他认为这些理论对宪法学者的人权论产生了影响,另外有关公害和环境诉讼方面提出的"忍受限度论""公共性论"也从经济利益的衡量上促进了这个理论的发展。

田中成明主张以日本《宪法》第 13 条和第 25 条作为权利的依据,将环境权解释为应当借助公权力确保其实现的私的权利。较之于权利设置的重点在于尊重个人自律的选择和决定而言,田中成明还提出了权利的设置重点在于依靠请求国家等公权力机关对社会经济生活的关心和介入,即按照功利主义利益说之传统的"特写"(close-up)的论述。他认为,权利常常是以综合人们的福利与欲求为焦点,如果将权利与人权作为优先于人们的欲求,对欲求加以义务论的制约的志向次之的话,则不能不将其理解为是一

---

① 〔日〕人间环境问题研究会编:《最近重要的环境·公害判例》(日文),载《环境法研究》(第 18 卷),有斐阁 1987 年版,第 11 页。

② 同上书,第 3 页。

种功利主义的权利。① 当政府采取高度经济成长政策及开发优先的积极政策从而导致环境破坏后果时，公民就可基于新的权利作为恢复请求权或者排除妨害请求权的权利。另外，他还支持从正义论、权利论的立场提出权利的主张。②

环境权虽然在少数国家的宪法中被确立为人的基本权利，但是由于环境权的性质、内容和范围的不确定性以及与传统法律权利（如宪法上的生存权、谋求幸福的权利等人的基本权利）的交叉和冲突，因而在法学界还存在着极大的争议。

到 20 世纪 90 年代中叶，日本法哲学学会对环境法的法理学课题展开了专题讨论。③

山村恒年认为，不同历史时期国家的目的是不一样的，在是否存在环境权益及环境权法律保护的措施方面各国的规定也各不相同。早期的市民国家是以自由市场经济为中心而存在的，国家只是作为夜警国家的小国家。原则上私法实行私的自治、公法实行法治主义，很少有例外出现。这时行政组织实施的是单纯的、市民及议员均可理解的行政。环境问题则被作为民法的相邻关系或不法行为关系来处理。

当国家发展到社会国家时期，市场经济的发展致使社会出现了强者和弱者，各国为纠正因差别可能导致的不公正而制定了社会法、福利法。伴随生产力的发展，在早期的环境污染控制方面是以作为消极规制法的警察法来对应的。因此，积极的社会法与消极的环境污染防治法是并行存在的。这时，处理环境纠纷的方法与早期的市民社会相同，但在运用环境污染控制的行政法律手段之外，与国家行为有关的侵害则是以国家赔偿请求诉讼的形式来救济的，其被侵害的利益是财产权或人身权。

从 20 世纪 60 年代起，各国基于高度的经济增长政策以及长期经济计划、国土综合开发计划等采取了积极的开发政策。为了支持这些产业政策，各国制定了大量的促进开发的法律。有行政学者将它们视为"社会国家政策"。④ 此时，由于产业发展造成的负的公共产品即污染损害不断增加，各

---

① 参见〔日〕田中成明：《法的观念与适用》（日文），大藏省印刷局 1990 年版，第 188 页。

② 参见〔日〕山村恒年：《环境行政法的理论与现代的课题》，载《法律时报》1993 年第 5 期，第 21 页。

③ 以下内容主要参见〔日〕山村恒年：《现代环境法的法理学》，载日本法哲学学会编：《1995 年法哲学年报》（日文版），有斐阁 1996 年版，第 35 页。

④ 〔日〕田中二郎：《新版行政法》（下 II，日文版），弘文堂 1960 年版，第 354 页。

国相继制定了控制环境污染的法律,其保护法益是国民的健康和生活环境。但是由于性质不明,这些法律不能发挥其作为积极应对和规制污染的社会国家法的职能。例如,20世纪70年代日本制定了《自然环境保全法》,但因此而受到保护的地域却非常之少。① 随着私法公法化、行政立法迅速增多(含环境标准等),计划行政、传达行政、行政指导等非法治行政得到了扩大,行政的纵向化与行政法令的纵向化共同导致了整体行政的不合理化。为纠正这种现象,美国于1969年制定了《国家环境政策法》,对联邦政府的政策及活动确立了系统化的环境影响评价义务。之后,为贯彻预防原则其他国家也相应地制定了大量事前防止环境破坏和污染的法律。

在积极运用公权力防止环境污染的法律中,各国开始对环境污染损害设立无过失责任以追究加害人的民事责任,并且还制定了公害纠纷处理法、公害被害者救济法、环境罪法等法律。由此可以看出,随着国家经济和社会的发展,各国通过立法所表现出的保护法益也在不断扩大。

之后,社会国家政策时期被产业政策国家时期所取代。产业政策国家时期开始提倡将环境权作为一种受宪法保护的权利,并且在日本还出现了将其以私权的形式作为与政府和地方政府相对抗的权利的主张,但是在判例上环境权的主张却都未能得到认可。②

不过,作为政治理念的环境权却在1972年《人类环境会议宣言》中得到提倡,并在1992年《里约宣言》中得以体现。两相比较我们可以看出,与前者将环境权作为基本人权所具有的自益权的性质相对的是,后者还包含了作为世代人类权利的共益权的要素。

作为一项权利,具有自益权性质的人格权或环境权可以以违反市民社会市场秩序的环境破坏者为对象予以行使。在这个意义上它就是私权。但一旦进入社会政策国家时期,其机能就会发生改变。国家要以公的费用对港湾、道路等私的生产基础设施实施基本的整备,从而诱导产业的活动。所以,企业活动造成的环境破坏就是基于公共事业或政府的诱导政策产生的。对这种国家作用的失败,作为防卫权的环境权及自然享有权就不同于市民

---

① 〔日〕山村恒年:《自然保护的法的战略》(日文版第二版),有斐阁1994年版,第177页以下。

② 环境权的自益权的性质与共益权的性质的分类,是从"股东权"的概念中受到启发而得出的。作为共益权的环境权主要是相对于公权的作用及政策关系提出的,可以称为环境基本权。在它包括的权利中,具体有政策决定参加权、不服申诉与意见陈述权、规制措施请求权、在法律上作为原告资格的权利。参见〔日〕山村恒年:《环境行政法的理论与现代的课题(3)》,载《法律时报》第65卷第7号,第31页以下。

法上的自益权,它构成了作为社会防卫的共益权。因此,有必要将这种权利
与纯粹的市民法上的权利的性质区别开来。

后来,环境权又以自然享有权的主张进一步得到发展。这就是说人类
除享有舒适的自然的权利外,还应当考虑防卫自然破坏的权利。这正好又
是一种共益权。在 1980 年前后,美国开始提倡"自然的权利",为此展开了
以自然物为原告的诉讼。到 20 世纪 90 年代日本也开始提倡"自然的权利"
并以此提起诉讼。为此,山村恒年认为,自然的权利不是人类的自益权,在
人类代行的场合它只具有共益权或者他益权的性质。[①]

在经济全球化进程中,发达国家追求国家利益的政策导致了地球环境
的恶化,而这与南北问题、世代间不公正等也相互关联。1992 年地球高峰
会议等国际会议上通过了环境条约、联合国宣言以及其他软法,确立了"可
持续发展""世代间的公平""共同但有差别的责任"等原则。

在这种背景下,日本于 1993 年制定了《环境基本法》,加拿大于 1997 年
制定了《环境保护法》,其他一些国家和地区也相继修改或制定了新的环境
基本法。欧洲国家现已表现出积极的环境立法的态势,以促进保护自然生
态系统加上保护健康及生活环境为目的,将国家称为环境国家的学说也在
不断出现。[②]

山村恒年进而指出,这时环境法的理念已不是国益功利主义,而是采用
了将人类益、将来世代益也一并予以考虑的思想。再进一步发展的话,其目
的或许还会扩大到自然生态圈益。[③]

山村恒年在总结各国环境法的保护法益的基础上提出,环境法的保护
法益理念目前正在如下几个方面扩大:第一是个人益、企业益;第二是地方
益;第三是国益;第四是人类益;第五是地球益。他认为,从传统法的保护利
益看,人类益将成为环境行政保护法益的方向;从伦理哲学、环境伦理学研
究提出将地球全体系统予以保护的理念看,上述主张已被 1992 年里约非政
府组织地球研讨会提出的《地球宪章》(Earth Charter)所采纳。[④]

---

① 参见〔日〕山村恒年:《现代环境法的法理学》,载日本法哲学会编:《1995 年法哲学年报》(日文版),有斐阁 1996 年版,第 35 页。

② 〔日〕竹下贤:《环境国家论的现代意义》,载《关西大学法学论集》(日文版)(第 44 卷第 4—5号),第 689 页。

③ 参见〔日〕山村恒年:《现代环境法的法理学》,载日本法哲学会编:《1995 年法哲学年报》(日文版),有斐阁 1996 年版,第 35 页。

④ 该宪章在原则 1 中作出了如下规定:"为了保护地球生物和文化的多样性,一致同意要尊重、促进、保护和修复地球生态系统。"

除山村恒年上述对有关环境权提倡背景的分析外,笔者还想再次将各国学者针对环境权益保护提出的主要理论观点作一综述。

一是"地球的法的支配论"。此论认为,如果将人类益、地球益作为法的保护理念,那么在环境保护方面就要确认所有的对人们的利益、对地球生态系统平衡的利益,以及确立对地球的法的支配。

二是"法治主义论"。此论认为,现在的法治主义的观点虽然为现世代人权的法治主义,然而从环境层面上看,还应当包括将来世代人权的法治主义,进而向生态学的法治主义方向前进。

三是"分权主义论"。此论认为,环境法从警察法到控制法,进而到管理法的发展中,其行政权力机关或集中于国家中央政府或地方自治体获取主动性,或让非政府组织等环境保护团体分担机能还是一个问题。

到20世纪末叶,国际社会提倡的保护地球环境的关键词之一是"放眼全球,局部行动"(Think Globally, Act Locally)。从可持续发展的观念出发,环境法的保护法益应当向超越国家利益的人类利益方向发展。应当将行动的权限分权给地方政府以及非政府组织,因为此举可以避免国益中心主义和国家权力集中的弊害。

2. 环境权概念在中国的提倡与发展

中国学者对环境权进行研究,最早是伴随着引入西方国家公民环境权的概念开始着手,然后不断深入的。[1]

考察国内学者研究环境权问题的文献,可以发现最早以"环境权"为题进行论述的学者是武汉大学法律系的经济法学者凌相权,他于1981年在《湖北环境保护》杂志上就第五届全国人民代表大会第三次会议作出的《关于修改宪法和成立宪法修改委员会的决议》发表了题为《公民应当享有环境权——关于环境、法律、公民权问题探讨》的文章。他认为公民享有环境权是"实现公民劳动权、休息权的必要条件",是"贯彻环保工作方针,迅速扭转我国环保工作落后局面的切实保障",为此他提出了国家应当以根本法的形式肯定公民的环境权,在新宪法中专立条款规定公民享有环境权的主张。[2] 由于这一主张的提出是针对宪法的修改并在环境保护类杂志上发表,因此

---

[1] 2018年1月笔者和博士生仅以"环境权"为篇名,在《中国期刊网》上检索1981年至2017年底国内各类环境权研究文献1177篇。其中,期刊论文845篇;硕士博士论文155篇;会议论文83篇;报刊文章62篇;其他文章32篇。

[2] 凌相权:《公民应当享有环境权——关于环境、法律、公民权问题探讨》,载《湖北环境保护》1981年第1期。

并未引起法学界的关注。

1982 年武汉大学环境法学者蔡守秋在《中国社会科学》发表了《环境权初探》，系统地论述了环境权的提出、环境权的内容、中国法律与环境权的规定等问题。他认为环境权是法律赋予法律关系的主体在其生存的自然环境方面享有的某种权益；从各国宪法有关环境权规定的比较分析中，提出环境权包括享有环境的权利及保护环境的义务两个方面；环境权的统一整体由国家环境权、法人环境权和公民环境权三部分构成，其中国家环境权是具有指导性的环境权，公民环境权是最基础的环境权，法人环境权则由前两种权利所派生。这篇论文被认为是中国环境权理论研究的开山之作。

与西方国家学者倡导公民环境权的理论与目的截然不同的是，蔡守秋先生在这篇论文中除了用大量篇幅介绍和论述西方国家公民环境权概念的发展外，还通过比较分析从法律关系的角度提出了与公民环境权并列的国家环境权、法人环境权。[1] 由此诞生了国内学者广义环境权说的学术主张。

鉴于环境权作为环境法基石范畴的重要地位，20 世纪 80 年代以后中国环境法学者对环境权的研究方兴未艾，到 21 世纪初叶到达顶峰时期，形成了最广义环境权说、广义环境权说和狭义环境权说等各种学术主张。[2] 尽管如此，大部分学者对环境权课题进行研究的总体思路和方法是以公民（公众）为权利或者利益主体的视角展开的。因此，公民（公众）环境权研究是环境权利研究的主导性课题。

环境权虽然在中国环境法学界作为基石范畴的研究显得轰轰烈烈、持续不断，然而环境权的立法与实践却一直面临着法律上的尴尬。与西方国家不同的是，这种现象的发生既有传统法学理论研究认识不同的原因，也有与改革开放以后中国经济发展政策不相符的原因。

1979 年《环境保护法（试行）》第 8 条规定："公民对污染和破坏环境的单位和个人，有权监督、检举和控告。被检举、控告的单位和个人不得打击报复。"这里的"有权监督、检举和控告"被当时的学者认为是法律对公民环境权的具体规定。但是由于"监督、检举和控告"的权利并无具体法律条文规定如何行使和保障，因此在笔者看来《环境保护法（试行）》第 8 条的规定

①　蔡守秋：《环境权初探》，载《中国社会科学》1982 年第 3 期。
②　吴卫星：《我国环境权理论研究三十年之回顾、反思与前瞻》，载《法学评论》2014 年第 5 期。

仅仅是一种政治宣示，在操作层面实际上是一句空话。

伴随环境权课题的研究，在 20 世纪 80 年代初修改《环境保护法（试行）》时，武汉大学和北京大学学者就在草案建议稿中建议写入"公众享有优美舒适的生活环境"的文字，但因全国人大常委会担心公民以环境权对抗企业排放污染物影响经济发展而以环境权研究尚未取得一致认识，所以立法时机不成熟而未予采纳。1989 年《环境保护法》在第 6 条依旧重复了 1979年《环境保护法（试行）》第 8 条的规定："一切单位和个人都有保护环境的义务，并有权对污染和破坏环境的单位和个人进行检举和控告。"

无独有偶，在 2002 年全国人大常委会第一次审议《环境影响评价法（草案）》关于编制涉及公众利益的专项规划应当听取公众意见的条款时，来自福建的人大代表认为"公众利益"概念的含义太广应当予以限制，并提出了将其改为"公众的环境权益"的建议。因此，2002 年全国人大常委会通过的《环境影响评价法》第 11 条将"公众利益"改为"公众环境权益"。这一规定的本意并非确立"公众环境权益"，而是歪打正着以编制规划可能涉及权益侵害影响的方式确立了"公众环境权益"的概念。因环境权益涉及的主体和内容的复杂性，全国人大法制工作委员会一直回避对该概念作具体的立法解释，所以该概念从内涵到外延都十分模糊。①

虽然环境权的概念没有明确在法律中具体规定，但在政府政策文件中却常被使用。例如，国务院在 2009 年、2012 年以及 2016 年发布的《国家人权行动计划》中均将"环境权利"作为人权的重要组成部分纳入中国公民的经济、社会和文化权利体系之中。②

20 世纪 90 年代以来，通过法律完善并确立公民（公众）的环境权益一直是环境法学界以及部分人大代表和公众对《环境保护法》修改中呼声最高的要求之一。在 2011 年全国人大常委会决定修改《环境保护法》以后，学界和部分实务部门也开始呼吁应当将环境权写入《环境保护法》。但是，因环

---

① 参见全国人大法制工作委员会经济法室：《各省、自治区、直辖市和中央有关部门对环境影响评价法（草案）的意见》，载全国人大环资委法案室编印：《中华人民共和国环境影响评价法立法资料汇编》，2002 年，第 199 页。2002 年《环境影响评价法》第 11 条第 1 款规定："专项规划的编制机关对可能造成不良环境影响并直接涉及公众环境权益的规划，应当在该规划草案报送审批前，举行论证会、听证会，或者采取其他形式，征求有关单位、专家和公众对环境影响报告书草案的意见。但是，国家规定需要保密的情形除外。"

② 《国家人权行动计划（2012—2015）》规定："加强环境保护，着力解决重金属、饮用水源、大气、土壤、海洋污染等关系民生的突出环境问题，保障环境权利。"而《国家人权行动计划（2016—2020 年）》虽然将"环境权利"纳入"经济、社会和文化权利"，但文字上也充斥着政府实施环境监管的内容，与公民环境权利的内涵以及如何行使却没有关系。

境权的概念一直未能在法学界达成一致，所以修订后的《环境保护法》依旧未对环境权作任何规定，唯一的进步就是在保留了"检举和控告"性质的"举报"权利外，增设"信息公开和公众参与"一章，将政府、环保部门以及重点企业环境信息公开作为公民获取环境信息、参与和监督环境保护权利的保障措施，并增设了环境公益诉讼的条款。

综上所述，虽然中国环境权问题的研究已经历了近四十年，但摆在我们面前的却是一幅令人困惑的图景：环境权理论不仅没有像一株长势茂盛的植物那样生根发芽、枝繁叶茂，反而其本身的合理性与合法性都面临着一定程度的质疑。当我们试图寻觅在环境权理论模型指引下的环境法律实践时，却发现这些披着"环境权"或者"环境权利"外衣的"实践"往往在本质上更类似于一种泛政治化的公民运动①；当我们强调环境法的"革命性"或者环境权的"新颖性"时，却发现环境权理论的积淀尚不能构筑与公权、私权相并列的或者功能上相匹配的权利模型；而当我们从另一条思路出发希望将环境权解构为公法权利与私法权利的混合权利束时，却更容易引发从根本上指责环境权存在的必要性的质疑。

无论在国内法还是国际法层面，传统法学研究方法或者范式在保护环境、动物、后代人等方面都显得屡弱无力。基于严酷的现实，立法有必要予以回应，当代法学也必须予以回应。就此而论，"环境权"理论的提倡不过是为解决环境危机提出的一种理论上的权利设计。在传统法学框架下，这种新型权利的设计因其与传统权利的竞合与冲突而饱受质疑。尽管如此，这种理论设计的初衷和它要回应的现实问题，对我们而言却是无可回避的。②

面临着人们对环境法中权利的重重质疑，关于通过立法确立公民环境权利的呼声却一直没有间断。在 2017 年"两会"期间，围绕《民法总则》制定过程中是否引入环境权利条款、环境权概念是否应当入宪等议题，也引发了人大代表和社会公众的高度关注。2017 年 10 月党的十九大报告提出"设立国有自然资源资产管理和自然生态监管机构"，必将引发新一轮自然资源

---

① 也有学者指出：当代中国环境群体性事件更可能是相关民众出于维护自身利益的目的以环保的名义而发起的策略性运动，而公众基于环境权利意识觉醒而通过群体性事件的"维权"这一观点，更多的是权利话语的理论想象而不符合中国现实。参见陈海嵩：《环境保护权利话语的反思——兼论中国环境法的转型》，载《法商研究》2015 年第 2 期。

② 参见侯佳儒、王明远：《边缘与前沿：当代法学背景中的环境法学》，载《政治与法律》2016 年第 10 期。

国家所有权与政府对自然与生态行政监管权的分离。2018 年初，十九届二中全会提出修宪建议以后，将生态文明入宪、环境权入宪的呼声再次在环境法学界响起。

有鉴于此，我们被迫回头拷问与反思过往环境权发展过程中那些不为人知却又作用关键的细节及影响因素，尤其是当"环境权"的概念在学界已经泛化的时候，将视域扩展到更为广阔的与环境相关的权利类型上，或许能让我们更清晰地廓清环境法中的权利及其未来发展的方向。

（二）研究环境权利课题的意义

1. 有效应对环境问题的法律方法需要基石性范畴作支撑

环境法作为制度承载的本体和学者研究的客体，既需要有相对的稳定性，又需要具备一定的变易性，更需要确立自身的基石性范畴。环境法的基石范畴作为对概念的高度提炼，稳定性是其主流，但仍然会随着法律制度、法律理念的变化而有相应的调整。通过把握范畴的变化，可以集中考察环境法律制度的变迁和环境法学理论的演进，并在此基础上形成有效应对环境问题的方法。

例如，面对学科基础性范畴的需求，应当从实体性环境权与程序性环境权两方面对公众环境权利作出一定程度的回应：对作为新兴权利的实体性环境权利所涉基本范畴有关问题的提炼上，学界的研究主要聚焦于其基础的法理构造、环境权入宪的实证考察、实体性环境权的可司法性等诸多命题；而对公众程序性环境权利所涉议题的提炼上，也逐渐依赖公众参与理论作为正当程序的基本要求，其成果不断受到关注。

笔者认为，实体性环境权与程序性环境权本身并不完全适配学科基础性范畴的定位。其原因在于实体性环境权与程序性环境权理论本身并不能满足稳定性与变易性这两个特质。一方面，实体性环境权与程序性环境权的逻辑更多地源于对既有环境法制工作中新思路、新做法的总结与归纳，因此很容易面向过去将这些权利逐步堆积起来形成一个"权利库"；另一方面，实体性环境权与程序性环境权与宪法上与环境相关的权利、诉讼法中与消费者团体诉讼和劳动者团体诉讼等程序性权利重合的部分较多，不易作为面对新问题时提供创造性对策成果的土壤。

　　与团体诉讼理论作比较①，法学界对团体诉讼与公益诉讼的区别、团体诉讼与诉讼担当及诉讼信托等当事人适格理论的关系等诉讼法领域基础性范畴的反思与重构，为环境公益诉讼、消费者团体诉讼提供了较之于程序性环境权本身更多的知识供给。例如，日本《行政事件诉讼法》中的民众诉讼制度就相当于一般意义上的行政公益诉讼，但是该法规定民众诉讼需以单行法为依据。而目前日本的民众诉讼只有选举诉讼和住民诉讼两种，环保和消费者领域尚无特别的行政公益诉讼。② 虽然如此，这并不意味着对于实体性环境权和程序性环境权的研究没有价值，在实体性环境权和程序性环境权的基础上，能够提炼出属于环境法自身的、与权利相关的基础性范畴，应当是环境法中的权利发展的首要需求。

　　2. 环境保护法律实践需要加强法律权利的赋能

　　在实体性环境权与程序性环境权之外，20 世纪 80 年代研究提出的未来世代的环境权以及自然物的权利，已经发展成为环境权利类型中的重要组成部分，有关学说理论勾连了法学与伦理学、社会学、自然科学以及政治学诸多领域，为环境权利理论的丰富作出了实质性的贡献。以自然物的权利为例，自然物（在此特指非人类）与人类之间存在千丝万缕的联系，这些联系涵盖了情感利益、经济利益、工具价值、审美需要与生命支持系统等各个方面。

　　如何看待、理解和认识这些联系，是众多人文社会科学研究领域的重要议题。而未来世代的环境权，也称未来人、未来人类或后代人的环境权，在国内外均存在一定的争议。争议的起因不难理解，"无救济则无权利"这一古老法谚在今日依旧适用。如何加强符合适格要件的当事方提起诉讼的能力，让纸面上的环境权利落实为生活中普通公民能够感知、触碰、积极参与的具体权利，这一点尤为重要。

　　由于权利指引给人们留下了较大的自我选择余地，因此其预设的法律后果具有较大的或然性也即不确定性。③ 作为权利自身的天然硬伤，这种不确定性在环境保护领域暴露得尤为明显。且不说自然物与未来世代提起诉讼的资格问题，时至今日，更为接近实体权利的私权性质的环境权在提倡环

---

　　①　刘学在：《民事公益诉讼制度研究——以团体诉讼制度的构建为中心》，中国政法大学出版社 2015 年版，第 77 页。

　　②　全国人大常委会法制工作委员会行政法室：《行政诉讼法立法背景与观点全集》，法律出版社 2015 年版，第 372 页。

　　③　张文显主编：《马克思主义法理学——理论、方法和前沿》，高等教育出版社 2003 年版，第 302 页。

境权的发源地日本乃至全世界范围内都遭受到相当程度的反对,以环境权作为请求权的诉讼几乎没有得到法院判例的任何支持,也一直未能成为学界通说。

例如,日本的法院就环境权诉讼作出的判决中曾有这样的答案:"(1) 作为根据的《宪法》第 13 条、第 25 条规定并不是要赋予公民某项具体权利;(2) 环境权作为私权所应给与的救济可以通过维护所有权、人格权的方式充分实现;(3) 根据环境权,要求在环境损害发生之前阻止环境破坏,都超出了私法救济的范围,要认可这样的环境权必须有某些法律上的明文规定作为根据;(4) 环境权的内容和范围不够明确。"①

综上,不论是依据法学理论上的环境权学说,还是依据现行明确规定了环境权的实在法律文本,法律工作者在诉诸环境权以图开展相关工作的时候,环境权理论能够提供的理论依据与行动指南不足以形成有效的社会动员。值得一提的是,我国实行自然资源的全民所有制或集体所有制,国家作为全民所有自然资源的所有权人只能通过许可(特许)的方式授权其他私主体从事自然资源的开发利用。而集体所有者往往通过发包的方式由其成员或第三方开发利用自然资源。如果这种实体的环境资源利用权利没有得到强有力的法律保护,则其要么失之于自然资源的浪费;要么失之于环境资源的破坏。

要有效解决上述问题,就必须明确界定非所有权人开发利用自然资源的权利,也即自然资源利用权利。由此看来,如何有效加强法律权利的赋能,将理论上的权利落实到实践之中,也就成为环境法中权利发展的重要需求。

3. 法律体系应对环境问题的进化需要体系化与精密的环境权利

法国学者米歇尔·克罗齐耶指出:"我们要解决一个复杂的战略问题,即同时去做两件相互矛盾的事情:在一个困难的境遇之中,既要谨慎小心地运用物质和人力资源,又要快速地使用资源,对诸种可能性与风险作出冷静的判断。为了做到这一点,必须学会根据我们已有的系统的特征来进行现实的思考,并采取行动。系统的这类特征,为我们提供大量的资源,这类资源,与我们运用过于简单的推论方式所认识到的资源相比,要丰富得多。"②

---

① 参见《大阪地判昭 49·2·27》,载《判例时报》第 729 号,第 3 页;《札幌地判昭 55·10·14》,载《判例时报》第 988 号,第 37 页。亦可参见〔日〕交告尚史等:《日本环境法概论》,田林、丁倩雯译,中国法制出版社 2014 年版,第 150 页。

② 〔法〕米歇尔·克罗齐耶:《法令不能改变社会》,张月译,上海人民出版社、格致出版社 2008 年版,第 42 页。

为此，环境法中权利的体系化和类型化，是深化环境权利研究的内在要求和外在表现。范畴是概念的抽象，范畴内部又有较强的体系划分，这给整个环境法学科的体系建构提供了有力的理论支撑。从较高层次上提炼环境法学的基石性范畴，可以推进环境法学的理论化和体系化的形成，使得其不再仅仅是环境法律制度的简单复述。

科学的、体系化的环境权利类型群落不仅可以给法律适用者提供明确的法律依据指引，更能够在更广阔的社会视野中实现公民权利与国家权力间的有效、良性互动。回顾历史，财产认证体系的建立对西方税收国家、福利国家的构建有着极为重要的意义。同样的原理可以应用于在国家推进环境保护事业的进程中对环境利益的确认。这种确认一方面给予了国家有关国土资源与环境的具体信息，这在事实上拓展了国家信息获取的广度与深度，同时也使得公民经由认证获取了与自身相关的环境利益的细致、可测量、查验并作为诉讼中证据的信息。[1] 2016 年 11 月中央全面深化改革领导小组第二十九次会议审议通过的《自然资源统一确权登记办法（试行）》，着力点即在于此。[2] 确立自然资源权属，尤其是国家所有权，对于保障我国的战略安全和经济安全、保护和合理开发利用自然资源具有重要的正向支撑功能。在此基础上，我们还可以更进一步探索环境容量资源担保权。作为环境法领域一种尚未被学界和实务界触及的潜在权利类型，它以实现了权利物化以及权利凭证证券化的环境容量资源所有权与环境容量资源用益物权（最为典型的是环境容量使用权）的交换价值为权利生成的根据，以担保一定的债权实现为权利设立的目的，借由此路径，实现与现有私法体系的对接。对于更加体系化的、更加精密的权利的研讨与探索，也是环境法中权利研究向前推进的重要方向。

4. 环境治理之中良好的法律遵从需要可得的与可实践的权利

实现良好的环境法律遵从，首先要从打破"立法迷信"开始。"立法迷信"意指当某一问题出现并且亟待解决的时候，人们的第一反应就是国家进行立法加以规制。这种"立法迷信"的心理机制是"以科学真理为核心的世界观导致人们相信存在某些具有普遍效力（放之四海而皆准）"的真理与理

---

① 吴凯：《中国环境法上合作原则的演化路径与治理功能——以城市环境治理中认证能力为中心的考察》，载《南京工业大学学报（社会科学版）》2016 年第 2 期。

② 中华人民共和国国土资源部：中央深改组会议通过《自然资源统一确权登记办法（试行）》，http://www.mlr.gov.cn/xwdt/jrxw/201611/t20161102_1420760.htm，最后访问时间：2017 年 4 月 14 日。

性,而立法被看做了一种类似万灵药的万能工具。这种"立法迷信"忽视了具体权利实践之中行政部门的重要作用。

然而当下的社会现实是:虽有法律但缺少促使普通公民积极遵守法律的激励。尽管在相对成熟的公法(也包括刑法)领域同样存在着激励缺失的问题,从中国的法治实践来看,法律激励正是通过正向激励的法律奖励制度与反向激励的法律惩罚制度两个维度展开的,并且"法律激励理论正是通过在这两个维度上的交错运用,凭借对理想形态的追求和对基本模式的实施,在时空的二维平面上绘制出了法律治理的基本图景"①。而正向的奖励激励与反向的惩罚激励都是我国目前环境法治建设的短板。在德国,环境保护原则的义务对象主要是立法部门、行政部门和司法部门。立法者必须在政治上建构环境国,而其他国家权力则应当在解释法律规范、进行利益权衡以及裁量的时候考虑环境保护原则。②

在公民面对环境问题时,他们无法有效地在遵从法律与享有优美的环境之间建立起较强的正相关关系,而当考察作为立法的执行部分的国家环境管理权力时,我们不难发现我国环境立法对环境行政许可有较多的限制,且程序烦琐,种类繁多。实践中,法律规定的环境行政处罚与环境行政强制已不能满足环境执法需求,不能有效预防环境违法行为、治理环境污染。因此不论是公民主张还是国家干预,我们在环境问题的对策上找不到可行性较强与可实践性较强的权利作为保护我们对抗环境侵害的武器。

二、环境权利研究为何需要引入类型化思维

(一) 环境立法中的权利发展概貌

尽管在 2011 年至 2014 年《环境保护法》修改期间来自环境法学界"环境权入法"的呼声甚高,但 2014 年全国人民代表大会常务委员会修订通过的《环境保护法》中仅在第 53 条第 1 款出现了一次对公民"权利"文字的完整表述,即"公民、法人和其他组织依法享有获取环境信息、参与和监督环境保护的权利"。立法机关认为,这一条是关于有关环境权利及其保障机制的规定,它以法律的形式确认了公民、法人和其他组织获取环境信息、参与环

---

① 丰霏:《法律制度的激励功能研究》,法律出版社 2015 年版,第 162—163 页。
② 〔德〕罗尔夫·施托贝尔:《经济宪法与经济行政法》,谢立斌译,商务印书馆 2008 年版,第 330 页。

境保护和监督环境保护三项具体的环境权利。同时，立法机关考虑《环境保护法》修订时各方意见不一致，这次修订没有采用环境权的概念。[①]

实际上稍作分析我们就可以看出，《环境保护法》第 53 条第 1 款规定的"三项环境权利"的行使是被动地建立在政府和排污者实际履行信息公开义务以及参与义务基础上才能实现的，它们与本质上的公民环境权相去甚远。

在环境法学研究中被讨论与建议确立环境权利的内容种类繁多，较之于实定法上的环境权利具体而且丰富。具体可见图 1-1 所示[②]：

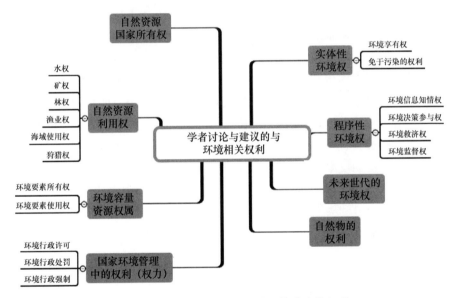

图 1-1　国内学者讨论与建议的环境法中的权利

上图中的诸多权利类型的研究中，较为有代表性的诸如在自然资源利用权方面，以利用方式为标准，自然资源利用权利的类型可以重构为资源载体使用权和资源产品取得权。载体使用权—产品取得权的类型划分方法揭示了自然资源权利研究的主要方向，符合资源中心主义的发展趋势和相应

① 尤其值得注意的是在 2014 年《环境保护法》的修订说明中，首次着重强调了保障有关环境权利实现的机制这一重要命题。具体内容可以参阅全国人民代表大会常务委员会法制工作委员会编：《中华人民共和国环境保护法释义》，法律出版社 2014 年版，第 185—187 页。

② 就图 1 的形成与本部分内容的撰写，笔者曾与参与本书写作的西北大学法学院教授王社坤、清华大学法学院副教授邓海峰、中国人民大学法学院教授竺效、华侨大学法学院副教授刘超等进行了专题讨论。其中王社坤教授与邓海峰副教授还为本部分提供了文字意见，在此表示感谢！

的制度设计机理。①

洛克认为，人们……生来就享有自然的一切同样的有利条件，能够运用相同的身心能力，就应该人人平等，不存在从属或受制的关系；人们既然都是平等和独立的，任何人就不得侵害他人的生命、健康、自由或财产。② 在笔者看来，人类所有从环境获得利益或者取得价值的行为都可以称为环境利用行为，初始的环境权利应当来源于人类对环境进行利用的行为，包含人的生存平等权、生命权、自由权、幸福权以及财产所有权等权利，也就是西方自然法学派提倡自然权利（natural right；jus nafural；国人将其翻译为"天赋人权"）的最初和最基本的含义，其本质既包含作为伦理意义上的可供选择的价值即自然界生物普遍固有的权利，也包含由法律确定的法保护的价值即人的最基本权利的生存权。

在笔者看来，人类对自然享有的权利始于对环境价值的本能利用，当环境的价值市场化以后，环境的经济价值与环境效益开始出现分化，环境的经济利益逐渐成为自资产阶级宪法产生以来的保护对象，而环境效益逐渐演变为经济利益的反射利益。在西方科学哲学主客二分的方法指导下的法律及其解释论使人与自然关系不断对立，法律保护的人类主体及其权利的演变导致人与环境的关系不断恶化，而且人类发展致使人类生存的环境和自然资源不断稀缺。

例如，资产阶级宪法产生以后，保护私的财产权、限制行政权力成为宪法的价值目标，以至于人类的法权、法益与"天赋人权"的理念渐行渐远。作为受法律保护的谋求自然资源经济利益的基本权利（财产权）越来越受到重视，而环境和自然资源作为各类权利主体（国家、企业事业单位、个人／自然人）所指向的客体物自然会受到公法和私法的严密保护。在财产权保护制度不断完善的民法及其物权法体系中，环境和自然资源作为法的客体的经济价值被作为保护法益，而环境和自然资源所产生的、原本作为人的生存利益的生态价值却因不为人们所知以其范围和边界不明而未能纳入保护法益的范畴。在资源不稀缺、科技不发达的条件下，非直接环境效益（如民法相邻妨害的场合）虽不受保护，但因未危害生存权而未引起人们的关注。

---

① 西北大学法学院王社坤教授提供了本部分的文字意见，更为详尽的论述可以参考王社坤：《自然资源利用权利的类型重构》，载《中国地质大学学报（社会科学版）》2014 年第 2 期。

② 〔英〕洛克：《政府论》（下篇），叶启芳、瞿菊农译，商务印书馆 1964 年版，第 5—6 页。

当人类的环境利益与经济利益发生冲突时，尽管利益主体可以通过协商、谈判、讨价还价的方式进行协调，但由于环境权益未能作为法律保护的权利和利益，因而牺牲环境利益便成为经济功利主义者的合法的选择。即使物权制度中的相邻权保护，其本质也只是将环境益作为物的占有使用益的间接利益对待。

因此，我们应当从法律回归到保护人类生存的原初目的上来解释公民环境权利的性质。从环境对人类外在价值的角度出发，环境权利的本质既是一项权能也是一种利益。从法的角度来说，只有法的权利才具有对抗他人权利与利益的正当性，人类为享受环境利益就必须力争将环境利益作为权利的对象或者将其上升为权利。

具体而言，结合人们从不同角度对环境、自然资源和生态系统的定义，笔者认为应当将环境利用行为分为本能利用行为与开发利用行为两大类。

本能利用行为，是指人类为了生存繁衍，或为了谋求高质量的物质、精神与文化生活而能动地（主动或被动）利用环境的行为。本能利用行为又可以根据人类的主观意愿分为主动利用行为和被动利用行为两种，这些行为的共同特征，在于它们出于人类生存的生理需要、源于人类的自然本性、满足人类精神需求以及不造成大规模环境质量与功能的破坏。

与之相应，本能利用行为的理论解释应当归结于人的自然权利，也即公众享有的在优美舒适环境中生存的权利。例如，空气清新权、水质洁净权、环境安宁权、生活舒适权、自然到达权等。以环境科学的研究为基础，人类在反思人类中心主义利益观局限的基础上提出了生态中心主义的利益观，并据此提出了"自然的权利"的主张。[①]

开发利用行为，则是指行为人以牟取自然的经济利益为目的，利用环境排放或者处理废弃物质与能量、开发自然资源等利用环境的行为。开发利用行为也可以根据人类对环境的利用方式而分为排放行为和索取行为两种，这些行为的共同特征在于占用环境容量或环境要素、满足自身经济利益需要以及可能造成大规模环境质量与功能的破坏。

对开发利用行为的解释一般归结于公民的社会经济权利。在环境容量资源权属方面，环境容量资源所有权及使用权满足财产权的基本特征，具有

---

① 关于"自然的权利"问题，参见〔美〕纳什：《大自然的权利：环境伦理学史》，杨进通译，青岛出版社 1999 年版。

财产性与可转让性,这为其成为担保物权中权利抵押的客体并进一步确立排污权抵押制度提供了可能。排污权抵押宜以登记要件主义作为物权登记的公示基础,并应通过确立市场化导向的权利实现保障机制确保对抵押权人利益的有序救济。[①]

需要强调的是,在类型化的环境法的权利中,除本能利用权和开发利用权之外还存在着国家环境管理权,并且它在中国居于各种环境权利(权力)的主导地位。但伴随生态文明制度建设的改革,中国环境管理的重心正逐渐朝向公民环境权的方向偏移,在平衡点的不断调整下二者终将达到新的均衡。比较国内外的主要环境立法文本,可以进一步印证国家环境管理权与公民环境权关系均衡论的可信性,因此有学者认为应将其应用于我国《环境保护法》的修改完善之中,进一步加强公民环境权的制度设计。[②]

(二) 类型化思维对环境权利研究的重要作用

环境法研究领域中的权利很多,对环境法中的权利进行类型化研究并非针对所有的权利,我们所要做的首先应当是选择对哪些权利予以类型化。

有学者在论及环境权理论的不足与缺陷时指出,如何设计环境权的表达方式,由此可以清楚地看到权利的各项子权利或对个人和集体的赋予方式,以便于实践中的解释、适用并因此而强制实施[③],是一个需要解决的问题。而当下这一问题则可以被解读为:当公民的达滨、景观欣赏等权利要求确实无法与公民呼吸新鲜空气免于雾霾侵害的权利要求在同样的层次上得到保护时,当传统的环境权理论中比较受到认可的知情权、参与权等体现不出与行政法原理上公民对于行政机关一般的涉及相关方利益的参与有所不同时,我们有无可能在一个较短的时间区间内将这些具有权利性质的利益诉求整合成一个逻辑严密的体系,如果不能的话,我们如何一步步向这个目标迈进?

事实上,概念与理论的体系化需要具备一定的先天或后天的条件:它或在实践中形成通例,或在理论上已经结束各家争鸣而存在最低限度的共识。

---

① 清华大学法学院邓海峰副教授提供了本部分的文字意见,更为详尽的论述可以参考邓海峰:《排污权抵押制度研究》,载《中国地质大学学报(社会科学版)》2014年第2期。

② 中国人民大学法学院竺效教授提供了本部分的文字意见,更为详尽的论述可以参考竺效、丁霖:《国家环境管理权与公民环境权关系均衡论》,载《江汉论坛》2014年第3期。

③ 吕忠梅:《再论公民环境权》,载《法学研究》2000年第6期。

遗憾的是,对于环境法中权利的理论探讨与实践操作都与这一标准存在距离,在这个时间节点上,对暂时无法类型化的子单元先预留出一定领域空间,单独任其发展,未尝不是合适的选择。例如,对光污染纠纷的探讨①,现在全国范围内案件都不算太多,在这一领域不妨留出一个领域作为类似"实验室"或者"温室",暂时不要以类型化方法加以审视。因为很可能有的领域随着时间的推移,随着社会、经济条件的改变,其问题会慢慢解决甚至消失,而不再有被类型化的价值。② 这样也可以有助于集中学科的优势力量,选取特定的部分权利进行类型化分析。

如果每一个单独的环境与自然资源要素领域的权利保护机理没有在实践中形成相对固定的模式,就很难在整体意义上清楚地认识环境法中的权利,类型化也无从谈起。对于与最广泛人群的环境利益密切相关的那部分诉求,则有必要在最低共识的基础上开始类型化的脚步,这就会回归到"以人为本"这个终极命题上来,这种以人为本,也体现在对于人作为一个物种其对环境的需求的关注。

正因为环境法中的权利类型与一定时期经济发展水平、自然人文地理条件甚至是地区的政治传统都有着一定的联系,环境法中的权利表现必定是具有时代性的(参见表1-1)。中国的,乃至世界范围内的各国环境法从诞生的那一天起,就先天承担着"摸着石头过河"与"黑猫白猫,抓住老鼠就是好猫"的时代功能。

表 1-1　不同发展阶段环境权利的不同类型及其保护法益

主体/权利类型	保护利益	发展阶段
国家/自然资源国家所有权	宪法/物权法	始终存在
企业等/开发性环境利用权	由准物权、自然资源所有权、排污权、碳排放权等确立/经济利益	始终存在

---

① 例如"朱德喜等诉上海硅酸盐研究所等回迁安置的住房日照不符合标准要求调换案",具体可参见上海市第一中级人民法院(1997)沪一中民终字1742号判决书;"杨宪章诉上海现代广场有限公司相邻通风、采光和日照及财产损害赔偿纠纷案",具体可参见上海市第一中级人民法院(2008)沪民一民二(民)终字第2838号判决书;"龚国纲诉上海豪俊建设发展有限公司相邻关系案",具体可参见上海市第一中级人民法院(2003)沪一中民一(民)终字第1840号判决书。

② 如从震惊世界的日本"水俣病事件"发生以来至今,它更多的是作为环境法制发展的化石或者标本意义存在。

（续表）

主体/权利类型	保护利益	发展阶段
公民/本能性环境利用权	生态学意义上的环境安全/经济利益/生态效益	不断完善
	清洁和公共卫生需要经济利益/生态效益	
	环境的舒适性经济利益/环境利益	环境享有权保护的初级阶段
	环境产品供给的自由与满足经济利益/生态效益	
	历史、文化环境的保存/环境利益	环境享有权保护的较高阶段
	艺术、文化美/环境利益	

以环境危机空前深重的日本为例，当时公民环境权被赋予宪法位阶的较高定位也有其内在的机理：环境权是具有生命现象的自然人个体对良好环境的享有权，其建立在人类对环境存在的本能利用之上，是一种最真正意义上的天赋权利，是其他权利行使的基础。如果说人身财产权体现的是人的社会属性（人作为社会动物的存在）的话，那么环境权则体现的是人的自然属性（人作为生态系统中具有生命现象的动物的存在）。这种权利虽不排他、不专属，但一定会受到他人开发利用行为之侵害。因此，在环境危机的时代，除了要求国家进行环境保护之外，也必须赋予公民环境权，通过个体权利的行使，实现环境公益保护的目标。

在美国，环境权作为一个用法律手段解决环境问题时的分析框架而存在。在这个框架下，对环境法中权利的保障就进入了一个更为务实的语境之中，其存在本身不是一个绝对意义上的保护目标，也不直接介入具体案件中对于法律目的实现的纠缠，而是体现为一种环境保护立法与司法的积极推动因素。[①] 为此，权利的多样化和显现化会在环境法中得到更为清晰的体现。例如，在大部分排污者达到了技术上的污染物排放标准的时候，一部分污染源（如农场）则可以豁免《清洁水法》中规定的严苛标准的适用。可以说美国，以环境权为题的这个分析框架本身具有高度抽象性和动态性。

在我国，20 世纪 70 年代末至今近四十年的环境治理实践证明，环境立

---

① 参见〔美〕詹姆斯·萨尔兹曼、巴顿·汤普森：《美国环境法》（第四版），徐卓然、胡慕云译，北京大学出版社 2016 年版，第 19 页。

法在对公民环境权保护缺位的状况下,地方政府不作为和消极对待环境治理工作是环境资源法律实施不畅、环境污染和生态破坏问题不断加剧的制度根源。虽然我国实行自然资源国家所有制,但因自然资源分布于各地而实际受地方政府掌控,国家自然资源所有权一直处于"虚置"状态。在这个背景下,中央政府不得不将土地、河流和海域等划归地方占有并使用。虽然近十年来这一体制逐渐在向法治化、制度化方向转变,各种责任制、目标制、考核制等手段的运用不断增多,但整个社会治理体系中存在的国家与社会之间、中央和地方之间难以互动等问题依然显著。

因体制上行使国家自然资源所有权的主体缺位,国家法律也不能对自然资源的各项权能关系及其行使作出明确具体规定,自然资源配置只能依靠行政手段进行,实际表现为"谁享有许可审批权就归谁所有"。与此同时,因我国用以考核党政领导干部的制度偏重政治指标和经济发展指标,加上地方官员的升迁和物质利益也直接与其政绩相关,致使地方党政领导干部为 GDP 增长而擅自修改或根本不执行自然资源开发利用和保护的法律规定,违法审批自然资源开发利用项目,放任企业严重污染环境等违法行为,使得我国的资源压力增大、环境质量恶化。

为此,健全自然资源国家所有权体制、建立实施环境与发展的综合决策机制、保障环境监管执法、建立多元共治的环境治理模式等成为 2013 年 11 月中共中央十八届三中全会通过的《中共中央关于全面深化改革若干重大问题的决定》的重要内容。之后在 2014 年 10 月党的十八届四中全会通过的《中共中央关于全面推进依法治国若干重大问题的决定》中提出编纂民法典的立法任务,开始引发环境法学界和部分民法学者对在民法典中是否需要规定或者体现环境权这一议题的热烈讨论。① 民法中的权利强调的是对具有排他性、专属性的个人利益的确认;而环境权的核心理念却是对于共享性利益的权利确认,强调的不是支配和排他,而是共享。从这个意义上讲公民环境权这种权利的内涵似乎已经超越了民法上的权利的内涵。它不再强调权利主体对客体的独占和支配;而试图在共享性的环境利益这一客体之上确立一种私人权利,通过权利制约权利,实现环境利益中经济利益与生态利益的平衡。

2017 年 10 月党的十九大报告指出,新时代我国社会主要矛盾已经转

---

① 王雷:《生命伦理学理念在我国民法典中的体现——以环境权为视角》,载《法学评论》2016 年第 2 期。

化为人民日益增长的美好生活需要和不平衡不充分的发展之间的矛盾。十九大报告还明确提出要设立国有自然资源资产管理和自然生态监管机构，完善生态环境管理制度，统一行使全民所有自然资源资产所有者职责，统一行使所有国土空间用途管制和生态保护修复职责，统一行使监管城乡各类污染排放和行政执法职责。十九大报告对中国生态环境监管体制改革的这一部署的实质，是改变长期存在的自然资源国家所有权与自然生态监管权不分的问题，当然这个背景下研究公民的环境权利不仅缺乏宪政制度的支持，更是缺乏清晰的自然资源国家所有权实践的支撑。

从本意上讲，当使用"环境权利"这一表述方式时，本意表达的其实不是自然资源权利，而是与之相对抗的环境权。但是，在权利的具体运行方式与表现形式上，环境权似乎与民事权利相去甚远，两者只是共同借用了"权利"这个名称而已。

环境法中权利差异性的本质是名义上同类的事物却在内在机理上呈现出截然不同的表现形式。在正视环境法中权利的差异性之后，在可能的范围内减少不必要的差异性，以最终保证环境权利功能的正常发挥，是当然的选择。

参考刑法上类型化发展的经验，类型化方法"通过对各种法益和行为样态的类型化处理"，"妥当地连接了基本原则与具体个案"，"将所有可罚条件体系化，更有助于对裁判者的约束，便于检验裁判过程与结果的合法性"。[①] 我国现有的环境权利研究与实践存在着前述的制约因素，短期内无法实现如刑法领域般的概念体系高度类型化，但是环境权利研究之中的类型化思维体现了一种将现有的相对庞杂的环境法中权利群落进行有序整备的努力。

这种努力要见效，需要时间的积累，更需要特定空间之中的实践，只要经过类型化的分析，某一项环境法中的权利的特征、行使要件、社会机能等被固定下来，环境法中权利整体的不必要的差异性就被消除了一部分。原因在于，可类型化的权利，必然具备某种类型化研究得以启动的共同特征，这种共同特征，就是与差异性相对应的环境法中特定权利的相同性。

---

① 参见张文、杜宇：《刑法视域中"类型化"方法的初步考察》，载《中外法学》2002 年第 4 期。

三、环境权利类型化的标准与理想的环境权利体系构造

（一）类型化的选取标准一：以政府（国家）/企业/公民（公众）为主体

与错综复杂的环保事务中的利益形态相比，基于利益主体出发对于我国环境法中权利加以梳理在操作上更为直观与可行。借用德国公法学家施密特·阿斯曼教授的话说就是"与环保任务一样错综复杂的是环保事务相关之利益结构形态及利益主体。环境的概念显示，欲作有利于一方利益之决定，若未牺牲他方利益通常无法达成，这是环境法的作用结构"①。

对环境法中权利最直观的表现形式的考察，我们可以发现，最为我国政府与公众认可的与环境相关的法律权利实践是政府（国家）/企业/公民的"主体三分法"。在国家所有权与行政监管权不分的现状下，对于政府（国家）而言，其拥有权利的最主要部分是代表国家行使的自然资源所有权。代表国家行使自然资源所有权是政府拥有的早期环境法律规定中的最重要的权利之一。从公法角度切入，自然资源国家所有权作为自然资源主权的替代概念，可以形成自然资源管理权力的理论基础；从私法角度切入，自然资源国家所有权则是非所有者开发利用自然资源的权源。

对于企业等经济主体而言，对环境资源的开发利用权是其在环境法中拥有的主要权利。这项权利表现为对企业在开发利用环境资源过程中形成的经济利益予以确认的权利（包括那些对有体的自然资源进行开发利用的权利），学理上一般称其为自然资源使用权，它们是伴随着物权法讨论的深入而通过特许物权、特别法上的物权、准物权等用语表达并得到承认的权利形态。例如我国《物权法》规定了探矿权、采矿权、取水权、养殖权、捕捞权等准物权，其特征是它们中的多数需要得到公法上的确认或许可。此外，随着国家对无形资源开发利用行为的权利的逐步确认，如"环境容量利用权"②中的"排污权"③的概念也应运而生。此外，随着开发利用环境范围的扩大，还会有新型的权利类型如碳排放权、深层地质空间利用权等不断出现。

---

① 〔德〕施密特·阿斯曼：《秩序理念下的行政法体系建构》，林明锵等译，北京大学出版社2012年版，第112页。

② 汪劲：《环境法律的解释：问题与方法》，人民法院出版社2006年版，第149页。

③ 邓海峰：《排污权——一种基于私法语境下的解读》，北京大学出版社2008年版，第25页。

对于普通公民而言,其拥有的权利主要就是笔者一直称之为"公民本能利用的权利"的环境权或者下文笔者会更多使用的环境享有权,这也是最狭义的公民环境权的概念。现实中,与政府和企业这两类主体的权利基本得到立法确认不同,公民的权利还处在由应有权利向法定权利的过渡阶段。

与相对成熟的环境侵权救济不同的是,"环境的舒适性"质量以及"历史、文化环境的保存""艺术、文化美"两种需要保护的环境质量现在并未得到全社会的重视,我国公民对其的需求也在逐渐增长。与此相应,这些环境质量需求所对应的权利类型在我国也处于发展之中。在具体生活中,景观利益可以说是与这三部分环境质量需求联系最密切的。近些年来在上海等地出现的光污染诉讼案件①可以被视为这种权利保障需求在现实中的萌芽。只是,以上海地区出现的光污染案件为代表的新类型案件的受理与裁判往往是个别法官基于司法能动的立场出发而作出的,其具有一定程度的创新性,对于此类案件的裁判方法与思路并没有在法院系统内部形成共识。

越来越多的研究者已经认识到,环境法学研究必须把功能主义和规范主义有机结合起来,内部视角与外部视角兼顾,使环境法学在坚守自己逻辑系统自洽性的前提下以开放的姿态汲取其他学科的营养。②为此,一个理所当然并尤其值得我们重视的现实是,三十年来中国的法制已有相当大的进步,实体规则也日趋丰富与完善。司法实践表明在有具体规则的场合,法官会首选适用具体规则,尤其是为完全性法条所支撑的具体规则。对于需要进行价值补充的不确定概念,因其与法律、行政法规的确切规则相比不可测因素更多、理论更加深邃,法官对其运用就相对谨慎得多。③为此,在考察法官的裁判思路和根据之前,在此还要梳理可能对环境享有权予以保护的现行法律规范体系,并明确其具体保护的外在形式。

---

① 例如"朱德喜等诉上海硅酸盐研究所等回迁安置的住房日照不符合标准要求调换案",具体可参见上海市第一中级人民法院(1997)沪一中民终字 1742 号判决书;"杨宪章诉上海现代广场有限公司相邻通风、采光和日照及财产损害赔偿纠纷案",具体可参见上海市第一中级人民法院(2008)沪民一民二(民)终字第 2838 号判决书;"龚国纲诉上海豪俊建设发展有限公司相邻关系案",具体可参见上海市第一中级人民法院(2003)沪一中民一(民)终字第 1840 号判决书。

② 刘卫先:《我国环境法学研究中的盲目交叉及其克服》,载《郑州大学学报(哲学社会科学版)》2015 年第 6 期。

③ 韩世远:《民法的解释论与立法论》,法律出版社 2015 年版,第 24 页。

首先，从对环境行政法规范的梳理探索环境权保护之可能。

《环境保护法》《大气污染防治法》《水污染防治法》等环境保护法律具有天然的公法属性，在中国特色社会主义法律体系之中它们也被列为行政法的组成部分。对2014年修订的《环境保护法》的定位，全国人民代表大会法律委员会的解释也仅限定为"环境领域的基础性、综合性法律，主要规定环保的基本原则和基本制度，解决共性问题"①。而中国特色社会主义法律体系白皮书中对《环境保护法》功能的定位的解释，也仅仅是确立了经济建设、社会发展与环境保护协调发展的基本方针，规定了各级政府、一切单位和个人保护环境的权利和义务。②

在中国，真正的权利保障仅来源于个案中的具体正义，所以我们无法从《环境保护法》中找到答案。因为《环境保护法》本身能够直接适用的条文很少，其中绝大多数是不完全法条，其本身具有的是宣示、号召与制度构建的功能。不完全法条如果不与其他法条相互联系，就不能单独发挥规范性的功能③，也不能作为请求权的独立依据。考察《环境保护法》《大气污染防治法》和《水污染防治法》的所有条文，如果除去司法裁判规范，剩下的条文大多是设定政府部门特别是环保监管部门具体职责的行为规范。然而行政法上标准的达成、哪怕是对于某一特定区域内环境质量的改善，实际上根本不足以确保每一个公民的环境利益的实现。达标排污致害现象足以说明公法意义上的达标排污不能确保公民对于良好环境享有的权利之满足。前述中外有关采光、日照纠纷等案件也说明传统的行政法体系在确保公民环境权益这一问题上是力不从心的。

在新兴的行政法领域中，与公民环境享有权保护机制最相关的是都市计划法。伴随新《行政诉讼法》的施行，公民劳动权、受教育权、获得政府信息权等社会权利，部分政治权利，甚至环境权等一些新型权利也已经可以通过行政诉讼得到保护。④例如，对全国法院系统受理行政案件的数量以及几个主要领域行政案件的占比统计，可以发现我国城市建设行政案件（包括规划、拆迁、房屋登记等）的数量在2002年以后呈大幅度上升趋势，一直位居

---

① 全国人大常委会法制工作委员会行政法室编著：《中华人民共和国环境保护法解读》，中国法制出版社2014年版，第267页。

② 全国人大常委会法制工作委员会研究室编著：《中国特色社会主义法律体系读本》，中国法制出版社2011年版。

③ 邹碧华：《要件审判九步法》，法律出版社2010年版，第103页。

④ 何海波：《行政诉讼法》（第二版），法律出版社2016年版，第113—114页。

行政案件分类统计的首位。2014 年城市建设行政案件占全部一审行政案件总数的 15.8%,这在一定程度上反映了土地管理、城市规划、土地征收和房屋拆迁成为当前社会的几个热点问题。① 立案登记制度的施行更使得这类法院以往不予受理的争议纠纷案件现在可以顺利立案。

这一现象说明,虽然我国尚未形成诸如日本、英国等法治国家那样严密的规划管控体制,但基于规划不合理和土地利用不当的行政诉讼正在不断增多。由于住房商品化强化了不动产的财产权益,并且随着房价的不断上涨和公民对于自身居住环境要求的不断提升,居民出于对自身权益的关切,也对于影响其权益的行政行为,尤其是与城市规划有关的行政行为可能带来的影响极为关注。司法实践中相当数量的规划行政诉讼案件②涉及相邻权、环境空间、采光与日照等争议纠纷的不在少数。③

与这种趋势形成反差的是,我国环保立法的指导思想却是将公众环境权益的行使和保护附着于政府部门义务和企业义务之下。例如,在《环境保护法》修订草案的起草过程中,公民享有的"在优美、舒适的环境中生活的权利"的文字一再被学者提出,又一再被立法机关予以删除。立法机关解释的逻辑是行政机关履行职责和企业履行义务就可以保护公民的环境权利④,而无须通过法律明确宣示公民的环境权利。实践中政府和环保监管部门屡屡失职以及企业故意违法排污比比皆是的事实表明:对现实生活中设定高度不确定性的前提和对人性美好的假定根本无法满足公众对于良好环境权益的需求和立法者的良好愿望。

其次,梳理民法/物权法上的法律规范与权利保护之可能。

基于不动产相邻关系的原则考虑公民环境权益的保护问题,主要涉及规范土地权属与流转关系的物权法律。在我国《物权法》中,与环保相关的最接近的权利保障机制是环境相邻权与环境地役权。

就环境相邻权而言,在现有理论论著中最多被提及,也为立法机关承认的环保相关物权是环境相邻权。而与环境享有权保护相关的条款是《物权法》第 35 条排除妨害请求权的规定,其请求权基础是《物权法》第 89 条和第

---

① 何海波:《行政诉讼法》(第二版),法律出版社 2016 年版,第 115 页。

② 参见陈越峰:《公报案例对下级法院同类案件判决的客观影响——以规划行政许可侵犯相邻权争议案件为考察对象》,载《中国法学》2011 年第 5 期。

③ 王俊、林岚:《采光、日照纠纷案件裁判精要》,人民法院出版社 2012 年版,第 348—349 页。

④ 汪劲:《〈环境保护法〉修改:矫枉必须过正——对〈环境保护法修正案草案〉有关"八加一"条文修改的评析》,载《甘肃政法学院学报》2013 年第 1 期。

90 条规定的通风、采光与日照保护以及在相邻不动产间对排放、施放污染物的限制规定。目前，对此类纠纷较有代表性的裁判案例是郝建华诉北京东方联创地球物理技术有限公司噪声污染责任纠纷案。[①]

然而，基于环境相邻权保护公民的环境享有权在当下也面临着两重困难：一是此种权利保障机制与建设项目规划之间的关系如何定性目前并未厘清[②]，因为立法机关在《物权法》制定时就已经意识到建设项目一般须经行政机关许可批准，一旦发生纠纷争议很难辨明是非关系[③]，所以在立法上作了模糊处理。二是环境相邻权仅仅发生在相邻不动产之间，当侵害者的不动产与权利受害者的不动产呈地理位置上不直接相邻的"隔空"状况而发生眺望权、达滨权等侵害时，这种地理上的距离就会使通过环境相邻权对于环境享有权的保护难以实现。

就环境地役权而言，保护公民环境享有权的实践，理论上还可以从环境地役权入手，即将刚性的良好相邻关系通过当事人基于对不动产不破坏良好的环境状态的意思决定来实现。基于《物权法》第 156 条"利用他人的不动产"的规定，地役权的本质就是不动产役权。不动产役权虽系私法之制度，但经由相互或自己不动产役权之设定，可营造社区风格、达成都市计划、生态环保等公法上之功能。[④] 目前我国城市土地的开发已达到饱和程度，伴随政府可控土地资源的减少与社会对土地刚性需求的增加，地役权的设计就应当尽可能满足经济发展和可持续性城市建设的需要。[⑤] 这也在一定程

---

① 具体可参见北京市海淀区人民法院(2013)海民初字第 287 号判决书；北京市第一中级人民法院(2014)一中民终字第 2666 号判决书。

② 对此问题，立法机关认为：许多纠纷的产生是由于规划的不合理。规划本身作为一种公权力，政府部门在行使权力的时候存在如何处理好民事关系的问题。国家往往是规定最低的标准，例如国家对各种污染物的排污标准都有规定，建设部(现为住房与城乡建设部)对楼间距以及采光的最低标准也有规定，从相邻关系的角度讲，无论是建造建筑物，还是建工厂，都应当符合规划的标准。在符合规划的情况下，是否就不构成民事上的侵权呢？有的专家认为，即使在符合规划的情况下，例如开发商开发的楼盘符合楼间距等规定，但是仍对相邻建筑物的通风、采光造成妨害，受害方仍可以请求开发商给予一定补偿。如果规划部门违反了规划法及法律规定的标准而批准了建设单位的规划，规划部门承担国家赔偿责任。在此种认识的背景下，谢在全先生的见解很有参考价值：相邻关系与都市计划与建筑管理法规既有促进土地或其他不动产有效及妥适利用之共同目的，则相邻关系规定之适用，自应适当运用不确定概念之规定，斟酌社会生活之实际变化，于尽可能范围内导入符合时代发展需求之不动产利用理念，积极调节不动产之用益。参见谢在全：《民法物权论》，中国政法大学出版社 2011 年版，第 181—182 页。

③ 全国人民代表大会常务委员会法制工作委员会民法室：《物权法立法背景与观点全集》，法律出版社 2007 年版，第 430—432 页。

④ 谢在全：《民法物权论》，中国政法大学出版社 2011 年版，第 506 页。

⑤ 宋鱼水：《关于〈地役权的解释论〉疑问的赏析与国情建议》，载崔建远主编：《民法九人行》(第 5 卷)，法律出版社 2011 年版，第 131 页。

度上可以被视为对前述城镇居民需求变迁的一种回应。

与环保相关的地役权主要有三：一是为了确保在自己的土地或建筑物上能够眺望风景，约定供役地的物权人不得建造或种植超过一定高度的建筑物或竹木的眺望地役权。二是为了改善自己的土地或建筑物的采光效果，约定供役地的物权人在一定的区域不得建造建筑物或种植竹木，或者建筑物、竹木不得超出一定高度的采光地役权。① 三是伴随工业化进程影响土地资源利用而生发出的排污地役权。眺望地役权与采光地役权发源甚早，因环保观念之兴起、居住品质之讲究，虽历久而弥新。② 而排污地役权较为特殊，其为已获环保监管部门排污许可的生产企业因其排污行为客观上会给相邻不动产的利用造成损害或不便，因而通过与相邻不动产物权人订立契约、支付对价从而获得的排污地役权。③

根据《物权法》的规定和对《不动产登记暂行条例》以及其实施细则的解释，设定地役权的目的在于提高权利人不动产即需役地的效益，而这种效益不以具有经济价值或者财产价值为限，具有精神上或感情上之利益亦包括在内，例如为需役地之美观舒适使用而设定之眺望地役权，而且是否具有利益，并不具有客观标准，完全委诸当事人的意思来加以判断。④

最后，我们再来梳理民法/人格权法上的法律规范与权利保护之可能。

与宇都宫教授有关都市环境质量金字塔论断的中上层次相对应，法律上人格权法的解释与之是最接近的。例如，我国台湾地区"最高法院"2003年台上字第 164 号判例就在参照日本司法裁判实务确立的"平稳生活权"概念的基础上提出了"居住安宁的人格利益"主张，以人格权保护作为公害防止请求权的依据。⑤

我国在人格权保护的司法实践中几乎没有对环境损害人格的考虑与认定。尽管在理论上有学者曾经提出有必要在民法上确立环境人格权，即在民法典的人格权编中既可以概括地规定环境权，也可以只规定几种人格权性质明显的环境权如宁静权、安稳权⑥，然而我国民法学者对此问题的主流

---

① 李建华、王崇敏主编：《物权法》，吉林大学出版社 2008 年版，第 161 页。
② 谢在全：《民法物权论》，中国政法大学出版社 2011 年版，第 509 页。
③ 但应当注意的是，设立此种地役权应当以不违反环境保护法为前提，排污强度不得超出环境保护法规定的标准。参见李建华、王崇敏主编：《物权法》，吉林大学出版社 2008 年版，第 162 页。
④ 程啸、尹飞、常鹏翱：《不动产登记暂行条例及其实施细则的理解与适用》，法律出版社 2016 年版，第 284—285 页。
⑤ 王泽鉴：《人格权法：法释义学、比较法、案例研究》，北京大学出版社 2013 年版，第 250 页。
⑥ 马俊驹：《人格和人格权理论讲稿》，法律出版社 2009 年版，第 266 页。

观点仍是对有关环境利益的保护可以通过确定特别法上关于保护环境的义务来实现,因破坏环境致他人损害的可以依据侵权法上的环境污染责任来确定。此外,《物权法》中的相邻关系、不可量物侵入、地役权、物上请求权等制度也有助于对环境利益的维护。因各种环境污染的赔偿责任要依据其侵害的不同法益来确定,所以无必要设立环境人格权。①

事实上,这种理论纷争背后所暴露出的是由人格权进路来保护环境享有权的问题。我国法律制度体系的发展曾深受苏联法制体系的影响②,因而缺乏构建环境人格权制度所倚赖的文化根基。另外,在中国传统文化与哲学思想中,高雅而超脱世俗的人格是被寄予于山水的,也即人格与山水(类似于现代都市中的"环境")不具有一一对应性和写实意义。由于文化观念的差异,诸如日本司法判例出现的静稳权、达滨权保护的需求尽管在中国也可能会出现,但是其与人格保护这一领域还是有一定的差距的。

目前,公众环境权利中的程序性环境权利(环境信息知情权、参与权等)已普遍得到各国立法的确认,而实体性环境权利(通俗的表达就是享受良好环境的权利)尚未得到多数国家立法确认,司法保障则更是付之阙如。③ 究其缘由,实体性环境权利的具体表现尚未廓清,需要慎重考量。

(二) 类型化的选取标准二:核心范畴的提炼

1. 经由传统法方法提炼环境权利的核心范畴

"无救济则无权利"。在认识到"公规"的前提下,无论借鉴日本或者美国等国家环境权理论或者制度实际上都会受到其内在的文化以及权利保障机制的影响。在中国,当下的最大问题是要考虑如何让环境权利的制度建设符合"中国特色"这一在法律上无法确定其内涵或者外延的文字表述。因为无论支持者,还是反对者,都很容易用符合或者不符合"中国特色"的论断来支持或反对将"环境权"入法。在立法层面宣示性规范居多并且泛政治化的大背景下,我们可以从最高人民法院环境资源审判庭与最高人民法院相

---

① 王利明:《人格权法研究》(第二版),中国人民大学出版社 2012 年版,第 188 页。
② 在我国民法典制定过程中如何正确处理与苏联法学理论影响之关系,可参见杨立新:《编纂民法典必须廓清苏联民法的影响》,载《法制与社会发展》2016 年第 2 期。
③ 值得注意的是作为改革开放前沿的深圳特区的环境保护条例已经有了实体环境权的规定。

关业务处室编辑出版的环境资源审判案例汇编①中发现相对统一的标准与尺度。

　　环境资源审判案例汇编中收集的绝大部分案件都是依据《侵权责任法》中"环境污染侵权"一章中为数不多的几个条文裁判的。可以说,对传统的排污型案件,我国各级人民法院已以《侵权责任法》相关条文为依据积累了相当成熟的权利保障与救济经验。因为这些案件法律适用方法明确,请求权基础脉络清晰,操作起来具有很强的可复制性,所以这一领域的裁判模式已在中国的法官中形成了一般性共识与裁判准则(如表1-2所示)。

表1-2　不同层次环境质量在我国法律体系中的保护现状

需要保护的环境质量	规范权利运行的法律法规	权利的司法保护现状
生态学意义上的环境安全	大气污染防治法、水污染防治法、水法、环境噪声污染防治法、侵权责任法	生效判决最多,在法院系统形成共识
公共卫生		
环境的舒适性	民法上相邻权保护、城市规划法、建筑法	案件数量在近年来不断增多
历史、文化环境的保存	城市规划法、民法地役权保护	案件数量不多,但具有较大影响②
艺术、文化美		

　　2. 环境享有权:一个作为环境法中权利的核心范畴

　　虽然公民环境权目前在全国性立法之中没有得到明确的承认,但是在上海、福建、海南、宁夏、深圳等地的环境保护条例之中都有明确的规定。这些地方性立法中的环境权条款对我国的环境司法实践是否产生了影响、能否被司法适用以及如何被司法适用都值得关注。反观其他国家,即使没有在成文法之中确立"环境权"的概念,其何以形成良性的环境治理? 基于这种考虑,一个完整的、十全十美的环境权理论模型在一国环境保护的实践之中是否必要? 对这些问题作出有针对性的、有效的回答的最终目的是找到环境权理论在真实的社会生活之中落地生根的触角。目前看来,在形形色色的环境法的权利之中,相对适合承担这一使命的概念应当是环境享有权。

---

　　①　最高人民法院中国应用法学研究所编:《环境资源审判典型案例选编(民事与行政卷)》,人民法院出版社2015年版;最高人民法院环境资源审判庭编著:《环境资源典型案例选编与评析(民事卷)》,人民法院出版社2014年版。

　　②　例如,杜文等300多名市民诉青岛市规划局音乐广场规划许可案与施建辉、顾大松诉南京市规划局批准建设紫金山"观景台"案,参见何海波:《行政诉讼法》(第二版),法律出版社2016年版,第199—200页。

环境享有权是每个公民（自然人）的生存本能需求的表达，既包括对清洁环境要素的生理享受，也包括对优美景观、原生自然状况的精神和心理享受。良好环境享有权的主要内容包括三个方面：一是接近并享受良好环境的自由权；二是在他人行为损害了环境及其生态功能时有权要求其停止侵害、排除妨害的排除干预权；三是在环境破坏发生时或者基于提高环境质量的需要而要求他人采取措施恢复或者提高环境质量的环境改善请求权。环境是否良好，要根据环境质量标准来判断。[①] 参考欧洲国家、美、日等环境法治较为成熟国家的经验，随着经济的发展以及传统意义上的工业污染治理时代的趋近尾声，都市化进程中人们对大气、水、日照、静稳、景观、土壤等"属于万人共享的环境共有法理"[②]的诉求会逐步凸显。对这些诉求不仅仅要有效地进行制度设计与回应，更由于这种诉求与特定领域背后的不同技术原理无关、与特定地域的自然地理条件与人文风俗无关，而更可能需要以一种超然的、可供后来研究者补充的、可持续的环境享有权制度设计来加以保护。

这种制度设计即是将环境享有权作为环境法中权利类型的核心构造。如上所述，尽管环境法中的权利在不同时期可能有不同的表述及其外在表现，但环境法中的权利也存在着最低限度的对人的环境利益需求的跨越地理、人种与时空的回应，因为它与人类正常生存的生理机能需求与审美需求密切相关。只要我们还承认人类是一个独立的物种，我们就不能回避这个物种对于其所处的空间的最基本需求，并以此作为相关环境立法与权利保障的基点，这个基点，恰恰是环境法中的权利类型的差异性所无法触及的。

环境立法的功能之一就是重申环境的美学价值。作为一种无形的财产，环境的美学价值——舒适感对人类的影响是极其重大的。环境法在强调对"环境"这种无形财产的保护的同时，实际上也重申了环境的美学价值。[③] 这种美学价值与人的亲身感知也即人格体验有着紧密联系，似乎更容易为民法典（或者说私法体系）所吸纳。但是总体上看，这种私法意义上的环境权已经超越了民法典的功能范围，如果在民法典中规定环境权有可能会危及民法典自身逻辑体系的周延性。当我们从基本的法律理论和逻辑出

---

① 汪劲：《环境法学》（第三版），北京大学出版社 2014 年版，第 45 页。

② 〔日〕交告尚史等：《日本环境法概论》，田林、丁倩雯译，中国法制出版社 2014 年版，第 149 页。

③ 汪劲：《环境法律的解释：问题与方法》，人民法院出版社 2006 年版，第 319 页。

发,对环境法中权利类型的构造进行更为细致的研究,提供更为科学、合理、可行的法学理论和法律制度产品时,会发现环境享有权是超越民法理念之外的制度创设,是环境法学的实质贡献。

3. 确立"环境享有权—环境利用行为"的二元分析框架

笔者认为,环境利用行为是指人类为满足生存需要而有意识地获取环境要素或者从环境要素中牟取利益的活动。环境利用行为的构成要素有三:第一,环境利用行为的主体是人(含自然人和法律拟制的人);第二,行为在主观上是为了满足人的生存或生活需要;第三,行为的结果是获取环境要素或者从环境要素中谋取利益。这种利用行为直接勾连了众多传统的法律领域对于环境问题的研究,也形成了可供认证、统计与纳入国家治理体系的环境治理子单元。

倡导环境利用行为论的目的是想告诉大家,环境法学者从理论到理论、从体系出发解释现实环境法律现象的做法是徒劳无功的,甚至是南辕北辙、事与愿违的。正如马克思所述"哲学家们只是用不同的方式解释世界,而问题在于改变世界"那样,我们与其纠结于停留在纸面与书本中的权利与权利(权力)的冲突,倒不如对实现全社会多维度的合作的环境利用行为作有效的规制。例如,德国公法学家阿斯曼教授就在论述环境法的合作原则时强调了在合作原则之下,社会与国家之间责任领域之区分保持弹性。他认为环境保护应由国民与国家共同承担,并各尽其力。合作的形式包括国家与个人之间的合作,以及国家与利益团体联合组织之间的合作,例如技术规范之制定。

此外,环境保护的公众参与也同属此类议题。例如,国家通过环保信息及利用环保意识作为管制的方法。这种具体化到个人生活之中的行为规制(包括了鼓励与惩罚)相比于经过环境权"中转"的调整机制能够在以风险预防与污染治理结合为特色的我国环境治理之中发挥更大的作用,也更具有可操作性。

(三) 类型化基础上的环境权利体系构造

虽然类型化的成熟程度与精细程度还不那么令人满意,还需要继续发展,但中国环境法中权利的类型化进程及其证成事业已由我们从本书开始启动(参见图 1-1)。

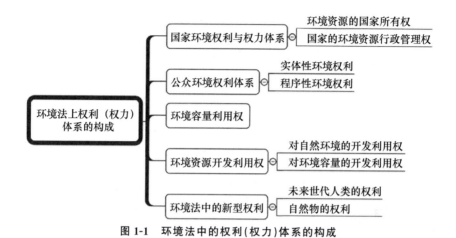

图 1-1　环境法中的权利(权力)体系的构成

　　例如,对于实体性的环境权的进一步类型化,首先是明确公众的实体性环境权利的本质内容,即对环境的非经济利益(主要是生态利益)的权利确认;其次是明确公众实体性环境权利的权能,即拥有此类权利对权利人有哪些好处,其相对应的义务人及其义务是什么;最后需要明确公众实体性环境权利的保障与实现机制。而对于程序性环境权的进一步类型化,其发展首先需要考虑的问题是明确这些权利的性质,尤其是其与实体性环境权利之间的关系;其次是要明确这些权利的构造,即权利主体、客体与权能。

　　对于环境资源的国家所有权的进一步类型化,首要的问题是明确国家所有权的性质,即是私法上的所有权还是公法上的所有权;其次是要明确国家所有权的权利构造,即权利主体、客体与内容;最后要明确国家所有权行使方式及其相应的法律后果。而对于国家的环境资源行政管理权的进一步类型化,首要的问题是明确环境资源国家管理权的性质;其次是要明确环境资源管理权的主体和内容;最后是要明确环境资源管理权的行使方式。

　　在自然资源开发利用权的进一步类型化研究方面,首要的问题是明确传统物权理论与立法在自然资源开发利用权研究的适用范围和方式;其次是要明确自然资源开发利用权的构造,即主体、客体与权能、取得与流转;最后是要对各类自然资源的开发利用权,例如取水权、采矿权、采伐权、养殖权等进行进一步的类型化研究。[①] 而对于环境容量的开发利用权的进一步类型化研究,首要的问题是明确此种权利存在的理论与现实依据及其性质;其

---

① 汪劲：《环境法学》(第三版),北京大学出版社 2014 年版,第 91 页。

次是要明确环境容量利用权的权利构造；最后是探析环境容量利用权交易的基本法律问题，包括初始分配、交易规则、交易限制等。

相对来说较为有趣，也更为新颖的是对环境法中新型权利的研究，在尚且不具备类型化条件的情形下，已经开始从应然层面分析新型权利的产生背景、必要性、正当性基础、权利构造等问题，从实然层面分析新型权利的立法与司法状况及其保障与实现机制。

除去上述在现有权利（权力）体系雏形上的改造，环境法中的权利类型化还将面临一个问题：假如这种对于现有体系本身的弥补并不足以构建起作为学科基石的范畴体系的话，我们将从何处寻求更好的环境法中权利的类型化成果？

"纸上得来终觉浅，绝知此事要躬行"，具体的环境保护实践本身为环境法中权利的类型化提供了比较丰富的素材，在这些素材之中，是能够提炼出崭新的权利构造的。

第二章 实体性环境权：宪法化与司法救济

20 世纪以来的生态危机对作为宪法基本权利核心的人性尊严（human dignity）构成了严峻的挑战，环境权的权利诉求和环境权理论亦在此历史背景下粉墨登场。日本宪法学家杉原泰雄指出："环境破坏的加剧每天都在威胁着人类本身的生存。但是，现代市民宪法等现代的各种宪法并没有从正面提到环境权。在'今天'也需要把环境权的问题作为享有传统人权不可或缺的权利内容进行认真的探讨。"①

一、环境权的基本法理

（一）环境公共信托论——环境权的法理基础

环境权是当代人权法和环境法中的新兴权利，是在 20 世纪六七十年代生态危机背景下提出的权利主张，用以捍卫和保障公众对于良好环境的权利。下面两个事例促使我们思考：谁是青岛海滩和风景名胜的拥有者？

事例一：青岛市民讨要环境权案

2000 年 11 月初，青岛市风景如画的浮山湾畔突然竖起塔吊，一开发公司准备在此建设住宅区。为维护美丽的海滩，300 多名市民组织起来，以住宅建设不符合刚刚公布的"海岸线 200 米范围内不准建设建筑"的规定为由，将负责审批建设的青岛市规划局告上法庭。

法院认为，目前我国虽然有了环境立法，但公民环境权作为一项具体权利尚未以法律形式予以明确承认。青岛市规划局对浮山湾住宅区的规划许可行为符合法律规定。因此，驳回市民的诉讼请求。

资料来源：姜培永：《市民状告青岛规划局行政许可案》，载《山东审判》2002 年第 1 期。

---

① 〔日〕杉原泰雄：《宪法的历史——比较宪法学新论》，吕昶、渠涛译，社会科学文献出版社 2000 年版，第 190 页。

事例二：景区涨价何时休？

2012 年是国家发改委规定的旅游景区票价 3 年一调整的第二个"三年解禁"期。记者采访发现，伴随着新一轮旅游旺季的到来，在三年大限到期后，全国部分景区门票已开始上调。未来数月内，全国将有超过 20 个知名景区门票涨价，涨幅从 20% 到 60% 不等。

从过去 6 年调整的幅度看，张家界从 158 元调到 248 元；莫高窟从 80 元调到 160 元，黄山从 130 元调到 230 元。在过去的两轮调价周期中，我国世界遗产类景区门票的价格整体调高了 65.42%。横向比较，国外许多景区的门票价格占人均月收入的比例一般不超过 1%，而国内明显高于这一比例。国内一些景区票价动辄一两百元，远远高于全国人均月收入 1% 的水平。

资料来源：郭文斌：《谁来破除景区门票"三年必涨"的怪圈？》，http://opinion.people.com.cn/GB/17756295.html，最后访问时间：2019 年 10 月 30 日。

我们人类无法像仙人那样餐风饮露而存活下来。俗话说"靠山吃山，靠海吃海"，这句话形象地表明了人类蒙受大自然的恩惠是极大的。阳光、空气、水、土地等公共资源是所有人类生存和发展的必需品，是大自然慷慨给予人的特别恩赐，因而它们应当属于全体人类。滥觞于罗马法的公共信托理论阐释了环境共有的理念并为现代环境权的诞生提供了法理基础。

罗马法以物（res）能否为个人所有作为区分标准，将物分为可有物（res extra nostrum patrimonium）和不可有物（res in nostro patrimonio）。前者又称财产物，是指可以为个人所有、可以买卖、转让的物。后者又称非财产物，是指不得为个人所有的、不可买卖或转让的物，包括神法物（res divini juris）和人法物（res humani juris）。神法物包括神用物（res sacrae）、安魂物（res religiosae）和神护物（res sanctae），分别是指经法定程序供奉给神灵所用的物、为安葬亡魂所用的物和受神灵保护的物。人法物则包括共用物（res communes）、公有物（res publicae）和市有物（有的译为公法人物）（res universitatis）。[①]

---

① 周枏：《罗马法原论》（上），商务印书馆 1994 年版，第 276 页；陈朝璧：《罗马法原理》，法律出版社 2006 年版，第 79 页。

　　所谓共用物，是指供人类共同享用而非为一人一国所独占的一切人共有的物，例如，海洋、日光、空气等。共用物的概念最早由古典时期的罗马法学家埃流斯·马尔西安（Aelius Marcianus，约 193—235）所提出，他在其《法学阶梯》第 3 卷中首次说："的确，根据自然法，空气、流水、大海及海滨是一切人共有的物。"①马尔西安的论述后来被《优士丁尼法学阶梯》采用："确实，按照自然法，为一切人共有的物是这些：空气、水流、海洋以及由此而来的海岸。因此，任何人都不被禁止接近海岸，但以他远离别墅、纪念碑和房屋为限，因为这些物不像海洋一样，是万民法上的。"②公有物是指供全体罗马市民享用的财产，其所有权一般属于国家，不得为私人所有。在罗马法中，国家之所有物，可分为两种，一为私有财产，与个人之私有财产相同，人民不得直接使用之；一为公有物，如河川、公路、公共戏院、公共体育场等。例如，根据《优士丁尼法学阶梯》，一切河流和港口都是公有物，此段奠定了后世公产制度的雏形。③ 市有物主要是指市府等的财产，如罗马市的斗兽场、剧场、浴场等，供本市的人共同享用。由此可见，在罗马法中上述不可有物都具有一定的公共性，只是公共性的范围有别，共用物是供全人类享用的物，公有物是供全国人民享用的物，市有物则是供全市人民共同使用的物。

　　上述罗马法中物的种类与公共信托理论有关的是共用物和公有物，二者都属于万民法的范畴。不过，在罗马法文献中，公有物和共用物的概念经常相互混同，比如，海滨、河流既被说成公有物，也被认为是共用物。④ "根据罗马法，任何个人，哪怕是皇帝，拥有空气或者其他具有社会重要性的环境物品都被认为是违背自然法的。"⑤对于公有物和共用物，人们可以自由利用，国家只作为管理者或受托者享有权利。当有人妨害自由利用时，司法部部长可以发出排除妨害的命令以保护共同利用权，也可以根据侵害诉讼而对妨害人处以制裁。⑥

　　起源于罗马法的公共信托理论后来在美国得以继受与发展。1821 年

---

　　① 徐国栋：《"一切人共有的物"概念的沉浮——"英特纳雄耐尔"一定会实现》，载《法商研究》2006 年第 6 期；〔意〕桑德罗·斯奇巴尼选编：《民法大全选译Ⅲ：物与物权》，范怀俊译，中国政法大学出版社 1993 年版，第 8 页。

　　② 徐国栋：《优士丁尼〈法学阶梯〉评注》，北京大学出版社 2011 年版，第 167 页。

　　③ 同上书，第 168 页。

　　④ 黄风：《罗马私法导论》，中国政法大学出版社 2003 年版，第 171 页。

　　⑤ 〔美〕丹尼尔·H. 科尔：《污染与财产权：环境保护的所有权制度比较研究》，严厚福、王社坤译，北京大学出版社 2009 年版，第 2 页。

　　⑥ 汪劲：《环境法律的理念与价值追求》，法律出版社 2000 年版，第 238 页。

的 Amoid v. Mundy 案是美国第一个关于公共信托的案件。在该案中,新泽西州最高法院认可了公共信托理论,它认为海岸(包括领海内的海水和底土)属于新泽西州公民的公共财产,即使议会也不能对其享有直接和绝对的权利,议会不能剥夺全体公民的这一公共权利。① 1892 年美国最高法院审理的 Illinois Central Railroad Co. v. Illinois 一案是有关公共信托原则的最重要的判例。② 在本案中,最高法院认为,伊利诺伊州拥有对密歇根湖可航水域底土的所有权,这是一种受州人民的信托而持有的所有权,以便州人民能够享受该水体的航运和贸易之利以及不受私人阻碍或干扰自由地捕鱼。州出于信托目的对信托财产的控制永远不会放弃,除非该土地被用于促进它们所具有的公共利益;或者该土地的转让不会对剩余土地和水体的公共利益带来实质的损害。③ 自此,公共信托理论在美国全国范围内得到了广泛的适用。但美国早期普通法所承认的公共信托原则的适用范围比较狭窄,仅适用于确定特定水下土地所有权的产权之诉,其物质客体限于由州所有的湖泊、河流的水下土地和海岸低水位线与高水位线之间的土地。

20 世纪 70 年代标志着公共信托原则新时代的到来。1970 年密歇根大学的萨克斯教授在《密歇根法律评论》上发表了《自然资源法中的公共信托原则:有效的司法干预》(The Public Trust Doctrine in Natural Resources Law:Effective Judicial Intervention)这一划时代的论文,并出版了《保卫环境:公民诉讼战略》(Defending the Environment:A Strategy for Citizen Action)一书,系统地提出了"环境公共信托论",主张将公共信托原则运用于自然资源保护这一领域。萨克斯教授认为:"公共信托思想建立在三个相关的原则基础之上。第一,某些利益——例如,空气与海——对全体国民具有如此重大的意义,以至于将这些利益作为私人所有权的客体是很不明智的。第二,这些利益蒙受自然如此巨大的恩惠,而不是某个企业的恩惠,以至于这些利益应该提供给全体国民自由使用,不论国民的经济地位如何。第三,政府的主要目的是增进一般公众的利益,而不是按照从广泛的公共用途到有限的私人收益用途重新分配公共物品。"④为了合理支配和保护这种

---

① 侯宇:《美国公共信托理论的形成与发展》,载《中外法学》2009 年第 4 期。

② Illinois Central Railroad Co. v. Illinois, 146 U. S. 387; 13 S. Ct. 110; 36L. Ed. 1018 (1892).

③ Illinois Central Railroad Co. v. Illinois, 146 U. S. 387, 452-453(1892).

④ 〔美〕约瑟夫·L. 萨克斯:《保卫环境:公民诉讼战略》,王小钢译,中国政法大学出版社 2011 年版,第 139 页。

"共有财产"，共有人委托国家来管理。国家对环境的管理是受共有人的委托行使管理权的，因而不能滥用委托权。于是，有人便在"公共财产论"和"公共信托论"的基础上提出了环境权的观点，认为每一个公民都有在良好环境下生活的权利，公民的环境权是公民最基本的权利之一，应该在法律上得到确认和保护。[①]

(二) 环境权的特质

1. 环境权具有集体共享的特征

传统的权利可以为权利主体独占性享有，例如，所有权人可以对其所有物行使占有、使用、收益和处分的权利，也即可以对其所有物行使独占性、排他性的权利。环境权虽然是一种个人人权，但是由于地球环境的整体性，因此它具有集体共享的特征，即某一区域的所有人共同享有一定环境质量的环境权，环境质量无法为个人独占性地享有。由于环境权的这种集体共享或者社会连带的特征，有许多学者认为环境权属于"第三代人权"。

前联合国人权与和平分委员会主任卡莱尔·瓦萨克(Karel Vaska)首先提出了三代人权理论。他把三代人权分别对应法国大革命所提出的"自由、平等、博爱"。他认为，第一代人权是产生于法国大革命之后的公民权利和政治权利，它是一种免于政府干预的自由。第二代人权是产生于 19 世纪末、20 世纪初社会主义运动之后的经济、社会和文化的权利，它是一种要求国家积极干预的权利。第三代人权的产生则与第二次世界大战后反对殖民主义压迫的民族解放运动有密切关系，它是集体人权或者社会连带性权利(solidarity rights)，包括环境权、发展权、和平权、人类共同继承遗产权、交流和人道主义援助权。瓦萨克在 1979 年 7 月人权国际协会第十届研究会议的开幕讲演中说，第三代的新人权"新就新在它们表示了新的渴望；新在从人权的观点来看，它们把人类的范畴输入到它经常被忽视的领域、过去留给国家或国家间的领域……新在它们既可以用来反对国家，又可以要求从国家那里得到权利。但首要的是(这里包含着它们的基本特点)，只有通过这个社会舞台上个人、国家、公共的和私人的团体以及国际社会等所有角色的共同努力，这些权利才能实现。"[②]笔者认为，三代人权理论比较准确地反

---

① 陈泉生：《环境法原理》，法律出版社 1997 年版，第 101—102 页。

② 〔美〕斯蒂芬·P. 马克斯：《正在出现的人权：八十年代的新一代人权?》，赵红野译，载《法学译丛》1987 年第 2 期。

映了人权内容的历史发展以及各代人权的差异性,但是不能把环境权简单地归类为集体人权,虽然环境权具有集体共享的特征,但是其权利的享有和行使者仍然可以,也应当是个人。从实证法的角度而言,除了 1981 年《非洲人权和民族权宪章》第 24 条规定环境权的享有者是"一切民族"外,各国宪法一般都确认环境权的主体是每个人(everyone, every person, everybody)、每个公民(each citizen)①,或者所有公民、所有人(all citizens, all persons, all)。②

2. 环境权的内容是生态性的、审美的、精神的、文化的利益

环境权实质上是一种对一定环境品质的享受权,是实体性的权利。各国法律往往将其称为清洁环境权(right to a clean environment)、健康环境权(right to a healthy environment)或良好环境权(right to a good environment)。例如,1980 年第 8 次修改的韩国《宪法》第 33 条规定:国民有生活于清洁环境之权利,国家及国民,均负有环境保全之义务。1993 年通过的俄罗斯联邦《宪法》第 42 条规定:人人有权享有良好环境及了解有关环境状况之可靠资讯的权利,也有权要求因违反环保法律所造成对其健康或财产损害之赔偿。"1995 年通过的芬兰《宪法修正案》第 14a 条规定:"每个人都对自然及其生态多样性、环境和文化遗产负有责任;政府部门应当确保公民享有健康环境权,并且有机会影响与其生活环境有关的决策。"

环境权的直接客体是环境以及各种环境要素,包括土地、水、森林、草原等各种自然资源。此种环境资源的价值具有多元性。罗尔斯顿指出,自然的价值包括了经济价值、生命支撑价值、消遣价值、科学价值、审美价值、生命价值、多样性与统一性价值、稳定性与自发性价值、辩证的(矛盾斗争的)价值、宗教象征价值。③ 他对环境价值的分类虽然烦琐,但却道出了环境价值的多样性。而环境保护心理学为我们了解环境价值提供了另外一个

---

① 例如,格鲁吉亚《宪法》、刚果共和国《宪法》、挪威王国《宪法》、巴拉圭共和国《宪法》、马里共和国《宪法》、佛得角共和国《宪法》、哥斯达黎加共和国《宪法》、捷克共和国《宪法》、喀麦隆共和国《宪法》。

② 例如,巴西联邦共和国《宪法》、安哥拉共和国《宪法》、埃塞俄比亚联邦民主共和国《宪法》、莫桑比克共和国《宪法》。

③ 〔美〕霍尔姆斯·罗尔斯顿:《哲学走向荒野》,刘耳、叶平译,吉林人民出版社 2000 年版,第119—150 页。

向度。① 环境保护心理学以及生态心理学家认为,环境价值中包含着重要的心理成分或心理学价值,以威尔逊在其《生命的未来》以及美国心理学会在《心理学导引》中所强调的"荒野"的环境价值为例,其中的心理学意义表现在三个方面:(1)身心的治疗与治愈。人的身心疾病,具有环境失调的起因,包括居住和构建环境、自然环境以及社会环境,同样,和谐自然的环境本身也具有对人类身心疾病的医治和疗愈的作用。(2)心理的满足与和谐。环境价值中包含着对人类心灵的慰藉,"原野、森林、草场、河流、蓝天"这些象征人与自然和谐的意象,实际上也是人的内在和谐不可或缺的重要元素。(3)心性的需要与发展。环境价值与传统的伦理价值和社会价值同样重要,并且将人的道德思考提升于生态和自然的层面,这是人类心性的一种新的境界,这本身便意味着人类心性的发展。②

在环境价值多元性的背景下,物权法注重的是对资源的开发,对其经济价值的利用。而环境法则是从自然资源的生态价值出发,侧重于对资源的保护。与之相对应的是,环境权本质上是对于环境资源的质量或品质的享受,是对其非经济价值的利用和享受。而对于环境资源经济价值的利用和享受,则是物权的内容。因为,环境权虽是一种实体性的权利,但它不同于传统的物权及其他权利,其客体虽是以物质形态存在的环境及其构成要素,但其内容却是从物质的客体中呈现出来的生态的、文化的、精神或审美的利益。③ 例如,联合国1994年《人权和环境原则草案》第13条指出,"任何人皆享有基于文化、生态、教育、健康、生活、娱乐、精神或其他之目的,而公平享受因自然资源之保护及永续利用所生利益之权利。它包括生态上平等接近自然之权利。任何人皆享有保存独特遗址之权利,而与生活于该区域人民或族群之基本权利相合致。"④此点正是环境权作为新兴的权利所表现出

---

① 环境保护心理学(environmental conservation psychology)是21世纪的一个新兴学科,2003年《人类生态观察》(Human Ecology Review)第2期是"环境保护心理学"的专辑,这可视为环境保护心理学家面对全球生态危机的宣言。2005年7月7日,美国心理学会的《心理学导引》(Monitor on Psychology)刊登专稿,介绍"环境保护心理学",题目为"荒野的呼唤"(The call of the wild),环保心理学呈现出一种新学科的发展趋势,引起了国际学术界的关注。参见徐锋、申荷永:《环境保护心理学:环保行为与环境价值》,载《学术研究》2005年第12期。

② 徐锋、申荷永:《环境保护心理学:环保行为与环境价值》,载《学术研究》2005年第12期。

③ 吕忠梅教授在关于"环境权的公共信托理论分析"中明确地指出,公共信托显然不是为环境资源的经济功能而设定的,作为公共信托的环境权实际上是对环境资源的生态价值和文化美学等价值的肯定。吕忠梅:《沟通与协调之途——论公民环境权的民法保护》,中国人民大学出版社2005年版,第83—84页。

④ 李建良:《论环境保护与人权保障之关系》,载《东吴法律学报》(第12卷第2期),东吴大学出版社2000年版。

来的特质,从而区别于传统的其他权利。

3. 环境权的类型多样

环境权是一个权利束,包括了众多的子权利。以笔者之见,环境权包括"免于污染的权利"和"环境享有权"。前者包括清洁空气权、清洁水权、安宁权等,后者包括达滨权、景观权、历史环境权等。其中,某些环境权(例如景观权、清洁水权)已经在某种程度上获得法律的肯认。

例如,一向在司法实践中否定环境权诉讼主张的日本,在晚近的判例中出现了新动向,承认了景观利益是受法律保护的。日本最高法院 2006 年 3 月 30 日在"国立景观诉讼"的判决中认为,在与良好的景观相邻接的地域内居住的、日常享受该景观惠泽之人,对良好的景观具有的客观价值所受的侵害,应该说是有密切的利害关系之人,这些人所具有的享受良好景观的惠泽的利益,应该是值得法律保护的利益。①该判例将景观利益视为受法律保护的个人利益,虽然景观利益尚不能等同于环境权或景观权,但至少向环境权或景观权的法律确认迈进了一大步。

联合国经济、社会和文化权利委员会 2002 年 11 月 26 日发布的《关于水人权的第 15 号一般性意见》明确宣告:"水人权赋予人人能为个人和家庭生活得到充足、安全、可接受、便于汲取、价格上负担得起的水的权利。"②虽然该一般性意见将《经济、社会和文化权利国际公约》第 11 条"充足生活水准权"和第 12 条"健康权"作为水人权的主要法律渊源,并未提及环境权(因为环境权本身在全球性国际人权公约中没有得到明确承认)。但是从学理上而言,清洁的水人权可视为环境权的类型之一,这一点已被一些国家的司法实践所认可。例如,在阿根廷,清洁的饮用水的权利被视为宪法上的健康环境权的基本组成部分,法院屡次命令政府提供饮用水,建造饮用水处理设施,医治因受污染饮用水而受到损害的个人,以及实施其他环境补救措施。在 2005 年一个针对印度尼西亚水资源法的合宪性的判决中,印度尼西亚宪法法院认为,水权是 2000 年《宪法》所保障的环境权的一个重要部分。③

---

① 〔日〕吉村良一:《景観保護と不法行為法》,载《立命館法学》2006 年第 6 号。

② Committee on Economic, Social and Cultural Rights, General Comment No. 15: The Right to Water (arts. 11 and 12 of the International Covenant on Economic, social and Cultural Rights), UN Doc. E/C. 12/2002/11. para. 2.

③ David R. Boyd, *The Environmental Rights Revolution: A Global Study of Constitutions, Human Rights, and the Environment*, The University of British Columbia Press, 2012, p. 129, 174.

（三）环境权的人权属性

所谓环境权，是指每个人在良好环境中享受一定环境品质的基本权利。在现代社会，环境权是一种基本人权，已经得到许多国家宪法和国际法的确认。环境权作为宪法基本权利的一种得以被确认，是当代宪法对社会现实生活的积极回应，是宪法人性尊严和人权保障之理念在当今环保时代的具体体现。

环境权的人权属性植根于人之本性的深层需要。人权是普遍性和相对性的统一，但总的发展趋势是，人权相对性的适用范围将逐步缩小，人权普遍性的适用范围将逐步扩大。人权具有普遍性，是因为人权是人作为人所享有的权利，是基于人类共同的利益和共同的理想与道德。例如，保障安全、向往自由、追求幸福，这是世界上任何人都有的愿望和要求，是出自人的本性，这就产生了生命权、自由权等基本人权。人人都有在良好环境下生存的愿望，在 20 世纪以来生态危机的大背景下自然就产生了环境权的诉求，这也出自人的本性。

美国著名心理学家马斯洛所开创的"人本主义心理学"为我们阐释了关于人类动机和需要的理论，也为我们提供了环境权人权属性的心理学基础。马斯洛系统地提出了需要层次论，指出人类的需要呈现出由低到高五个不同的层次，即生理需要、安全需要、归属和爱的需要、尊重需要、自我实现的需要。所谓生理需要，是维持个体生存和种族发展的需要，也是人的各种需要中最原始、最基本、最需优先满足的一种需要，包括食物、水、性交、排泄和睡眠等。安全需要是个体希望获得稳定、安全、秩序、保障，免受恐吓、焦虑和混乱的折磨等的需要。归属和爱的需要，是个人对友伴、家庭的需要，对受到组织、团体认同的需要。尊重需要是个人对自己尊严和价值的追求，包括两个方面：一是希望得到别人的尊重，如得到关心、承认、赏识、赞许、支持和拥护等，由此产生认可、威信、地位等情感；二是个人对自己的尊重，由此产生胜任、自信、自强、自足等情感。所谓自我实现，可以归入人对于自我发挥和完成的欲望，也就是一种使他的潜力得以实现的倾向。[①]

如果我们将需要层次论与当今的环境时代结合起来的话，就会发现环境人权的确立与马斯洛所言的五种需要均有密切的关系。大自然为人类提供了水、食物、空气等人类生存所必需的物质和能量，生态危机对人类的生理需要构成直接的威胁。严重的生态危机标志着人与自然关系和秩序的失

---

① 〔美〕马斯洛：《动机与人格》，许金声等译，华夏出版社 1987 年版，第 44—54 页。

衡,同时会导致大规模的社会冲突和社会秩序的紊乱,导致人们安全的需要无法满足。人既是社会之子,亦是自然之子,生态危机既起因于人与自然关系的割裂和对立,又直接导致人无法安身于饱经污染和破坏的大自然。重新回归自然,享受良好的环境,是作为自然之子的人类的"归属的需要"。生态危机导源于人的异化,环境权的确立将有助于消除人的异化,重塑人的主体性,重新确立人的自尊。大自然与人的自我实现也有密切的关系,马斯洛在 1962 年提出了"高峰体验"(peak experience)这一概念,它是指人在进入自我实现和超越自我状态时所感受到的一种极乐的瞬时体验。马斯洛曾列举了人产生高峰体验的一些情境和时刻,其中包括"与大自然的交融",如在森林里、在海滩上、在丛山中。

在当今时代,在良好环境下生活的权利诉求是人之本性的体现,它既具有普遍性,又具有相对性。马斯洛需要层次论中的生理需要、安全需要、归属和爱的需要、尊重需要可以合称为基本需要(basic need)。它是指个体不可或缺的普遍的生理和社会需求,它不是某一社会文化所特有的,而是人类共同具有的。当今世界面临着生态危机全球化的困境,保障每个人在良好环境下生活的权利正是满足人类基本需要的重要条件。无论是发达国家还是发展中国家,这一点是具有普适性的。当然,环境权的实现,要以国家的经济和科技实力作为重要的保障。相对而言,发展中国家的人民对环境利益的要求可能就要低一些,而发达国家的人民在基本满足其基本需要后就会向更高一层的自我实现需要迈进。

二、环境权入宪的实证考察

自 20 世纪 70 年代开始,环境权被载入宪法。据魏伊丝教授统计,目前有 41 个国家或地区的宪法规定了个人所享有的清洁、健康的环境的一般性权利,有 62 个国家或地区在宪法中规定把保护和改善环境作为国家的目标或义务。另据统计,有 60 多个国家的宪法确认了环境权或者将环境保护作为国家的责任。[①] 为了更清晰地呈现环境权入宪的图景,笔者从以下三个方面对各国环境权入宪进行比较。

① Alexandre Kiss and Dinah Shelton, *International Environmental Law*, Transnational Publishers, Inc., 1991, p. 144.

（一）环境权入宪之时间比较

表 2-1　环境权入宪之时间比较①

时间	国家	数量
1970—1979	南斯拉夫联邦（1974）、葡萄牙（1976）、西班牙（1978）、秘鲁（1979）	4
1980—1989	智利（1980）、土耳其（1982）、厄瓜多尔（1983）、萨尔瓦多（1983）、尼加拉瓜（1986）、菲律宾（1987）、韩国（1987）、巴西（1988）、匈牙利（1989）	9
1990—1999	贝宁（1990）、莫桑比克（1990）、克罗地亚（1990）、圣多美和普林西比（1990）、几内亚（1990）、哥伦比亚（1991）、马其顿（1991）、布基纳法索（1991）、斯洛文尼亚（1991）、捷克（1991）、保加利亚（1991）、加蓬（1991）、蒙古（1992）、安哥拉（1992）、多哥（1992）、佛得角（1992）、刚果共和国（1992）、马里（1992）、挪威（1992）、斯洛伐克（1992）、巴拉圭（1992）、南斯拉夫联盟（1992）、吉尔吉斯（1993）、南非（1993）、塞舌尔（1993）、俄罗斯（1993）、摩尔多瓦（1994）、比利时（1994）、哥斯达黎加（1994）、阿根廷（1994）、白俄罗斯（1994）、阿塞拜疆（1995）、格鲁吉亚（1995）、埃塞俄比亚（1995）、乌干达（1995）、芬兰（1995）、喀麦隆（1996）、乍得（1996）、乌克兰（1996）、拉脱维亚（1998）、尼日尔（1999）、委内瑞拉（1999）、墨西哥（1999）	43
2000—2009	印度尼西亚（2000）、科特迪瓦（2000）、塞内加尔（2001）、东帝汶（2002）、希腊（2002）、巴勒斯坦（2002）、卢旺达（2003）、圭亚那（2003）、罗马尼亚（2003）、中非共和国（2004）、法国（2005）、刚果民主共和国（2005）、伊拉克（2005）、苏丹（2005）、南苏丹（2005）、亚美尼亚（2005）、塞尔维亚（2006）、尼泊尔（2006）、黑山（2007）、土库曼斯坦（2008）、马尔代夫（2008）、玻利维亚（2009）	22
2010—2016	肯尼亚（2010）、多米尼加（2010）、牙买加（2011）、摩洛哥（2011）、索马里（2012）、埃及（2012）、毛里塔尼亚（2012）、越南（2013）、津巴布韦（2013）、斐济（2013）、突尼斯（2014）、阿尔及利亚（2016）	12

① 需要说明的是：(1) 有的国家在前后几部宪法中都有环境权的规定，则该国环境权入宪的时间以第一次入宪为准，例如南非 1993 年《临时宪法》和 1996 年《宪法》都有环境权的规定，则其环境权入宪的时间确定为 1993 年。(2) 表格中列举的南斯拉夫联邦和南斯拉夫联盟均已解体。另外，1990 年克罗地亚《宪法》第 69 条规定"共和国保障公民们有健康环境的权利"，但是 2010 年修订的新《宪法》删除了环境权的明文规定。故现今在宪法中明确规定环境权的国家有 87 个。

由上表可知,20 世纪 90 年代是环境权入宪的"黄金十年"。"黄金十年"之所以产生,笔者认为原因主要有二:

第一,20 世纪 90 年代是可持续发展理论迅速发展和普及的年代,可持续发展促使各国更加重视环境保护,也唤醒了人民的环境权利意识。1987 年联合国环境与发展委员会发布了重要报告——《我们共同的未来》,第一次系统地阐述了可持续发展理论。《我们共同的未来》在附录一"世界环境与发展委员会环境法专家组通过的关于环境保护和可持续发展法律原则建议摘要"中,第 1 条即开宗明义,"全人类对能满足其健康和福利的环境拥有基本的权利"①,明确地将环境权提升至基本人权的地位。1992 年里约会议虽然没有明确提及环境权,但通过的一系列公约和文件均充分地体现了可持续发展的思想,里约会议极大地推动了可持续发展思想的传播和发展。

第二,20 世纪 90 年代苏联和东欧原社会主义国家体制转轨,纷纷通过制定新宪法确认了环境权。这些国家包括南斯拉夫联盟、克罗地亚、马其顿、斯洛文尼亚、捷克、保加利亚、斯洛伐克、吉尔吉斯、俄罗斯、摩尔多瓦、阿塞拜疆、格鲁吉亚、乌克兰和拉脱维亚,共有 14 个国家之多,约占该时期环境权入宪国家数量的 1/3。

为什么有社会主义传统的国家热衷于在宪法中规定环境权呢?这在很大程度上关系到社会主义国家的人权观念和文化——社会权中心论。人权的经典分类是类型化为自由权和社会权,如果立基于这种两分法,则一般将环境权归类为社会权。传统社会主义国家一般重视社会权,忽视自由权,事实上社会权的观念和实证化乃是 19 世纪末 20 世纪初社会主义运动的产物。而资本主义国家则强调自由权,轻视社会权,就像美国人权学者亨金指出,美国的宪法权利先于政府而存在,表现为不受政府干涉的自由与权利,但它并不包括"经济和社会权利"。②

苏联、东欧原社会主义国家虽然在 20 世纪 90 年代以来进行体制转型,但社会主义传统仍然会有所延续。事实上,自 20 世纪 90 年代以来,中东欧国家在推进民主化和市场化的进程中,社会基本权利在宪法变迁中发挥着独特的凝聚团结意识的功能。③ 诚如有学者指出的,公民意义的社会权是社会主义制度瓦解后唯一能够凝聚团结意识的凭借,也是旧的经济社会瓦解

---

① 世界环境与发展委员会:《我们共同的未来》,王之佳等译,吉林人民出版社 1997 年版,第 454 页。

② 〔美〕L. 亨金:《权利的时代》,信春鹰等译,知识出版社 1997 年版,第 210—211 页。

③ 吴卫星:《环境权入宪之实证研究》,载《法学评论》2008 年第 1 期。

后个人诉诸集体保障的唯一凭据,贸然取消这些人民贯以依赖的基本保障,在政治上是不可想象的。[①] 因此,作为社会权的环境权被具有社会主义传统的国家所青睐,也就不足为奇了。我们不要忘了,世界上第一个规定环境权的国家正是当年的南斯拉夫社会主义联邦共和国。

(二) 环境权入宪之地域比较

地理学上将地球大陆分为亚洲、欧洲、非洲、北美洲、南美洲、大洋洲和南极洲,合称七大洲。但由于南极洲无人居住,南美洲和北美洲常合称美洲,所以又有五大洲的说法。通过考察,笔者发现环境权条款分布于五大洲国家宪法之中,环境权的普遍性或者普世性特征越来越明显。从各洲情况来看,环境权入宪的国家数量在非洲是最多的,而在大洋洲是最少的,亚洲、欧洲和美洲则介于两者之间(见表 2-2)。值得注意的是,大洋洲长期以来是宪法环境权的"不毛之地",但是 2013 年斐济新《宪法》首开先例,在第 40 条第 1 款明确规定"每个人都有权拥有清洁、健康的环境"。

因此,环境权入宪的主力军是亚非拉的广大发展中国家或者最不发达国家,欧洲国家中则主要是原社会主义性质的中东欧国家。之所以非洲国家环境权入宪的最多,一方面是非洲国家的数量本身在五大洲中是最多的,但是更主要的原因还是非洲所面临的更为严峻的环境问题。另外,1981 年通过的《非洲人权和民族权宪章》率先在区域性人权公约中规定了环境权,该宪章对于很多非洲国家在 20 世纪 90 年代以来增加宪法环境权条款想必是发挥了促进作用。可以相互对照的是,在美洲国家中,作为富裕的发达国家的美国和加拿大均未在联邦宪法中承认环境权,在宪法中确认环境权的都是一些发展中的拉丁美洲国家。凡此种种,说明环境权并非是一件奢侈品。"更为经常的情形是,环保对于穷人具有极为重要的意义,他们比富人更依赖初级产品和自然资源。渔夫、樵夫、农民、猎人和采集者——与那些富有者相比更不可能逃避环境恶化;而且,他们比富有者更能利用以自然为基础的劳动密集型机会。穷人与环保的利害关系是根本性的。"[②]事实上,对于穷人尤其是土著民族来说,他们与环境有着更为密切的关系,更加依赖于环境,不仅是物质上、资源上、生计上的依赖,同时也包括宗教、精神、文化等

---

① 雷文玫:《再访"社会权"——一九九零年代中东欧国家宪法变迁社会权入宪之研究》,载《当代公法新论——翁岳生教授七秩诞辰祝寿论文集》(下),元照出版有限公司 2002 年版,第 584 页。

② 〔英〕蒂姆·海沃德:《宪法环境权》,周尚君、杨天江译,法律出版社 2014 年版,第 152 页。

层面的依赖。

表 2-2　环境权入宪之地域比较

地域	国家	数量
亚洲	土耳其、菲律宾、韩国、蒙古、吉尔吉斯、阿塞拜疆、格鲁吉亚、东帝汶、伊拉克、尼泊尔、土库曼斯坦、马尔代夫、越南、亚美尼亚、巴勒斯坦、印度尼西亚	16
欧洲	葡萄牙、西班牙、匈牙利、马其顿、斯洛文尼亚、捷克、保加利亚、挪威、斯洛伐克、俄罗斯、摩尔多瓦、比利时、芬兰、白俄罗斯、乌克兰、拉脱维亚、希腊、罗马尼亚、法国、塞尔维亚、黑山	21
非洲	贝宁、莫桑比克、圣多美和普林西比、几内亚、布基纳法索、加蓬、安哥拉、多哥、佛得角、刚果(布)、马里、南非、塞舌尔、埃塞俄比亚、乌干达、喀麦隆、乍得、尼日尔、科特迪瓦、塞内加尔、卢旺达、中非共和国、刚果(金)、苏丹、南苏丹、肯尼亚、索马里、埃及、毛里塔尼亚、津巴布韦、突尼斯、摩洛哥、科摩罗、阿尔及利亚	34
美洲	智利、厄瓜多尔、尼加拉瓜、巴西、哥伦比亚、巴拉圭、秘鲁、哥斯达黎加、阿根廷、委内瑞拉、墨西哥、圭亚那、玻利维亚、多米尼加、牙买加	15
大洋洲	斐济	1

(三) 环境权入宪条款类型之比较

1. 宪法中环境保护条款之类型

从大的方面来看,宪法中环境保护条款大致可以分为两大类型:一是环境基本权利条款;二是环境基本国策条款。[①] 如果再作仔细地观察,宪法中环境保护条款有四种类型:除了前述的环境基本权利和基本国策条款之外,还包括公民环保义务条款以及环境知情权、参与权或者救济权等环境程序性权利的规定。笔者通过考察分析各国宪法,发现一个规律:在宪法确认环境权的国家中,一般不会仅仅规定一个孤零零的环境权条款。也即是说,往往有多种环境保护条款并存于宪法文本之中,有的国家宪法同时规定了环境权、环境程序性权利、个人环保义务和环境基本国策四类条款(见表 2-3)。

[①]　Ernst Brandl, Hartwin Bungert, Constitutional Entrenchment of Environmental Protection: a Comparative Analysis of Experiences Abroad, 16 *Harv. Envtl. L. Rev.* 1(1992);吴卫星:《生态危机的宪法回应》,载《法商研究》2006 年第 5 期。

表 2-3 宪法环境保护条款的类型

公民环境权＋环境基本国策	公民环境权＋公民环保义务	公民环境权＋环境基本国策＋程序性权利	公民环境权＋环境基本国策＋公民环保义务	公民环境权＋环境基本国策＋程序性权利＋公民环保义务
阿尔及利亚、安哥拉、比利时、秘鲁、巴拉圭、巴勒斯坦、多哥、斐济、菲律宾、加蓬、几内亚、吉尔吉斯、津巴布韦、墨西哥、摩洛哥、毛里塔尼亚、南非、尼加拉瓜、塞内加尔、土库曼斯坦、匈牙利、希腊、印度尼西亚、尼泊尔、伊拉克、中非	科摩罗	哥斯达黎加、拉脱维亚、挪威、突尼斯、智利	埃及、保加利亚、贝宁、东帝汶、芬兰、佛得角、刚果（布）、刚果（金）、圭亚那、韩国、喀麦隆、科特迪瓦、罗马尼亚、卢旺达、马其顿、马里、蒙古、莫桑比克、马尔代夫、尼日尔、南苏丹、葡萄牙、斯洛文尼亚、塞舌尔、索马里、苏丹、圣多美和普林西比、土耳其、乌干达、西班牙、牙买加、越南、亚美尼亚、乍得	阿塞拜疆、阿根廷、埃塞俄比亚、巴西、白俄罗斯、玻利维亚、布基纳法索、多米尼加、俄罗斯、厄瓜多尔、法国、哥伦比亚、格鲁吉亚、黑山、捷克、肯尼亚、摩尔多瓦、斯洛伐克、塞尔维亚、乌克兰、委内瑞拉

2. 环境基本国策

（1）基本国策的含义

在宪法环境保护条款的四种类型中，环境权条款是笔者的研究主题，但是环境基本国策与环境权联系密切，它们都课以国家环境保护之义务，部分功能是相似的，不过两者还是具有较大的差别。故在此需要对环境基本国策作一详细阐述，并将其与环境权进行比较。所谓基本国策，有的国家称之为"指导原则""国家目标"，它是指规范国家整体发展的基本方向与原则。传统宪法以规定各种人民基本权利以及国家机关的权限为主要内容，基本国策规定国家发展的目标，使所有国家权力机关均有遵循之义务，成为宪法规范内容的全新领域，故成为权利法案与国家组织之外的"第三种结构"。①基本国策条款在德国被称为"国家目标条款"，一般认为其具有如下重要特征：第一，国家目标条款的性质，是具有法拘束力的宪法规范，拘束所有国家公权力；第二，国家目标条款的内容，是具体化的公共利益，指出所有国家行

---

① 许育典：《宪法》，元照出版有限公司 2008 年版，第 401 页。

为应当遵循的方向;第三,国家目标条款的实践,主要仰赖立法者的形成,立法者在此享有高度自由;第四,国家目标条款的效果,并未赋予人民主观公权利。①

（2）环境基本国策的宪法化

在宪法环境保护条款的四种类型中,环境基本国策是最早出现的一种类型。当时的宪法环境保护条款大多与自然景观和自然资源有关。例如,1948 年意大利《宪法》、1964 年马耳他《宪法》、1965 年危地马拉《宪法》、1974 年圣马力诺《宪法》都有类似的条款,要求国家保护自然景观以及国家的历史、艺术遗产。1962 年科威特《宪法》、1971 年阿联酋《宪法》、1973 年巴哈林《宪法》要求国家保护和合理利用自然资源。在 20 世纪 70 年代,一些国家宪法条款从单纯的自然保护扩展到整个的环境保护,例如,1971 年瑞士《宪法》、1972 年巴拿马《宪法》、1975 年希腊《宪法》、1975 年巴布亚新几内亚《宪法》、1976 年印度《宪法》。②

20 世纪 90 年代以来,在宪法中仅仅将环境保护作为国家政策目标条款而未确认公民环境权的国家并不多见,典型的例子有德国、尼日利亚、阿富汗、缅甸和叙利亚。1994 年通过的德国《基本法》第 20a 条规定:“国家有义务在宪法制定的范围内通过法律和符合法律的司法权和执行权保护后代生命的自然基础。”该条属于德国宪法学上所谓的“国家目标条款”(Staatszielbestimmung),“《基本法》第 20a 条既没有规定环境基本权利,也没有通过其他方式创设具体的、可诉的防御权或者受益权”③。1999 年尼日利亚《宪法》第二章“国家政策的根本目标和指导原则”第 20 条规定:“国家应当保护和改善环境,保护尼日利亚国内的水资源、空气和土地、森林和野生动物。”2004 年阿富汗《宪法》第一章“国家”第 15 条规定:“国家采取必要的措施保护森林和环境。”2008 年缅甸《宪法》第一章“国家基本原则”第 45 条规定:“国家保护自然环境。”2012 年叙利亚《宪法》第一编“基本原则”第三章“社会原则”第 27 条规定:“环境保护应当是国家、社会以及每个公民的责任和义务。”

---

① 许育典:《宪法》,元照出版有限公司 2008 年版,第 406 页。

② David R. Boyd, *The Environmental Rights Revolution: A Global Study of Constitutions, Human Rights, and the Environment*, The University of British Columbia Press, 2012, p. 47.

③ 〔德〕罗尔夫·施托贝尔:《经济宪法与经济行政法》,谢立斌译,商务印书馆 2008 年版,第 330 页。

3. 环境基本国策与环境权之区别

有一个选择是那些考虑把环保问题纳入一部宪法的人需要考虑的：是宣布一项可以强制执行的、基本的环境权，还是包含一种公共政策的宣言。尽管一项公共政策的宣言对于它要达到的目的来说是有约束力的，但实施的手段通常却留待国家立法机关的决定。因此，一项公共政策的宣言与一项基本权利在宪法诉讼之中就具有不同的效果：尽管在一个宪法诉讼中，公共政策宣言的存在也是必须予以考虑的因素，但只有基本人权才为个人授予了一项宪法诉讼的法律救济。从某种意义上说，一项政策宣言可以被视为权利的"背面"，因为它指示了与该项权利相对的国家职责的方向。因此，有必要强调的是，政策宣言与权利并非互相排斥，而且在为环保规定宪法条款的情形下，二者都是必备的。[①]

概而言之，环境权与环境基本国策的共同之处在于课以国家环境保护之义务，但是一般而言，环境权的可诉性在许多国家逐步得到承认，可以获得司法救济；而环境基本国策主要是对环境立法的授权，不具有司法强制性。例如，2005 年苏丹临时《宪法》第一部分"国家、宪法与指导原则"第二章"指导原则和指令"第 22 条规定："除非本宪法其他规定或者正式的制定法保障本章中列举的权利和自由，本章包含的条款自身不得通过法院予以强制执行；但是其中所规定的原则是治理之基础，国家有义务受其指导，尤其是在制定政策和法律时。"

三、派生性环境权的宪法渊源

除了在宪法中明文规定一个独立的环境权条款之外，环境权的实质内容也有可能涵摄于宪法的其他条款之中，此种"涵摄"既可能是宪法的明文规定，也可能宪法未有明确规定而通过宪法解释推导出来。在这两种情形之下，我们可以将"涵摄"环境权的宪法条款称之为环境权的寄居条款，将被"涵摄"的环境权称之为"派生性环境权"，以区别于宪法明确规定的独立的环境权。笔者将从比较法的视角分析宪法中的哪些条款可能成为环境权的寄居条款，也即派生性环境权可能存在哪些宪法渊源？以期为我国环境权的宪法解释和宪法保护提供参考和借鉴。

---

① 〔英〕蒂姆·海沃德：《宪法环境权》，周尚君、杨天江译，法律出版社 2014 年版，第 53—57页。

（一）生命权条款

生命权是最重要的也是最为普遍性的人权。全球规模的生态危机不仅对自然环境造成巨大的压力和破坏,同时也对人类本身的生存构成了威胁,这就为通过解释生命权保护环境利益提供了可能。据研究,至少有 12 个国家的法院在其宪法缺乏明确的环境权条款的情形下,通过宪法解释从生命权引申出环境权,另外有 8 个国家(阿根廷、哥斯达黎加、萨尔瓦多、希腊、肯尼亚、尼泊尔、秘鲁和罗马尼亚)的法院在环境权入宪之前在司法中确认环境权隐含于生命权条款之中。①

1. 南亚国家

南亚国家,尤其是印度,出现了大量运用生命权来保护环境和环境权的判例,在世界范围内产生了巨大的影响。②

印度《宪法》第 21 条规定:"除依照法律规定程序外,不得剥夺任何人的生命和个人自由。"印度法院通过扩张解释,不仅从生命权条款中推论出一般性的环境权,也引申出了清洁空气权、清洁水权等个别性的环境人权。在 1987 年的 T. Dadmodar Rao v. Municipal Corp. of Hyderabad 案件中,安德拉邦(Andhra Pradesh)高等法院指出,《宪法》第 21 条所保障的生命的享受和实现包括了对自然馈赠的保护。没有任何理由需要去证明对生命的暴力灭绝行为应当被视为对《宪法》第 21 条的违反。通过环境污染和损害产生的慢性毒害同样应当被认为构成对《宪法》第 21 条的侵犯。在 1991 年的 Subhash Kumar v. State of Bihar 案件中,印度最高法院认为,为了充分享受生命,《宪法》第 21 条所保障的生命权包括了享受免于污染的水和空气的权利,从而承认了健康环境权作为生命权的内容之一。在 1995 年的 Virender Gaur vs. State of Haryana 的案件中,最高法院认为,《宪法》第 21 条生命权的范围包括环境保护、生态平衡、免于空气污染和水污染以及环境卫生,没有这些生命将无法被享受。任何导致环境污染的行为应当被视为对

---

① See David R. Boyd, *The Environmental Rights Revolution: A Global Study of Constitutions, Human Rights, and the Environment*, The University of British Columbia Press, 2012, p. 82.

② 关于印度的环境权判例,请参见 Burns H. Weston and David Bollier, *Green Governance: Ecological Survival, Human Rights, and the Law of the Commons*, Cambridge University Press, 2013, pp. 304-306;. David R. Boyd, *The Environmental Rights Revolution: A Global Study of Constitutions, Human Rights, and the Environment*, The University of British Columbia Press, 2012, pp. 176-177.

《宪法》第 21 条的违反。在 2000 年的 AP pollution Control Board v. M. V. Nayudu 案件中,最高法院依据《宪法》第 21 条,并且参考了 1977 年联合国《关于社区水供应的决议》、1966 年《公民权利和政治权利国际公约》《经济、社会和文化权利国际公约》、1986 年《发展权利宣言》、1992 年《里约宣言》,判决获取安全饮用水的权利属于《宪法》第 21 条的生命权。在 2002 年的 Thangal v. Union of India 一案中,喀拉拉邦(Kerala)高等法院认为,生命权的含义远远多于动物性生存的权利,清洁水权、清洁空气权属于生命权的范围,因为这些权利是维持生命本身的基本要素。

　　巴基斯坦《宪法》第 9 条规定:"非依据法律,不得剥夺任何人的生命或自由。"巴基斯坦法院往往通过宪法解释将环境权(包括清洁水权)的内容注入生命权之中。1994 年的 Shela Zia v. WAPDA 是巴基斯坦最有名的涉及环境权的案件之一。该案原告是为了阻止伊斯兰堡市水和能源发展局(Water and Power Development Authority)在其社区附近建立一个输电网站,声称电站的高压电磁发射将对附近居民健康构成严重威胁。巴基斯坦最高法院提及并参考了印度的许多判例,明确承认《宪法》第 9 条规定的生命权包括了在免于危害的环境中生活的权利。[①]在 Salt Miners Case 案件中,巴基斯坦最高法院对"生命"的含义作了比较宽松的解释,法院认为,"生命"一词不是局限于植物人状态的生活或者纯粹的动物性存在,在水资源稀缺的高山地区,拥有免于污染的水的权利属于生命权的内容。这并不意味着居住在水资源充分的其他地方的人们就不享有此项权利。实际上,拥有不受污染的水的权利是每个人的权利,不管其居住在什么地方。在 2004 年的 Nizam v. The State 案件中,拉合尔(Lahore)高等法院认为,免于污染的水权属于生命权,是每一个公民都享有的权利,政府的首要责任是为民众提供基本的必需品,这包括满足人们消费的无污染的水。[②]

　　孟加拉国《宪法》第 31 条规定,享受法律保护,依法并仅仅依法对待,是国内任何地区的每个公民不可剥夺的权利,也是侨居孟加拉国的每个外国人的不可剥夺的权利,尤其是不得采取任何行动危害任何人的生命、自由、名誉或财产,依法采取的行动除外。第 32 条规定,不得剥夺任何人的人身

---

① See Martin Lau, Islam and Judicial Activism: Public Interest Litigation and Environmental Protection in the Islamic Republic of Pakistan, in Boyle and Anderson (eds.), *Human Rights Approaches to Environmental Protection*, Clarendon Press,1996, pp. 296-299.

② See Louis J. Kotze and Alexander R. Paterson(eds), *The Role of the Judiciary in Environmental Governance: Comparative Perspectives*, Kluwer Law International, 2009, p. 400.

自由或个人自由，依法剥夺的除外。这两条规定的权利合称"生命权"。在 1994 年的 Dr. M. Farooque v. Bangladesh 案件中，孟加拉国最高法院的判决类似于许多印度最高法院的判决，认为该国《宪法》第 31 条和第 32 条保护作为基本权利的生命权，它包括环境的保护和保全、免于大气污染和水污染的生态平衡以及环境卫生，没有这些几乎不能享受生活。任何损害这些内容的作为或不作为将构成对生命权的侵犯。①

尼泊尔 2006 年的临时《宪法》首次确认了环境权，但之前尼泊尔最高法院已经常常将环境权内涵于生命权予以处理。例如，在 LEADERS Inc. v. Godawari Marble Industries 一案中，最高法院认为，生命在被污染的环境中受到威胁，个人拥有免于污染的环境的权利，既然一个清洁、健康的环境是人类生命必不可少的一部分，健康环境毫无疑问属于生命权的范围之内。法院命令政府相关部门制定必要的环境法律并采取行动保护 Godawari 地区的环境。②

2. 非洲国家

坦桑尼亚是非洲国家中率先对生命权进行扩张解释以对环境和环境权予以保护的。该国《宪法》第 14 条规定："每个人均享有生存权，并有权按照法律获得社会对其生命的保护。"坦桑尼亚高等法院在 1988 年的 Joseph A. Kessy and Others v. Dar es Salaam City Council 和 1991 年的 Festo Badegele and 794 Others v. Dar es Salaam City Council 这两个著名的案件判决中，阐述了生命权与健康环境权之间的关系。这两个案件均与达累斯萨拉姆城市委员会在居民区倾倒废弃物有关。在 Kessy 案中，达累斯萨拉姆城市 Tabata 地区的数位居民向高等法院起诉，要求其发布命令禁止达累斯萨拉姆城市委员会继续在其居住区域倾倒和焚烧固体废弃物。法院对生命权进行了扩张解释，使其包含了免于威胁生命的环境的权利（the right to an environment free from pollution that would endanger life），并对城市委员会发布了禁止令。但是，判决之后，达累斯萨拉姆城市委员会将倾废行为转移至该市的 Kunduchi Mtongani 区域，该区域附近居民也对城市委员会提起了诉讼，这就是 Badegele 案。在该案中，法院认为人们的健康和对生命的

① 吴卫星：《环境权研究——公法学的视角》，法律出版社 2007 年版，第 170 页。
② Carl Bruch, Wole Coker, Chris Van Arsdale, Constitutional Environmental Law: Giving Force to Fundamental Principles in Africa, 26 *Colum. J. Envtl. L.* 131, 172(2001).

享受均依赖于生活在健康的环境中，并发布了相关命令。①

尼日利亚《宪法》第 33 条第 1 项规定，每个人都有生命权，任何人不得被故意剥夺生命。2005 年的 Jonah Gbemre v. SPDC Ltd and Others 案件是尼日利亚法院第一次涉及环境基本人权。原告代表其本人以及生活在尼日利亚 Delta 州 Iweherekan 社区的每一个人，诉请法院发布命令以实施和保护《宪法》第 33 条第 1 项和第 34 条第 1 项所规定的生命权与人性尊严。法院判决认为这些宪法保障的权利不可避免地包含了清洁的、免于污染的、健康的环境的权利，被告的污染行为构成了对原告和社区居民环境权利的侵犯。②

肯尼亚的 1969 年《宪法》并没有环境权条款，在 2010 年新《宪法》确认了环境权。但是，在 Charles Lekuyen Nabori and Others v. The Attorney General and Others 案件中，肯尼亚高等法院支持了原告的诉讼请求，其判决认为生命权包括了清洁、健康的环境权。③

3. 拉美国家

阿根廷 1994 年修改的《宪法》明确承认了健康和合适的环境权。其实在 1994 年之前，法院在司法实践中已经认可生活在健康环境中的权利的存在。例如，在 1993 年的一个案件中，法院宣称，生活在健康、平衡的环境中的权利是人们的基本属性，对环境的任何侵害都将是对生命本身以及对人身、心理完整性的威胁。④

在 1993 年有关废物倾倒的一个案件中，哥斯达黎加宪法法院首次确认了环境权。法院认为，只有当与自然一致的时候，生命才是可能的，自然滋养和支撑着我们的生命。所有公民在免于污染的环境中生活构成了一项权利，这是一个公正、多产的(productive)社会的基础。在 1994 年一个案件的判决中，宪法法院认为，健康权和健康环境权都导源于生命权和政府保护自然的义务。如果不承认健康权和环境权，生命权将受到严重的限制。⑤

---

① See Louis J. Kotze and Alexander R. Paterson(eds)，*The Role of the Judiciary in Environmental Governance*：*Comparative Perspectives*，Kluwer Law International，2009，pp.517-519.

② See Louis J. Kotze and Alexander R. Paterson(eds)，*The Role of the Judiciary in Environmental Governance*：*Comparative Perspectives*，Kluwer Law International，2009，p.543.

③ Ibid.，p.469.

④ 吴卫星：《环境权研究——公法学的视角》，法律出版社 2007 年版，第 170 页。

⑤ See David R. Boyd，*The Environmental Rights Revolution*：*A Global Study of Constitutions*，*Human Rights*，*and the Environment*，The University of British Columbia Press，2012，p.135.

(二) 健康权条款

毋庸赘言,环境质量与人体健康息息相关。诚如联合国经济、社会和文化权利委员会在《关于健康权的第 14 号评论》中指出的,健康权包含了广泛的改善人们健康生活的经济社会因素,并扩展至影响健康的基本决定因素,例如,食品和营养、住房、获得安全的饮用水、充分卫生、安全和健康的工作条件,以及一个健康的环境。① 因此,在缺乏环境权的明文规定时,健康权也成为环境权的渊源之一。例如,意大利宪法法院 1987 年的判决首次承认了环境权,判决认为,关于意大利《宪法》第 9 条(政府保护自然景观的责任)和第 32 条(健康权)我们必须承认环境保护作为一项基本人权。在 1990 年,宪法法院认为当超越可接受的人类健康风险时,环境保护必须优先于经济考量予以对待。自此,出现了许多援引健康环境权的成功案例。②

除了法院在判例中通过宪法解释将环境权内涵于健康权之外,笔者发现更多的情形是立宪者在宪法条文中明确地将健康环境(权)作为健康权的内容之一。例如,匈牙利《宪法》第 12 章(基本权利与义务)将环境权作为最高水平的身体和精神健康权利的组成部分。该《宪法》第 70 条第 1 款规定:"在匈牙利共和国领土上生活的人对尽可能最高水平的身体和精神健康拥有权利。"第 2 款则规定:"这个权利由匈牙利共和国通过组织劳动保护、卫生机构和医疗保障,通过保证定期锻炼身体,以及通过保护已形成的环境和自然环境来实现。"波兰《宪法》第 68 条第 1 款规定:"任何人有健康受保护的权利。"第 4 款则规定:"公共当局应当与传染性疾病作斗争,预防由于环境退化所导致的对健康的危害。"塔吉克斯坦《宪法》第 38 条规定:"每个人都有享受健康保健的权利。每个人都应当在法律框架内享受国家医疗机构免费的医疗帮助。国家应当采取措施保护环境、发展群众性体育运动、体育文化和旅游业。"洪都拉斯《宪法》第 145 条规定:"健康保护的权利受到承认。每个人有责任参与个人和社区健康的保护。国家应当为了保护每个人的健康而维护一个令人满意的环境。"克罗地亚《宪法》第 70 条规定:"每个人应当享有健康生活的权利。国家应当确保健康环境的条件。每个人都应

---

① U. N. CESCR, General Comment No. 14, The Right to the Highest Attainable Standard of Health, E/C. 12/2000/4,22nd Session, Aug (11 Aug,. 2000).

② See David R. Boyd, *The Environmental Rights Revolution: A Global Study of Constitutions, Human Rights, and the Environment*, The University of British Columbia Press, 2012, p. 226.

当在其权力和活动范围内，对于人类健康、自然和人类环境予以特别关注。"

（三）人性尊严条款

人性尊严（human dignity），有的译为人格尊严，被称为基本权利之核心[①]，或者基本权利的基础。[②] 德国《基本法》第 1 条第 1 款首次将人性尊严载入宪法："人之尊严不可侵犯，尊重及保护此项尊严为所有国家机关之义务。"人性尊严条款具有两层意义：其一，作为最高的宪法价值或原则。例如在德国，人性尊严被认为是宪法价值秩序中的根本原则或最高法律价值，客观宪法的最高规范，属最高的宪法原则，所有法律的最高目的价值规范。[③] 从实证法的结构来看，作为宪法价值或原则的人性尊严一般规定在序言或基本条款中。其二，人性尊严作为基本人权。从宪法及国际人权法的实证规定及学理而言，人性尊严既可以作为个别的基本人权，也可以作为类型化基本权利之概括规定。

以色列 2002 年修订的《规划与建设法》（law on planning and construction）规定了对于大型国家基础设施工程的加速批准程序，一个以色列的环境非政府组织对此提出了宪法诉讼。以色列最高法院认为基本法所规定的"人性尊严与自由"（honor of his being and his freedom）权利包含了一个隐含的最低限度的环境质量的宪法权利。[④]

（四）环境政策条款

为回应生态危机的挑战，现代宪法出现了生态化的趋势，生态化的具体路径包括环境基本政策和环境基本人权。所谓宪法中的环境基本政策一般是将环境保护作为国家的一项基本职责和原则，它对各个国家机关具有一定的指导作用，但人民一般并不基于此规定而拥有环境基本权利。[⑤]

但是，在世界范围内，也有少数国家的法院将宪法中环境政策规定解释为环境权。例如，荷兰《宪法》没有明文确认环境权，而是在《宪法》"基本权利"一章中的第 21 条规定了政府的环境责任："政府关心维护国家居住条

[①]　法治斌、董保城：《宪法新论》，元照出版有限公司 2004 年版，第 203 页。

[②]　李惠宗：《宪法要义》，元照出版有限公司 2012 年版，第 74 页。

[③]　陈清秀：《宪法上人性尊严》，载《现代国家与宪法——李鸿禧教授六秩华诞祝贺论文集》，月旦出版社股份有限公司 1997 年版，第 95—96 页。

[④]　David R. Boyd, *The Environmental Rights Revolution: A Global Study of Constitutions, Human Rights, and the Environment*, The University of British Columbia Press, 2012, p.186.

[⑤]　吴卫星：《生态危机的宪法回应》，载《法商研究》2006 年第 5 期。

件,保护和改善环境。"尽管该条存在不确定性,但是法院已经在一系列案件中将第 21 条作为健康环境的宪法权利对待,命令清除危险废物,限制机场的运营时间,保护濒危物种的栖息地。① 罗马尼亚 2003 年《宪法修正案》新增了环境权条款,在这之前的 1991 年《宪法》只是规定了政府保护环境的义务。但在 1997 年的一个案件中,罗马尼亚最高法院基于政府环境保护义务引申出健康环境的宪法权利。该国法院还基于隐含的健康环境权,放宽环境非政府组织的原告资格,增强其获得司法救济的可能。② 1975 年希腊《宪法》第一次在宪法中规定了明确具体的环境保护条款,第二编 "个人权利与社会权利"第 24 条第 1 款规定,保护自然环境和文化环境是国家的职责。国家应采取预防性和约束性的专门措施以保护环境。虽然该款将环境保护作为国家义务,并没有明确确认为一项宪法权利。但是,希腊的多数法律学者和希腊最高行政法院均认为,《宪法》第 24 条将环境保护不仅视为国家义务,而且也是一项个人权利和社会权利。③ 及至 2001 年修宪时,希腊《宪法》第 24 条第 1 款才明文规定了环境权:保护自然环境与文化环境是国家的职责和每一个人的权利。国家有义务在可持续发展的背景下采取预防性和约束性措施来保护环境。

(五) 派生性环境权的局限性

在缺乏一个独立的、明确的宪法环境权条款的情形下,派生性环境权的产生,为环境利益提供了宪法层次的保护,自有其非常积极的意义。但是,需要指出的是,派生性环境权的诞生实乃 "无奈之举":宪法中没有环境权的明文规定。与宪法中独立的、明确的环境权条款相比,派生性环境权有以下两大局限性值得我们留意。

1. 环境权保护的 "碎片化" 和不周延性

通过对既有权利或其他宪法条款进行扩张解释,虽然能够在一定程度上起到保护环境的作用,但会造成环境利益保护的 "碎片化"。即不能对环境利益提供全面的、充分的保护,必然存在环境利益保护的 "真空" 或者 "漏

---

① David R. Boyd, *The Environmental Rights Revolution: A Global Study of Constitutions, Human Rights, and the Environment*, The University of British Columbia Press, 2012, p. 222.

② Ibid., pp. 200-201.

③ Jonas Ebbesson(ed.), *Access to Justice in Environmental Matters in the EU*, Kluwer Law International, 2002, p. 261.

洞"。① 以生命健康权为例，一般而言需要以环境污染对生命健康已经造成或者将要构成即刻的或者严重的损害时才能"激活"，以排除相应的环境污染、保护公民环境权。可以想象，生命健康权可以运用于有毒物质或危险废物环境污染的场合，但是否能适用于低毒或者无毒污染物质长期性、累积性排放而造成环境污染的场合则尚有疑问。尤其是在非环境污染的情景下，例如，生物多样性的减少、环境景观的破坏，一般与公民的生命健康权没有直接的关联，这就更难援引生命健康权来对环境利益提供保护。

2. 宪法解释的不稳定性

派生性环境权的产生大多依赖于法院对宪法条文进行扩张解释，一般要求法院具有相当的司法能动性和权威性，印度法院就是一个非常突出的典型。如果一个国家的法院不具备这种条件，或者由于法官更迭导致司法理念变更（从司法能动主义转向司法节制主义），则派生性环境权很难通过对现有宪法条款进行解释而得以产生，或者即使产生也将面临很大的不确定性，马来西亚的事例很好地说明了这一点。马来西亚《宪法》没有明确的环境权条款，一个政府的委员会在 1993 年曾经建议将健康环境权增加进马来西亚《宪法》，但该建议并没有被采纳。而关于生命权是否涵括了环境权，马来西亚上诉法院的判决前后并不一致。该法院曾在数起案件中追随印度最高法院的做法将生命权作扩张解释，使其包括了在健康和免于污染的环境中生活的权利。但是，在 Bakum Dam 一案中，涉及一个拟议中的将对环境和土著居民产生重大影响的水电工程，马来西亚上诉法院又恢复了保守的做法，对生命权进行了狭义解释。有人将该案描述为马来西亚公益诉讼的终结，并认为只要马来西亚政策将经济增长作为驱动性的力量，环境议题在政府行动和决策中只能扮演被忽视的继子的角色。②

四、环境权的可司法性

法谚有云：有权利，就必有救济，无救济，即无权利。这句话道出了救济对于权利的重要性。而在权利的救济体系中，司法救济是最权威、最有效、最公正的救济形式，可以说司法救济是权利救济的核心。司法救济的这种

---

① 吴卫星：《生态危机的宪法回应》，载《法商研究》2006 年第 5 期。

② See David R. Boyd, *The Environmental Rights Revolution: A Global Study of Constitutions, Human Rights, and the Environment*, The University of British Columbia Press, 2012, pp. 186-187.

重要地位来源于司法本身所内含的特征：(1)司法的被动性。所以有不告不理的原则。(2)法官的独立性与中立性。所以要保障法官行使职权不受干涉，并有回避之规定。(3)保障正确性。所以有各种程序、调查、辩论等的要求。(4)司法具有权威性。对法律问题而言，司法机关是最后一道防线。宪法保障关于法律问题，司法机关独有说最后一句话（Monopol des letzten Wortes）的权限，亦即作最后决定的权限，最后由其来宣示"法"是什么。[①]

由于司法救济对于权利实现的重要作用，现代人权法多有关于司法救济权的规定。例如，《世界人权宣言》第 8 条规定："任何人当宪法或法律所赋予他的基本权利遭受侵害时，有权由合格的国家法庭对这种侵害行为作有效的补救。"《美洲人权公约》第 25 条规定了"司法保护的权利"。日本 1946 年《宪法》第 32 条规定："不得剥夺任何人在法院接受审判的权利。"

(一) 环境权可司法性的障碍分析

古典自由主义对国家权力始终怀有深深的警惕，在其视野下的所谓权利乃是摆脱、免于国家干涉的自由（free from state）。新自由主义的代表人物波普在论及自由主义的原则时，开篇的第一条原则即是："国家是一种必要的恶，如无必要，它的权力不应增加。"他把这项原则形象地称为"自由主义剃刀"。[②] 在自由主义者看来，公民权利与政治权利和经济、社会、文化权利之间有一条不可逾越的鸿沟。公民权利与政治权利才是真正的人权，而经济、社会和文化权利是一种有待实现的理想，最多是一种道德上的权利，而不是真正的人权。人们引用的最广泛的是英国政治学家莫里斯·克莱斯顿否定经济、社会权利的观点。他认为，生命、自由和财产这些公民权利和政治权利是普遍的、最高的和绝对的道德权利。但是，经济和社会权利既没有普遍性和实践性，也没有最高的重要性，属于不同的逻辑范畴。克莱斯顿指出，主张经济和社会权利并不仅仅是乌托邦的期望，在逻辑上也是自相矛盾的。[③]

---

① 翁岳生：《司法权发展之趋势》，载翁岳生：《法治国家之行政法与司法》，月旦出版社股份有限公司 1995 年版，第 4—5 页。

② 〔英〕波普：《自由主义的原则》，载王焱等编：《自由主义与当代世界》，生活·读书·新知三联书店 2000 年版，第 143 页。

③ 〔美〕杰克·唐纳利：《普遍人权的理论与实践》，王浦劬等译，中国社会科学出版社 2001 年版，第 31—32 页。

　　然而，传统自由主义的权利观并未能阻止经济、社会和文化权利通过人权立法实证化的潮流，《经济、社会和文化权利国际公约》《欧洲社会宪章》《美洲人权公约附加议定书》《非洲人权和民族权宪章》均确认了广泛的经济、社会和文化权利。在批准或加入《公民权利和政治权利国际公约》的147个缔约国中，只有美国、南非、莫桑比克、海地和博茨瓦纳5个国家没有批准《经济、社会和文化权利国际公约》。但是，被实证化的经济、社会和文化权利又遭遇了另一个难题：传统的理论和实践否认这类权利的"可诉性"，与公民权利和政治权利相比，经济、社会和文化权利实际上处于"二等权利"的地位，陷入了被"边缘化"尴尬境地。[1]

　　为什么经济、社会和文化权利不具有可司法性？古典自由主义的论点主要基于以下理由：第一，经济、社会和文化权利是一种积极权利，国家负有积极给付的义务，因而是代价昂贵的权利，其完全实现有赖于国家充足的财政和资源；而公民权利和政治权利则是免于国家干涉的权利，国家仅仅承担不作为的消极义务，因而代价是低廉的，也是可以即刻实现的。第二，从权利分立的角度而言，经济、社会和文化权利涉及国家的财政和公共政策，具有宏观的政策性和政治性，这些内容应当由民主主义的立法者来决定；况且，制定财政和其他公共政策需要专门的业务和技术，这正是法官所不擅长的。

　　这种论调似乎从国际人权立法的实践中找到了论据。《经济、社会和文化权利国际公约》第2条第1款规定，每一缔约国家承担尽最大能力个别采取步骤或经由国际援助和合作，特别是经济和技术方面的援助和合作，采取步骤，以便用一切适当方法，尤其包括用立法方法，逐渐达到本公约中所承认的权利的充分实现。而国家承担《公民权利和政治权利国际公约》项下的义务是即刻的。《公民权利和政治权利国际公约任择议定书》建立了由联合国人权事务委员会处理的个人申诉制度，给公民权利和政治权利提供救济。而《经济、社会和文化权利国际公约》仅仅规定了对公约的实施进行监督的国家报告制度，没有确立个人申诉制度。

　　国际人权公约对这两类权利区别对待的做法，也为区域性人权公约所

---

　　① 例如，日本宪法学者阪本昌成认为，宪法中的自由权是法院保障型的权利，在其受侵害的场合，个人得透过具体受益权的行使，向法院请求救济。而生存权、受教育权、工作权等社会权乃是抽象的受益权，主要是在宪法典中被宣示，在被当作政治目标这点上，有其意义，不一定由法院强制实现，故可称为宣示保障型的权利。〔日〕阿部照哉等编：《宪法》（下），周宗宪译，元照出版有限公司2001年版，第36—37页。

采用。例如,《欧洲人权公约》设立了欧洲人权法院,受理国家间的指控和个人申诉,而《欧洲社会宪章》在监督执行机制方面仅规定了国家的报告和审查制度。《美洲人权公约》设立了美洲国家间人权委员会和美洲国家间人权法院,前者可以受理个人针对国家的申诉,后者可以审理各缔约国和人权委员会提交的案件。①《美洲人权公约附加议定书》第 1 条规定,美洲人权公约附加议定书所有缔约国承允,在其现有财力允许的情况下,采取一切必要的措施,逐步实现本议定书承认之权利。根据《美洲人权公约附加议定书》第21 条的规定,除了第 8 条、第 9 条和第 15 条所确认的权利可以适用《美洲人权公约》规定的个别申诉程序外,其他权利的保护只有通过国家报告制度予以监督。由于在实践中,经济、社会和文化权利得不到司法保护,从而部分权利的内涵、外延也不易获得清晰的认知,这又反过来为否认经济、社会和文化权利具有"可司法性"的论者提供了口实。

环境权作为经济、社会权利的一种,虽然已被许多国家和地区载入宪法,但由于受传统自由权、社会权两分法的影响,一般均将其理解为"纲领性规定"或者是"抽象性权利",不能直接以环境权受到侵害为由寻求诉讼保护。例如,美国宾夕法尼亚州《宪法》第 1 条第 27 款确认人民拥有对于清洁空气、水和保持环境的自然的、风景的、历史的和美学的价值的权利。但在 Commonwealth v. National Gettsberg Battlefield Tower, Inc. 一案中,商家向国家公园局(National Park Service)申请在盖茨堡战役旧址建立瞭望楼。宾夕法尼亚州州长与州检察长代表州民,认为这样将破坏该战场的自然与历史环境,主张依宾夕法尼亚州《宪法》第 1 条第 27 款有关环境权的规定,诉请法院禁止该建设。法院认定该条款仅是原则性的宣示,在欠缺立法者透过法律将环境权的理念具体实现的情况下,仍不能作为直接主张权利的依据(not self-executing)。②

(二) 超越两分法:环境权可司法性的证成

随着时间的推移,这种将自由权和社会权进行截然区分的二元论受到越来越多的质疑,经济、社会和文化权利不具有可司法性的教条正被丰富的理论和实践所推翻。

---

① 《美洲人权公约》第 61 条第 1 款规定,只有各缔约国和人权委员会有权向法院提交案件。这显然与《公民权利和政治权利国际公约》《欧洲人权公约》的规定不同。

② 叶俊荣:《宪法位阶的环境权:从拥有环境到参与环境决策》,载叶俊荣:《环境政策与法律》,元照出版有限公司 1993 年版,第 15 页。

第一，人权的相互依赖和不可分割性。在公民权利和政治权利与经济、社会和文化权利之间作出截然、绝对的区分是不现实的。例如，艾德指出，工会权和财产权往往被认为是难以依据两分法作出分类的，在欧洲制度下，教育权和文化权被视为与公民权利和政治权利而非经济和社会权利相联系。[①] 1993 年世界人权大会通过的《维也纳宣言和行动纲领》宣称，一切人权均为普遍、不可分割、相互依存、相互联系的。《发展权利宣言》指出，所有人权和基本自由都是不可分割和相互依存的，为了促进发展，应当一视同仁地重视和紧急考虑实施、增进和保护公民、政治、经济、社会和文化等权利，因而增进、尊重和享受某些人权和基本自由不能成为剥夺其他人人权和基本自由的理由。《人权和环境原则草案》第 2 条规定，所有人都有权享有安全、健康和生态健全的环境。这个权利和其他权利，包括公民、文化、经济、政治和社会权利，都是普遍的、相互依赖的和不可分割的。这种以整体主义的方式对待人权的态度，在后来的一些人权立法中有所体现，例如，1981 年《非洲人权和民族权宪章》、1989 年《儿童权利公约》、1996 年南非共和国《宪法》、2007 年《欧盟基本权利宪章》既规定了公民权利和政治权利，也确认了经济、社会和文化权利。

第二，精确地发展了国家义务的层别。传统的权利观认为，公民权利和政治权利是消极的权利，国家的义务仅是消极的不作为；而经济、社会和文化权利则有赖于国家积极履行给付义务。这种对国家承担的积极义务和消极义务的区分是不科学的。实际上，公民权利和政治权利也需要国家的积极作为，联合国人权事务委员会在 1982 年《关于生命权的第 6 号一般性意见》中指出，对"固有生命权"这个词的范围加以局限，就无法恰当地了解它的意义，而保护这项权利则需要缔约国采取积极措施。在这方面，委员会认为，缔约国须采取一切可能措施，减少婴儿死亡率和提高估计寿命，特别是采取措施，消灭营养不良和流行病。而经济、社会和文化权利也具有排除干预的内容。

晚近发展出的人权法理论则对人权公约下国家的义务作了进一步精细的划分，对于所有的人权而言，国家都存在以下三个层级的义务：（1）尊重的义务，此义务被视为国家的"否定性"的义务，它要求国家不去妨碍个人行使权利或不为侵犯特定权利的行为。（2）保护的义务，此义务是指保护个人的权利不受其他私人的侵害。（3）履行的义务，这种积极的义务由两部

---

① 〔挪〕艾德等：《经济、社会和文化的权利》，黄列译，中国社会科学出版社 2003 年版，第 4 页。

分组成,一是国家有义务促进特定权利的实现,通过积极的行为增强人们获取资源和享有这种权利的能力;二是国家有义务提供某种东西。① 这种义务的区分体现在《关于违反经济、社会和文化权利的马斯特里特指导准则》之中②,也在一些国家的国内立法中有所体现。例如,1996 年南非《宪法》第 7 条第 2 款规定,国家必须尊重、保护、促进和实现权利法案中的权利。

这种国家义务的分类有助于澄清经济、社会和文化权利与可司法性权利的关系。托比斯指出,有充分的理由认为尊重的义务是可审判的;在一定的情况下,保障的义务也是可以审判的;只有实现的义务是最难准确定位的,也因而是最不可能诉诸审判的。③《关于实施〈经济、社会和文化权利国际公约〉的林堡原则》对经济、社会和文化权利的可司法性问题作了进一步的解释,该原则指出,虽然充分实现《经济、社会和文化权利国际公约》承认的诸权利为渐进的,但可即刻通过司法审判适用某些权利,而其他权利则可随时间而成为可审判的。该原则对公约所谓的"逐渐达到权利的充分实现"作出了比较详细的解释:"逐渐达到权利的充分实现"义务要求缔约国尽快实现各项权利。在任何情况下,均不得将此解释为暗示缔约国有权无限地延迟其确保充分实现的努力。相反,所有缔约国有义务即刻开始采取步骤以履行其公约规定的义务。公约规定的有些义务要求缔约国即刻充分地予以实施,如《经济、社会和文化权利国际公约》第 2 条第 2 款规定的禁止歧视。

第三,经济、社会和文化权利的可审判性已经得到了人权理论、立法或司法实践的确证。联合国经济、社会和文化权利委员会在《1990 年第 3 号一般性意见》中明确指出,《经济、社会和文化权利国际公约》第 2 条第 2 款、第 3 条、第 7 条第 1 款第 1 项、第 8 条、第 10 条第 3 款、第 13 条第 2 款第 1 项、第 3 项、第 4 项、第 15 条第 3 款可以由司法机关立即适用,认为所说的条款本身无法加以执行的任何看法都是很难成立的。由于经济、社会和文化权利保障机制的薄弱,联合国人权事务委员会、欧洲人权法院等人权保障机构往往通过利用公民权利和政治权利的司法保障机制,对公民权利和政

---

① 国际人权法教程项目组编写:《国际人权法教程》(第一卷),中国政法大学出版社 2002 年版,第 5—6 页。

② 该指导准则是由 30 余位著名的国际法学家应国际法学家委员会、Urban Morgan 人权研究所和马斯特里特大学法学院人权中心的邀请,于 1997 年在马斯特里特制定的。

③ 〔挪〕艾德等:《经济、社会和文化的权利》,黄列译,中国社会科学出版社 2003 年版,第 204—205 页。

治权利进行扩张解释,实现对经济、社会和文化权利的间接保障。例如,欧洲人权法院常常援引《欧洲人权公约》第 8 条规定的维护隐私和家庭生活的权利,间接保护环境利益。

在国内法律实践中,有些国家宪法和司法已经确认经济、社会和文化权利的可诉性,南非是一个非常突出的范例。1996 年南非共和国《宪法》第二章(权利法案)纳入了一系列的经济、社会和文化权利,例如环境权(第 24条),住房权(第 26 条),卫生保健、食物、水和社会安全的权利(第 27 条),教育权(第 29 条),语言和文化权利(第 30 条)。关于宪法基本权利的效力,《宪法》并未对公民权利和政治权利与经济、社会和文化权利作出区分。《宪法》第 8 条第 1 款规定,此权利法案适用于全部法律,并对立法、行政、司法和国家所有机关都具有约束力。《宪法》第 38 条规定了权利的实施,"本条中所列的任何人有权向合格的法院申诉,提出权利法案中的一项权利受到了侵犯或威胁,而法院可以给予适当救助,包括发布权利公告……"根据这些规定,南非共和国《宪法》所载的经济、社会和文化权利是可以接受司法审判、获得司法保护的权利。近年来,南非法院有关经济、社会和文化权利的司法实践也很令人瞩目,"Grootboom"案就是一个的著名的判例,此案涉及《宪法》第 26 条以及第 28 条第 1 款第 3 项下的国家义务。①

(三) 环境权司法救济的路径:间接救济

环境权的司法救济路径选择,既包括国内法的救济途径,也包括国际法的救济途径。从相关案例来看,在美洲主要是通过援引生命权或者土著人的权利来保护环境权,在非洲主要是通过援引《非洲人权和民族权宪章》第16 条规定的健康权保障环境权。在欧洲,环境权的保护主要是聚焦于《欧洲人权公约》第 8 条所规定的隐私和家庭生活的权利。从另一个角度而言,环境权的司法救济既可以通过公民权利和政治权利的司法保障机制间接保障环境权(以下简称环境权的间接救济模式),也可以直接援引环境权而予以救济(以下简称环境权的直接救济模式),以下将从第一个角度对环境权的司法救济进行具体的考察。

上述关于派生性环境权宪法渊源的阐述,实际上亦是从宪法角度论述

---

① 南非共和国《宪法》第 26 条规定:(1) 每个人有权获得充裕的住房;(2) 国家必须在其可利用的资源内采取适当的立法与其他措施,保证此项权利逐渐地实现;(3) 如无法院考虑所有相关条件发出的命令,任何人不可被驱逐出其住宅或破坏其房屋。任何法律不允许专断驱逐。第 28 条第1 款第 3 项规定:每个儿童有权获得基本营养、住所、基本卫生保健服务和社会服务。

了环境权的间接救济，以下将从国际人权法的角度阐述环境权的间接救济。

1. 生命权

在人权谱系中，生命权是首要的人权，是其他所有人权的基础。因为人必拥有生命，其他人权才有所附丽。《公民权利和政治权利国际公约》第 6 条规定了"固有的生命权"，根据该公约第 4 条第 2 款的规定，生命权属于即使在社会紧急状态威胁到国家的生命时仍然不可克减的权利。《欧洲人权公约》第 2 条以及许多国家的宪法也都有生命权的规定。全球规模的生态危机不仅对自然环境本身造成巨大的压力和破坏，同时也对人类本身的生存构成了威胁，这就为通过解释生命权保护环境利益提供了可能。

在国际人权法中有好几个案件是以生命权的形式对环境权进行保护的，其中一个著名的案件是巴西的雅诺马米案。[①] 雅诺马米（Yanomami）是印第安人的一个分支[②]，大约有 12000 人，生活在巴西北部和委内瑞拉南部两国边界地区的亚马逊雨林中。20 世纪 60 年代，巴西政府批准了一项开发亚马逊地区自然资源的计划。1973 年开始建设 BR-210 高速公路，由于该公路穿越雅诺马米人的领地，迫使他们背井离乡。20 世纪 70 年代，在雅诺马米人领地发现了丰富的矿产资源，大量外来人口涌入从事矿业探测和开采工作，给这一地区的雅诺马米人的身心健康带来巨大的损害，导致了他们古老的社会组织解体，并带来了流感、疟疾、麻疹等疾病，致使数百名雅诺马米人死亡。

雅诺马米人的权利受到巴西国内法的特殊保护。巴西《宪法》保障印第安人对其领地的权利，规定此项权利构成永久的、不可剥夺的所有权，并且确认印第安人对其领地上的自然资源的排他性的使用权。1973 年的《印第安人法》对印第安人的权利作了进一步的规定。但这些规定并没有得到有效的实施。

1980 年印第安人法律救助中心、美国人类学协会等非政府组织的负责人向美洲国家间人权委员会提起申诉，指控巴西政府违反了《美洲人权利和义务宣言》。人权委员会确认了以上事实，认为有充足的证据表明巴西政府

---

① See Resolution 12/85 of the Inter-American Commission on Human Rights, 5 March 1985, in Cairo A. R. Robb(eds.), *International Environmental Law Reports*(Vol. 3)：*Human Rights and Environment*, Cambridge University Press, 2001, pp.845-854.

② 在印第安语中，雅诺马米意为"人""人们"或"人类"。雅诺马米人把不属于他们的人，不管是印第安人，还是白人或混血种人，统统称作纳佩（Nape），即"陌生人、应该小心的人、危险的人"。参见焦震衡编著：《列国志·委内瑞拉》，社会科学文献出版社 2010 年版，第 24 页。

没有采取及时、有效的措施保护雅诺马米人的利益，使得雅诺马米人依《美洲人权利和义务宣言》所享有的多项权利受到侵犯，这些权利是生命、自由和个人安全的权利（第 1 条），居住和迁徙的权利（第 8 条），维护健康和福利的权利（第 11 条）。

厄瓜多尔 Huaorani 案是另一个著名的案件。厄瓜多尔是拉美国家中土著居民比较集中的国家，土著人占整个人口比例大约在 35％—45％ 之间。20 世纪 70 年代开始，厄瓜多尔石油开采活动得到迅速的发展，但同时给土著人带来了灾难。首先，大量外来人口的进入带来了他们所不知道的细菌和病毒，导致许多人生病或者死亡；其次，石油开采项目和道路建设项目往往要穿越他们传统的领地和社区，破坏了他们对土地和其他资源的享有，一些人被迫离乡背井；最后，石油开采业产生的环境污染对土著人的人身和财产造成巨大的损害。1990 年 Huaorani 人向美洲国家间人权委员会提起申诉，声称石油开发活动污染了构成社区自然环境的水、土壤和空气，并危害居民的健康和生命，要求政府停止在他们特许土地上的开发活动。人权委员会鉴于 Huaorani 人的生存处境不仅是个例，其他土著民族也存在类似的情况，于是决定派遣一个代表团赴厄瓜多尔实地考察该国的人权状况，并于 1997 年作出了一份报告。

美洲国家间人权委员会关注厄瓜多尔的石油开采活动对《美洲人权公约》第 4 条所保障的生命权和第 5 条第 1 款所保障的身体、精神和心理上受尊重的权利的影响。美洲国家间人权委员会承认发展权意味着每个国家有开采其自然资源的自由，包括通过授予特许权和接受国际投资的方式。但是，美洲国家间人权委员会同时又认为，管制的缺失、不适当的管制或者缺乏法律实施的监督可能会产生严重的环境问题，这将侵犯《美洲人权公约》所保护的人权。美洲国家间人权委员会陈述道：生命权、身体安全和完整的权利的实现，必然与自然环境相联系，甚至在某些方面取决于一个人所处的自然环境。相应地，当环境污染和退化对人的生命和健康构成持续的威胁时，前述权利即受到侵害。

美洲国家间人权委员会建议厄瓜多尔政府采取必要的措施预防石油污染对生命和健康的威胁，对受害者给予有效的救济。美洲国家间人权委员会还特别强调，政府应采取措施确保所有人有权能够单独或者集体参与影响他们环境的决策的制定过程，并改善信息发布的机制、提高透明度，以保障有效地参与。①

2. 维护隐私和家庭生活的权利

《欧洲人权公约》第 8 条第 1 款规定,人人有维护其隐私、家庭生活、居所和通信的权利。在欧洲区域性人权保护体系中,这条规定为欧洲人权法院在审理有关环境损害的案件提供了最主要的管道。相关的案件主要有 Arrondelle v. United Kingdom、Powell and Raner v. United Kingdom、Baggs v. United Kingdom、G and E v. Norway、Lopez-Ostra v. Spain、Guerra and Others v. Italy 等。②

Powell and Raner v. United Kingdom

在本案中,申诉人生活在希思罗机场(Heathrow Airport)附近,他们声称机场的噪声严重影响了他们私生活的质量,因此,《欧洲人权公约》第 8 条项下的权利受到了侵犯。欧洲人权法院基于公约第 8 条第 2 款驳回了申诉人的请求,该款赋予缔约国的公共机构在必要的程度内为保护公共利益或他人利益对维护隐私和家庭生活的权利进行限制。这实际上是对相互竞争的利益进行平衡。在本案中,法院考虑了以下几个方面:(1)原告接受过噪音干扰补偿金的事实;(2)机场已经采取了减轻噪音的措施;(3)机场在经济上对国家的贡献;(4)应该通过英国政府的管制制度去控制噪声污染,而不是运用诉讼解决争端。

Lopez Ostrs v. Spain

在本案中,申诉人居住在皮革工业集中的西班牙的 Lorca 镇,距离其住宅 12 米有一家废物处置厂。该厂在未申请许可证的情况下自 1988 年开始运营,其释放出来的气体和气味导致了包括原告在内的当地许多居民的健康受到损害。1993 年 10 月欧洲人权法院受理了此案,法院认为,即使并不危及健康,严重的环境污染也会影响个人的福利,并将妨碍家庭生活的享受。判断被告是否构成对《欧洲人权公约》第 8 条的违反,需要通过对原告的个人利益和社区的公共利益进行利益衡量才能得出。法院认为,在利益平衡方面,被告政府享有一定的自由判断余地。但是,在该案中,法院认定,被告政府未能公正地平衡 Lorca 镇的经济利益与原告享受私生活的利益,

---

① See Inter-American Commission on Human Rights: Report on the Situation of Human Rights in Ecuador, in Cairo A. R. Robb(eds.), *International Environmental Law Reports*(Vol. 3): *Human Rights and Environment*, Cambridge University Press, 2001, pp. 857-888.

② See Cairo A. R. Robb(eds.), *International Environmental Law Reports*(Vol. 3): *Human Rights and Environment*, Cambridge University Press, 2001.

从而判决被告违反了《欧洲人权公约》第 8 条,并且赔偿 400 万比塞塔(西班牙货币单位)。

Guerra and Others v. Italy

原告 Anna Maria Guerra 居住在意大利的 Manfredonia 市,距离一家农业化工厂(the Enichem agricultural chemical factory)不足一公里。根据实施欧共体"塞维索"(Seveso)指令而颁布的意大利国内法,1988 年该厂被认定为具有高度危险性。该厂在运营过程中散发大量可燃的有毒气体,并发生多次事故,其中最严重的一次发生在 1976 年,由于严重的砷污染导致 150 人被送进医院。1988 年 10 月,申诉人以被申诉人违反《欧洲人权公约》第 2 条和第 10 条为理由向欧洲人权委员会提出申诉,委员会在 1996 年 6 月裁定意大利违反了第 10 条,并于 1996 年 9 月 16 日将此案移送欧洲人权法院。法院对《欧洲人权公约》第 10 条接受信息的权利作了狭义的解释,认为该条仅仅禁止政府限制个人从他人那里接受信息,并未对政府施加收集和散发信息的积极义务。因此,法院认为《欧洲人权公约》第 10 条并不能适用于本案,而是判决被告违反了《欧洲人权公约》第 8 条。法院认为,虽然该条的主要目标是保护个人免受公共当局的武断干涉,但是为了有效地保护隐私和家庭生活,公共当局应当负有采取适当措施的积极义务。法院再次重申,严重的环境污染会影响个人的福利,并将妨碍家庭生活的享受。在本案中,直到 1994 年化工厂停业,申诉人一直未得到相关的重要信息,而他们本来可以根据这些信息评估他们将承受的风险。因此,法院认定意大利政府未能履行保障家庭生活的积极义务,从而判决其侵犯了《欧洲人权公约》第 8 条项下的权利,并赔偿 40 名申诉人每人 1000 万里拉(意大利货币单位)。

Fadeyeva v. Russia①

申诉人自 1982 年起居住在 Cherepovets 市朱可夫大街(Zhukov Street) 1 号,距离其住宅约 450 米有一家大型的钢铁厂(Severstal Steel-plant)。它建于苏联时期,1993 年之前是国有企业,之后被私有化,是俄罗斯最大的钢铁冶炼厂,但也是当地的污染大户,其排放的大气污染物占当地大气污染物总量的 95% 以上,且长期以来一直是超过了污染物排放标准。严重的污染导致当地许多居民患病,原告亦未能幸免。为了将污染企业与附近居民相对隔离,市政当局在 1965 年决定距离企业 5000 米建立一个环境卫生安全

---

① 参见吴卫星:《环境权研究——公法学的视角》,法律出版社 2007 年版,第 174—177 页。

的缓冲地带(the sanitary security buffer zone),1992 年被重新设定为 1000
米。① 然而,这项措施并未得到执行。

1995 年申诉人连同其他居民向 Cherepovets Town Court 提起诉讼,要
求政府在该缓冲地带的外面给予重新安置。法院判决地方当局应当将其列
入优先等待名单(priority waiting list)以获取新的住房,但法院又认为申诉
人的重新安置是有条件的,要取决于当局财政资金状况。② 申诉人向 Vo-
logda Regional Court 上诉,上诉法院 1996 年的判决承认了其无条件重新安
置的资格,并发出了执行令,但却一直未能得到执行。1999 年申诉人提出
针对当局的诉讼,要求立即执行 1996 年的判决。在诉讼过程中,1999 年 8
月市政当局将其列入了一般等待名单(general waiting list),其序号是第
6820 位。Cherepovets Town Court 驳回了申诉人的请求,认为生活在缓冲
地带居民不能列入优先等待名单,1996 年的判决已经执行完毕,无须采取
进一步的措施。该判决被上诉法院维持。1999 年申诉人向欧洲人权法院
起诉,声称政府未能保护其私生活和家庭免于严重的环境污染,因而违反了
《欧洲人权公约》第 8 条,欧洲人权法院于 2005 年 6 月 9 日作出了判决。

欧洲人权法院首先确定《欧洲人权公约》第 8 条能否适用本案。法院指
出,首先,为了适用第 8 条,申诉人须证明以下两点:一是污染对申诉人私人
领域造成实际的干扰;二是这种干扰必须达到一定的严重程度。法院通过
对钢铁厂超标排污的事实、附近居民得病率的提高等事实的确认,认定申诉
人健康损害系企业长期排污的结果,损害的严重性达到了可以适用《欧洲人
权公约》第 8 条的条件。关于申诉人所声称的对其私生活和家庭的妨害能
否归责于政府,法院认为,企业不是为国家所有和控制的,因此,不能说俄罗
斯联邦直接侵犯了原告的权利。但是,国家有积极的责任采取合适的措施
保障原告在《欧洲人权公约》第 8 条第 1 款项下的权利。

其次,欧洲人权法院确定俄罗斯政府是否具有《欧洲人权公约》第 8 条
第 2 款的正当抗辩事由。根据该款规定,国家为了维护公共利益或者其他

---

① 1996 年俄罗斯《卫生法》(2000 年、2001 年和 2003 年修改)规定,每个污染企业必须设立一
个卫生安全地带。像 Severstal Steel-plant 这样大的钢铁企业,安全地带的最小宽度应是 2000 米,
2000 年被修改为 1000 米。

② 要求获得新的住房的权利是一项苏联时期立法所确认的经济和社会权利。根据 1983 年的
《俄罗斯住房法典》(该法在俄罗斯独立后仍然有效),每个居住条件不符合标准的租房人有资格被
列入地方政府的等待名单以获得新的公有住房。等待名单按顺序排列,某些人(例如法官、警察或
者残疾人)则被列入一个特殊的优先等待名单,法律没有规定受到严重生态威胁的人有权被列入优
先名单。

人的利益,可以依照法律的规定在必要的范围内对隐私和家庭生活的权利进行限制。此种限制是否合法可以从以下两个方面进行判断。

第一,合法的目的(legitimate aim)。在本案中,俄罗斯政府给申诉人重新安置的抗辩事由是为了保护其他居民的免费获得房屋的权利,由于市政当局只有有限的资源为社会公共目的建造新住宅,因此,如果申诉人立即获得重新安置将不可避免地侵犯在等待名单上的其他人的权利。另外,企业的运营也对当地和国家的经济福利有一定的贡献。因此,欧洲人权法院认为,这些是属于《欧洲人权公约》第 8 条项下的合法目的。

第二,民主社会的必需(necessary in a democratic society)。这就要求在申诉人的个人利益和社会公共利益之间保持公正、合理的平衡。欧洲人权法院重申了以往判例的观点,在决定什么是实现《欧洲人权公约》第 8 条第 2 款所谓的目的所必需的,缔约国享有判断余地(margin of appreciation),国家比一个国际法院能更好地判断、评估当地的需要和条件。当然,把必要性的首次判断权交给缔约国,但欧洲人权法院保留最终的审查权。

俄罗斯政府辩称,第一,国内法院拒绝申诉人立即重新安置的请求是合法的,根据俄罗斯的法律,申诉人仅是在总体的等待名单上,可以要求将来的安置。如果不顾申诉人在等待名单上的位置为其提供一套住宅,将会侵犯有权获得免费住宅的其他人的权利。第二,申诉人可以按照自己的意愿离开现在所居住的朱可夫大街 1 号的住宅,而在这个城市的其他地方购买房屋。第三,政府当局对该城市的空气质量实施了定期监测,并开展了许多旨在评估环境污染对附近居民影响的科学研究。第四,政府当局对该钢铁厂进行了许多次现场检查,并处以多种行政制裁,以确保企业的行为能遵守国内法律规范。第五,近年来实施了许多联邦和市政的计划和方案,降低了当地的环境污染水平,环境状况有了全面的改善。

欧洲人权法院指出,钢铁厂的排污行为不符合俄罗斯立法所确立的环境和健康标准,为了使像 Severstal Steel-plant 此类重要的企业能够继续运营下去,作为一种妥协方案,俄罗斯法律创设了一条环绕企业的缓冲地带。因此,缓冲地带的存在是这类危险企业运营的必要条件,否则它应当被关闭或作明显的调整。在本案中,Severstal Steel-plant 在过去的 20 年中,污染物的总量有明显的削减。但是,许多危险物质的排放仍然一直超过安全标准。因此,只有当缓冲地带继续存在并且实现它的目的时,Severstal Steel-plant 符合国内环境要求的经营才是可能的。

关于俄罗斯政府的第二点抗辩理由,欧洲人权法院注意到,申诉人于

1982 年迁往现在的地方定居时,应当意识到当地的环境状况是非常不理想的。但鉴于当时房屋的短缺以及工业城市的住宅属于政府的事实,欧洲人权法院推断,申诉人只能接受这套提供给她家庭的住房。而且,由于当时环境信息的相对缺乏,申诉人很可能低估了该地区环境问题的严重性。当然,自 1990 年以来,没有限制地买房或租房已经成为可能,申诉人也未被禁止搬离危险的居住环境。但法院注意到,申诉人是以终身承租人的身份从当地政府方面获得房屋的居住权的,租金比市场价便宜,而她的收入仅仅来源于政府的养老金和与其职业病有关的支付款项。虽然从理论上来说申诉人改变其居所是可能的,但实际上是非常困难的。因此,法院认为,因污染损害的发生不能归责于受害人本身,不能剥夺其根据《欧洲人权公约》第 34 条申诉的权利。

欧洲人权法院注意到,自 1999 年以来,申诉人被列入了等待名单,但其处境没有得到改变,没有希望表明这项措施在可预见的将来能使申诉人得到重新安置。另外,在过去的 20 年中,Severstal Steel-plant 确实明显地减低了排污总量,但是,1990 年和 1996 年联邦计划的实施并没有实现预期的结果,许多危险物质的排放仍然超过了安全标准,该地区环境状况的全面改善是非常缓慢的。虽然政府提及了旨在评估环境污染对附近居民影响的科学研究,但俄罗斯政府未能向欧洲人权法院提交这些研究报告,也未能解释这些研究是如何影响相关政策的。政府提出针对企业违反环境法的行为,有关部门实施了许多次的检查和行政制裁,但政府未能明确已经实施了哪些具体的制裁和企业违法的种类。因此,无法评估这些制裁在多大程度上真正使得企业采取必要的保护环境的措施。

欧洲人权法院申明,决定采取何种确切的措施以一种更有效的方式降低污染不是法院的任务。然而,欧洲人权法院有权评估政府在解决环境问题时是否尽了充分的注意程度,是否考虑了所有相互竞争的利益。综合本案的事实情况,欧洲人权法院无法认定,在管制 Severstal Steel-plant 的工业活动时,政府对生活在附近地区的居民的利益给予了充分的考量。因此,俄罗斯政府虽然享有广泛的判断余地,但其未能在社会利益和申诉人有效享受尊重家庭和私生活的权利之间作出公正的平衡(a fair balance)。欧洲人权法院判决俄罗斯政府违反了《欧洲人权公约》第 8 条,赔偿申诉人 6000 欧元非金钱损失赔偿金(non-pecuniary damage),并且支付 6500 欧元和 5540 英镑的诉讼费用。

3. 财产权

财产权是近代市民宪法所确认的古典人权之一,自由主义者往往高度认同财产权的意义,认为财产权是自由的保障,是宪政民主的基石。历史和现实告诉我们:财产权是市场经济得以发展的前提,是公民人格独立和发展的保障。一个人如果被剥夺财产权,就会形成对于国家的人身依附关系,最终可能"通往奴役之路"。正是基于财产权的独特性,近代市民宪法将以财产权为核心内容的经济自由权作为人权保障之中心。1789 年法国《人权宣言》第 17 条把财产权宣布为一项"神圣不可侵犯的权利",典型地体现了近代市民宪法对财产权的"偏爱"。

财产权与环境权的关系既有相互促进的一面,同时也存在内在的紧张关系。一方面环境污染和破坏会侵害财产权,例如,住宅区附近如果污染比较严重,通常会导致房产的贬值。所以通过保护财产权可以间接地保护环境利益。但是,另一方面,"私"的财产权也可以用来对抗政府保护公共利益的行为,例如,财产权的所有人往往针对政府的环境保护措施声称财产权受到侵犯而提起诉讼。实际上,近代市民宪法所保障的"所有权绝对"原则在发挥积极作用的同时,也造成了许多社会问题,可以说环境污染和生态破坏即是绝对的所有权产生的"副作用"。[①] 下面所举的案例从正、反两个方面反映了财产权与环境权之间存在的相互促进、依赖的关系和内在的紧张关系。[②]

在 Awas Tingni Mayagna(Sumo) Indigenous Commutiny v. Nicaragua 案件中,涉及在 Awas Tingni 传统上所拥有的土地上尼加拉瓜森林保护问题,尼加拉瓜政府在未与 Awas Tingni 社区协商的情况下,同意 SOLCARSA 公司在 Awas Tingni 拥有的土地上砍伐森林。2001 年美洲人权法院判决尼加拉瓜政府违反了《美洲人权公约》规定的司法保护的权利(第 25 条)和财产权(第 21 条)[③],并且判决政府必须通过国内法律、行政规章和其他必要的措施建立有效的测绘、划界和所有权凭证机制对土著社区的财产

[①] 20 世纪以来,随着从个人本位到社会本位的转变,现代法律开始对私人所有权进行限制。例如,1919 年德国《魏玛宪法》第 153 条第 3 款规定:"财产权伴随着义务,其行使必须同时有益于公共的福利。"

[②] 参见吴卫星:《环境权研究——公法学的视角》,法律出版社 2007 年版,第 178—179 页。

[③] 《美洲人权公约》第 21 条规定:"(一)人人都有使用和享受财产的权利。法律可以使这种使用和享受服从于社会利益;(二) 不得剥夺任何人的财产,但因公用事业或社会利益等理由以及法律规定的情况和按法律规定的形式,付予正当赔偿的情况除外;(三) 高利贷和任何其他人剥削人的形式都应受到法律的禁止。"

提供保护。

在 Mateos e Silva, Ltd. and Others v. Portugal 案件中,葡萄牙政府决定在 Algarve 海岸的土地上建立一个自然保护区,其中涉及申诉人所拥有的土地。欧洲人权法院承认通过城乡规划旨在保护环境的措施构成一个合法的公共目的,可以对财产权进行限制。但在本案中,这种限制是没有必要的,因为政府从来没有实施过拟议中的建立自然保护区的计划。在 Pine Valley Developments Ltd. and Others v. Ireland 案件中,欧洲人权法院维持了政府为了保护环境对财产权进行干涉的措施。法院认定政府拒绝申诉人在一个被划为绿色地带的区域建设工业仓库的申请,是对和平享有财产的权利的干涉。但这种干涉是为了一个合法的政府目的——保护环境,并且采取的措施与目的符合比例原则。①

4. 公平审判的权利

《欧洲人权公约》第 6 条规定了获得公正审判的权利。Zander v. Sweden② 是欧洲人权法院审理的涉及环境权的案例。原告詹德尔居住在瑞典瓦斯特拉斯市的格里塔,拥有一块地产,这块地的旁边是 VAFAB 公司的垃圾处理场。VAFAB 公司从 1983 年起获准在该场地从事垃圾处理作业,当时国家环境保护许可委员会第一次给该公司发放了许可证。1986 年 VAFAB 公司申请续延它的许可证,并且要求允许扩大在该垃圾处理场的作业。申诉人和其他地产所有人则提出,由于公司的行为已经造成并且可能继续造成水污染,因此委员会在签发许可证时应附加条件,即应按照 1969 年《环保法》第 5 节的规定采取预防措施,并且无偿向有关地产所有人供应饮用水。委员会在 1987 年决定批准 VAFAB 公司的请求,同时驳回申诉人和其他人的要求。申诉人向政府申诉,1988 年政府方面维持原决定,驳回了申诉。1993 年,欧洲人权法院对本案作出了判决,认为《欧洲人权公约》第 6 条第 1 款适用于本案,而根据本案事实,申诉人不可能将 1988 年政府关于维持许可委员会 1987 年决定的裁定提交法院审查,因而违反了《欧洲人权公约》第 6 条第 1 款。同时,欧洲人权法院在判决中还认为申诉人根据瑞典的法律有权保护其水源不受 VAFAB 公司垃圾处理场的污染。

---

① 《欧洲人权公约第一议定书》第 1 条规定:"每一个自然人或法人均有权和平地享受其财产。非为公共的利益及依据法律的国际法一般原则所规定的条件,任何人均不得剥夺其财产所有权。但是,上述规定不得以任何形式损害国家根据普遍利益执行它认为必要的控制财产使用,或者保证缴纳税收或其他捐款或者罚款的法律的权利。"

② 万鄂湘主编:《欧洲人权法院判例评述》,湖北人民出版社 1999 年版,第 114—119 页。

(四) 环境权的司法救济:直接救济模式

1. 菲律宾的司法实践

在环境权直接保障的案件中,菲律宾的 Juan Antonio Oposa and Others v. The Honourable Fulgencio S. Factoran and Another① 可能是在国际上最著名的一个案例。45 名儿童代表他们自己以及尚未出生的后代起诉环境与自然资源部部长,诉请环境与资源部撤销所有已经发放的伐木许可证,并且停止发放新的许可证。理由是该部发放的大量伐木许可证导致菲律宾森林资源急剧减少,从而损害了宪法所保障的环境权。在第一审中,地区审判庭以起诉人没有原告资格、该案涉及政治问题等为理由,驳回了起诉。然而,当原告上诉至菲律宾最高法院时,最高法院推翻了原审法院的裁决。

关于原告资格问题。最高法院声称,我们发现没有任何困难判决他们能够为他们自己、他们的其他同代人以及后代提起诉讼。就生态平衡和健康的环境权利而言,他们代表后代提起诉讼的资格建立在代际责任(intergenerational responsibility)观念的基础之上。不用说,为了充分享受平衡和健康的生态环境,每一代都对下一代负有保护环境的责任,原告维护对于良好环境的权利的同时,也是履行他们保护后代人环境权的义务。

关于诉的利益。原告声称受到侵犯的环境权规定于菲律宾 1987 年《宪法》的第 16 条:"国家保护和促进人民根据自然规律及和谐的要求,享有平衡和健康的生态环境的权利。"该条位于《宪法》第 2 章"关于原则和国家政策的宣告"的第 2 节"国家政策",而不是规定于第 3 章的"权利法案"中。然而,最高法院认为,这并不意味着环境权没有第 3 章所列举的公民权利和政治权利重要。事实上,这些基本权利(指环境权以及规定在《宪法》第 2 章第15 条的健康权)甚至没有必要规定在宪法之中,因为他们在人类诞生之时即已存在。如果说他们现在被明确地规定于宪法之中,那是因为有充足的理由担忧:除非环境权和健康权被宪法宣布为国家的政策,以突显他们持续的重要性并且赋予国家保护他们的神圣义务,否则,不仅是对当代,而且对后代,其他所有一切都将失去的那一天的来临将不会太遥远。

2. 拉丁美洲的司法实践

拉丁美洲有许多国家在宪法中规定了环境权,并且通过司法程序对环

---

① 参见吴卫星:《环境权研究——公法学的视角》,法律出版社 2007 年版,第 180 页。

境权进行直接救济。阿根廷 1994 年修改的《宪法》明确承认了健康和合适的环境权。其实在 1994 年之前,法院在司法实践中已经认可生活在健康环境中的权利的存在。例如,在 1993 年的一个案件中,法院宣称,生活在健康、平衡的环境中的权利是人们的基本属性,对环境的任何侵害都将是对生命本身以及对人身、心理完整性的威胁。在 1994 年一个案件中,法院认为,保护环境权利是一项自然人权,这项权利允许公民针对政府部门提出申诉。[①]

1991 年在审理 Fundepublico v. Mayor of Bugalagrande and Others 案件时,哥伦比亚第一审法院认为,每个人都有生活在健康的环境中的权利,该权利应当被视为一项基本人权,它是行使其他人权的前提和基础。该案被诉至哥伦比亚宪法法院,法院认为,健康环境的权利对人类物种的生存而言是十分重要的,环境保护是当代人和后代人的义务。法院承认在本案中享受健康环境的权利与其他宪法权利,例如卫生权、生命权、工作权,有着明显的关联。[②] 在 1993 年审理 Antonio Mauricio Monroy Cespedes 一案时,哥伦比亚法院认为,环境权是与自由权、平等权等基本权利并列的一项权利,健康环境权无法与生命权、健康权相割裂。事实上,那些对环境有害的因素也会对人类造成不可弥补的损害。如果是这样的话,我们可以断言:环境权是对人类的生存至关重要的权利。[③]

在 1993 年有关废物倾倒的一个案件中,哥斯达黎加最高法院确认了环境权。法院陈述道:只有当与自然一致的时候,生命才是可能的,自然滋养和支撑着我们的生命。所有公民在免于污染的环境中生活构成了一项权利。这是一个公正、充满活力的(productive)社会的基础。在另外一起案件中,法院认为,健康权和健康环境权都导源于生命权。如果不承认健康权和环境权,生命权将受到严重的限制。[④]

厄瓜多尔 1983 年《宪法》第 19 条第 2 项确认了环境权,"在不影响充分发展人的精神和物质的必要权利的情况下,国家保障生活在一个无污染的环境中的权利。国家有责任监督这种权利不受损害,并监督自然的保护情

---

① 参见吴卫星:《环境权研究——公法学的视角》,法律出版社 2007 年版,第 181 页。

② Adriana Fabra, Indigenous Peoples, Environmental Degration, and Human Rights: a Case Study, in Boyle and Anderson (eds.), *Human Rights Approaches to Environmental Protection*, Clarendon Press, 1996, p.263.

③ 吴卫星:《环境权研究——公法学的视角》,法律出版社 2007 年版,第 181—182 页。

④ 同上。

况。为保护环境,法律将限制某些权利和自由的行使"。根据《宪法》第 141
条,厄瓜多尔建立了宪法保障法庭(Ecuadorian Tribunal of Constitutional
Guarantees)审理侵犯人权的案件。一些律师运用宪法的救济途径挑战侵
犯环境权的行为,据称从 1983 年到 1993 年大约有不到 10 起保护环境人权
的案件被诉至宪法保障法庭。其中第一起案件是 1990 年的石油厄瓜多尔
案,该案的基本情况是:厄瓜多尔国家石油公司,即"石油厄瓜多尔"(Petro-
ecuador),为加快石油开采步伐,制订计划在该国亚苏尼(Yasuni)国家公园
开采石油,环境保护积极分子向宪法保障法庭起诉,控告政府和国家石油公
司违反了全体居民享有的健康环境的权利。法庭于 1990 年 9 月作出判决,
确认在国家公园开采石油的计划违反了《宪法》第 19 条第 2 款。① 在 1993
年的一起案件中,厄瓜多尔环境公益律师事务所 CORDAVI 认为在 Podo-
carpus 国家公园内的采矿活动违反了《宪法》第 19 条第 2 款,宪法保障法庭
支持原告的请求,判决国家公园的环境退化侵害了受到影响的居民的环境
人权。②

五、中国环境权宪法化的路径选择

我国现行《宪法》没有环境权的明文规定,《宪法》中与环境保护直接相
关的是第 1 章"总纲"中的两个条款:一是第 9 条第 2 款:"国家保障自然资
源的合理利用,保护珍贵的动物和植物。禁止任何组织或者个人用任何手
段侵占或者破坏自然资源。"二是第 26 条:"国家保护和改善生活环境和生
态环境,防治污染和其他公害。国家组织和鼓励植树造林,保护林木。"从法
律规范的性质来看,这两条应归类为"环境基本国策"或"国家环境政策",即
将环境保护视为国家的一项宪法任务、一项基本职责,而非赋予公民宪法性
的环境权。但借鉴前文所述荷兰、罗马尼亚和希腊的宪政实践,从学理解释
的角度从这两个条款推导出公民环境权也并非不可行。

我国《宪法》第 2 章"公民的基本权利和义务"没有关于生命权、健康权
的规定,但有两个人权条款可能成为环境权的"寄居条款"。一是第 33 条第

① 汪习根:《法治社会的基本人权——发展权法律制度研究》,中国人民公安大学出版社 2002
年版,第 307—308 页。

② Adriana Fabra, Indigenous Peoples, Environmental Degration, and Human Rights: a Case
Study, in Boyle and Anderson (eds.), *Human Rights Approaches to Environmental Protection*,
Clarendon Press,1996, p. 254.

3 款:"国家尊重和保障人权。"二是第 38 条:"中华人民共和国公民的人格尊严不受侵犯。禁止用任何方法对公民进行侮辱、诽谤和诬告陷害。"有学者主张我国《宪法》第 33 条第 3 款（人权条款）的规定,是类似于美国联邦宪法第 9 修正案的宪法未列举权利条款或者人权概括条款,可以为新兴宪法权利的保护提供规范支持。进而言之,通过宪法解释的方式,将"人权条款"视为宪法未列举权利的"安身之所",既兼顾了宪法的稳定性与开放性、成长性,又维护了宪法的权威,适应了社会的发展。"人权条款"中所蕴含的宪法未列举的环境权和迁徙权是实现社会和谐的重要途径,是达致社会公平与正义的重要方式。① 而如果我们将《宪法》第 38 条所谓的"人格尊严"解释为类似德国宪法上的"一般人格权"（也即作为人格权的一般规定、概括性规定）,则环境权作为一项个别性的宪法人格权就可以融入该条款之中。② 美国、德国也曾有学者主张,将美国联邦宪法第 9 修正案（宪法未列举权利条款）和德国《基本法》第 1 条人性尊严的保障以及《基本法》第 2 条第 2 项自由发展人格之权,作为引申出环境权的宪法渊源,唯在法制实践中没有得到司法判例的肯定和承认。

以上所述四个条款是我国派生性环境权得以确立的宪法渊源。但是如前所述,派生性环境权具有固有的局限性。更为重要的是,目前我国违宪审查机制尚未有效确立。因此,探讨派生性环境权的宪法渊源仅仅在学理上具有意义,对我国的环境法制实践影响甚微。笔者主张,我国应当通过宪法修正案,将环境权明文确认为一项独立的人权。虽然我国法院无权以独立的宪法环境权条款作为审查法律是否合宪的依据,甚至暂时也不大可能以环境权直接作为裁判的依据。不过,这并不代表宪法环境权条款就不能被司法适用,至少宪法环境权可以作为裁判的理由,可以作为法院对法律进行合宪性解释的依据。此外,宪法环境权条款还具有以下重要功能:（1）宣示功能,是指对外表明中国政府保护环境、捍卫人权的决心和努力,将在环境外交和国际环境合作中发挥作用,并将使中国的环境保护融入国际主流之中。（2）警示功能,是指环境权条款将警示各级政府在进行涉及环境利益的立法与决策的时候要给予环境利益充分的考量,避免以牺牲环境作为代

---

① 张薇薇:《"人权条款":宪法未列举权利的"安身之所"》,载《法学评论》2011 年第 1 期。

② 关于《宪法》第 38 条的学理解释,请参见林来梵:《人的尊严与人格尊严——兼论中国宪法第 38 条的解释方案》,载《浙江社会科学》2008 年第 3 期。

价、盲目地追求经济利益和 GDP 的增长。(3)教育功能,是指环境权条款体现了制宪者对环境价值的高度认同,从而唤起广大民众对环境价值的认知,促使他们能以自己的行动维护和增进环境利益。因此,环境权入宪本身就具有一般的环保宣传教育所不具备的重大的教育意义。(4)促进立法功能,宪法环境权作为社会权的一种,需通过权力机关的积极立法才能在实际生活中得以保障和实现。环境权条款同时也课以权力机关以积极立法的方式具体形成环境权法律制度的义务。①

最后值得注意的是,环境权入宪在我国已经具备一定的法制基础。国务院新闻办公室先后发布的《国家人权行动计划(2009—2010 年)》《国家人权行动计划(2012—2015 年)》,均将"环境权利"列为一项独立的经济、社会与文化权利,一些地方性法规和军队法规也明确规定了环境权条款(见表 2-4)。近年来全国范围内的"雾霾"事件极大地激发了广大人民的环保意识和权利意识,环境权入宪是我国宪法积极回应环境保护、社会发展和民众诉求的需要,必将成为我国生态文明建设进程中的一个重要里程碑。

表 2-4 我国相关立法中的环境权条款

立法名称	制定时间	具体内容
《福建省环境保护条例》	1995 年制定、2002 年、2012 年修订	第 8 条第 2 款规定:"公民有享受良好环境的权利和保护环境的义务。任何单位和个人有权对污染和破坏环境的单位和个人进行检举和控告;有权在受到环境污染损害时要求赔偿。"
福建省第十届人民代表大会常务委员会第四次会议《关于加强公共卫生工作的决定》	2003 年	第 4 条第 1 款规定:"任何单位和个人都有享受良好公共卫生环境的权利。对破坏公共卫生的行为有权予以制止、举报;对因破坏公共卫生的行为造成损失的,受害人有权要求加害人予以赔偿。"
《珠海市环境保护条例》	2008 年制定、2017 年修订	第 9 条第 1 款规定:"一切单位和个人都有享受良好环境、参与环境保护、知悉环境信息、监督环境保护工作、检举和控告破坏环境行为的权利。"
《深圳经济特区环境保护条例》	1994 年制定、2009 年修订、2018 年修正	第 59 条第 1 款规定:"组织和个人享有在良好环境中生活、获取环境信息、参与环境监督管理以及得到环境损害赔偿的权利。"

---

① 吴卫星:《生态文明建设进程中环境权入宪的功能》,载《环境保护》2008 年第 3 期。

立法名称	制定时间	具体内容
《中国人民解放军环境保护条例》	1990 年	第 6 条规定："军队所有单位和人员都有保护和改善环境的义务,都有在符合规定标准的环境中工作和生活的权利、对环境质量知情的权利以及获得环境损害补偿的权利,并有权对污染和破坏环境的行为进行监督、检举和控告。"
《宁夏回族自治区环境保护条例》	1990 年制定、2006 年修正、2009 年修订、2012 年修正、2016 年修正、2019 年修正	第 7 条第 1 款规定："任何组织和个人有享受良好环境的权利和履行保护环境的义务,有权检举、控告违反环境保护法律法规的行为,有权对环境保护工作提出意见和建议。"
《西宁市环境保护条例》	2011 年制定、2018 年修正	第 8 条第 1 款规定："任何单位和个人都有享受良好环境的权利和履行保护环境的义务,对污染和破坏环境的行为有权检举和控告,有权对环境保护工作提出意见和建议。"
《海南省环境保护条例》	1990 年制定、1999 年修正、2007 年修正、2012 年修订、2017 年二次修正	第 12 条第 1 款规定："公民、法人和其他组织依法享有良好环境、获取环境信息、对污染和破坏环境的行为进行检举和控告等权利,承担履行保护和改善环境的义务。"

第三章　程序性环境权:分类与价值

一、引　言

从权利的性质和行使方式来看,公民权利可分为实体性权利和程序性权利。一般认为,实体性权利是指人依法享有的具有直接的实际意义的权利,它可以直接表现为一定的物质利益或精神利益,而程序性权利是指人作为程序主体在实现实体权利或保障实体权利不受侵犯时所享有的权利。[1]

由于实体性环境权具有内涵模糊性且不易实现等缺陷,20世纪90年代以后,无论是国际环境条约还是国内的环境立法,一般不再规定实体性环境权,而是强调公众在环境问题上有知情权、参与权和获得法律救济的权利。[2]

在《环境保护法》修改过程中,有专家提出,应当增加关于公民实体性环境权的规定,可以表述为"公民有在良好、健康环境中生活和工作的权利"。[3]但由于争议较大,最终通过的《环境保护法》仅规定了公众的程序性环境权利。《环境保护法》第53条第1款规定:"公民、法人和其他组织依法享有获取环境信息、参与和监督环境保护的权利。"该条款明确了公众的环境保护参与权,为公众参与环境立法、行政决策、环境监督等活动奠定了法律基础。

"公众",在法的意义上特指对决策所涉及的特定利益作出反应的,或与决策的结果有法律上的利害关系的一定数量的人群或团体。[4] 环境法上的"公众参与",是指公众有权通过一定的程序或途径参与一切与公众环境权益相关的开发决策等活动,并有权得到相应的法律保护和救济,以防止决策

---

① 参见孙笑侠:《论法律程序中的人权》,载《中国法学》1992年第1期。

② 最典型的例如1998年联合国欧洲经济委员会通过的《在环境问题上获得信息、公众参与决策和诉诸法律的奥胡斯公约》(Aarhus Convention on Access to Environmental Information, Public Participation, and Access to Justice in Environmental Decision-making)。

③ 王灿发:《〈环保法〉应增公民环境权》,载《人民日报》2013年9月14日第006版。

④ 汪劲:《环境法学》(第三版),北京大学出版社2014年版,第116页。

的盲目性,使得该项决策符合广大公众的切身利益和需要。①

通常而言,权利包含着三项基本权能,即行为的可能性、请求履行与权利相关的义务的能力以及权利受到侵害时请求追究法律责任的能力。② 因而,程序性权利的内容便包括知情权、参与权、救济权、监督权等权利。

本章将从正当程序的角度出发,梳理公众程序性环境权利的分类与相关立法,以及探讨诸类程序性权利的理论价值。

(一) 程序性环境权利的产生及概念

1. 程序性环境权利产生的理论依据

(1)自然正义理念

公众程序性环境权利的产生是正当程序的基本要求。公众参与的理论依据,可以追溯到英国普通法上的"自然正义"(Nature Justice),即"任何权力必须公正行使,对当事人不利的决定必须听取他的意见"。③ 在"自然正义"理论的基础上,英国的法律思想发展出了"正当法律程序"(Due Process of Law)的概念。1791 年美国通过的宪法第五修正案规定:"未经正当法律程序不得剥夺任何人的生命、自由或财产。"1968 年通过的宪法第十四修正案规定:"任何州不得未经正当法律程序而剥夺任何人的生命、自由或财产。"前者适用于联邦政府,后者适用于州政府。④ 根据美国联邦最高法院的解释,宪法规定的"正当法律程序"具有两方面的意义:其一,正当法律程序是一个程序法的规则,称为程序性的正当法律程序。它要求政府"正式行动必须符合对个人的最低公正标准,如公民有得到充分通知的权利和作出裁决之前的有意义的听证机会"。其二,正当法律程序是一个实体法的概念,成为实质性的正当法律程序。它要求国会所制定的法律,必须符合公平与正义。⑤ "正当法律程序"最初的适用范围局限于司法领域,后来随着行政权的膨胀和扩张,正当程序也逐步向行政法领域渗透,强调行政执法、行政救济过程中的公众参与,从而使得正当法律程序发展为一项保护公众程序性权利的基本原则。

---

① 汪劲:《环境法学》(第三版),北京大学出版社 2014 年版,第 116 页。
② 转引自朱谦:《公众环境保护的权利构造》,知识产权出版社 2008 年版,第 53—54 页。
③ 江必新、李春燕:《公众参与趋势对行政法和行政法学的挑战》,载《中国法学》2005 年第 6 期。
④ 参见曾祥华:《论公众参与及其行政立法的正当性》,载《中国行政管理》2004 年第 12 期。
⑤ 周佑勇:《行政法的正当程序原则》,载《中国社会科学》2004 年第 4 期。

围绕着"自然正义"和"正当法律程序"的内容和意义,英美法系学者形成了门类众多的学说和理论,主要包括以下四种模式:绝对工具主义程序理论、相对工具主义程序理论、程序本位主义理论、经济效益主义程序理论。绝对工具主义程序理论,实际上是一种把程序的工具性和手段性强调到极端所形成的程序价值理论。[①] 功利主义理论的鼻祖边沁曾对绝对工具主义理论作出过经典的阐释。边沁认为,"程序法的唯一正当目的,则为最大限度地实现实体法""程序法的最终有用性要取决于实体法的有用性……"[②]这种绝对工具主义程序理论不仅把程序权利解释为确保实体权利得以实现的工具,而且把所有规范均解释为用以实现实体法的必要手段。相对工具主义程序理论基本也坚持了程序工具论的立场,但它允许人们在追求程序工具性价值的同时兼顾一些独立的价值目标,诸如参与、人道尊严、公正等。程序本位主义理论认为评价程序的唯一价值标准是程序本身是否具备一些内在的品质,而不是程序作为实现某种外在目的的手段的有用性。[③] 这种对法律程序的重视体现在"正义先于真实"(Justice before Truth)、"程序先于权利"(Process before Rights)。经济效益主义程序理论也坚持所谓"审判程序不过是最大限度地实现某一外在价值目标的工具"的观点,只不过这里的"外在目标"是最大限度地增加公共福利或提高经济利益。

陈瑞华教授对这四种程序价值理论进行了简要评论。他认为,绝对工具主义程序理论必然容易导致程序虚无主义的盛行;相对工具主义程序理论虽为程序设定了功利性和公正性两套价值标准,但未看到公正程序在保障参与者人格尊严和道德主体地位方面的独立作用;程序本位主义理论走向了与工具主义截然相反的极端,把程序和程序结果完全混为一谈,将公正的结果完全独立于程序的评判标准;经济效益主义程序理论过度强调经济效益作为评价程序的唯一价值标准,变相降低了人的生命、自由、人格尊严的意义。因此,应当构建一种能够容纳和协调法学家们在程序价值方面提出的正确观点的综合程序价值理论。[④]

从这个意义上看,公众程序性权利的基本内涵包含不同维度和层次的内容,它不仅是工具意义上的程序性权利,还是本体意义、经济效益意义上的程序性权利。

---

① 陈瑞华:《程序正义理论》,中国法制出版社 2010 年版,第 50 页。
② 同上书,第 52 页。
③ 同上书,第 60 页。
④ 同上书,第 69—75 页。

考察英国"自然正义"理论的源流可知,在立法、行政、司法程序中,正当程序的要求对规范权力的正当行使、保护公民权利无疑具有十分重大的现实意义,它也体现了法治与恣意人治之间的根本差异。在环境保护领域,由于环境事务的公共性以及科学不确定性而导致的决策过程和结果的风险性[①],环境决策必然会直接或间接影响大量不特定人的利益,"在对一种至少会使一部分人的权益受到有利或者不利影响的活动或决定作出评价时,不能仅仅关注其结果的正当性,还要看这种结果的形成过程或者结果据以形成的程序本身是否符合一些客观的正当性、合理性标准"[②]。因此,必须要遵守最低限度的程序正义[③]的要求,才能符合现代法治的精神。

（2）人民主权理念

公众参与环境保护依法享有并行使知情权、表达权、参与权、监督权,是政治民主的一种表现形态。我国《宪法》第 2 条明确规定:"中华人民共和国的一切权力属于人民……人民依照法律规定,通过各种途径和形式,管理国家事务,管理经济和文化事业,管理社会事务。"人民主权原则作为《宪法》的基本原则和现代法治国家所追求的一种价值目标,为公众参与国家、社会等各方面事务提供了宪法依据,也成为衡量参与程序合法性、正当性的理论准则。"一切为了群众,一切依靠群众,从群众中来,到群众中去"的群众路线,是中国共产党在长期的革命实践中,集中人民群众的经验和智慧而逐步发展起来的,也体现了马克思主义的科学世界观和方法论。因此,我国环境保护必须依靠人民群众,尊重人民群众的主体地位,动员全社会的力量共同参与。[④] 党的十九大报告指出:"有事好商量,众人的事情由众人商量,是人民民主的真谛。"公众参与环境保护和环境决策是"人民主权"原则在环境法上的必然要求。

2. 程序性环境权利的概念及特征

公民环境权利既包括实体性权利,也包括程序性权利,程序性权利主要体现在公众参与环境保护的一系列动态过程中。通过考察理论基础,可以将"公众程序性环境权利"定义为"公众通过正当法律程序充分参与环境立

---

① 参见叶俊荣:《环境政策与法律》,中国政法大学出版社 2003 年版,第 85 页。

② 陈瑞华:《程序正义论——从刑事审判角度的分析》,载《中外法学》1997 年第 2 期。

③ 周佑勇教授认为,现代法律程序所要实现的最低限度的程序正义要求至少应当包括三项:程序中立性、程序参与性和程序公开性。参见周佑勇:《行政法的正当程序原则》,载《中国社会科学》2004 年第 4 期。

④ 参见付军、陈瑶:《推动环保公众参与 建设生态文明构建和谐社会》,载《环境保护》2010 年第 5 期。

法、环境行政、环境司法等活动，深刻影响决策结果，提升决策合理性，有效监督公权力行使，并能获得相应法律救济的权利"。该权利是公众参与环境保护"一揽子"程序权利的总称，包括环境信息知情权、环境决策参与权、环境救济权、环境监督权等。它也是维护公众环境实体性权利的基础和保障，并且在整个过程中具有独立的内在价值，如尊严价值[①]、自由、公正等。

　　基于程序正义的要求，公众参与环境保护的程序应当具有何种性质呢？众所周知，1998 年联合国欧洲经济委员会的《在环境问题上获得信息、公众参与决策和诉诸法律的奥胡斯公约》(简称《奥胡斯公约》)代表了当前环境决策公众参与的最高水平。而《奥胡斯公约》的三个支柱分别是"信息公开"(Access to Environmental Information)、"公众参与"(Public Participation)和"司法救济"(Access to Justice)。[②] 因此，参与性、公开性、可救济性将成为公众程序性环境权利的三大重要属性。

　　(1) 参与性

　　参与是公众行使程序性环境权利时所实施的行为，没有参与，程序性权利便如同空中楼阁。程序参与性就是指那些利益或权利可能会受到程序法律结果直接影响的法律主体应当有充分的机会富有意义地参与法律程序的过程，并对法律结果的形成发挥其有效的影响和作用。[③] "富有意义"便是公众参与充分与否的评价标准，也即参与的充分性、有效性。由于参与和民主是一对不可分割的共生词语，所以程序参与的充分性、有效性可以凭借民主的衡量尺度来把握。按照科恩的观点，衡量民主的尺度有三个方面：民主的广度、民主的深度与民主的范围。民主的广度是由公众是否普遍参与来确定的，属于民主的数量问题；民主的深度是由公众参与是否充分来确定的，它与民主的性质有关；民主的范围则是指全社会实际参与决定的问题的多少及其重要程度以及所起作用的大小，牵涉到民主的效能问题。[④] 民主的尺度也是衡量公众参与的尺度。有学者根据参与的层次，将公众参与分为低

----

　　① 关于程序正义的理论基础，美国学者杰里·马修(Jerry L. Matthew)提出了"尊严价值理论"(Dignitary Theory)，其核心内容是：评价法律程序正当性的主要标准是它使人的尊严受到维护的程度。"尊严价值"大体包括"平等""可预测性""透明性""理性""参与""隐私"等方面。参见陈瑞华：《程序正义的理论基础——评马修的"尊严价值理论"》，载《中国法学》2000 年第 3 期。

　　② Jane Holder & Maria Lee, *Environmental Protection*，*Law and Policy* (2nd Edition)，Cambridge University Press，2007，p.86.

　　③ 周佑勇：《行政法的正当程序原则》，载《中国社会科学》2004 年第 4 期。

　　④ 李艳芳：《公众参与环境影响评价制度研究》，中国人民大学出版社 2004 年版，第 21 页。

等层次参与、中等层次参与和高等层次参与。① 由此可知，"富有意义"的参与程序属于"高等层次参与"，它应当是利益代表的多元、交流的普遍、辩论的理性、协商的可能、决策的深远影响，并且实现公众参与的正面价值：功能性价值、工具性价值和沟通性价值。② 参与是公众程序性环境权利行使的必然要求，它为"以权利制约权力"提供了终极动力。

（2）公开性

程序正义又被称为"看得见的正义"。英国法谚有云："正义不仅要实现，而且要以看得见的方式实现。"程序中所强调的"看得见"，便是指程序的公开性，即公众参与的每一阶段和步骤都应当以当事人和公众看得见的方式进行。③ 这是对法律程序整个过程本身的最低限度要求，也是现代民主政治的基本要求。与程序公开要求相对应的，便是公众的知情权。所谓公众环境知情权是公众知悉和获取相关环境信息的权利，是公民享有的一项基本政治权利。环境知情权是维护公众自身权益的前提，而程序公开又是保障公众知情权、加强公众对公权力的监督、促进公众参与的有效武器。公众参与的程序公开性，不只是强调某个阶段的公开，而是强调整个过程全面的公开，包括参与前的信息公开、参与中的过程公开、参与后的结果公开，让利益冲突的主体公开理性地表达观点，让环境决策过程透明地展开。让权利和权力在阳光下行使，不仅能够过滤掉无效的公众参与，还能实现对权利的保障和对权力的制约。

（3）可救济性

"无救济则无权利。"这句古老的法律谚语告诉我们：法律对公民权利、自由规定的再完备、列举的再全面，如果在这些权利和自由受到侵犯之后，公民无法获得有效的法律救济的话，那么，这些法律上的权利和自由都将成为一纸空文。如果公民的权利被侵犯，却"有冤无处申"或者"告状无门"，那么公民就极有可能采取非法治的，甚至是暴力的方式来"自力救济"，而这无疑会直接危害正常的社会秩序。因此，法律绝对不能仅仅满足于在纸面上规定一系列的权利，还必须建立若干种权利救济的途径，使得那些权利被侵

① 张晓杰：《中国公众参与政府环境决策的政治机会结构研究》，东北大学 2010 年博士学位论文。

② 功能性价值：促进行政过程的正当性和合法化；工具性价值：促进行政过程科学性和合理性；沟通性价值：促进公众对行政过程的可接受性。参见沈亚萍：《多元化内涵与双向度考察——公众参与行政过程的初步分析与定位》，载《社会科学论坛》2014 年第 6 期。

③ 周佑勇：《行政法的正当程序原则》，载《中国社会科学》2004 年第 4 期。

犯、自由被剥夺的公民,能够诉诸法律,有获得司法审查和司法救济的机会。公众在参与环境保护的过程中,即便程序具有公开性、公众参与也完全符合程序正义的要求,也难免会有部分公众对公众参与的程序或者结果不满意,更何况在实践中,经常发生信息公开和公众参与不符合程序正义要求的情形。因此,基于"无救济则无权利"的原理,为了保护公众的知情权和参与权,必须有相应的权利救济,以最终确定先前的信息公开和公众参与程序是否已经符合法定要求。"若能使公众对于有争议的程序行政行为及时诉诸司法,不仅可以使公众参与落到实处,也能最大限度地减少体制外的抗争所引发的社会成本。"①

(二) 程序性环境权利的意义

1. 实现实体性环境权利的保障

在国际环境保护进程中,环境权利的发展也完成了从实体性权利到程序性权利的转变过程。1972 年《斯德哥尔摩人类环境宣言》第 1 条原则宣布:人类有权在一种能够过尊严和福利的生活的环境中,享有自由、平等和充足的生活条件的基本权利,并且负有保护和改善这一代和将来的世世代代的环境的庄严责任。该宣言提出了人类环境权的基本内涵,其主要指实体性环境权利。1992 年《里约环境与发展宣言》第 10 条原则宣布:环境议题最好得到有关各方公民的参与。强调人类环境权还包括程序性环境权利,公众参与成为国际环境保护的新趋势和新动力。从程序性环境权利的多层次内涵观察,通过程序性权利实现实体性权利本来就是程序工具的价值之一。"公众环境知情权、环境参与权和环境检举、控告、举报权既是环境权的衍生权利、环境权的具体化,也是环境权实现的条件和保障。"②公众要行使其"享用清洁、健康的环境的权利",必须知道其赖以生活和发展的环境是否清洁、健康,必须了解国家、政府是否履行了其环境保护的义务和职责,必须了解有关企业和个人是否从事引起环境污染和生态破坏的活动,公众只有参与环境决策和环境监督,才能真正掌握上述环境信息,这就需要公众拥有环境知情权、公众参与环境决策和环境监督的权利。

2. 促进决策结果的合理性

公众参与的首要目的就是将其作为一种对抗部门俘获(Agency Cap-

---

① 沈跃东:《论程序行政行为的可诉性——以规划环境影响评价公众参与为视角》,载《行政法学研究》2012 年第 3 期。

② 蔡守秋:《从环境权到国家环境保护义务和环境公益诉讼》,载《现代法学》2013 年第 6 期。

ture)的机制。① "公众、学者、法官、议员和政府官员都注意到：'这个一再发生的困扰着对产业界进行公共管制的问题就是，管理机构不正当地以它试图管制的产业界的利益为导向来行动，而不是以它试图保护的公共利益为导向来行动。'"②为了避免因为"部门俘获"给社会造成重大损失，引入公众的参与和监督就显得尤为重要。政府并非全知全能的智者，即便不存在"部门俘获"或者腐败等因素，政府也很可能会犯错，或者没有考虑到更好的替代方案。而公众参与能够有效地弥补政府部门由于信息不全或者考虑不周导致的缺陷，从而促使政府作出更合理的环境决策。"从更深远的意义来看，参与环境决策过程的公众，行使了知情权、表达权、参与权、监督权，至少可以在程序意义上获得平等的影响决策过程和结果的机会，这将有助于在社会心理层面上使他们更容易认同和接受决策结果。"③

3. 促进政府——企业——公众之间的信任，减少社会治理成本

政府公信力是公共权力合法性的来源。政府公信力程度实际上是公众对政府履行职责情况的评价。"信任的因素包括三个方面，一方的期待、需求和评判标准，另一方的态度、行为和结果，以及双方是否进行了通畅有效的沟通。"④在我国社会转型时期，政府失信于民、损害公共利益的情况偶有发生。况且，公众利益诉求日渐多元化，信息不公开，表达渠道不畅通，加剧了政府与公众之间的信息鸿沟，公众参与出现情绪性和行动性的对立，导致政府公信力不断下降，很容易陷入"塔西托陷阱"。谣言止于公开，信任始于公开。公众参与程序性权利的实现和保障必须建立在政府、企业环境信息公开的制度之上。在现代法治的背景下，在涉及重大环境影响的决策中，如果缺乏有效的公众参与，即便决策者本身在作出决策的过程中已经充分考虑到环境后果，并且这种决策就其实质而言确实是最佳决策，但这个决策也可能很难让人信服。而如果有公众参与，政府、企业在相关环境决策作出前进行了准确全面及时的信息公开，公众有充分的机会表达其对于环境利益的关注和担忧，并且公众的意见被认真地考虑并作了公开回应，哪怕决策者最终并未采纳公众的意见，公众也更有可能认同决策的合法性和合理性。

---

① Cass R. Sunstein, What's standing after Lujan? of Citizen Suits, "Injuries," and Article III, 91 *Mich. L. Rev.* 163, 165 (1992).

② Sierra Club v. Morton, Secretary of the Interior, et al. 405 U. S. 727, 747 (1972).

③ 王锡锌：《公众参与和中国法治变革的动力模式》，载《法学家》2008年第6期。

④ 贺华：《微博时代下政府公信力研究》，载《西北工业大学学报（社会科学版）》2013年第1期。

这也印证了美国学者约翰·克莱顿·托马斯的观点,政府在政策执行过程中面临的时间约束和在政策制定过程中面临的时间约束呈反向函数关系。[1]决策前充分的公众参与虽然看似拖延了决策时间,却大大地节省了决策执行过程中的成本,达到"花钱的目的是省钱"。

4. 政治文明和生态文明的有机结合

政治文明本质上是一种回归主体性的文明,强调公众享有国家、社会事务的参与权,其核心在于实现民主政治的制度化、规范化、程序化,以保障公众的各项民主性权利。引导和鼓励公众参与环境保护是民主政治的一种反映。生态文明是中国特色社会主义事业"五位一体"总体布局中的一种新文明形态,公众参与是其中必不可少的重要组成内容。生态文明建设,除了要加强政府环境责任,加强对企业的行为规范、对环境司法的强化,也要强调公众参与,让公众作为环境决策的有力影响者,充分表达环境诉求,真正参与到生态文明建设的整个决策中去。党的十九大报告指出:构建政府为主导、企业为主体、社会组织和公众共同参与的环境治理体系。环境保护公众参与,正是民主在环境领域的具体体现,也是政治文明和生态文明的有机结合。

(三) 程序性环境权利的分类

公众环境参与权利是一个程序性权利体系,包括环境信息知情权、环境决策参与权、环境行政和司法救济权、环境监督权等具体权利。

1. 环境信息知情权

环境信息知情权,是指公民获得本国乃至世界的环境状况、国家的环境管理状况以及自身的环境状况等有关信息的权利。[2] 目前我国法律规定的环境信息主要包括政府环境信息和企事业单位环境信息。

2. 环境决策参与权

环境决策是指国家机关在一定时期内根据经济和社会持续发展的需要,确定该时期的环境目标,并从各种可供选择的方案中,通过分析和论证,选定一个切实可行的优化方案的过程。环境决策的主体是广义的政府,包括立法、行政、司法等国家机关,环境决策的形式包括环境立法决策、环境行

---

① 朱谦:《公众环境保护的权利构造》,知识产权出版社 2008 年版,第 67 页。

② 吕忠梅:《再论公民环境权》,载《法学研究》2000 年第 6 期。

政决策和环境司法决策。① 因此,环境决策参与权是指公众基于环境公共利益或私人利益的保护,在获知相关环境信息的前提下,通过多种方式表达自己的环境利益诉求,参与到环境立法、行政、司法决策过程中,并由此影响环境决策的权利。由于环境司法具有相当的独立性,公众在环境司法决策中的参与权主要体现在作为人民陪审员参与到环境案件的审理之中,其参与的程度相对于环境立法和环境行政决策而言较为有限。

3. 环境行政和司法救济权

救济权是由原权利派生的,为在原权利受到侵害或有受侵害的现实危险时而发生的权利,是保护性的法律关系中的权利。环境救济权主要指环境行政救济权和环境司法救济权。环境行政救济权,是指行政相对人认为行政机关的具体行政行为侵害其合法环境权益,依法向有关行政机关或司法机关请求撤销或变更其违法不当的行政行为,从而使自己受到损害的权利或利益得到救济的权利。在我国,通常所说的行政救济包括行政复议、行政诉讼、行政赔偿。因行政诉讼可归入司法救济,行政赔偿可归入国家赔偿救济,所以行政机关特有的救济形式便是行政复议。环境司法救济,是指任何人当其宪法和法律赋予的环境权利受到侵害时,均享有向独立而无偏倚的法院提起诉讼并由法院经过正当审讯作出公正裁判的权利。② 它包含两方面的基本内容:一是诉诸法院的权利;二是获得公正审判的权利。主要表现为正当程序权和获得公正裁判权。③

4. 环境监督权

权力容易被滥用,因此要防止权力滥用滋生腐败和专横,权力就必须被关进"笼子",对权力进行制约和监督。以何种力量和方式监督制约权力,是民主政治发展的关键。"以权力制约权力"和"以权利制约权力"是两种最为有效的方式。④ 环境监督权便是"以权利制约权力"的监督模式。监督权,主要包括批评、建议、检举、控告、申诉等权利。因此,环境监督权是指公众对污染和破坏环境的企业和个人进行检举、控告,并有权对国家政府所实施的对环境有影响的决策和行为进行监督的权利。

---

① 张晓杰:《中国公众参与政府环境决策的政治集会结构研究》,东北大学 2010 年博士学位论文。

② 参见苗连营:《公民司法救济权的入宪问题之研究》,载《中国法学》2004 年第 5 期。

③ 黎晓武:《司法救济权保障研究》,群众出版社 2006 年版,第 16 页。

④ 李仁质:《试论我国的民主监督制度》,载《中央社会主义学院学报》2004 年第 5 期。

二、环境信息知情权

(一) 环境信息知情权概述

1. 环境信息知情权的依据:阳光政府

党的十八届四中全会通过的《中共中央关于全面推进依法治国若干重大问题的决定》提出:"全面推进政务公开,坚持以公开为常态、不公开为例外原则,推进决策公开、执行公开、管理公开、服务公开、结果公开。"我国的传统行政强调保密,"民可使由之,不可使知之"的愚民统治思想至今还影响着行政机关,形成封闭、不透明、专横的行政管理模式。随着法治变革的进程,"阳光是最好的防腐剂",因而这种神秘主义的传统行政文化观念需要被摒弃,必须树立起阳光行政的法治观念,建设"阳光政府"成为现代行政的必然要求,也是政治文明的重要标志。阳光政府的核心在于政府行为的透明和政府信息的公开,并将这种诉求通过法律加以制度化和规范化。[①] 政府信息公开一方面是政治体制改革逐步推进的结果,另一方面也是公众政治热情和参与社会事务管理责任意识的加强,对知情权的诉求不断提高,对政府的期望和要求也不断提升,政府顺应民主政治的潮流自觉接受公众的监督而产生的制度。因此,"阳光政府"制度的建立,很大程度上保障了公众的信息知情权。

自 2008 年 5 月《环境信息公开办法(试行)》施行以来,社会公众对环境信息公开的情况强烈关注。环境保护非政府组织"公众环境研究中心"与"自然资源保护协会"合作开发了污染源监管信息公开指标体系(PITI 指数)[②],连续十年对 113 个城市(2013—2014 年起增加至 120 个城市)的环境信息公开状况进行了评价,发布了 9 份 PITI 年度报告。评价结果反映出环

---

① 樊振佳、赖茂生、云梦妍:《"阳光政府"理念与政府信息资源管理创新》,载《图书情报工作》2014 年第 6 期。

② PITI 指数主要用于考察各城市环保部门的环境信息公开状况,考察项目包括日常超标违规记录发布、企业环境行为评价、排污费公示、在线监测信息公开、信访投诉、依申请公开情况、重点企业排放数据公开、清洁生产审核信息公示、环境影响评价信息 9 个大项。评价项目进行四个方面的评估:系统性、及时性、完整性、用户友好性。PITI 得分越高,说明环保部门的信息公开程度越高,环境工作越透明,也越重视公众参与。参见公众环境研究中心、自然资源保护协会:《突破·起点:2013—2014 年度 120 城市污染源监管信息公开指数(PITI)报告》,2014 年 6 月发布,第 4 页、第 44 页,http://www.ipe.org.cn/reports/report_1762.html,最后访问时间:2019 年 10 月 2 日。

境信息公开的总体水平逐渐提升,但仍然处于初级水平,大部分城市还远未达到及格线。根据 2017—2018 年的评价结果,得分 70 分以上的城市仅 16 个,得分 60 分以上的城市仅 38 个,平均得分 52.2 分,距离有效满足公众环境知情权尚有显著差距。① 环境信息公开,仍然道阻且长。

2. 环境信息知情权的意义

环境知情权是其他权利得以正确行使的先决性权利,只有知情权得到充分行使,当事人追求的其他权利才有可能充分实现。② 从某种意义上说,知情权是公众其他程序性环境权利的前提。公众参与的前提是要对所参与决策的事项和情形进行了解,如果没有足够的信息,与公权力或企业代表人之间的地位便不可能对等,也就无法谈及参与、监督和救济,更无所谓民主和正义。美国第四任总统詹姆斯·麦迪逊曾言:"掌握情报者通常支配不掌握情报者。因此,为要使自身成为统治者的人民,必须从信息情报中获取知识,把自身武装起来。"③信息是正当程序的保证,信息越透明,程序越公正。公众只有获得足够全面且准确的环境信息,才能清楚知悉政府和企业即将采取的各项决策行动,才能作出正确的反应。没有充分的环境信息作为支撑,公众只能无所适从。此外,环境信息的沟通在于双向互动,公众从政府、企业得到信息,政府也需要得到公众的信息反馈,以便及时对计划作出调整。良好的信息沟通使公众可能以一种更有见识的方式有效参与到所有民主过程中。④ 公众通过获取信息,打破政府决策的封闭化、神秘化,对决策计划进行认识、判断,从而更有可能参与环境决策过程,积极行使其他程序性环境权利。同时,也促进公众、政府、企业之间的沟通和理解,减少或避免由于认识冲突而引发的社会冲突。

(二) 公众对政府环境信息的知情权

有关法治国家的一般理论认为,国家义务源于公民的基本权利,公民的基本权利要求并衍生国家义务,国家义务是公民基本权利的保障。⑤ 知情权

---

① 公众环境研究中心、自然资源保护协会等:《污染源监管信息公开:渐成常态——2017—2018 年度 120 城市 PITI 指数年度报告》,2018 年 12 月发布,第 2 页、第 6 页,http://www.ipe. org. cn/reports/report_19842. html,最后访问时间:2019 年 10 月 2 日。

② 徐显明主编:《人权研究》(第二卷),山东人民出版社 2002 年版,第 268 页。

③ 马燕、焦跃辉:《论环境知情权》,载《当代法学》2003 年第 9 期。

④ 朱谦:《公众环境保护的权利构造》,知识产权出版社 2008 年版,第 64 页。

⑤ 蔡守秋:《从环境权到国家环境保护义务和环境公益诉讼》,载《现代法学》2013 年第 6 期。

作为公民的基本权利,相对应地,衍生出政府信息公开的义务。从这个角度看,保障公众环境信息知情权和政府信息公开其实是一个问题的两个方面,公众的知情权与政府公开信息的义务是相对应的,不过公众知情权的实现并不仅仅依赖于政府信息公开。政府信息公开是指国家行政机关和法律、法规以及规章授权和委托的组织,在行使国家行政管理职权的过程中,通过法定形式和程序,主动将政府信息向社会公众或依申请而向特定的个人或组织公开的制度。① 政府信息公开的意义,在于最大限度地促进公众参与。在美国《信息自由法》说明书序言中,时任司法部部长的克拉克写道:"如果一个政府真正的是民有、民治、民享的政治的话,人民必须能够详细地知道政府的活动,没有任何东西比秘密更能损害民主,公民没有了解情况,所谓自治,所谓公民最大限度地参与国家事务只是一句空话。"②

1. 立法梳理

(1)我国相关法律

①《政府信息公开条例》(2019 年 5 月 15 日施行)

《政府信息公开条例》正式在法律上确立了我国政府信息公开制度,具有里程碑意义。《政府信息公开条例》明确政府信息公开是原则,不公开是例外,确定政府公开信息的责任,通过规定政府信息公开的范围、程序、方式和考核制度来保障公民知情权的实现。《政府信息公开条例》通过列举方式规定了政府主动公开的信息范围,并规定公民、法人和其他组织可以向政府机关申请获取政府环境信息,但涉及国家秘密、商业秘密、个人隐私的政府信息不得公开,同时要求信息公开不得"危及国家安全、公共安全、经济安全和社会稳定"。

②《环境保护法》(2015 年 1 月 1 日施行)

《环境保护法》以专章"信息公开和公众参与"的形式把公众程序性环境权利提升到前所未有的高度,显示了国家和政府对公众环境知情权、表达权、参与权、监督权等基本权利的重视和保障。其中涉及政府环境信息公开的内容包括:第一,县级以上人民政府应当公开对本级人民政府负有环境保护监督管理职责的部门及其负责人和下级人民政府及其负责人的环境保护目标完成情况的考核结果;第二,有关人民政府应当及时公开突发环境事件

---

① 李珲、黄德林:《行政信息公开中公众参与的缺失及对策研究》,载《湖北社会科学》2006 年第 4 期。

② 王名扬:《美国行政法》,中国法制出版社 1995 年版,第 959 页。

造成的环境影响和损失的评估结果;第三,国务院环境保护主管部门统一发布国家环境质量、重点污染源监测信息及其他重大环境信息。省级以上人民政府环境保护主管部门定期发布环境状况公报;第四,县级以上人民政府环境保护主管部门和其他负有环境保护监督管理职责的部门,应当依法公开环境质量、环境监测、突发环境事件以及环境行政许可、行政处罚、排污费的征收和使用情况等信息;第五,县级以上地方人民政府环境保护主管部门和其他负有环境保护监督管理职责的部门,应当及时向社会公布环境违法者名单。

③《大气污染防治法》(2018 年 10 月 26 日施行)

《大气污染防治法》中涉及政府环境信息公开义务的内容包括:第一,国务院环境保护主管部门应当公开对省、自治区、直辖市人民政府大气环境质量改善目标、大气污染防治重点任务完成情况的考核结果,省、自治区、直辖市人民政府应当公开对本行政区域内地方大气环境质量改善目标、大气污染防治重点任务完成情况的考核结果;第二,省级以上人民政府环境保护主管部门应当在其网站上公布大气环境质量标准、大气污染物排放标准;第三,城市大气环境质量限期达标规划应当向社会公开;第四,城市人民政府每年应当公开大气环境质量限期达标规划执行情况;第五,省级以上人民政府环境保护主管部门应当公开对超过国家重点大气污染物排放总量控制指标或者未完成国家下达的大气环境质量改善目标的地区的主要负责人的约谈情况;第六,市级以上地方人民政府环境保护主管部门应当公布本区域重点排污单位目录;第七,环境保护主管部门和其他负有大气环境保护监督管理职责的部门应当公布举报电话、电子邮箱等,方便公众举报;第八,国务院环境保护主管部门应当向社会公开重点区域内大气污染来源及其变化趋势。

④《水污染防治法》(2018 年 1 月 1 日施行)

《水污染防治法》中涉及政府环境信息公开义务的内容包括:第一,有关市、县级人民政府应当向社会公开水环境质量限期达标规划;第二,市、县级人民政府每年应当向社会公开水环境质量限期达标规划执行情况;第三,省级以上人民政府环境保护主管部门应当公开对超过重点水污染物排放总量控制指标或者未完成水环境质量改善目标的地区的主要负责人的约谈情况;第四,县级以上地方人民政府有关部门应当至少每季度向社会公开一次饮用水安全状况信息。

⑤《环境影响评价法》(2018 年 12 月 29 日施行)

《环境影响评价法》中涉及政府环境信息公开义务的内容包括:第一,国务院环境保护行政主管部门制定并公布建设项目的环境影响评价分类管理名录;第二,负责审批建设项目环境影响报告书、环境影响报告表的生态环境主管部门应当将编制单位、编制主持人和主要编制人员的相关违法信息记入社会诚信档案,并纳入全国信用信息共享平台和国家企业信用信息公示系统向社会公布。

⑥《清洁生产促进法》(2012 年 7 月 1 日施行)

《清洁生产促进法》中涉及政府环境信息公开义务的内容包括:第一,省、自治区、直辖市人民政府负责清洁生产综合协调的部门、环境保护部门应当在本地区主要媒体上公布未达到能源消耗控制指标、重点污染物排放控制指标的企业的名单;第二,清洁生产综合协调部门和环境保护部门应当在本地区主要媒体上公布自愿签订清洁生产协议的企业的名称以及节约资源、防治污染的成果。

⑦《规划环境影响评价条例》(2009 年 10 月 1 日施行)

《规划环境影响评价条例》中涉及政府环境信息公开义务的内容包括:规划审批机关对环境影响报告书结论以及审查意见不予采纳的,应当逐项就不予采纳的理由作出书面说明,并存档备查。有关单位、专家和公众可以申请查阅。依法需要保密的除外。

⑧《环境保护行政许可听证暂行办法》(2004 年 7 月 1 日施行)

《环境保护行政许可听证暂行办法》中涉及政府环境信息公开义务的内容包括:环保部门决定举行听证的,应在听证举行的 10 日前,通过报纸、网络或者布告等适当方式,向社会公告。公告内容应当包括被听证的许可事项和听证会的时间、地点,以及参加听证会的方法。

⑨《环境影响评价公众参与办法》(2019 年 1 月 1 日施行)

《环境影响评价公众参与办法》中涉及政府环境信息公开义务的内容包括:第一,生态环境主管部门受理建设项目环境影响报告书后,应当通过其网站或者其他方式向社会公开环境影响报告书全文、公众参与说明和公众提出意见的方式和途径;第二,生态环境主管部门对环境影响报告书作出审批决定前,应当通过其网站或者其他方式向社会公开建设项目的环境影响信息,并同步告知建设单位和利害关系人享有要求听证的权利;第三,生态环境主管部门应当自作出建设项目环境影响报告书审批决定之日起 7 个工作日内,通过其网站或者其他方式向社会公告审批决定全文。

⑩《环境保护公众参与办法》(2015 年 9 月 1 日施行)

《环境保护公众参与办法》中涉及政府环境信息公开义务的内容包括:第一,环境保护主管部门向公民、法人和其他组织征求意见时,应当公布相关事项或者活动的背景资料、征求意见的起止时间、公众提交意见和建议的方式、联系部门和联系方式;第二,环境保护主管部门拟组织召开座谈会、专家论证会征求意见的,应当提前将会议的时间、地点、议题、议程等事项通知参会人员,必要时可以通过政府网站、主要媒体等途径予以公告;第三,法律、法规规定应当听证的事项,环境保护主管部门应当向社会公告,并举行听证。

⑪《国家重点监控企业污染源监督性监测及信息公开办法(试行)》(2014 年 1 月 1 日施行)

《国家重点监控企业污染源监督性监测及信息公开办法(试行)》中涉及政府环境信息公开义务的内容包括:第一,各级环境保护主管部门负责向社会公开本级及下级完成的国家重点监控企业污染源监督性监测信息,包括污染源监督性监测结果、未开展污染源监督性监测的原因、国家重点监控企业监督性监测年度报告;第二,国务院环境保护主管部门、地市级和省级环境保护主管部门适时公布污染物排放超过国家或者地方排放标准、污染严重的国家重点监控企业的污染源监督性监测信息、本辖区内国家重点监控企业的污染源监督性监测结果和未开展监督性监测的原因。

(2)国外(地区)相关条约和法律

①《里约环境与发展宣言》(1992 年 6 月 14 日通过)

原则 10……在国家一级,每个人应有适当的途径获得有关公共机构掌握的环境问题的信息,其中包括关于他们的社区内有害物质和活动的信息……各国应广泛地提供信息,从而促进和鼓励公众的了解和参与……

②《奥胡斯公约》(1998 年 6 月 25 日通过)

《奥胡斯公约》规定"公共当局"(不包含行使司法或立法职能的机关或机构)应当公开政府掌握的一切可能影响到公众利益的环境信息,同时规定:"如公开请求所指环境信息会对以下诸项造成不利影响,可以驳回请求:(a)国家法律规定的公共当局工作事务的保密;(b)国际关系、国防或公共安全;(c)司法审理、个人受到公正审判的权利或公共当局进行刑事调查或纪律调查的能力;(d)为保护正当经济利益由法律规定予以保护的商业信息和工业信息的保密。在这个范围内,与环境保护有关的排放信息应公开;(e)知识产权;(f)当事人不同意公开,且国家法律规定予以保护的与自然人相关的个人数据和/或档案；(g) 本身没有法律义务或不可能被要求承担法律义务提供请求所指信息但提供了这种信息，且不同意予以公开的第三方的利益；(h) 珍稀品种养殖场等与请求所指信息相关的环境。对上述据予以驳回请求的理由的解释应有限定，要顾及能够因请求所指信息的公开而获益的公共利益并考虑到请求所指信息是否涉及向环境的排放。"

除了"公共当局"有主动公开环境信息的义务外，公众也可以通过申请获知环境信息。该《公约》第 4 条第 2 款规定："以上第 1 款所指环境信息应尽快提供，最迟应在请求提交后一个月之内提供，除非由于信息的数量和复杂性而有必要延长这一时限，此种延长最多为提交请求后两个月。应向请求人通报任何此种延长及延长的理由。"

③ 美国《信息自由法》(1976 年 7 月 6 日施行)

《信息自由法》是规定美国联邦政府各机构公开政府信息的法律，该法于 1976 年 6 月 5 日由美国总统批准，同年 7 月 6 日施行，是美国当代行政法中有关公众知情权的一项重要法律制度。

美国《信息自由法》确定的信息公开义务主体为"行政机构"，包括行政部门、军事部门、政府公司、政府控股的公司、其他在政府的行政部门内设立的分支机构（包括总统行政办公室）或者独立的管理机构。信息公开的内容包括：信息内容、信息的持有者、所在地及信息的获得程序信息。政府主动公开的文件包括：必须登载于《联邦公告》(Federal Register) 的文件；必须自动公开供公众查阅和复制的文件。①

《信息自由法》还规定了环境信息公开例外的情形，包括为了国防或外交礼仪，由行政命令规定的应当保密的事项，由联邦法规规定的免予披露的事项，商业秘密或个人隐私，行政机构之间或行政机构内部的备忘录或信件，为执法目的而收集的特定记录或信息，有关油井的地质和地球物理信息和数据，包括地图等。

《信息自由法》规定公众可以通过两种方式了解和取得政府信息，一是政府机关在《联邦公告》上登载的规范性信息；二是应公众书面请求而公开的信息。该法要求行政机构根据公众的不同信息申请要求制定统一的收费表，并规定出减免费用的程序和指南。根据公众申请信息的不同用途征收不同的费用。

---

① 王文革：《环境知情权保护立法研究》，中国法制出版社 2012 年版，第 65 页。

④ 德国《环境信息法》(1994 年 7 月 8 日公布)

德国《环境信息法》第 4 条确定了公众环境信息知情权。"根据第 2 条第 2 项,人人都有权从主管部门或其他法人获取环境信息。主管部门可以根据申请发布信息,允许保护环境的档案被查阅,开通多种信息渠道。获得信息的其他要求不受影响。"第 3 条规定环境信息公开的主管部门为"依据管理程序法第 1 条第 4 款执行环境保护任务的机构"。解释了"环境信息"的内涵,"有关环境的信息是指所有文字、图像或应用其他媒体记载的数据资料,涉及以下方面:水域、空气、土壤、动植物群落及自然栖息物的现状;活动对环境的压力(如噪声),需要采取哪些措施控制对环境的危害;保护环境的行动及举措,包括环境保护行政措施及计划。"

德国《环境信息法》基于限定要求和保护公共利益以及个人利益角度出发,第 7 条和第 8 条规定了 10 项免于公开的环境信息,主要包括外交、国防、公共安全秘密,刑事侦查或者司法审判中的特定信息,尚未完成的政府内部文件,个人隐私和商业秘密等。

该法第 11 条还规定联邦政府每四年在联邦地区公布一次国家环境报告。第一份报告于 1994 年 12 月 31 日公布。

(3) 不足之处

尽管我国现行立法对政府信息公开的规范并不缺失,但是和具体落实公众环境信息知情权仍存在一定的差距。总的来说,政府环境信息公开在执行过程中不够积极主动,主要表现是:形式上公开多,实质上公开少;原则方面公开多,具体内容公开少;公众知道或容易知道的公开多,不知道或不容易知道的公开少。[①] 存在的主要问题包括:

第一,政府环境信息公开例外情况缺乏具体规定。《政府信息公开条例》对环境信息公开仅规定了三种例外情况:第一,依法确定为国家秘密的政府信息,法律、行政法规禁止公开的政府信息,以及公开后可能危及国家安全、公共安全、经济安全、社会稳定的政府信息,不予公开。第二,涉及商业秘密、个人隐私等公开会对第三方合法权益造成损害的政府信息,行政机关不得公开。但是,第三方同意公开或者行政机关认为不公开会对公共利益造成重大影响的,予以公开。第三,行政机关的内部事务信息,包括人事管理、后勤管理、内部工作流程等方面的信息,可以不予公开。行政机关在履行行政管理职能过程中形成的讨论记录、过程稿、磋商信函、请示报告等

---

① 陈媛媛:《环境信息公开道阻且长?》,载《中国环境报》2012 年 2 月 8 日第 003 版。

过程性信息以及行政执法案卷信息，可以不予公开。法律、法规、规章规定上述信息应当公开的，从其规定。但对何为"国家秘密"，何为"危及国家安全、公共安全、经济安全、社会稳定"，缺乏相关的司法解释或具体规定。这种简略、模糊的法律规定，在我国立法中很常见，在实施过程中通常缺乏可操作性，很容易成为信息公开义务主体拒绝公开的借口，规避公开的义务。这主要涉及《政府信息公开条例》与我国《保守国家秘密法》之间的衔接问题。《保守国家秘密法》仅给"国家秘密"下了一个抽象的定义，即"国家秘密是关系国家的安全和利益，依照法定程序确定，在一定时间内只限一定范围的人员知悉的事项"。再加上定密的机构不明确、定密的程序不规范、定密的人员不专业，因而使得国家秘密的范围过大。因此，要规制政府信息公开过程中的"规避"问题，就必须解决《政府信息公开条例》和《保守国家秘密法》之间的逻辑分裂问题。2014年国务院颁布的《中华人民共和国保守国家秘密法实施条例》第5条规定："机关、单位不得将依法应当公开的事项确定为国家秘密……"建议在有关信息公开的法律、行政法规和政府规章中，再次重申这条规定，以免部分政府机关以"国家秘密"为由拒绝公开依法应当主动公开的环境信息。①

第二，对依申请公开的环境信息设置不合理障碍。在现实中，不少行政机关缺乏公开的意愿和动力，在处理政府信息公开申请时往往对申请人的申请资格进行严格审查。在2019年4月国务院修订的《政府信息公开条例》之前，如果申请人不能证明申请公开的信息与自身的"生产、生活、科研等特殊需要"相关，行政机关往往就不予公开。2019年修订的《政府信息公开条例》取消了"生产、生活、科研等特殊需要"的限制，但实践效果如何还有待观察。在依申请公开的回复阶段，不少行政机关拖延回复或不回复的情况屡有发生，以各种"技巧"规避重要信息的回复，如所申请的信息不存在、不属于其审批或保存等，违背了政府信息公开应遵循"公正、公平、便民"的原则。

第三，政府环境信息公开的救济和监督途径不畅通。《政府信息公开条例》中已明确公众若认为行政机关在政府信息公开工作中的具体行政行为侵犯其合法权益的，可以依法申请行政复议或提起行政诉讼。然而，实践中的两种救济方式的使用率和纠错率却非常低。北京大学公众参与研究与支

---

① 严厚福：《公开与不公开之间：我国公众环境知情权和政府环境信息管理权的冲突与平衡》，载《上海大学学报（社会科学版）》2017年第2期。

持中心 2013 年 10 月发布了《中国政府信息公开案件司法审查调研报告》，报告显示政府信息公开案件中，法院裁定驳回起诉多，北京地区的法院 2012 年该比例是 39%；司法实践中原告胜诉的比例也较小，北京地区的法院 2012 年 336 件中 59 件支持原判，占总数 17.6%。[①]

2. 实现机制

公众对政府环境信息的知情权主要依赖政府环境信息公开。政府信息公开的类型包括主动公开和依申请公开。

（1）主动公开

除了上文提及的《环境保护法》《大气污染防治法》《水污染防治法》《环境影响评价法》等规定的需要主动公开的信息之外，2019 年 4 月国务院修订的《政府信息公开条例》第 19 条规定了主动公开的一般原则：对涉及公众利益调整、需要公众广泛知晓或者需要公众参与决策的政府信息，行政机关应当主动公开。第 20 条和第 21 条规定了行政机关应当主动公开的政府信息的具体范围。第 22 条规定行政机关应当依照本条例第 20 条、第 21 条的规定，确定主动公开政府信息的具体内容，并按照上级行政机关的部署，不断增加主动公开的内容。2019 年 3 月，生态环境部发布了《生态环境部政府信息主动公开基本目录》，明确了生态环境部主动公开的政府环境信息的具体范围。2019 年 7 月，生态环境部还制定了《生态环境部政府信息公开实施办法》，对主动公开的程序进行了具体规定。公开的途径包括生态环境部的政府网站、国家核安全局网站，生态环境部公报、中国环境报；新闻发布会；生态环境部微信、微博、生态环境部的政府网站客户端；广播、电视、报刊等新闻媒体；信息公告栏、电子信息屏、资料查阅室、行政审批大厅等设施、场所以及其他便于公众获取信息的形式。属于主动公开的政府信息，应当自该政府信息形成或者变更之日起 20 个工作日内及时公开。法律、法规对政府信息公开期限另有规定的，从其规定。

（2）依申请公开

申请政府环境信息公开原则上应当采用信函、传真、电子邮件等书面形式；采用书面形式确有困难的，申请人可以口头提出，由环保部门政府环境信息公开工作机构代为填写政府环境信息公开申请。

政府环境信息公开申请应当包括下列内容：① 申请人的姓名或者名

---

① 秦夕雅：《〈中国政府信息公开案件司法审查调研报告〉发布》，http://news.hexun.com/2013-10-16/158764486.html，最后访问时间：2017 年 4 月 14 日。

称、身份证明、联系方式；② 申请公开的政府信息的名称、文号或者便于行政机关查询的其他特征性描述；③ 申请公开的政府信息的形式要求，包括获取信息的方式、途径。

对政府环境信息公开的申请，环保部门应当根据下列情况分别作出答复：① 所申请公开信息已经主动公开的，告知申请人获取该政府信息的方式、途径；② 所申请公开信息可以公开的，向申请人提供该政府信息，或者告知申请人获取该政府信息的方式、途径和时间；③ 行政机关依据本条例的规定决定不予公开的，告知申请人不予公开并说明理由；④ 经检索没有所申请公开信息的，告知申请人该政府信息不存在；⑤ 所申请公开信息不属于本行政机关负责公开的，告知申请人并说明理由；能够确定负责公开该政府信息的行政机关的，告知申请人该行政机关的名称、联系方式；⑥ 行政机关已就申请人提出的政府信息公开申请作出答复、申请人重复申请公开相同政府信息的，告知申请人不予重复处理；⑦ 所申请公开信息属于工商、不动产登记资料等信息，有关法律、行政法规对信息的获取有特别规定的，告知申请人依照有关法律、行政法规的规定办理。

环保部门收到政府信息公开申请，能够当场答复的，应当当场予以答复。不能当场答复的，应当自收到申请之日起 20 个工作日内予以答复；需要延长答复期限的，应当经政府信息公开工作机构负责人同意并告知申请人，延长的期限最长不得超过 20 个工作日。行政机关征求第三方和其他机关意见所需时间不计算在内。

申请人申请公开政府信息的数量、频次明显超过合理范围，行政机关可以要求申请人说明理由。行政机关认为申请理由不合理的，告知申请人不予处理；行政机关认为申请理由合理，但是无法在本条例规定的期限内答复申请人的，可以确定延迟答复的合理期限并告知申请人。

行政机关依申请提供政府信息，不收取费用。但是，申请人申请公开政府信息的数量、频次明显超过合理范围的，行政机关可以收取信息处理费。行政机关收取信息处理费的具体办法由国务院价格主管部门会同国务院财政部门、全国政府信息公开工作主管部门制定。

（3）对于违反主动公开义务的处罚措施

《政府信息公开条例》第 53 条规定：行政机关违反本条例的规定，有下列情形之一的，由上一级行政机关责令改正；情节严重的，对负有责任的领导人员和直接责任人员依法给予处分；构成犯罪的，依法追究刑事责任：（一）不依法履行政府信息公开职能；（二）不及时更新公开的政府信息内容、政府信息公开指南和政府信息公开目录;(三)违反本条例规定的其他情形。

《环境保护法》第 68 条规定:应当依法公开环境信息而未公开的,对直接负责的主管人员和其他直接责任人员给予记过、记大过或者降级处分;造成严重后果的,给予撤职或者开除处分,其主要负责人应当引咎辞职。

(三)公众对企业环境信息的知情权

企事业单位和其他生产经营者(以下简称企业)环境信息公开的理论基础,主要是企业社会责任理论。企业社会责任一般指企业运营行为达到或超越道德、法律以及公众要求的标准,在进行商业活动时除了考虑自身的财务和经营状况,还将对利益相关者、环境和社会的影响作为考虑的因素。[①] 企业为实现其设立的营利目的,必然要有一定的社会条件和物质条件,包括人类环境和自然资源。环境资源有着其内在和外在的价值以及稀缺性,所以企业在追求营利的同时,也要实现其社会责任,保护环境资源。[②] 企业环境社会责任的履行可以分为两个层次。第一个层次是企业对环境立法有关强制性规范的遵守,第二个层次是企业自主地承担环境社会责任,包括履行环境保护法律法规中的指导性和任意性规范等。企业环境信息公开,不仅有利于保障公众环境知情权的实现,还有利于公共利益的保护,促进绿色消费,促进环境友好企业的市场竞争力。

1. 立法梳理

(1)我国相关法律

①《环境保护法》(2015 年 1 月 1 日施行)

《环境保护法》主要对"重点排污单位"的信息公开义务作了规定:重点排污单位应当如实向社会公开其主要污染物的名称、排放方式、排放浓度和总量、超标排放情况,以及防治污染设施的建设和运行情况,接受社会监督。此外,还规定了企事业单位在发生或者可能发生突发环境事件时,应当立即采取措施处理,及时通报可能受到危害的单位和居民,并向环境保护主管部门和有关部门报告。

②《大气污染防治法》(2018 年 10 月 26 日施行)

《大气污染防治法》中涉及企业环境信息公开的内容包括:第一,重点排

---

① 王文革:《环境知情权保护立法研究》,中国法制出版社 2012 年版,第 89 页。
② 马燕:《公司的环境保护责任》,载《现代法学》2003 年第 5 期。

污单位应当依法公开排放信息;第二,机动车、非道路移动机械生产企业应当对新生产的机动车和非道路移动机械进行排放检验。检验信息应当向社会公开。

③《水污染防治法》(2018年1月1日施行)

《水污染防治法》中涉及企业环境信息公开的内容包括:第一,排放有毒有害水污染物的企业事业单位和其他生产经营者应当公开有毒有害水污染物信息;第二,饮用水水源发生水污染事故,或者发生其他可能影响饮用水安全的突发性事件,饮用水供水单位应当采取应急处理措施,向所在地市、县级人民政府报告,并向社会公开。

④《清洁生产促进法》(2012年7月1日施行)

《清洁生产促进法》中涉及企业环境信息公开的内容包括:第一,未达到能源消耗控制指标、重点污染物排放控制指标的企业应当按照国务院清洁生产综合协调部门、环境保护部门的规定公布能源消耗或者重点污染物产生、排放情况,接受公众监督。第二,实施强制性清洁生产审核的企业,应当将审核结果向所在地县级以上地方人民政府负责清洁生产综合协调的部门、环境保护部门报告,并在本地区主要媒体上公布,接受公众监督,但涉及商业秘密的除外。

⑤《企业事业单位环境信息公开办法》(2015年1月1日施行)

该办法是专门针对企事业单位环境信息公开所规定的部门规章,共18条。规定"重点排污单位"必须强制公开环境信息,并鼓励其他排污单位可以自愿公开环境信息。对"重点排污单位"的认定、应当公开的企业环境信息的范围、公开环境信息的期限、途径以及违反环境信息公开义务的法律后果作了较为详细的规定。

⑥《环境影响评价公众参与办法》(2019年1月1日施行)

该办法要求建设单位或者其委托的环境影响评价机构,依据办法的公开方式和期限发布环境影响评价过程中的各项环境信息。

⑦《国家重点监控企业自行监测及信息公开办法(试行)》(2014年1月1日施行)

《国家重点监控企业自行监测及信息公开办法(试行)》中涉及企业环境信息公开的内容包括:国控企业应将自行监测工作开展情况及监测结果向社会公众公开,公开的方式包括对外网站、报纸、广播、电视等。同时,应当在省级或地市级环境保护主管部门统一组织建立的公布平台上公开自行监测信息,并至少保存一年。

⑧《排污许可管理办法（试行）》（2018 年 1 月 10 日施行）

该办法中涉及企业环境信息公开的内容包括：排污单位应当每年在全国排污许可证管理信息平台上填报、提交排污许可证年度执行报告并公开，同时向核发环保部门提交通过全国排污许可证管理信息平台印制的书面执行报告。

（2）国外（地区）相关条约和法律

① 欧洲《污染物排放及转移登记制度议定书》（Protocol on Pollutant Release and Transfer Registers）（简称《基辅议定书》，2009 年 10 月 8 日生效）

《基辅议定书》是《奥胡斯公约》下的附加议定书，于 2003 年 5 月 21 日在该公约的缔约方大会特别会议上获得通过。该议定书于 2009 年 10 月 8 日正式生效，是世界上首部关于企业环境信息公开的国际公约。

《基辅议定书》是"污染物排放和转移登记"（PRTR）制度的主要法律依据。在该制度下，强制公开环境信息的主体是满足排放量限制标准或行业要求的企业，即直接污染破坏环境的企业，包括能源部门、生产和加工金属部门、采矿业、化学工业、废物和废水管理、纸张和木材生产加工、集约化畜牧生产和水产养殖、食品和饮料部门中的动物和蔬菜加工、其他部门。强制公开的范围较广，涉及大气、水体、土壤及其他转移，包括：（a）名称、街道地址、地理位置、设施的运转活动、设施的所有人或者运营商；（b）排放污染物的名称或者数字标识码；（c）污染物的数量，包括集中排放与分散进入环境系统的；（d）在报告年度内为回收或者为废弃而转移排放的污染物数量，同时应报告接受该转移排放污染物的地址；（e）在报告年度内转移排放的危险废物或者其他废物的污染物排放量。同时还应报告这些废物是被回收还是被废弃，并分别以"R""D"进行标示，以及废弃或者回收危险废物的转移地址、接收者的名称；（f）转移排放中在废水中的污染物数量；（g）信息采集与记录的方法，注明排放与转移的信息是测量、计算还是估算的；（h）涉及第（c）、（f）项的信息报告还应包括产生排放和转移的污染物的日常或者特别事件下的信息。①

② 美国《应急计划和公众知情权法》（Emergency Planning and Community Right-To-Know Act，简称 EPCRA）（1986 年 10 月 17 日发布）

该法确立了紧急报告制度。根据第 304 条，因意外导致"极端有毒物

---

① 李爱年：《中欧企业环境信息强制公开制度比较研究》，载《法学杂志》2009 年第 12 期。

质"或"危险物质"排放超标,相应设施拥有者、运营者必须立即向州和地方政府报告。该条款还规定,有关化学品意外泄露的信息必须向公众公开。在发生紧急情况时,拥有者或经营者必须立即通知社区应急负责人。如果泄露是发生在运输途中,必须将运输中发生的泄露通过拨打 911 报告,或者在无法联系 911 应急电话时,通过致电给经营者完成报告义务。[1]

该法还确立了"有毒物质清单制度"。该法第 313 条要求制造、加工或以其他方式使用被列入清单的化学物质的特定设施,每年报告这些化学品向环境排放的情况。需要报告的化学物质清单被称为"有毒物质释放清单"(Toxics Release Inventory)或"TRI 清单"。该法规定需要报告的化学物质包括 20 类、300 多种化学物质。符合 TRI 报告标准的所有设施必须在每年 7 月 1 日之前向美国联邦环保局和相关州或部落提交 TRI 数据。美国联邦环保局每年需要收集各个工业设施当年排放的有毒化学物质以及废弃物管理的相关数据,并通过 TRI 的数据库向公众免费公开。目前,TRI 数据库包含有来自美国 20000 个工业设施的超过 600 种有毒化学品的处理和排放数据,以及这些设施如何通过循环使用进行能源再生和对有毒物质的最终处置的信息。

③ 日本关于企业环境信息公开的立法

日本于 1999 年建立了污染物排放与转移登记(PRTR)系统,用于公开企业污染物排放信息。该系统规定企业必须公开 354 种化学物质的排放转移信息,其中包括 12 种致癌物质。满足三项条件的企业均需要申报污染物排放信息:属于法律所规定的 23 种行业之内;雇佣 21 名以上的正式员工;化学物质年使用量超过 1 吨(一类化学物质)/0.5 吨(特定一类化学物质)。所有满足条件的企业需要估算并向当地政府申报污染物排放与转移量。日本公众可通过日本环境省的网站获得其编制的分行业污染物排放与转移数据和面源污染数据。此外,公众也可向中央政府申请公开单个企业的污染物排放与转移信息,政府将依申请公开相应企业的排污信息。[2]

(3) 不足之处

和政府环境信息公开相比,我国企业环境信息公开的立法和实施相对更为薄弱。其存在的主要问题是:

---

① 李一行、刘兴业:《借鉴和反思:美国〈应急计划与社区知情权法案〉介述》,载《防灾科技学院学报》2011 年第 2 期。

② 绿色和平组织:《"沉默"的大多数:企业污染物信息公开状况调查》,http://www.green-peace.org.cn/silent-majority-rpt/,最后访问时间:2015 年 3 月 4 日。

第一，企业环境信息公开中缺少第三方监督。目前我国企业环境信息公开的管理制度还主要是"政府—企业"的二元化管理，缺少独立、公正的第三方监督。传统管理模式的局限在于，政府仅对企业强制性公开的环境信息进行审查，而对于自愿公开的环境信息，则尚未建立相关审查机制，主要还是处于鼓励企业自愿公开，履行企业环境社会责任。这大大降低了企业环境信息公开的可能性和可靠性。

第二，对企业环境信息公开违法的惩罚力度较轻。根据《企业事业单位环境信息公开办法》第 16 条的规定，重点排污单位不依照法律规定的内容、方式、期限公开环境信息，或者公开内容不真实、弄虚作假的，处 3 万元以下罚款，并予以公告。区区 3 万元以下的罚款对于现代企业来说，并不具有威慑力，违法成本过低将促使更多企业忽略信息公开，导致信息强制性公开制度不能得到很好的遵守。① 例如，对于"篡改、伪造监测数据"这种严重的信息公开违法行为，很多发达国家和地区都动用刑罚进行制裁。但目前我国《环境保护法》仅规定可以对其直接负责的主管人员和其他直接责任人员进行行政拘留，惩罚力度还是偏轻。最高人民法院和最高人民检察院《关于办理环境污染刑事案件适用法律若干问题的解释（2016）》也只规定"重点排污单位篡改、伪造自动监测数据或者干扰自动监测设施，排放化学需氧量、氨氮、二氧化硫、氮氧化物等污染物的"，属于"严重污染环境"，构成"污染环境罪"。对于未安装在线监测设备，或者排放"化学需氧量、氨氮、二氧化硫、氮氧化物等污染物"之外的其他污染物的企业篡改、伪造监测数据的行为，尚不能追究刑事责任。

第三，许多地方未及时公布"重点排污单位"名录，致使企业环境信息公开难以推进。根据《企业事业单位环境信息公开办法》第 7 条的规定，设区的市级人民政府环境保护主管部门应当于每年 3 月底前确定本行政区域内重点排污单位名录，并通过政府网站、报刊、广播、电视等便于公众知晓的方式公布。但实践中，大量的市级环保部门并未按时公布重点排污单位名录，致使重点排污单位环境信息公开的程序无法启动。对相关环境信息有了解需求的公众和社会组织，也因为无法获得重点排污单位的名录而无从着手进行信息公开的申请或监督。

---

① 可以作为对比的是：《河北省环境保护公众参与条例》第 40 条规定："重点排污单位未依照本条例规定的方式公开企业环境信息的，由县级以上人民政府环境保护主管部门处 4 万元以上 10 万元以下罚款，并责令限期公开。逾期不公开的，可以按照原处罚数额按日连续处罚。"

2. 实现机制

根据《企业事业单位环境信息公开办法》的规定，企业环境信息公开类型包括强制公开和自愿公开。

（1）强制公开

需要强制公开企业环境信息的主体主要是"重点排污单位"。《企业事业单位环境信息公开办法》第 8 条规定：具备下列条件之一的企业事业单位，应当列入重点排污单位名录：（一）被设区的市级以上人民政府环境保护主管部门确定为重点监控企业的；（二）具有试验、分析、检测等功能的化学、医药、生物类省级重点以上实验室、二级以上医院、污染物集中处置单位等污染物排放行为引起社会广泛关注的或者可能对环境敏感区造成较大影响的；（三）三年内发生较大以上突发环境事件或者因环境污染问题造成重大社会影响的；（四）其他有必要列入的情形。此外，根据《清洁生产促进法》的规定，污染物排放超过国家或者地方排放标准，或者污染物排放总量超过地方人民政府核定的排放总量控制指标的污染严重的企业，应当向社会公开环境信息。

建设单位或者其委托的环境影响评价机构，应当采用便于公众知悉的方式，向公众公开有关环境影响评价的信息。当企业发生事故或其他突发性事件，已经造成或可能造成污染事故时，要及时通报周围可能受到污染的单位和居民，并向当地环境保护行政主管部门、有关部门等报告。

《企业事业单位环境信息公开办法》第 9 条规定了重点排污单位应当公开的信息的内容，第 10 条规定了重点排污单位公开环境信息的途径，第 11 条规定了重点排污单位公开环境信息的时间要求。

（2）自愿公开

我国对企业环境信息自愿公开的主体没有限制，实行鼓励和奖励政策。《企业事业单位环境信息公开办法》第 12 条规定，重点排污单位之外的企业事业单位可以参照本办法的规定公开其环境信息。第 13 条规定，国家鼓励企业事业单位自愿公开有利于保护生态、防治污染、履行社会环境责任的相关信息。

（3）对于违反强制公开义务的处罚措施

《企业事业单位环境信息公开办法》第 16 条规定：重点排污单位违反本办法规定，有下列行为之一的，由县级以上环境保护主管部门根据《中华人民共和国环境保护法》的规定责令公开，处 3 万元以下罚款，并予以公告：（一）不公开或者不按照本办法第 9 条规定的内容公开环境信息的；（二）不按照本办法第 10 条规定的方式公开环境信息的;(三) 不按照本办法第 11 条规定的时限公开环境信息的;(四) 公开内容不真实、弄虚作假的。法律、法规另有规定的,从其规定。

《清洁生产促进法》第 36 条规定,未达到能源消耗控制指标、重点污染物排放控制指标的企业未按照规定公布能源消耗或者重点污染物产生、排放情况的,由县级以上地方人民政府负责清洁生产综合协调的部门、环境保护部门按照职责分工责令公布,可以处 10 万元以下的罚款。第 39 条规定,实施强制性清洁生产审核的企业不报告或者不如实报告审核结果的,由县级以上地方人民政府负责清洁生产综合协调的部门、环境保护部门按照职责分工责令限期改正;拒不改正的,处以 5 万元以上 50 万元以下的罚款。

《水污染防治法》第 93 条规定,水污染事故发生后,未及时启动水污染事故的应急方案,采取有关应急措施的(包括未向所在地市、县级人民政府报告,并向社会公开),由县级以上人民政府环境保护主管部门责令改正;情节严重的,处 2 万元以上 10 万元以下的罚款。

对于建设单位在环评过程中未依法公开环境信息的,《环境影响评价法》《环境影响评价公众参与办法》并未规定相应的法律责任。

三、环境决策参与权

(一) 环境决策参与权概述

1. 环境决策参与权的依据:协商民主理论

现代民主主要是代议制民主。但是代议制民主既有着先天的缺陷和不足,更有着在后天发展过程中逐渐产生和滋长的弊端。[1] 在这种背景下,20 世纪 80 年代,西方理论界提出了"协商民主"理论。1980 年美国克莱蒙特大学政治学教授约瑟夫·M.毕塞特在《协商民主:共和政府的多数原则》一文中首次在学术意义上使用"Deliberative Democracy"一词,他主张公民参与而反对精英主义的宪政解释。我国著名学者俞可平把协商民主归纳概括为:"协商民主就是公民通过自由平等的对话、讨论、审议等方式,参与公共决策和政治生活。"[2]

---

① 参见姜明安:《公众参与与行政法治》,载《中国法学》2004 年第 2 期。

② 〔美〕詹姆斯·博曼、威廉·雷吉主编:《协商民主:论理性与政治》,陈家刚等译,中央编译出版社 2006 年版,"总序"第 1 页。

协商民主强调公民参与。参与是协商民主理论的基础,没有参与,协商就无从谈起,协商要求利益相关者能够参与政策过程。民主的本质是人民主权,是平等公民自由而理性的参与。协商民主强调公民对于公共利益的责任、强调通过共识形成决策的过程。

协商民主在强调公民参与的重要性时,给出了有效参与和讨论所必需的一系列条件:第一,就民主过程本身而言,平等自由的参与权是公民集体性政治自主的前提。第二,协商民主所强调的参与,是参与和协商的统一,也是直接参与和间接参与的统一。第三,协商民主所强调的参与,是一种理性的参与。协商民主区别于其他民主形式的本质在于:其他民主模式的核心是投票,协商民主的核心是理性的对话、论证和说服。也就是说,在其他民主模式中,最主要的参与方式是投票。而在协商民主中,最主要的参与方式是无偏私的理性的协商,尽管投票依然是必要的。协商民主的核心理念是:在公共对话中,一切论证都应受到尊重,以共同福祉为基础的更好论证的力量,是决定公共生活质量的关键。①

2. 环境决策参与权的意义

公众参与具有诸多战术意义和战略价值。② 主要表现在:

第一,有利于维护公众的合法权益。公众参与有利于公民、法人或者其他组织在涉及其切身利益的决策中,维护自己的合法权益。在环境决策作出以后,即使公众可以通过行政复议、诉讼等程序设置来维护自己的权益,但是,这种事后的权利救济方式,往往具有滞后性,面对已经发生的损害,公众往往处于被动局面,其权益很难得到全面、及时、有效的保护。相比之下,如果公众能够参与国家行政机关的决策过程,则能够在决策阶段表达自己的意见,从源头上避免国家机关作出影响其权益的决策。因此,这种事前或事中的参与,往往是保护公民权益的最有效手段。③ 同时,充分的公众参与有助于公众对环境决策的理解,从而消除环境决策在执行中的障碍,保证环境决策的顺利贯彻执行。

第二,有利于加强对公权力行使的监督,防止腐败。孟德斯鸠说过:"一切有权力的人都容易滥用权力,这是万古不易的一条经验。有权力的人往往使用权力一直到遇有界限的地方才休止。"④公权力的行使如果没有相对

---

① 王锡锌:《公众参与:参与式民主的理论想象及制度实践》,载《政治与法律》2008 的 6 期。
② 参见姜明安:《公众参与与行政法治》,载《中国法学》2004 年第 2 期。
③ 参见谢立斌:《公众参与的宪法基础》,载《法学论坛》2011 年第 4 期。
④ 〔法〕孟德斯鸠:《论法的精神》(上册),张雁深译,商务印书馆 1961 年版,第 154 页。

人的参与,权力行使机关和行使者个人如欲腐败,在暗箱操作条件下,即很容易实现其目的。但在公众参与的条件下,公权力行使者害怕公共舆论,就不会轻易产生腐败的念头,即使有此念头,恐怕也难以得逞。人们常说,阳光是最好的防腐剂。公众的千百双眼睛就是阳光,公众参与显然是消除腐败的良方之一。[①]

第三,有利于促进决策者作出更明智的决策。环境决策是对利益进行分配和平衡的过程,决策者也是普通人,即使不存在"官商勾结"或者腐败等因素,决策者在决策过程中也很可能由于信息不全或者考虑不周而犯错,或者没有考虑到更好的替代方案。而公众参与能够有效地弥补决策者由于信息不全或者考虑不周导致的缺陷,从而促使政府作出更合理的环境决策。通过将公众的意愿和利益权重吸收到决策方案之中,环境决策在目标与内容方面会更加贴近民情和民意,更加有利于平衡各种决策考量因素,从而提高决策的质量和可行性。

(二) 环境规范性文件制定参与权

公众参与环境规范性文件的制定,既包括参与法律、法规、规章的制定,也包括参与政策、规划、标准等规范性文件的制定。公众参与环境规范性文件制定是公民政治参与权的集中体现。

相对于具体项目或事件中的参与,环境规范性文件制定过程中的参与意义更为重大,类似于环境保护过程中的前端预防。规范性文件制定过程中的科学性、民主性越高,越有利于从源头上保护公众的环境权益。

1. 立法梳理

(1) 我国相关法律

①《立法法》(2015 年 3 月 15 日施行)

《立法法》是我国有关法律法规制定程序的基本法。《立法法》从总则到分则用多个条款规定了立法过程中的公众参与。

总则部分规定了"立法应当体现人民的意志,发扬社会主义民主,坚持立法公开,保障人民通过多种途径参与立法活动"。分则部分涉及公众参与的规定包括:第一,列入常务委员会会议议程的法律案,应当在常务委员会会议后将法律草案及其起草、修改的说明等向社会公布,征求意见,但是经委员长会议决定不公布的除外。第二,法律案有关问题存在重大意见分歧

---

① 参见姜明安:《公众参与与行政法治》,载《中国法学》2004 年第 2 期。

或者涉及利益关系重大调整,需要进行听证的,应当召开听证会,听取有关基层和群体代表、部门、人民团体、专家、全国人民代表大会代表和社会有关方面的意见。第三,行政法规在起草过程中,应当广泛听取有关机关、组织、人民代表大会代表和社会公众的意见。听取意见可以采取座谈会、论证会、听证会等多种形式。行政法规草案应当向社会公布,征求意见,但是经国务院决定不公布的除外。

②《行政法规制定程序条例》(2015年5月1日施行)

《行政法规制定程序条例》中涉及公众有权参与环境规范性文件制定的内容包括:第一,起草行政法规,应当深入调查研究,总结实践经验,广泛听取有关机关、组织和公民的意见。听取意见可以采取召开座谈会、论证会、听证会等多种形式。第二,重要的行政法规送审稿,经报国务院同意,向社会公布,征求意见。第三,国务院法制机构应当就行政法规送审稿涉及的主要问题,深入基层进行实地调查研究,听取基层有关机关、组织和公民的意见。第四,行政法规送审稿直接涉及公民、法人或者其他组织的切身利益的,国务院法制机构可以举行听证会,听取有关机关、组织和公民的意见。

③《规章制定程序条例》(2018年5月1日施行)

《规章制定程序条例》中涉及公众有权参与环境规范性文件制定的内容包括:第一,起草规章,应当深入调查研究,总结实践经验,广泛听取有关机关、组织和公民的意见。听取意见可以采取书面征求意见、座谈会、论证会、听证会等多种形式。第二,起草的规章直接涉及公民、法人或者其他组织切身利益,有关机关、组织或者公民对其有重大意见分歧的,应当向社会公布,征求社会各界的意见;起草单位也可以举行听证会。第三,法制机构应当就规章送审稿涉及的主要问题,深入基层进行实地调查研究,听取基层有关机关、组织和公民的意见。第四,规章送审稿直接涉及公民、法人或者其他组织切身利益,有关机关、组织或者公民对其有重大意见分歧,起草单位在起草过程中未向社会公布,也未举行听证会的,法制机构经本部门或者本级人民政府批准,可以向社会公布,也可以举行听证会。

④《环境保护法规制定程序办法》(2005年6月1日施行)

《环境保护法规制定程序办法》中涉及公众有权参与环境规范性文件制定的内容包括:第一,起草环境保护法规,应当广泛收集资料,深入调查研究,广泛听取有关机关、组织和公民的意见。听取意见可以采取召开讨论会、专家论证会、部门协调会、企业代表座谈会、听证会等多种形式。第二,环境保护法规直接涉及公民、法人或者其他组织切身利益的,可以公布征求意见稿,公开征求意见。

⑤《环境保护行政许可听证暂行办法》(2004 年 7 月 1 日施行)

《环境保护行政许可听证暂行办法》中涉及公众有权参与环境规范性文件制定的内容包括:环境保护行政主管部门受权起草的环境保护法律、法规,或者依职权起草的环境保护规章,直接涉及公民、法人或者其他组织切身利益,有关机关、组织或者公民对草案有重大意见分歧的,环境保护行政主管部门可以采取听证会形式,听取社会意见。环境立法听证会,除适用《规章制定程序条例》等法律法规规定的程序外,可以参照本办法关于听证组织和听证程序的规定执行。

⑥《行政许可法》(2019 年 4 月 23 日施行)

《行政许可法》中涉及公众有权参与环境规范性文件制定的内容包括:起草法律草案、法规草案和省、自治区、直辖市人民政府规章草案,拟设定行政许可的,起草单位应当采取听证会、论证会等形式听取意见,并向制定机关说明设定该行政许可的必要性、对经济和社会可能产生的影响以及听取和采纳意见的情况。

⑦《环境保护法》(2015 年 1 月 1 日施行)

《环境保护法》中涉及公众有权参与环境规范性文件制定的内容包括:国务院有关部门和省、自治区、直辖市人民政府组织制定经济、技术政策,应当充分考虑对环境的影响,听取有关方面和专家的意见。

⑧《城乡规划法》(2019 年 4 月 23 日施行)

《城乡规划法》中涉及公众有权参与环境规范性文件制定的内容包括:第一,城乡规划报送审批前,组织编制机关应当依法将城乡规划草案予以公告,并采取论证会、听证会或者其他方式征求专家和公众的意见。第二,省域城镇体系规划、城市总体规划、镇总体规划的组织编制机关,应当组织有关部门和专家定期对规划实施情况进行评估,并采取论证会、听证会或者其他方式征求公众意见。

⑨《国家环境保护标准制修订工作管理办法》(2017 年 2 月 22 日施行)

《国家环境保护标准制修订工作管理办法》第二章"标准制修订工作程序和各方职责"第 5 条规定了环境标准制修订的基本程序,其中第 8 项是"公布标准征求意见稿,向有关单位及社会公众征求意见"。第五章"编制征求意见稿和征求意见"第 36 条规定,归口业务司对通过征求意见稿技术审查并按照会议纪要修改完善的标准,办理征求意见事宜,面向社会公众及各有关单位征求意见。征求意见时间为 1 至 2 个月,重大标准可以多次征求意见，必要时可召开听证会或座谈会。若征求意见结束后 18 个月未发布的，需重新征求意见。

此外，一些地方还制定了有关立法过程中公众参与的法规、规章及规范性文件。例如，《大连市公众参与政府立法程序规定》《河北省环境保护公众参与条例》《甘肃省公众参与制定地方性法规办法》《茂名市政府规范性文件制定公众参与暂行办法》《广州市规章制定公众参与办法》等。

（2）美国相关法律

在美国，立法听证制度是公众参与立法最为行之有效的形式。在美国议会立法中，听证是一个基本程序，未经委员会听证就制定法案的情况是例外。对行政部门来说它们制定法规和规章要举行听证，正是这些程序保护了公众免受非民选官员的武断、非理性或独断行为的危害。①

听证原来是指司法听证，是司法审判活动的一个必经程序。这种制度后来从英国传到美国，美国又把它移植到立法和行政领域，作为增加立法和行政民主化、有关当局获取信息的重要方法。第二次世界大战后，立法听证会制度又传到日本和拉丁美洲一些受美国法影响较大的国家。20 世纪 60年代以来，随着行政权力膨胀，行政机关在决策中的作用越来越大，许多的专业性、技术性问题不仅仅是普通老百姓不了解，即使是作为民选代表的国会议员也不清楚。因而，这些问题如果离开行政技术官僚，就根本无法解决。因此，普通老百姓对这些问题越来越没有发言权，似乎只能听从行政技术专家的摆布。因此，加强公众参与立法和行政事务，就成为西方社会一个普遍的呼声。与此相应，这就使美国的立法听证会制度得以在更大范围内传播和发展。

美国立法听证制度及其主要做法如下：① 发出通知。通知的内容包括听证法案的性质、内容，听证会的时间、地点、程序，主持听证的机关及有关法律依据，拟制定的法律的主要争论点。通知的方法往往是刊登在《联邦公报》或报刊上，有时也采取张贴公告或将公告送达有关人员的方式。② 给利害关系人参与听证的机会。允许他们在有关法案的调查程序中参与意见，将拟订的法案及其立法理由交给利害关系人，听取其意见；当利害关系人涉及有关团体时，可以采取咨询和协商的方法征求他们的意见；举行会议，使利害关系人得以在会议上表达自己的意见，提出立法建议；由参加听证的各方陈述自己的意见，进行辩论，并提出依据支持自己的主张；当事人

---

① 　参见蔡定剑主编：《国外公众参与立法》，法律出版社 2005 年版，第 17—173 页。

提出书面资料。③ 证人发言并对证人提问。听证会涉及的有关人员有义务到国会及其委员会作证或提供证词,不出席或不提供证词者,国会有权依法采取强制措施。另外,美国在举行立法听证会时,特别注意发挥院外利益集团的作用,并且,主持听证的国会有关委员会和普通法系的法官一样,按照对抗制,只是按程序主持会议,听取各方面的意见。①

（3）不足之处

目前,我国环境立法领域的公众参与相对来说比较制度化,而政策、规划等规范性文件制定过程中的公众参与因为缺乏明确的程序性规定,相对而言不够充分。即便在环境立法领域,公众参与仍然存在如下问题:

第一,公众参与的方式单一。尽管多部法律法规规章均规定在立法起草过程中应当通过座谈会、论证会、听证会等多种方式征求公众意见,但实践中用得最多的方式是通过公布立法草案的方式公开征求公众意见。相对于西方国家通常采取的以听证会为主,辅以其他方式征求公众意见而言,仅仅通过公开草案的方式征求公众意见的效果显然较差,不利于公众充分表达自己的意见。

第二,缺乏对公众意见的回应,公众参与的效力存疑。实践中,起草法律法规规章的部门对于公众意见只进行内部汇报和研究,是否采纳完全由其自身决定,无需向公众公开对公众意见采纳不采纳的说明,也很少在有关立法说明或报告中解释对公众意见采纳不采纳的理由。由此导致公众无法得知其所提意见是否起作用,容易让征求公众意见流于形式。

2. 实现机制

目前我国公众参与环境立法的方式主要包括两种:一是立法起草机关公开征求意见,公众通过网络、信函等提交意见。二是立法起草机关召开立法听证会征求公众意见。其中第一种方式是最常用的方式,第二种方式目前仅在一些地方性立法中采用。

实践中,绝大多数的环境立法草案都会公开征求意见。以《环境保护法》的修改为例:2012 年 8 月,第十一届全国人大常委会第二十八次会议初次审议了《中华人民共和国环境保护法修正案（草案）》。2012 年 8 月 31 日至 9 月 30 日,修正案草案初审稿公开征求意见。截至征求意见结束,共有 9582 人参与,共提交了 11748 条意见。尤其值得关注的是,环境保护部也提交了《关于报送对〈环境保护法修正案（草案）〉意见和建议的函》,提出了

---

① 万其刚:《国外公众是怎样参与立法的》,载《中国人大》2009 年第 15 期。

多达 34 条反对意见。中国法学会环境资源法学研究会也集合了众多环境法学顶尖学者向吴邦国委员长提交了《关于〈环境保护法修正案（草案）〉的意见书》，认为该征求意见稿无论是在指导思想、篇章结构，还是在具体内容与文字表述上，都存在明显问题，甚至很多错误，与修法初衷有差距，与环境法学理论研究成果不相符，更没有总结中国三十多年环保法治工作的成功经验。

之后，全国人大法律委员会根据全国人大常委会组成人员和各方面的意见，对修正案草案初审稿作了较大修改，形成了《中华人民共和国环境保护法修正案（草案二次审议稿）》。2013 年 6 月，第十二届全国人大常委会第三次会议对修正案草案二次审议稿进行了审议。2013 年 7 月，全国人大常委会法工委在中国人大网公布了《中华人民共和国环境保护法修正案（草案二次审议稿）》，再次就环保法修正案草案广泛征求意见，截至征求意见结束，共有 822 人参与，共提交了 2434 条意见。

立法听证方面，目前大部分省、自治区、直辖市都进行了尝试，但次数都不太多。[①] 2008 年 12 月 10 日，《上海市门弄号管理办法（修订草案）》的立法听证是一次较为成功的实践。当天共有 23 名听证代表参加此次听证会，公安、建设、房管等相关政府部门代表到场旁听，十几家新闻媒体现场进行采访和报道。[②] 在立法听证制度化方面，广州市走在了全国的前列。2007 年 1 月，广州市首开先河，制定《广州市规章制度制定公众参与办法》（后于2010 年进行了修订），为公众全过程参与立法开辟了法律化、制度化的轨道。2012 年 11 月，广州市举行了首次网上立法听证会，7 天时间里，18 名向社会公开征集的听证陈述人，围绕《广州市社会医疗保险条例（草案）》中的一些热点问题与网友展开互动，市民则可随时上网"围观"，对陈述人的观点表示赞成或反对并发表意见。2013 年 8 月，广州市又制定了《广州市行政立法听证会规则》，明确规定在某些情形下可以举行立法听证会。有条件的听证机构，应当通过网络同步直播等形式向社会公开。

（三）环境影响评价参与权

环境影响评价中的公众参与，是指除开发单位及审查环境影响评价的

---

①　崔英楠：《关于健全立法听证程序的几个问题》，载《中国社会科学院研究生院学报》2009 年第 1 期。

②　参见《立法中的公众参与及立法成本效益分析》，载《政府法制简报》2009 年第 10 期，http://www.chinalaw.gov.cn/article/dfxx/dffzxx/sh/zffzjb/200907/20090700137465.shtml，最后访问时间：2017 年 4 月 14 日。

机关外,其他相关机关、团体、地方政府、学者专家、当地居民等,通过法定或非法定的方式,参与环境影响评价的制作、审查与监督等阶段。①

1. 立法梳理

(1)我国相关法律

① 大陆地区

A.《环境影响评价法》(2018年12月29日施行)

《环境影响评价法》在总则和分则中都涉及公众的环境影响评价参与权。总则规定"国家鼓励有关单位、专家和公众以适当方式参与环境影响评价"。分则规定了规划环评和建设项目环评中的公众参与,并明确要求在规划或者建设项目环境影响报告书中附具对有关单位、专家和公众的意见采纳或者不采纳的说明。

B.《环境保护法》(2015年1月1日施行)

《环境保护法》中涉及公众环境影响评价参与权的内容包括:对依法应当编制环境影响报告书的建设项目,建设单位应当在编制时向可能受影响的公众说明情况,充分征求意见。负责审批建设项目环境影响评价文件的部门在收到建设项目环境影响报告书后,除涉及国家秘密和商业秘密的事项外,应当全文公开;发现建设项目未充分征求公众意见的,应当责成建设单位征求公众意见。

C.《规划环境影响评价条例》(2009年10月1日施行)

《规划环境影响评价条例》细化了规划环评过程中公众参与的相关要求:第一,规定有关单位、专家和公众的意见与环境影响评价结论有重大分歧的,规划编制机关应当采取论证会、听证会等形式进一步论证。通过明确规定公众参与的途径,保证在这种特定条件下公众参与的有效性。第二,规定未附具对公众意见采纳与不采纳情况及其理由的说明,或者不采纳公众意见的理由明显不合理的,审查小组应当提出对环境影响报告书进行修改并重新审查的意见。从而在一定程度上保障了公众参与的效力。第三,规定了在跟踪评价中应当进行公众参与。

D.《环境影响评价公众参与办法》(2019年1月1日施行)

2006年,原国家环保总局曾经制定了《环境影响评价公众参与暂行办法》,对《环境影响评价法》中规定的公众参与程序进行了细化。为了适应新

---

① 汪劲:《中外环境影响评价制度比较研究:环境与开发决策的正当法律程序》,北京大学出版社2006年版,第174页。

形势下公众参与的需求,2018年生态环境部发布《环境影响评价公众参与办法》,明确了建设单位在环评公正参与中的主体责任;将听取意见的公众范围明确为环境影响评价范围内公民、法人和其他组织,优先保障受影响公众参与的权力,并鼓励建设单位听取范围外公众的意见,保障更广泛公众的参与权力;明确了公众意见的作用,优化了公众意见调查方式,建立健全了公众意见采纳或不采纳反馈方式,针对弄虚作假提出了惩戒措施,确保公众参与的有效性和真实性;全面优化了参与程序细节,实施分类公众参与,不断提高效率。

② 我国香港特别行政区

按照香港《环境影响评估条例》的规定,香港的环境影响评价程序包括如下阶段:

第一,申请阶段。

当任何人计划修建由《环境影响评价条例》附表所列的指定工程时,应当向环境署署长提出包括环境影响评估概要在内的申请,并在香港报刊公开该工程项目的简介。环境署署长在收到工程项目简介后,要通知环境咨询委员会,并将该工程项目简介文本送交咨询委员会。当署长认为必要时,还可以要求申请人提供关于工程项目简介并将细节在报刊上刊登。环境咨询委员会以及任何人都可以在工程项目广告刊登后14日内,就有关指定工程所涉及的环境问题向署长提出意见。当署长认为工程项目对环境没有影响时,可以通知申请人直接申请环境许可证。若署长认为工程项目需要进一步进行环境影响评估的,就应当向申请人发出环境影响评估的要求。在此基础上,由申请人就工程项目对环境的影响进行环境影响评估。

第二,环境影响评估报告提交阶段。

申请人完成环境影响评估后,应当向环境署署长提交足够数量的环境影响评估报告以及适用于该项评估的技术备忘录,以使署长能将该等文本给予有关的技术备忘录中所界定的有关各方传阅。如果署长认为环境影响评估报告不符合环境影响评价研究概要以及技术备忘录的规定的,可以决定不接受申请人的申请并告知申请人。

第三,公众查阅阶段。

当申请人收到其申请已经为署长所接受的通知时,应当在合理切实可行的范围内尽快在署长批准的位置提供足够数量的报告书,以供公众在为期30日的时间内免费查阅。同时,还应当在该期间内每10天在报刊上刊登广告。广告应当载明:指定工程项目的性质以及拟进行该工程项目的地点;备有该报告以供公众查阅的期间、地点以及时间;任何公众人士可在公众查阅期届满前将其对报告的书面意见向署长提交以及提交地点;等等。

第四,环境影响评估报告的批准阶段。

在公众查询期届满或者在接获环境咨询委员会的意见后 14 日内,环境署署长可以要求申请人提供更多的资料,以决定是否批准环境影响评估报告。署长还应当将公众或者环境咨询委员会的意见向申请人提供。在上述法定期间届满 30 日内,署长若没有收到相关意见时,应当以书面形式批准、有条件批准和拒绝批准指定工程项目的环境影响评估报告。如果署长既没有收到相关意见,也没有以书面通知有条件批准和拒绝批准指定工程项目的环境影响评估报告的,则署长须视作已无条件地批准该报告。①

③ 我国台湾地区

按照台湾地区《环境影响评估法》的规定,环境影响评价程序大体上可以分为以下阶段:

首先,审查环境影响说明书。

主管机关应当于收到前项环境影响说明书后 50 日内,作成审查结论并公告,如果决定不进行下一阶段的环境影响评估,则由开发单位召开公开说明会说明情况。如果环保主管机关的审查结论认为开发项目对环境有重大影响之可能性,应继续进行第二阶段环境影响评估,开发单位应将环境影响说明书分送有关机关,将环境影响说明书于开发场所附近适当地点陈列或揭示,其期间不得少于 30 日,并于新闻报纸刊载开发单位之名称、开发场所、审查结论及环境影响说明书陈列或揭示地点。开发单位应于前项陈列或揭示期满后,举行公开说明会。有关机关或当地居民对于开发单位之说明有意见者,应于公开说明会后 15 日内以书面向开发单位提出,并通知主管机关及目的事业主管机关。

其次,范畴界定。

在公开说明会召开之后,即进入范畴界定阶段。在此阶段,主管机关应当邀请目的事业主管机关、相关机关、团体、学者、专家及居民代表界定评估范畴。界定的事项包括:确认可行之替代方案;确认应进行环境影响评估之项目;决定调查、预测、分析及评定之方法;其他有关执行环境影响评估作业之事项。

再次,编制环境影响评估报告书初稿。

---

① 汪劲:《环境影响评价程序之公众参与问题研究——兼论我国〈环境影响评价法〉相关规定的施行》,载《法学评论》2004 年第 2 期。

范畴界定之后，开发单位应参酌主管机关、目的事业主管机关、有关机关、学者、专家、团体及当地居民所提意见，编制环境影响评估报告书初稿，向目的事业主管机关提出。在初稿中应当包括对有关机关意见之处理情形以及对当地居民意见之处理情形。

最后，环境影响报告书初稿审查及其正式稿的作成。

目的事业主管机关收到评估书初稿后 30 日内，应会同主管机关和其他有关机关，并邀集专家、学者、团体及当地居民，进行现场勘察并举行听证会，于 30 日内作成勘查现场记录和听证会记录，连同评估书初稿一同送交主管机关审查。开发单位依照主管机关的审查结论修正报告书初稿，作成正式的环境影响报告书，经主管机关认可后，将正式的报告书及审查结论摘要公告，并刊登公告。至此，环境影响评价程序全部完成。

（2）美国相关法律

除《国家环境政策法》（NEPA，1969 年）外，环境影响评价程序主要规定于 1978 年美国环境质量委员会（CEQ）颁布的《国家环境政策实施程序条例》（CEQ 规则）中，该规则将环境影响评价程序分为制作环境评估（EA）和环境影响报告书（EIS）两个阶段。编制 EA 是为了使主管机关就拟议行为对环境可能产生的影响及其程度作出基本的判断，以决定是否进一步编制 EIS。因此，编制 EA 是编制 EIS 的前置程序。只有当 EA 认定拟议行为可能对环境产生显著影响时，法律才要求主管机构编制 EIS。NEPA 未要求 EA 进行公众参与，但是 EIS 必须进行公众参与。从 EIS 的决定程序看，它主要包括以下几个阶段。

① 项目审查期

项目审查期是环境影响评价的最初阶段。一旦主管机构决定为其拟议行为编制 EIS，它就必须在《联邦公报》上公布其将准备编制 EIS 的意思公告，以为关注的人士提供关于联邦政府正在考虑进行一项拟议行为以及正在对该拟议行为的环境影响进行分析之说明。

② 确定 EIS 范围（scoping）期

在发出意思公告之后，主管机构即开始进入范围确定程序。"scoping"是主管机构决定在 EIS 中将要涉及的问题之范围并对重要问题予以确认的公众参与程序。该程序中包含以下内容：主管机构邀请公众与受影响机构之参与；决定 EIS 之范围；决定哪些问题是重要的、应当在 EIS 中重点说明的；哪些问题是不需要详细讨论的；决定是否由主导机构准备全部 EIS 还是将之分配给协作机构完成；协调 NEPA 程序与其他必须程序间的关系；

说明准备环境评价与该机构决策制定之间的关系;预估 EIS 的篇幅与期限;在必要时可以召开范围界定会议对以上事项进行确定。

③ 准备 EIS 草案期

一般来讲,主管机构需要分两个阶段(包括 EIS 草案阶段和 EIS 最终文本阶段)准备 EIS。当主管机构对其拟议行为作出实质性修改或者获取与拟议行为相关环境问题的新的、重大信息时,主管机构还需要对已编制的 EIS 进行增补。

主管机构应当向联邦环保局(EPA)提交 EIS 草案并在《联邦公报》上发布如何获得 EIS 草案的公告。在发布如何获得 EIS 草案的公告时,主管机构应当向适当的联邦、州和地方机构以及申请人发送 EIS 草案以接受他们的评论。随后还应当将 EIS 草案的复印件送交其他任何提出需要的个人、团体和机构。只有当 EIS 送交各方并提供给相关社会公众时,主管机构的行为才符合 NEPA 关于 EIS 准备之规定。

在准备 EIS 草案过程中,主管机构应当经常召开听证会或公开会议以积极地寻求公众对于该拟议行为的意见,公众也可主动地表示对拟议行为的意见。

④ EIS 最终文本编制期

当主管机构在《联邦公告》上发布如何获得 EIS 草案的公告经过 90 日后,或在《联邦公告》上发布如何获得 EIS 最终文本的公告经过 30 日后,主管机构才能针对拟议行为作出决议。在此期间,主管机构应当允许任何有利害关系的个人与机构对该机构是否遵守 NEPA 的状况发表意见。所有公众意见应当在主管机构发布 EIS 草案之后送交给 EPA。

在编制最终文本时,主管机构必须在最终文本中设专章以载明公众意见以及该主管机构对于公众意见的答复。主管机构的答复可以采取以下方式进行:修改原方案或其他替代方案;发展或评估原先未慎重考虑的方案;补充、改进或修正原来的分析;做事实资料上的修正;若对评论意见没有积极采纳,则应当对不采纳原因进行解释。不论评论意见是否受到采用,该意见都应当附于 EIS 定稿中。当最终文本编制完毕,主管机构应当再次就该文本征求公众意见。CEQ 规则要求主管机构的征求意见期为 30 日。在 30 日之后,如果没有公众意见,主管机构才能实施拟议行为。

(3)不足之处

可以说,无论是立法还是实践,环境影响评价领域的公众参与都代表了目前我国参与式民主的最高水平。尽管如此,与公众期待和实践需求相比,环评领域的公众参与仍存在着一些不足。

第一，公众参与环评的范围不够广泛。根据《环境影响评价法》的规定，只要求需要编制环境影响报告书的专项规划和建设项目才需要征求有关单位、专家和公众的意见，因而除《编制环境影响报告书的规划的具体范围（试行）》和《建设项目环境影响评价分类管理名录》规定的应编制环评报告书的规划和项目以外，其他规划和建设项目均可以合法地避开公众参与制度。但现实中，造成污染纠纷的往往是中、小型企业和"三产"服务业。而对专项规划以外的一般规划和专项规划中的指导性规划的环评未规定公众参与，对重大经济决策则未纳入环评，这说明我国的战略环境影响评价制度还没有建立①，不利于对环境的综合、长远保护。

第二，环评中的信息公开制度不够健全。《环境影响评价公众参与办法》尽管对环评信息公开作了要求，但其规定的信息公开时间太短，只有 10 日，而国外的环评信息公开一般不少于 30 日。此外，环评信息公开的途径也不够"便于公众知悉"。根据《环境影响评价公众参与办法》第 11 条的规定，建设单位应当通过网络平台公开、建设项目所在地公众易于接触的报纸、建设项目所在地公众易于知悉的场所张贴公告等三种方式同步公开环评信息，鼓励建设单位通过广播、电视、微信、微博及其他新媒体等多种形式公布环评信息。但实践中，环评信息公开的主要问题就是公开的方式不便于公众知悉。例如，在京沈高铁环评争议案中，建设单位、环评单位采取的公告方式包括：在环境影响评价公众参与平台②发布公示材料；在《中国环境报》上刊登公示材料；在环评单位的网站上发布环评报告书简本；在《北京晚报》和《新京报》上刊登公示信息。很显然，前三种公开方式，只有很少的专业人士才会关注，这样的公示基本上起不到"公示"的效果。第四种公示方式的受众相对要广泛一些，但也不能保证大多数京沈高铁沿线居民能知悉。

某个建设项目或者规划，对于直接受其影响的公众和间接受其影响的公众的影响显然不同。因此，在"便于公众知悉"的公示方式上，建设单位、规划编制机关、环评单位也应当采取一些差异化的方式。对于一般意义上的关心环境问题的"公众"，可以通过报纸、电视、网站等方式广而告之，但对

---

① 《环境保护法》第 14 条规定："国务院有关部门和省、自治区、直辖市人民政府组织制定经济、技术政策，应当充分考虑对环境的影响，听取有关方面和专家的意见。"带有政策环评的雏形，但并非正式的政策环评。

② 一个由环境保护部环境工程评估中心建立的专门发布由环境保护部受理审批的建设项目环境影响评价相关文件的网络平台。

于环境权益直接受到建设项目或者规划影响的公众,就应当采取更加"直接"的方式来使其知悉。易言之,对公众的环境影响越具体,公告的方式就应当越细致。例如,对于城市居民小区中直接受到影响的公众,应当通过在小区的公告栏、电子屏幕、居民楼每个单元的一楼通道、电梯间、地下车库的入口处等地方张贴公告的方式进行公示,且应当在合理的期限内持续公示。如果可能的话,还应当在此基础上,通过给业主群发短信,或者在每户居民的大门上张贴公告的方式进行公示。此外,鉴于互联网的普及,建设单位、规划编制机关和环评单位也可以通过在业主论坛、QQ 群、微信群等虚拟空间发布公告,这样不但可以节约成本,而且可以以最快的方式公之于众。对于农村居民,也应当通过村里的公告栏或者召开村民代表会议等方式公布周知。

对于环评审批机关而言,因为之前建设单位、环评单位已经进行过公示,并且公众已经了解将由其审批环境影响报告书,因此,其可以选择相对简单的方式,例如通过官方网站进行公示。

第三,公众参与的途径单一。关于征求公众意见的方式,《环境影响评价法》第 11 条和第 21 条规定的是"论证会、听证会,或者采取其他形式",《规划环境影响评价条例》第 13 条规定的是"调查问卷、座谈会、论证会、听证会等形式",《环境影响评价公众参与办法》第 14 条规定的是"对环境影响方面公众质疑性意见多的建设项目,建设单位应当组织座谈会、听证会或者论证会开展深度公众参与"。但对于何为"对环境影响方面公众质疑性意见多"缺乏具体规定,在实践中的实施效果还有待观察。"就我国环境影响评价过程中的公众参与方式而言,最为常见的是问卷调查。"①问题最多的也是问卷调查。

第四,对公众意见的反馈不够充分。公众参与的意义不仅仅在于"参与",更重要的是公众所提的意见应当被建设单位、规划编制机关、环评单位、审批机关慎重考虑,从而影响最终的决策。"如果公众参与权没有获得实体性'充实',即使存在程序性的参与规则,公众的参与也有可能是点缀性的、符号化的,并不能真正对于规则的形成施加真正的影响力。"②如果相关决策者对于公众所提的意见置之不理或者轻描淡写,那么公众参与权就会沦为一种"泡沫权利"。③

《环境影响评价法》第 11 条和第 21 条规定应当在规划或建设项目环境

---

① 朱谦:《公众环境保护的权利构造》,知识产权出版社 2008 年版,第 228 页。
② 王锡锌:《公众参与和中国法治变革的动力模式》,载《法学家》2008 年第 6 期。
③ 参见林华:《因参与、透明而进步:互联网时代下的公众参与和政府信息公开》,载《行政法学研究》2009 年第 2 期。

影响报告书中附具对公众意见采纳或者不采纳的说明。《规划环境影响评价条例》第 20 条规定：未附具对公众意见采纳与不采纳情况及其理由的说明，或者不采纳公众意见的理由明显不合理的，审查小组应当提出对环境影响报告书进行修改并重新审查的意见。但《规划环境影响评价条例》并未规定规划编制机关应当向提出意见的公众反馈意见处理情况。

《环境影响评价公众参与办法》第 18 条规定：对未采纳的意见，建设单位应当说明理由。未采纳的意见由提供有效联系方式的公众提出的，建设单位应当通过该联系方式，向其说明未采纳的理由。第 24 条规定：生态环境主管部门对收到的举报，应当依照国家有关规定处理。必要时，生态环境主管部门可以通过适当方式向公众反馈意见采纳情况。第 25 条规定：生态环境主管部门应当对公众参与说明内容和格式是否符合要求、公众参与程序是否符合本办法的规定进行审查。经综合考虑收到的公众意见、相关举报及处理情况、公众参与审查结论等，生态环境主管部门发现建设项目未充分征求公众意见的，应当责成建设单位重新征求公众意见，退回环境影响报告书。

相比较而言，《环境影响评价公众参与办法》规定建设单位应当向提供有效联系方式的公众"反馈"不采纳其意见的理由，有很大的进步。但在建设项目的环评公众参与中，必然还有一些没有提供有效联系方式的公众，如果建设单位不采纳其意见，也应当通过适当的方式，例如通过网站、公告等进行说明并予以公布。

此外，目前的法律法规规章并未对建设项目环评审批阶段的公众参与的意见反馈作出规定。即并未明确要求审批机关对公众提出的意见作出明确的回应，说明采纳不采纳的情况及理由说明。《环境影响评价公众参与办法》第 26 条仅规定：生态环境主管部门参考收到的公众意见，依照相关法律法规、标准和技术规范等审批建设项目环境影响报告书。《环境保护公众参与办法》第 9 条规定："环境保护主管部门应当对公民、法人和其他组织提出的意见和建议进行归类整理、分析研究，在作出环境决策时予以充分考虑，并以适当的方式反馈公民、法人和其他组织。"从学理上说，审批建设项目环境影响报告书也属于"环境决策"的一种，对于公众在审批建设项目环境影响报告书过程中提出的意见和建议，环保部门也应当"予以充分考虑，并以适当的方式反馈公民、法人和其他组织"。但《环境保护公众参与办法》并未规定任何法律责任，易言之，该条的规定属于一种"宣示性"的要求，如果环保部门在审批建设项目环境影响报告书过程中并未对公众意见进行适当的反馈，也没有任何不利的法律后果。

公众参与应当是一个互动的过程。如果征求公众意见的一方缺乏理性的回应,这样的公众参与显然是没有意义的。

2. 实现机制

无论是在环评报告书的编制阶段还是自审批阶段,公众参与环境影响评价的途径包括调查公众意见、咨询专家意见、座谈会、论证会、听证会等形式。除了《规划环境影响评价条例》第 13 条明确规定"有关单位、专家和公众的意见与环境影响评价结论有重大分歧的,规划编制机关应当采取论证会、听证会等形式进一步论证"和《环境影响评价公众参与办法》第 14 条规定的"对环境影响方面公众质疑性意见多的建设项目,建设单位应当采取座谈会、听证会或者论证会的方式开展深度公众参与"之外,在规划或者建设项目环境影响报告书编制过程中,公众参与最常见的方式是问卷调查。

就问卷调查本身而言,理想状态下,调查问卷的设计应当科学、全面、重点突出,但实践中很多问卷调查的设计非常不科学。不少环评单位为了自己的方便,在不同的项目环评中应用相同的调查问卷,而不是有针对性地设计调查问卷。例如,江苏省建设项目环境保护公众参与调查报告的内容就是固定的,对每一个需要进行环评的项目,不管是钢铁行业,还是房地产行业,都用统一的调查表进行公众参与调查,这使环评中的公众参与的针对性很差。①

在规划或者建设项目环境影响报告书审批过程中,公众参与的方式一般包括公众评议、座谈会、论证会、咨询专家意见,很少召开听证会。《环境保护行政许可听证暂行办法》第 6 条规定:"除国家规定需要保密的建设项目外,建设本条所列项目的单位,在报批环境影响报告书前,未依法征求有关单位、专家和公众的意见,或者虽然依法征求了有关单位、专家和公众的意见,但存在重大意见分歧的,环境保护行政主管部门在审查或者重新审核建设项目环境影响评价文件之前,可以举行听证会,征求项目所在地有关单位和居民的意见:(一)对环境可能造成重大影响、应当编制环境影响报告书的建设项目;(二)可能产生油烟、恶臭、噪声或者其他污染,严重影响项目所在地居民生活环境质量的建设项目。"第 7 条规定:"对可能造成不良环境影响并直接涉及公众环境权益的工业、农业、畜牧业、林业、能源、水利、交通、城市建设、旅游、自然资源开发的有关专项规划,设区的市级以上人民政府在审批该专项规划草案和作出决策之前,指定环境保护行政主管部门对

---

① 参见朱谦:《公众环境保护的权利构造》,知识产权出版社 2008 年版,第 236—237 页。

环境影响报告书进行审查的，环境保护行政主管部门可以举行听证会，征求有关单位、专家和公众对环境影响报告书草案的意见。国家规定需要保密的规划除外。"

需要指出的是：上述规定的措辞是"可以"，而非应当，导致实践中，环保部门在审批建设项目环评文件时很少召开听证会。环境保护部甚至直到该办法生效九年多之后，才于2013年12月首次在审批京沈高铁环境影响报告书之时召开了听证会。

公众参与的方式不同，其有效性也有所不同。有鉴于此，笔者认为，应当在加强问卷调查科学性和针对性的基础上，加大座谈会、论证会、听证会等参与方式的使用频率。其实《环境影响评价法》规定的公众参与的方式首选论证会和听证会，只是在具体操作过程中，"其他方式"逐渐占了上风。

尽管组织座谈会、论证会和听证会会增加建设单位、规划编制机关、环评单位和审批机关的成本，需要花费大量的时间、物力和财力去沟通协调。但是从长远来看，这种沟通可以为规划和建设项目的实施提前疏通障碍，花钱的目的是省钱，总体来看还是值得的。

当然，虽然听证会的参与效果是最好的，但并不需要在每个环境影响评价过程中都召开听证会。在涉及重大环境风险且公众反对意见非常激烈的情形下，应当采取召开听证会的方式，让不同的利益主体充分表达和交流各自的意见。如果公众反对意见不大，则可以采取更加简便的公众参与方式。[①]

从理想的角度来说，公众参与应当是一个互动的过程。如果征求公众意见的一方缺乏理性的回应，这样的公众参与显然是没有意义的。从程序正义的要求来看，建设单位、规划编制机关、环评单位除了应当在环境影响

---

① 一些地方性法规或规章明确规定了在何种情形下应当召开听证会征求公众意见。例如，《河北省环境保护公众参与条例》（2015年1月1日施行）第22条规定：有下列情形之一的，国家机关应当组织召开听证会听取公众意见：

（一）法律、法规、规章有关环境影响规定应当听证的；

（二）拟制定可能导致重大环境影响的政策或者规划的；

（三）拟对具有重大环境影响的建设项目进行立项的；

（四）建设项目涉及重大环境影响，应当进行听证的；

（五）对国家机关拟作出有关环境影响的决定有较大争议的；

（六）国家机关认为有关环境影响应当召开听证会的其他情形。

《大连市重大行政决策听证办法》（2009年8月1日施行）第4条规定：决策机关行政决策涉及下列事项之一的，均应举行听证：

……

（五）可能对生态环境、自然及人文景观、城市功能造成重大影响的政府投资项目的立项；

……

报告书的定稿中,载明所有收集到的意见并说明采纳不采纳的理由之外,还应当通过适当的方式,公开向提出反对意见的公众说明不采纳的理由,以便这些公众及时采取进一步的救济措施。审批机关对于在审批阶段公众提出的意见,也应当通过适当的方式及时予以公开的回应和反馈。

可以作为参考的是,美国联邦环保署 2003 年发布的《公众参与政策》(Public Involvement Policy)明确规定:环保部门应当证明其决策和行动已经充分理解并考虑了公众意见,并且应当告知公众其意见如何影响了最终决策。环保部门工作人员应当在回应摘要(responsiveness summaries)、规制前言(regulatory preambles)、环境影响报告书(environmental impact statements)或者其他适当的文件中,简要并清晰地记载其对公众意见的考虑。除非法律另有规定,在每一个回应摘要中,EPA 应当描述其向公众征求意见的事项,总结公众的意见、重要的评论、批评和建议,解释 EPA 作出最终决定的理由,指出公众意见对于最终决定的影响。如果可行的话,EPA 应当对每一条意见或者每一类意见作出回应。如果做不到,就应当对公众提出的意见中的重要问题进行明确回应。这些回应应当说明公众意见对于最终决定的作出起到何种作用,或者解释为何 EPA 没有采纳公众的意见。EPA 还应当对提出意见的公众进行反馈。EPA 鼓励公众通过在线的方式提交意见,以方便 EPA 及时对公众意见作出反馈,告知公众采纳或不采纳其意见的结果或理由。传统上,EPA 会在《联邦公报》的前言中对采纳或不采纳公众意见的情况进行概括说明。为了确保提出意见的公众能够看到 EPA 对其意见的采纳情况,EPA 要求其职员开发和使用任何可行的其他反馈手段,例如在官网上发布对于公众意见的回应,或者在被广泛阅读的出版物上发布通知告知公众在哪里可以查看到 EPA 对其意见的回应。只要条件允许,EPA 应当给每位提出意见的公众发送邮件告知其通过何种途径可以方便地查阅 EPA 对其所提意见的回应。如果提意见的人数太多,无法采取一一回复的方式进行回应,EPA 也可以采用新闻发布会的方式或者新闻通稿的方式对公众意见作出回应。在召开听证会的情形下,如果适当的话,可以直接向提意见的公众作出回应,并记录在听证记录中。采用哪种方式对提出意见的公众进行反馈取决于各种具体的情形,但 EPA 的目标是确保那些对决策过程作出重要贡献的公众能够知道 EPA 在决策过程中如何考虑和使用了他们所提供的信息或意见。

(四) 其他环境决策中的参与权

目前我国环境决策领域的公众参与,有明确的中央一级法律规定的,除了参与环境规范性文件制定、参与环评文件的编制与审批(查)之外,还有参与涉及第三人利益的环境行政许可(与参与环评审批有部分重合)的听证程序以及参与国家级自然保护区的范围调整。相对于法治发达国家而言,我国环境保护公众参与的范围仍然过于狭窄。

1. 立法梳理

(1) 我国相关法律

① 《行政许可法》(2019 年 4 月 23 日施行)

《行政许可法》规定,行政许可直接涉及申请人与他人之间重大利益关系的,行政机关在作出行政许可决定前,应当告知申请人、利害关系人享有要求听证的权利;申请人、利害关系人在被告知听证权利之日起 5 日内提出听证申请的,行政机关应当在 20 日内组织听证。

② 《国家级自然保护区调整管理规定》(2013 年 12 月 2 日施行)

根据《国家级自然保护区调整管理规定》第 11 条的规定,因国家重大工程建设需要调整国家级自然保护区范围或功能区的,除按本规定第 10 条要求提供材料外,还需提供自然保护区管理机构和自然保护区所在地及其周边公众意见。但根据该规定,只有国家级自然保护区的周边公众才有参与权,其他的公众并无参与权。

(2) 国外相关法律

在法治发达国家,对于一般的可能影响公众环境权益的行政决策事项,公众也被赋予一定的参与权。

美国联邦环保局 2003 年发布了《美国联邦环保局公众参与政策》。其适用时机主要有:第一,在有望被划为重大行动的环保局规则制定时;第二,在环保局颁发许可证、执照或者有重大修改或者更新时;第三,在清理计划的选择时以及危险废物场所或者棕色土地产权恢复时;第四,在环保局关于授权、委托或者批准州或者地方政府管理美国环保局项目时;第五,在环保局局长、副局长或者合适的助理、地区办公室长官或者次官批准公众参与的所有其他决策时;第六,在重大信息产品的开发时(重大信息产品是适用全国的或地区数据描述环境状况、趋势、公司、设施、社区业绩的产品);第七,其他。对于没有明确列举的活动,美国联邦环保局工作人员可以整体或部分地适用该政策以加强决策。①

　　日本的公众享有广泛的环境议政权。日本各省厅和各地方政府之下都设有各种各样与环保有关的审议会,这些审议会的成员一般是来自不同学科领域的学者,其他则由产业界、政府退休公务员、市民和非政府组织的代表组成。其职责是负责审议政府将出台的政策和重大行动方案,提供科学和民主的决策服务。另外,1993 年以来,中央政府和地方政府在出台重大政策之前,审议会组织召开由非政府组织和市民参加的听证会,这些听证会对公众进行政策说明,广泛听取公众的意见,然后政府部门根据这些意见,协商调整政策和方案。②

　　法国政府 2007 年制定了《格雷诺尔环境协议》,建立中央政府、地方政府、企业、非营利组织、工会"五方参与"的协调机制,组建了"经济、社会和环境委员会",这是政府、经济界、公民社会协调环境问题的正式机构,下设交通、金融、农业等 9 个专门委员会。它是一个功能强大、活动频繁的实体,平均每周要开两次会议,有一个类似议会那样的会议厅。委员会共有 233 个席位,其中经济领域 140 席,各大协会 60 席,环境领域 33 席;40 个席位由总统、总理任命,环境部有 6 席。委员会每年 5000 万欧元的经费全部由政府提供,所有人统一工资标准。其职能,一是对政府、议会确定的主题征求意见和开展评估;二是自拟的研究和评估项目;三是回应公民社会的诉求,凡是有 50 万以上公民要求讨论的议案,委员会必须组织讨论。③

　　(3) 不足之处

　　目前我国依法需要进行公众参与的环境决策的范围依然比较狭窄。一些环境决策尽管可能导致重大不良环境影响,涉及重大公共利益,但是法律并未规定需要公众参与。例如,2010 年底,在长江上游珍稀特有鱼类国家级自然保护区调整过程中,多家环保团体强烈要求环保部召开听证会,环保部未予回应。环保团体又申请环保部、农业部公开调整过程中的相关信息,农业部以环保团体申请公开的信息属于过程性信息为由,不予公开。尽管国家级自然保护区范围的调整可能对濒危物种的生存导致重大影响,甚至可能导致物种灭绝,但根据《自然保护区条例》和当时有效的《国家级自然保

---

① 王曦、谢海波:《美国政府环境保护公众参与政策的经验及建议》,载《环境保护》2014 年第 9 期。

② 余晓泓:《日本环境管理中的公众参与机制》,载《现代日本经济》2002 年第 6 期。

③ 杨东平:《法国的公众参与环境保护》,http://blog.sina.com.cn/s/blog_492471c80102dsqv.html,最后访问时间:2017 年 4 月 14 日。

护区范围调整和功能区调整及更改名称管理规定》①的规定，国家级自然保护区范围的调整只需地方申请、专家评审和政府审批，无须公众参与。② 自然保护区的调整既非行政许可，也非环评，亦非规划，只是一种政府内部行为，无须适用《行政许可法》《环境影响评价法》《城乡规划法》等关于公众参与的一般性规定。因此，在长江上游珍稀特有鱼类国家级自然保护区调整事件中，尽管环保团体一再呼吁相关部门在决策之前召开听证会，但相关政府部门始终置之不理。从严格的法律意义上来说，政府部门拒绝召开听证会并无违法之处，但这种可能导致重大不良环境影响的环境决策，采取完全封闭的决策程序的"正当性"或"合理性"，显然是值得质疑的。

此外，涉及重大环境影响的规划（除《城乡规划法》明确规定的之外）的编制过程中，以及涉及重大环境影响的项目的立项③过程中，都缺乏公众参与。绝大多数的公众参与都集中到了规划环评以及建设项目环评过程中，尤其是项目环评中，导致环评中的公众参与不堪重负，也严重制约了公众参与的"预防"效果。

2. 实现机制

环评之外的行政许可的公众参与，从法律规定来看，主要方式是听证会。但实践中，环评之外的环境保护行政许可召开听证会的情形尚未见诸报章，显示公众的这项参与权并未得到很好的落实。

国家级自然保护区调整过程中的公众参与，法律并未明确规定具体的方式。

四、环境行政和司法救济权

（一）救济权概述

作为法律术语的"救济"有特定含义，"救济"解释为权利救济意义上的

---

①　2013 年 12 月，国务院发布了《国家级自然保护区调整管理规定》，《国家级自然保护区范围调整和功能区调整及更改名称管理规定》废止。《国家级自然保护区调整管理规定》第 11 条规定因国家重大工程建设需要调整国家级自然保护区范围或功能区的，需提供的材料中包括"自然保护区管理机构和自然保护区所在地及其周边公众意见"。也许可以看作是对于长江上游珍稀特有鱼类国家级自然保护区调整事件公众参与呼声的一种回应。但该规定仍然没有规定国家级自然保护区的范围调整需要向社会公开征求意见。

②　当然，如果非要较真的话，可以说专家的参与也属于公众参与的一种方式，但专家的参与显然无法替代普通公众的参与。

③　有一些地方性法规或政府规章规定，在一些涉及重大环境影响的项目立项时，应当举行听证。例如前文提及的《大连市重大行政决策听证办法》和《河北省环境保护公众参与条例》。

"救济"一词,具有救助、回复、补偿、修复、赔偿、矫正等含义。这种意义上的救济,通常以某种权利的存在和被侵害为前提,是对权利的救济,即在权利被侵害后对权利的恢复、修复、补偿,或对侵权的矫正及侵权结果的否定,故常被称为权利救济。①《布莱克法律辞典》将"救济"解释为"一种用来主张权利或对权力侵害行为加以阻止、矫正、责令赔偿的方法;一种赋予权利受到侵害的一方当事人诉诸法庭或其他方式的补救性权利,权利包含着救济"。②

法谚有云:无救济则无权利。环境保护中公众的救济权,如果从权利类型来划分,既包括程序性权利受到侵害时的救济权,也包括实体性权利受到侵害时的救济权。如果从权利主体来划分,既包括私益受到侵害时的救济权,也包括公益受到侵害时的救济权。如果从救济途径来划分,既包括行政救济权,也包括司法救济权。

(二) 程序性环境权利受到侵害时的救济权

公众即便是在知情的情形下表达了价值与理性方面的参与意见,如果缺乏环境行政决策部门应有的回应和尊重,并且不能获得相应的司法救济,那么,任何公众参与的制度设计再最终意义上都属于空中楼阁。③

目前,我国法律明文规定的可以寻求行政或司法救济的程序性环境权利包括:(1) 行政处罚过程中,应当告知相对人有要求听证的权利而未告知的,或者告知之后,相对人申请听证而行政机关未予听证的;(2) 行政许可直接涉及申请人与他人之间重大利益关系,行政机关在作出行政许可决定前,未告知利害关系人,或者拒绝申请人、利害关系人陈述和申辩,或者申请人或利害关系人要求听证而未予听证的;(3) 当事人根据《政府信息公开条例》申请行政机关公开信息,行政机关不予公开的。

1. 行政救济权

(1) 立法梳理

①《行政复议法》(2018 年 1 月 1 日施行)

《行政复议法》第 6 条规定了公民、法人或者其他组织可以申请行政复议的事项范围,涉及公众程序性环境权利受到侵害时的救济的条款主要是第 3 项"对行政机关作出的有关许可证、执照、资质证、资格证等证书变更、

---

①　刘超:《环境侵权救济诉求下的环保法庭研究》,武汉大学出版社 2013 年版,第 80 页。

②　*Blacks' Law Dictionary*,West Publishing Co.,1990,p.1163.

③　朱谦:《公众环境行政参与的现实困境及其出路》,载《上海交通大学学报(哲学社会科学版)》2012 年第 1 期。

中止、撤销的决定不服的",以及第 11 项"认为行政机关的其他具体行政行为侵犯其合法权益的"情形。

②《政府信息公开条例》(2019 年 5 月 15 日施行)

《政府信息公开条例》规定,公民、法人或者其他组织认为行政机关在政府信息公开工作中的具体行政行为侵犯其合法权益的,可以依法申请行政复议或者提起行政诉讼。

(2)实现机制

程序性环境权利的行政救济途径是提起行政复议。行政复议是公民、法人或其他组织认为行政主体的行政行为侵犯其合法权益而寻求复议机关保护的一种制度,实质上是对相对方权益受到行政侵害后的一种恢复和弥补。因此,行政复议和行政诉讼、行政赔偿制度一样,都是重要的行政法律救济制度。[1]

根据 2017 年 2 月环保部发布的《全国环境统计公报(2015 年)》公布的数据,2015 年全国各级环保部门共受理行政复议案件数 701 件。[2]

2. 司法救济权

(1)立法梳理

①《行政诉讼法》(2017 年 7 月 1 日施行)

《行政诉讼法》第 12 条规定了可以提起行政诉讼的事项范围,其中涉及公众程序性环境权利受到侵害时的救济的条款主要是第 3 项"申请行政许可,行政机关拒绝或者在法定期限内不予答复,或者对行政机关作出的有关行政许可的其他决定不服的",以及第 12 项"认为行政机关侵犯其他人身权、财产权等合法权益的"。

②《政府信息公开条例》(2019 年 5 月 15 日施行)

《政府信息公开条例》规定,公民、法人或者其他组织认为行政机关在政府信息公开工作中的具体行政行为侵犯其合法权益的,可以依法申请行政复议或者提起行政诉讼。

③《最高人民法院关于审理政府信息公开行政案件若干问题的规定》(2011 年 8 月 13 日施行)

该司法解释详细规定了公众知情权受到侵害时可以提起行政诉讼的具

---

① 张梓太:《环境法律责任研究》,商务印书馆 2004 年版,第 188 页。

② 参见《全国环境统计公报(2015 年)》,http://www.zhb.gov.cn/gzfw_13107/hjtj/qghjtjgb/201702/t20170223_397419.shtml,最后访问时间:2017 年 4 月 14 日。

体情形,包括:第一,向行政机关申请获取政府信息,行政机关拒绝提供或者逾期不予答复的;第二,认为行政机关提供的政府信息不符合其在申请中要求的内容或者法律、法规规定的适当形式的;第三,认为行政机关主动公开或者依他人申请公开政府信息侵犯其商业秘密、个人隐私的;第四,认为行政机关提供的与其自身相关的政府信息记录不准确,要求该行政机关予以更正,该行政机关拒绝更正、逾期不予答复或者不予转送有权机关处理的;第五,认为行政机关在政府信息公开工作中的其他具体行政行为侵犯其合法权益的。

(2)实现机制

程序性环境权利的司法救济途径是提起行政诉讼。行政诉讼是指行政相对人与行政主体在行政法律关系领域发生纠纷后,依法向人民法院提起诉讼,人民法院依法定程序审查行政主体的行政行为的合法性,并判断相对人的主张是否妥当,以作出裁判的一种活动。①

(3)不足之处

公众参与已经成为环境保护不可或缺的一部分。2014 年修订的《环境保护法》更是明确规定了公众的知情权、参与权和监督权。法谚有云:无救济则无权利。反之,"若能使公众对于有争议的程序行政行为及时诉诸司法,不仅可以使公众参与落到实处,也能最大限度地减少体制外的抗争所引发的社会成本。"②

目前我国司法机关对环境知情权受到侵害的救济相对而言比较完善,根据《最高人民法院关于审理政府信息公开行政案件若干问题的规定》(法释〔2011〕17 号)第 1 条的规定,公众可以在向行政机关申请获取政府信息,行政机关拒绝提供或者逾期不予答复的情形下提起行政诉讼。但司法机关对于程序性参与权受到侵害的救济非常有限。

以《行政许可法》为例。《行政许可法》第 36 条规定:"行政机关对行政许可申请进行审查时,发现行政许可事项直接关系他人重大利益的,应当告知该利害关系人。申请人、利害关系人有权进行陈述和申辩。行政机关应当听取申请人、利害关系人的意见。"第 47 条规定:"行政许可直接涉及申请人与他人之间重大利益关系的,行政机关在作出行政许可决定前,应当告知

---

① 姜明安:《行政法与行政诉讼法》(第三版),北京大学出版社 2007 年版,第 447 页。
② 参见沈跃东:《论程序行政行为的可诉性——以规划环境影响评价公众参与为视角》,载《行政法学研究》2012 年第 3 期。

申请人、利害关系人享有要求听证的权利；申请人、利害关系人在被告知听证权利之日起 5 日内提出听证申请的，行政机关应当在 20 日内组织听证……"由此，如果在行政许可过程中行政机关未能对利害关系人尽到告知义务，或者拒绝申请人、利害关系人陈述和申辩，或者申请人或利害关系人要求听证而未予听证的，申请人、利害关系人可以提起行政诉讼。具体到环保领域，例如在环境影响评价文件审批过程中，如果建设项目存在重大环境风险，可能会对附近居民的人身权、财产权造成严重威胁；环保部门在审批过程中如果未告知利害当事人，听取利害当事人陈述和申辩，或者未召开听证会征求利害当事人意见的，利害关系人可以提起行政诉讼。

　　实践中，由于《行政许可法》规定的"直接关系""重大利益"过于模糊，且以"行政机关审查时发现……"为前提，相当于是否让利害关系人知情和参与完全取决于行政机关的判断，而这种判断的依据是什么，《行政许可法》本身未做任何交代。[①] 即便行政机关明知该许可与他人之间有重大利益关系，却假借审查后没有发现，也不用负担任何责任。行政机关明知有人与该许可有重大利益关系，却不通知，也不用承担任何责任。正因为如此，尽管2004 年原国家环保总局就已经颁布了《环境保护行政许可听证暂行办法》[②]，但实际上全国各地环评审批过程中召开听证会的例子并不多见，环保部更是直至 2013 年 12 月才第一次召开环评审批听证会。实践中，有不少利害关系人以环保部门违反法定程序，未告知当事人听证为由提起过行政诉讼[③]，但法院很少撤销环保部门未进行告知或听证程序作出的决定。本来，由于法律本身的模糊性导致行政机关享有过大的自由裁量权，在许多具体案件中已经很不合理地侵害了利害关系人的参与权，在这种情况下，如果司法机关依然不适用正当法律程序原则对利害关系人的参与权进行救济，难免使得利害关系人名义上享有的参与权名存实亡。

　　除了"未告知""未召开听证会"之外，环境行政许可过程中另外一些更

---

　　① 从学理上分析，未来如果修改《行政许可法》，以"涉及他人合法利益"取代"重大利益"可能是一个更好的选择。

　　② 该办法第 6 条规定：……对环境可能造成重大影响、应当编制环境影响报告书的建设项目；或可能产生油烟、恶臭、噪声或者其他污染，严重影响项目所在地居民生活环境质量的建设项目，如果公众与有关单位、专家的意见存在重大分歧的，环保部门在审批之前可以举行听证会。但这里的措辞只是"可以"，而非《行政许可法》第 47 条规定的"应当"。

　　③ 例如，楚德升诉郑州市环境保护局等环保行政审批纠纷案[河南省郑州市中原区人民法院行政判决书（2011）中行初字第 82 号]；[河南省郑州市中级人民法院行政判决书（2012）郑行终字第135 号]；李君明等诉深圳市龙岗区环境保护和水务局环境影响评价批复撤销案[广东省深圳市龙岗区人民法院行政判决书（2011）深龙行行初字第 116 号]。

纯粹的程序性事项也会影响利害关系人的参与权。例如,利害关系人的代表性不够均衡、参与期限太短、参与程序规则不够公平、环保部门未对利害关系人提出的意见作出必要的回应等。根据目前的司法政策,这些程序性权利侵害均不能获得司法救济。事实上,我国司法机关对于行政许可中的程序性事项,一直都是秉持不可诉是原则、可诉是例外的态度。① 《最高人民法院关于审理行政许可案件若干问题的规定》(法释〔2009〕20 号)第 3 条规定:"公民、法人或者其他组织仅就行政许可过程中的告知补正申请材料、听证等通知行为提起行政诉讼的,人民法院不予受理,但导致许可程序对上述主体事实上终止的除外。"易言之,只要行政机关没有赤裸裸地"剥夺"利害关系人的参与权,而是悄悄地"限制"利害关系人的参与权,例如只给利害关系人很短的准备时间、很短的发言时间、不采纳其意见并且不作出合理说明等,利害关系人就无法获得司法救济。

长期以来,我国的《行政诉讼法》《行政许可法》等法律都是重实体、轻程序。但随着法治的进步,环境法律赋予了公众更多的程序性权利,公众对正当法律程序提出了越来越高的要求。如果司法机关不能合理地回应这种需求,那么环境法律设计的公众参与制度再完美,最终也难免成为空中楼阁。

可喜的是,2014 年 12 月,最高人民法院发布了两起法院依法保护公众参与权的典型案例。一是"夏春官等 4 人诉东台市环境保护局环评行政许可案"("人民法院环境保护行政案件十大案例",2014 年 12 月),二是"卢红等 204 人诉杭州市萧山区环境保护局环保行政许可案"("人民法院环境保护行政案件十大案例",2014 年 12 月)。② 在这两起案件中,环保部门在审批环评报告书前,均未征求利害关系人的意见,其作出的审批决定被法院依法撤销。这两起典型案例显示各级人民法院正在加强对公众环评参与权的保护。

(三) 环境公益受侵害时的救济权

环境公益受到侵害时的救济权,指提起环境公益诉讼的权利。2012 年

---

① 参见赵大光、杨临萍、王振宇:《〈关于审理行政许可案件若干问题的规定〉的理解与适用》,载《人民法院报》2010 年 1 月 6 日第 005 版。

② 这两起案件的具体内容可参见《人民法院环境保护行政案件十大案例》,http://www.court.gov.cn/zixun-xiangqing-13331.html,最后访问时间:2017 年 4 月 15 日。

修正的《民事诉讼法》首次规定了"法律规定的机关和有关组织"提起环境公益诉讼的权利。2014 年修订的《环境保护法》则进一步明确了"法律规定的有关组织"的范围,即依法在设区的市级以上人民政府民政部门登记,专门从事环境保护公益活动连续五年以上且无违法记录的社会组织可以向法院提起环境公益诉讼。2017 年修正的《民事诉讼法》和《行政诉讼法》授权人民检察院对破坏生态环境和资源保护的行为提起公益诉讼。

1. 立法梳理

(1) 我国相关法律

①《民事诉讼法》(2017 年 7 月 1 日施行)

《民事诉讼法》第 55 条第 1 款规定:对污染环境、侵害众多消费者合法权益等损害社会公共利益的行为,法律规定的机关和有关组织可以向人民法院提起诉讼。第 2 款规定:人民检察院在履行职责中发现破坏生态环境和资源保护、食品药品安全领域侵害众多消费者合法权益等损害社会公共利益的行为,在没有前款规定的机关和组织或者前款规定的机关和组织不提起诉讼的情况下,可以向人民法院提起诉讼。前款规定的机关或者组织提起诉讼的,人民检察院可以支持起诉。

②《行政诉讼法》(2017 年 7 月 1 日施行)

《行政诉讼法》第 25 条第 4 款规定:人民检察院在履行职责中发现生态环境和资源保护、食品药品安全、国有财产保护、国有土地使用权出让等领域负有监督管理职责的行政机关违法行使职权或者不作为,致使国家利益或者社会公共利益受到侵害的,应当向行政机关提出检察建议,督促其依法履行职责。行政机关不依法履行职责的,人民检察院依法向人民法院提起诉讼。

③《环境保护法》(2015 年 1 月 1 日施行)

《环境保护法》第 58 条规定:对污染环境、破坏生态,损害社会公共利益的行为,符合下列条件的社会组织可以向人民法院提起诉讼:(一) 依法在设区的市级以上人民政府民政部门登记;(二) 专门从事环境保护公益活动连续五年以上且无违法记录。符合前款规定的社会组织向人民法院提起诉讼,人民法院应当依法受理。提起诉讼的社会组织不得通过诉讼牟取经济利益。

④《最高人民法院关于审理环境民事公益诉讼案件适用法律若干问题的解释》(2015 年 1 月 7 日施行)

在这个司法解释中,最高人民法院对于《环境保护法》所规定的"社会组织"的资格作了更为详细的规定,对于环境民事公益诉讼的管辖、证据认定、举证责任分配、民事责任的承担方式、生态环境修复费用的确定等也作了详细的规定。

我国台湾地区"行政诉讼法"第 9 条规定:"人民为维护工艺,就无关自己权利及福利上利益之事项,对于行政机关之违法行为,得提起行政诉讼。但以法律有特别规定者为限。""环境基本法"第 34 条规定:"各级政府疏于执行时,人民或公益团体得依法律规定以主管机关为被告,向行政法院提起诉讼。行政法院为判决时,得依职权判令被告机关支付适当律师费用、监测鉴定费用或其他诉讼费用予对维护环境品质有具体贡献之原告。"此外,"水污染防治法""空气污染防制法""废弃物清理法""土壤及地下水污染整治法""环境影响评估法""海洋污染防治法"等法律中也有关于环境公益诉讼的条款。从目前的法律规定来看,台湾地区的公众只可以针对政府部门的不作为提起行政公益诉讼,而不能直接对污染企业提起民事公益诉讼。

(2)美国的相关法律

美国是最早在环境法律中规定"公民诉讼"制度的国家。1970 年美国首次在《清洁空气法》中规定了公民诉讼制度,规定任何人都可以以自己的名义起诉污染者违反该法或者根据该法发布的规章的任何条款的行为,或者当联邦环保局局长没能依法履行其不可自由裁量义务时,针对联邦环保局局长提起诉讼。易言之,公民诉讼的对象既包括污染企业,也包括政府部门。自此以后,美国在绝大多数的环境法律中都规定了公民诉讼条款。公民诉讼机制基于这样一个前提:当联邦机构未能履行国会授予它们的责任时,由个体的公民来承担私人检察总长的角色。"有强有力的证据表明公民诉讼在促使政府部门守法方面发挥了重要作用。"[①]

(3)不足之处

环境公益诉讼制度在我国成功破冰,值得肯定。但目前《民事诉讼法》《行政诉讼法》和《环境保护法》仅规定符合法定条件的社会组织可以对污染企业造成环境公益损害的行为提起诉讼,而不能对行政机关违法行使职权或者不作为导致环境公益损害的行为提起诉讼。

美国在设计公民诉讼制度时,最重要的考虑就是用来监督行政机关的不作为以及弥补行政机关执法能力的不足。实践中,美国的公民诉讼大多

---

① Cass R. Sunstein, Standing and the Privatization of Public Law, 88 *Colum. L. Rev.* 1432, 1449(1988).

数也是针对行政机关提起的。我国台湾地区在引入环境公益诉讼制度时,也把环境公益诉讼的对象确定为行政机关,而非污染企业。实际上,污染企业之所以存在损害环境公益的行为,大部分是由于行政机关违法行使职权或者不作为导致的。我国的环境公益诉讼制度一开始仅仅规定环境民事公益诉讼,明显有避重就轻的意味,也大大降低了环境公益诉讼制度的潜在效能。

2015 年 7 月,全国人民代表大会常务委员会通过了《关于授权最高人民检察院在部分地区开展公益诉讼试点工作的决定》,授权最高人民检察院在生态环境和资源保护、国有资产保护、国有土地使用权出让、食品药品安全等领域开展提起公益诉讼试点。试点开始以来,各地检察机关已经针对一些环保部门的不作为提起了环境行政公益诉讼。2017 年 6 月,全国人大常委会修改了《行政诉讼法》,正式授权检察机关提起行政公益诉讼。但这种只能由检察机关提起的环境行政公益诉讼,还不是完整意义上的环境行政公益诉讼制度。

目前,我国环境公益诉讼的原告范围较为狭窄,不但不包括公民个人,也不包括绝大多数的环保组织。原告范围过于狭窄,导致《环境保护法》生效以来,环境公益诉讼案件的数量远远低于预期。[①]

2. 实现机制

实现环境公益受侵害时的救济权的途径是提起环境公益诉讼。

根据《最高人民法院关于审理环境民事公益诉讼案件适用法律若干问题的解释》(法释〔2015〕1 号),第一审环境民事公益诉讼案件由污染环境、破坏生态行为发生地、损害结果地或者被告住所地的中级以上人民法院管辖。中级人民法院认为确有必要的,可以在报请高级人民法院批准后,裁定将本院管辖的第一审环境民事公益诉讼案件交由基层人民法院审理。同一原告或者不同原告对同一污染环境、破坏生态行为分别向两个以上有管辖权的人民法院提起环境民事公益诉讼的,由最先立案的人民法院管辖,必要时由共同上级人民法院指定管辖。

---

① 根据 2016 年 7 月最高人民法院发布的《中国环境资源审判》(白皮书),自 2015 年 1 月《环境保护法》施行至 2016 年 6 月,全国法院共受理社会组织提起的环境民事公益诉讼一审案件 93 件。根据 2017 年 7 月最高人民法院发布的《中国环境资源审判(2016—2017)》(白皮书),2016 年 7 月至 2017 年 6 月,各级人民法院共受理社会组织提起的环境民事公益诉讼案件 57 件,审结 13 件。

五、环境监督权

"徒善不足以为政,徒法不足以自行。"营造法律至上的法治环境,执法监督是保障。依法行政,不仅要靠自律,也要靠他律;不仅要有法必依、执法必严,还要违法必究。在这个意义上,营造法律至上的法治环境,不仅要强化行政机关的守法观念,更要加强对执法活动的监督,充分发挥法律监督、社会监督和舆论监督的作用,坚决排除对执法活动的非法干预,坚决防止和克服地方保护主义和部门保护主义,坚决惩治腐败现象,做到有权必有责、用权受监督、违法必追究。①

必须指出的是,此处的"环境监督权",特指公众就个人、企业或者政府部门的违法行为,向有关机构进行举报的权利。不包括对个人、企业或者政府部门的违法行为提起环境公益诉讼的权利。

(一) 环境监督权的意义

公众环境监督权的意义主要表现在以下两个方面。

第一,督促政府和企业守法。实践中,无论是污染者还是政府机关都存在大量环境违法行为。这些环境违法行为如不及时改正,将给环境公益以及某些公众的环境私益造成严重的损害。公众一旦发现违法行为,就及时向有关部门举报,有利于督促违法的企业和政府机关守法。

第二,弥补政府执法资源的不足。即便负有环境监督管理职责的部门勤勉执法,由于人力、财力、物力的限制,也不可能发现所有的违法行为。而公众的举报可以有效弥补政府执法资源的不足,大大降低政府部门发现违法行为的成本,使得政府部门的执法更加有效地回应公众的需求。

(二) 立法梳理

1.《环境保护法》(2015 年 1 月 1 日施行)

《环境保护法》规定,公民、法人和其他组织发现任何单位和个人有污染环境和破坏生态行为的,有权向环境保护主管部门或者其他负有环境保护监督管理职责的部门举报。公民、法人和其他组织发现地方各级人民政府、

---

① 人民日报评论部:《营造法律至上的法治环境》,载《人民日报》2013 年 2 月 27 日第 005 版。

县级以上人民政府环境保护主管部门和其他负有环境保护监督管理职责的部门不依法履行职责的,有权向其上级机关或者监察机关举报。

2.《水污染防治法》(2018年1月1日施行)

《水污染防治法》规定:任何单位和个人都有义务保护水环境,并有权对污染损害水环境的行为进行检举。

3.《大气污染防治法》(2018年10月26日施行)

《大气污染防治法》规定:环境保护主管部门和其他负有大气环境保护监督管理职责的部门应当公布举报电话、电子邮箱等,方便公众举报。

4.《政府信息公开条例》(2019年5月15日施行)

《政府信息公开条例》规定:公民、法人或者其他组织认为行政机关不依法履行政府信息公开义务的,可以向上级行政机关、监察机关或者政府信息公开工作主管部门举报。收到举报的机关应当予以调查处理。

5.《规划环境影响评价条例》(2009年10月1日施行)

《规划环境影响评价条例》规定:任何单位和个人对违反本条例规定的行为或者对规划实施过程中产生的重大不良环境影响,有权向规划审批机关、规划编制机关或者环境保护主管部门举报。有关部门接到举报后,应当依法调查处理。

6.《环境影响评价公众参与办法》(2019年1月1日施行)

《环境影响评价公众参与办法》规定:在生态环境主管部门受理环境影响报告书后和作出审批决定前的信息公开期间,公民、法人和其他组织可以依照规定的方式、途径和期限,提出对建设项目环境影响报告书审批的意见和建议,举报相关违法行为。

7.《环境保护公众参与办法》(2015年9月1日施行)

《环境保护公众参与办法》规定:公民、法人和其他组织发现任何单位和个人有污染环境和破坏生态行为的,可以通过信函、传真、电子邮件、"12369"环保举报热线、政府网站等途径,向环境保护主管部门举报。公民、法人和其他组织发现地方各级人民政府、县级以上环境保护主管部门不依法履行职责的,有权向其上级机关或者监察机关举报。接受举报的环境保护主管部门应当依照有关法律、法规规定调查核实举报的事项,并将调查情况和处理结果告知举报人。

8.《环保举报热线工作管理办法》(2011年3月1日施行)

为了加强环保举报热线工作的规范化管理,畅通群众举报渠道,维护和保障人民群众的合法环境权益,原环保部制定了《环保举报热线工作管理办法》,对环保举报的工作程序作出了详细规定,包括对于不同的举报事项应当如何处理,受理举报的期限,举报案件的办结期限以及及时将办理结果答复举报人等。

(三)实现机制

环境监督权的实现途径主要是举报,具体方式包括拨打 12369 环保热线、网上举报、书面举报、当面举报等。

目前,全国绝大多数省份已开通了 12369 热线。其中,"010-12369"是环保部的投诉热线。2016 年,各级环保部门共同努力,保障了全国"12369环保举报管理平台"的建成运行,完成全国环保举报数据联网的工作目标,实现各级"12369"热线电话、微信、网络等举报渠道整合和"国家—省—市—区县"四级数据互联共享。"12369 环保举报"微信公众号上线后,因界面友好、易操作、受理速度快、办理过程公开的优势,获得腾讯公司评选的 2015年度微信最受欢迎公共服务奖。① 2018 年,全国"12369"环保举报联网管理平台共接到公众举报 710117 件,同比增长 14%,其中电话举报 365361 件,微信举报 250083 件,网上举报 80771 件。从举报涉及的污染类型来看,2018 年大气污染举报最多,占 54.1%,其次为噪声和水污染举报,分别占35.3%和 12.6%。举报量相对较少的为固废、辐射污染和生态破坏,分别占 5.9%、2.9%和 0.9%。②

六、结　　论

基于程序正义的要求,笔者认为,在环境管理或者决策过程中,公众程序性环境权利是否得以满足的标准是:环境管理或者决策主体准确、全面、及时地公开了环境信息并让相关公众尤其是直接受到环境影响的公众充分了解了这些信息;直接受到环境影响的公众以及其他利益相关方通过适当的途径充分表达了意见;环境管理或者决策主体对公众意见进行了慎重的考虑和理性的反馈;对于那些认为自己的知情权和参与权受到侵害的公众,法律提供了充分的行政和司法救济渠道。如果满足了这些要求,无论环境

---

① 寇江泽:《让手机成污染移动监控点》,载《人民日报》2016 年 4 月 16 日第 009 版。

② 《生态环境部通报 2018 年度全国"12369"环保举报情况》,http://env.people.com.cn/GB/n1/2019/0425/c1010-31048943.html,最后访问时间:2019 年 5 月 25 日。

管理或者决策主体是否最终未采纳了公众意见，都可以认为公众的程序性环境权利已经获得充分保障。以这些标准来衡量目前我国对公众程序性环境权利的保护程度，显然还有很大的提升空间。

　　近年来，党中央、国务院一再强调重大决策要充分听取民意。笔者认为，在环境决策过程中，毫无疑问应当进一步保障公众的程序性环境权利，以促进公众在环境决策过程中发挥更加重要的作用。但说到底，公众在环境决策过程中只是"参与"，而不是"决定"或者"说了算"。公众不应当对参与环境决策的效果抱有不切实际的期待。对于环境决策部门而言，"单纯地拒斥公众参与不符合时代的价值和潮流，然而，完全随波逐流听任公众意见决定行动方向，也是危险的"[①]。每一个参与者代表的主要都是自身的利益，而非"公共利益"。因此就会出现"在努力满足众多参与决策的私益性利益团体要求的时候，更广泛的公共利益却可能被忽视"[②]的问题。有鉴于此，环境决策部门在进行决策时，应当本着勇于担当的精神，在足够重视公众程序性环境权利的同时，也不能让部分特别能折腾的公众的利益凌驾于整体的公共利益之上，把持不住基本的底线和原则。只有用长远的战略眼光来处理问题，才是真正对公众负责——而不仅仅是对公众的环境权利，更不是只对公众的程序性环境权利负责。当然，对于那些合法权益受到损害的公众，政府和企业应当依法给予充分的补偿。

　　[①]　黄小勇：《公共决策的公众参与困境及其管理策略——以广东番禺区垃圾焚烧发电厂风波为例》，载《国家行政学院学报》2010年第5期。

　　[②]　〔美〕约翰·克莱顿·托马斯：《公共决策中的公民参与：公共管理者的新技能与新策略》，孙柏瑛等译，中国人民大学出版社2005年版，第140页。

第四章 未来世代环境权:反思与建构

一、引　言

在中国,Future Generations 有时翻译为未来人、未来世代,有时翻译为后代人。汉语中对"后代人"存在着不同的理解,比如我们说后代、下一代、子孙后代,既可以包括在世的还可以包括未出生的。大家常说的"四代同堂",这里的"代"就是一个辈分,"我们可不是一代人""现在可是三年一代了"中的"代"是指时代,说的是"时代变化快""我们好像不在一个时代"。再比如说"古代、现代或当代、后代"是指不同的历史时期。正是由于对"后代"一词有不同的理解,为了避免分歧和不必要的争论,笔者不太主张将 Future Generations 翻译为"后代人",而比较赞同使用未来世代、未来人类或未来人这类翻译。若未作特别说明,下文在使用未来世代时,即与未来人、未来人类意思相同,也常常会互用或相互指代。当然,为了引证国内学者的观点和阐释的需要,下文也时常会使用"后代人"一词。

不过,若"后代人"仅指"和现在的世代没有重叠的那些世代"[①],或"那些将生活在未来,但是直到现在最后一个活着的人死亡以后还没有出生的未来世代"[②],即只是指现在尚没有出生的未来人或未来人类的话,那么此时的后代人与文中所说的"未来世代"一词含义相同。因此,文中除了引述国内学人对后代人理论的研究(含批判性研究)文献外,有时还套用"后代人"这一概念,但它仅指未出生的后代人(Unborn Future Generations)。

未出生的后代人或未来世代将像我们一样成为这个世界、这个地球的主角。在此之前,他(或她)们能否享有权利或者利益? 是否享有环境权利或利益? 能否成为"权利主体"? 以及可否获得某种程度上的法律保护? 这

[①]　Clayton Hubin, Justice and Future Generations, *Philosophy and Affairs*, Vol. 6, No. 1, 1976, 70.

[②]　See Lawrence B. Solum, To Our Children's Children's Children: the Problems of Intergenerational Ethics, *Loyola of Los Angeles Law Review*, Vol. 35, 2001, 171.

些问题，学界存在着不同看法。在国内，有学者主张后代人享有权利，并认为后代人的权利包括享有获得基因自然遗传的权利、享有继承物质文明和精神文明成果的权利、享有继承制度文明成果的权利、享有获得和平环境的权利、享有"被代表"的权利等[①]；也有学者认为，后代人所享有的权利与当代人享有的权利内容并不一致，后代人无法享有当代人拥有的政治经济上的一切权利，其享有的只是局限于环境权一类的权利内容[②]；也有学者质疑、批判和否定后代人拥有权利。[③]

在国外，1971 年美国著名哲学家约尔·范伯格（Joel Feinberg）在其论文《动物与未来世代的权利》(The Rights of Animals and Future Generations)中率先明确提出"未来世代"的权利。他认为，如果一个存在物"将"成为一个逻辑上合理的"权利主体"，那么它必须拥有一定的"利益"；我们的后代虽然现在不能够主张一个"适合生存"的世界作为他们的"权利"，但是他们中的任何一个人都将对"生存空间、肥沃的土壤、清洁的空气等诸如此类的事物享有利益"。基于"利益"的标准，约尔·范伯格将权利主体扩大到未来人和动物。此后，尽管批评声不绝于耳，但是仍有许多著名学者纷纷撰文赞同未来人权利主张，并从伦理学、政治学、法学等不同视角探讨可以支撑该主张的理论基础和制度构建。

本章首先探讨未来世代环境权利或权益的不同基础理论，并据此分析其法律机制的建构，然后介绍对后代人权益理论的质疑、批判观点并加以回应，最后再梳理、再现未来世代环境权理论的全貌，期待能够全面且深入地阐释未来世代的环境权利理论。在此，需要提醒的是，本章所分析探讨的未出生的后代人或未来世代的环境权、环境权益，是一个广义的概念。它不仅包括环境资源方面的权利，如享有洁净的水、清新的空气、适宜的气候以及免遭有毒物质和疾病伤害的权利等，而且还包括继承整个地球的权利，即享有承继不那么糟糕的地球的权利，如保持和继承基因多样性的权利等。

---

① 参见吴优：《后代人权利保障法律问题研究》，广州大学 2011 年硕士学位论文。
② 参见王舒：《代际公平与后代人的权利主体地位》，华东政法大学 2007 年硕士学位论文。
③ 参见刘卫先：《后代人权利论批判》，法律出版社 2012 年版，第 153 页。

二、未来世代环境权的基础理论

（一）代际公平和信托理论

美国著名国际法学家爱蒂丝·布朗·魏伊丝（Edith Brown Weiss）教授全面阐述了针对未来人的代际公平和信托理论。[①] 她认为,我们必须处理好两种关系,即"我们与我们物种的其他各代之间的关系和我们与我们作为其中一个部分的自然系统之间的关系"。[②] 后一种关系即为人类与地球其他自然生态系统的关系。自然生态系统是一个整体。我们人类身在其中,既影响该系统,又受其影响。作为整体的一员,尽管人类最有能力去改造和重塑大自然,但是为了可持续发展和避免资源环境的退化,我们有一个特殊的义务,即作为地球受托人尽量不去破坏其整体性来照管和使用地球这一行星。前一种关系即为代际公平关系,现分述如下:

第一,人类共同拥有地球这一行星资源,所有世代人都有权使用并获得受益。每一代"既是受托人又是受益人"[③],作为受托人,他"不仅是为了邻近世代的利益,而且为了所有未来世代的利益"[④]。为了每一代人的福祉,我们各代人在享受使用地球资源利益的同时,都必须尽受托人的责任经营好、照顾好这个行星;当代人应当将一个更加美好的,至少是不差于前代的地球家园传递给未来人。

第二,代际公平理论要求,每一代人负有两项代际义务:一是将接手时同样好的条件的地球传递给下一代;二是修复由前一代没能这样做所造成的损害。与此相关联,代际公平应当遵循三个基本原则:保存选择、保存质量和保存获得。[⑤] 但是,并非所有的国家、地区都能践行这些原则。此时,代

[①] 相关论文和著作见 Edith Brown Weiss, The Planetary Trust: Conservation and Intergenerational Equity, 1984. In Fairness to Future Generations: International Law, Common Patrimony and Intergenerational Equity, 1989. Our Rights and Obligations to Future Generations for The Environment, 1990. A Reply to Barresi's Beyond Fairness to Future Generations, 1997.

[②] Edith Brown Weiss, Our Rights and Obligations to Future Generations for the Environment, 84. *Am J. Int'l. L.*

[③] Edith Brown Weiss, The Planetary Trust: Conservation and Intergenerational Equity, Ecology Law Quarterly, 1984, NO. 4. 507.

[④] Ibid., 505.

[⑤] 〔美〕爱蒂丝·布朗·魏伊丝:《公平地对待未来人类:国际法、共同遗产与世代间衡平》,汪劲等译,法律出版社 2000 年版,第 41—42 页。

际公平理论还要求一个代内的义务，即较富裕的国家、地区和组织有义务帮助较贫穷的国家、地区和组织去遵守他们的代际义务。

第三，代际公平理论主张，"每一代享有接受一个不比前一代更差条件的行星的权利、继承自然与文化基础上同样的多样性的权利、拥有平等获得遗产的使用与利益的机会的权利"①。这些权利把讨论集中于各代的福利，每一代人能够享有和享受的利益。这种强调代际权利的主张比强调当代人的义务似乎更有利于保护我们的地球和未来世代的利益。因为，纵使当代人的义务不与权利相连，当代人也有一种将那些义务转化为有利于自己的强烈动机和偏好。代际权利为保护在一个健康、强壮的行星中所有各代的利益提供一个基础。②

第四，作为受托人的当代人，我们应当如何去代表未来人来照管好地球？魏伊丝教授主张设立代表未来人利益的组织机构。她指出，虽然我们今天的决策会影响未来世代的利益，但是这些未来世代的人们在决策过程中并没有"代表"，以至于无法表达他们的"要求"。我们应该使未来世代利益的代表在"司法或行政程序"中获得一席之地，或者设立一个其职责为"保证保护资源的实体法的实施""调查违法申诉"并"对存在的问题提出警告"且"由公众资金支持"的机关。③

（二）社会契约理论

克里斯汀·西沙德-夫列切特（K. S. Shrader-Frechette）教授在《环境伦理学》（1981 年）一书中从社会契约理论角度论证了未来人的权利。通过论证，她认为：

第一，当代人和后代人处于一种实质性的社会契约关系之中。"如果我们承认未来人的权利，作为回报，我们将获得更大程度的幸福和自我实现。"她引用瓦格纳的话说，"主动关心我们遥远后代的利益，能够增强我们的同情心，从而对我们个人有利"④。

第二，当代人和后代人之间的契约不是常见对等的、共时的互换契约，

---

① Edith Brown Weiss, Our Rights and Obligations to Future Generations for the Environment, 84. *Am J. Int'l. L.*

② 〔美〕爱蒂丝·布朗·魏伊丝：《公平地对待未来人类：国际法、共同遗产与世代间衡平》，汪劲等译，法律出版社 2000 年版，第 104—105 页。

③ 同上书，第 125 页。

④ 参见〔美〕维西林、冈恩：《工程、伦理与环境》，吴晓东、翁端译，清华大学出版社 2003 年版，第 201 页。

而是代际的、接力的恩惠契约。我们不是把从先人那里得到的恩惠直接还给他们，而是像传递接力棒那样，将得到的恩惠留给后人。此时，契约的互换性是通过跨越时间范围的"A→B、C、D……"的代际"链式"结构加以体现的。例如，在东方文化中的"报恩"就包含了这种代际接力链式相互性，即后人就好像前人的代理人，对后代的抚育就等于报答了前人。①

第三，即使不通过相互性，我们也可以通过人的理性、自我利益、正义等要素达成社会契约。她指出："如果人类的所有成员都处于假说中的原始状态，谁也不知道自己是哪个世代的成员。由于无知，人们会把所有世代都应拥有相等的权利当作任何人遵循的唯一的合理的道德原理。"②"我们不依据有关社会契约的个别方式，即相互性，而依据合理性、自我利益、正义这一社会契约方式也可以获得肯定未来后代人权利的契约论基础。"③弗莱切特教授在此借助罗尔斯的"原初状态"假设和"无知之幕"理论④，认为社会契约的形成并不一定以基于回报的相互性为前提，以合理性、自我利益、正义为前提同样可以达成社会契约。她进而引用丹尼尔·卡拉汉（Daniel Callahan）的观点，认为"某些形式的契约之所以能够形成，不是因为达成了预先安排好互惠利益的协议，而只是因为契约的一方主动选择了接受义务"⑤。此时，如同父母与孩子之间的关系一样，父母主动选择了恩惠孩子的义务。他们之间的关系，"可以作为理解当代人和后代人的权利的一个模型"⑥。

第四，在这种非互惠性社会契约中，承认后代人的权利也主要是一种否定性的权利。也就是说，承认后代人的权利，我们至少可以通过规定后代人享有不受当代人采取积极行动伤害的权利来保护他们的利益。换句话说，"尽管我们确实不（明确地）知道代表未来人们应当做什么，我们仍有大量的信息知道自己不该做什么"⑦。

---

① 韩立新：《环境价值论——环境伦理：一场真正的道德革命》，云南人民出版社 2005 年版，第198 页。

② 同上书，第 200 页。

③ 同上。

④ 同上书，第 199 页。

⑤ 参见〔美〕维西林、冈恩：《工程、伦理与环境》，吴晓东、翁端译，清华大学出版社 2003 年版，第 204 页。

⑥ 同上。

⑦ 同上书，第 207 页。

（三）人类共同体理论

埃德蒙·柏克（Edmund Burke）在《法国革命论》中有这么一段文字："社会确实是一项契约。对于那些单纯以偶然的利益为目标的各种附属性的契约，是可以随意解除的，但是国家却不可被认为只不过是一种为了一些诸如胡椒或咖啡、布匹或烟草的生意，或某些其他无关紧要的暂时利益而缔结的合伙协定，可以由缔结者的心血来潮而加以解除的。我们应当怀着另一种崇敬之情来看待国家，因为它并不是以只服从属于暂时性的、过眼烟云的赤裸裸的动物生存那类事物为目的的一种合伙关系。它乃是一切科学的合伙关系，一切艺术的一种合伙关系，一切道德的和一切完美性的一种合伙关系。由于这样一种合伙关系的目的无法在许多代人中间达到，所以国家就变成了不仅仅是活着的人之间的合伙关系，而且也是在活着的人、已经死了的人和将要出世的人们之间的一种合伙关系。每一个特定国家的每一项契约，都只是永恒社会的伟大初始契约中的一款……"[1]这段论述经常被视为人类共同体理论的经典阐释。美国著名宪法学者乔治·赖特（R. George Wright）教授对其进行如下三个方面的解释，以作为未来人享有权利的理论依据。[2]

第一，"永恒社会的伟大初始契约"即上帝和全人类之间的契约关系，是埃德蒙·柏克主张的当代人对未来世代负有义务的核心理论基础。[3] 根据这一约束人类各世代的契约，我们各代人都负有对上帝交付的照顾好地球的义务以及当代人负有不得牺牲未来人利益的义务。实践表明，一个社会中宗教信仰的衰弱与对后代利益的关心逐渐衰弱或牺牲是相互联系的。在许多国家的宪法中，也明确规定当代人对后代肩负一定的义务。

第二，人类文化事业具有连续无止境进步的特征产生出一个保护和保障未来世代能够存在与生存的义务。正如格雷戈里·卡夫卡（Gregory Kavka）所证明的一样：人类在智力、艺术、科学领域里的成就与进步给我们一个希望人类生存的重要理由。因为如果我们物种的生命结束，这些集体的事业也将结束；而如果他继续，在这些领域中壮观的成就是很有可能的。

---

① 〔英〕柏克：《法国革命论》，何兆武等译，商务印书馆1998年版，第129页。

② R. George Wright, The Interests of Posterity in The Constitutional Scheme, 59. U. Cin. L. Rev.

③ 圣经《创世记》第九章第8—10节记载："神晓谕挪亚和他的儿子说，我与你们和你们的后裔立约，并与你们这里的一切活物，就是飞鸟、牲畜、走兽，凡从方舟里出来的活物立约。"

由于这种壮观成就很有可能,所以每一代人都必须去努力增大物质、经济、文化的积累并将其传递给他们的继承人。因此,那种采取停滞、分解甚至破坏的方式传递前辈的成就是不被许可和授权的。

第三,埃德蒙·柏克依据文化事业进步的品质,进而主张国家(或曰整个地球)是代际关系之间的合伙关系。在合伙关系中,各合伙人之间互负最大诚信义务;除非其他合伙人明确同意之外,任何合伙人不得独自占有合伙机会并从中获利,也不得采取任何有损于合伙事务或其他合伙人利益的方式获利。在代际合伙关系中,存在一定的独特性。由于缺乏特殊代表制度机制,未来世代不能明确地同意先一代所实施的任何行为,尽管他们可以以某种方式事后批准那些在先的行为。但是,这种独特性并不意味着代际合伙关系理论没有用。为了我们的目标,这种建立在代际合伙关系上的人类共同体理论可以避免造成每一代的自私与自我交易。没有哪一代,包括它的前代和后代,为了他们自己的利益而有权加重合伙关系或人类共同体的负担。

赖特教授根据上述剖析,也承认"把权利赋予尚不存在的未来世代仍然是逻辑两难的事情",关键问题是"一个假设现在的权利而没有一个现在的权利拥有者",但他同时认为"利用功利主义的关怀而不提权利"的办法来避免这一难题不能让人满意。"扩展权利的概念或把它用于非传统的范围中,在特定类型的案件中很可能是合理的",因为,"也许正是权利概念本身应当被修正以适合我们不断增长的代际损害的能力和倾向","也许我们不应该保持我们以前的以未来人的实体利益牺牲为代价的权利理论"。[1] 他进而主张,由于"面临与立法者不同的报酬与激励结构",法官自身虽然可能不比立法者"更渴望后代的利益",但他们由于公平地考虑未来各代的利益而不必担心受到报复。[2] 所以,与立法途径相比,我们通过诉讼的司法途径更能有效地保护未来世代人的利益。

综上,我们可以得出,人类共同体理论是一种从整个人类共同体自身进化和人类文明发展的意义上讨论当代人和未来人关系的理论。它的核心观点为:对人类整体来说,不断的繁衍和进化是任何一个世代的义务。[3] 在这种理论中,人类社会的一个世代和另一个世代相互之间是一种承接的关系,

---

① R. George Wright, The Interests of Posterity in The Constitutional Scheme, 59. *U. Cin. L. Rev.*

② Ibid.

③ 刘雪斌:《论未来世代权利的法哲学基础》,载《内蒙古社会科学(汉文版)》2007 年第 1 期。

彼此承担义务又享有权利。现在的世代从先辈那里获得了存在和发展的物质和精神条件，然后把这些物质和精神条件在自己的世代中通过自己的努力使其价值保持或增加，然后再传递给下一个世代。这种连续不断的世代更替过程就是整个人类共同体的文明维持和进步的过程。

三、对未来世代环境权理论的质疑及其回应

未来世代环境权理论或者未出生的后代人环境权理论一经提出，就遭到不少质疑和批判。在国内，反对和批判的声音也持续不断，最有代表性的是刘卫先博士等批判论者。在介绍了后代人权利论的由来和影响之后，批判论者将后代人权利理论的逻辑内涵归纳为：第一，后代人权利理论是借后代人之名行环境保护之实；第二，后代人权利理论把人与自然的关系定性为一种占有、拥有的支配控制关系；第三，后代人权利理论把整个人类人为地分割成两个相互对立的部分：当代人和后代人；第四，后代人权利理论是权利主体扩展理论的组成部分与必然结果，与自然体权利理论一脉相连。①

罗伯特·阿列克西教授指出，一个法律命题要想得到证成，必须从内部和外部两个层面进行论证，即内部证成和外部证成。② 批判论者认为，若要否定一个法律命题或一个法律理论也应该从内部和外部两个方面对其进行全面的否定，否则就有可能达不到彻底否定的效果。于是，批判论者认为后代人权利理论及其论据和论证过程属于后代人权利论的"内部（证成）"，后代人权利理论赖以成立的假设性前提属于后代人权利论的"外部（证成）"。因此，批判论者花了大量笔墨对后代人权利论进行了内部批判和外部批判。内部批判就是对后代人权利理论即代际公平理论、社会契约理论和人类共同体理论的批判；外部批判就是针对后代人权利理论赖以成立的两个假设前提进行批判。

然而，"任何一个理论都必须配备相应的'限界条件'。只有明确阐述限界条件，一个理论定律才能真正被放到社会现实中与……'限界条件'所限

---

① 刘卫先：《后代人权利论批判》，法律出版社 2012 年版，第 61—73 页。
② "内部证成处理的问题是：判断是否从为了证立而引述的前提中逻辑地推导出来；外部证成的对象是这个前提的正确性问题。"〔德〕罗伯特·阿列克西：《法律论证理论——作为法律证立理论的理性论辩理论》，舒国滢译，中国法制出版社 2002 年版，第 274 页。

定的社会事实相碰撞,由此接受社会事实的检验"①。而且,库恩等人将"限界条件"理论与波普尔的证伪主义相结合,明确指出一个理论定律的限界条件越窄、越严格,则越难于被证伪。

因此,当我们去批判一个理论时,首先一定要去寻找该理论所赖以依存的限界条件,发现该限界条件所存在的问题并对其进行批判,从而推翻该理论或者提出该理论新的限界条件。对一个理论的具体内容表述及其论证过程的批判固然也有其价值,但是很难令人信服地认为该理论就没有存在价值。在下文中,笔者要尽力去探究后代人权利理论的"限界条件"或限定条件,并拟运用波普尔的证伪主义和库恩等人的"限界条件"理论对批判论者就后代人权利理论的内外部批判进行反思性回应。

(一) 未来世代环境权理论所谓的两个假设前提问题

批判论者认为,无论是代际平等中的代际信托、代际契约、跨代共同体中的资源共享,还是个别立法与司法实践的主张,都揭示了后代人权利理论的两个必不可少的预设前提,即把人与自然之间的关系定性为一种占有拥有的支配关系和把人类整体人为地分割为当代人和后代人这两个相互独立且对立的主体。②

爱蒂丝·布朗·魏伊丝教授在其著作《公平地对待未来人类:国际法、共同遗产与世代间衡平》第一编前言中引用印第安部落酋长的话"我们认为:不是地球属于人类,而是人类属于地球……所有的物种像一个具有血缘关系的大家庭一样紧密联系……地球和她的子民血脉相通,同呼吸,共命运。人类并非生命之网的编制者,他只是生命之网的一根丝。人类在这个网中的一举一动都将作用于他自身"③。接下来,她写道:我们人类仍是地球这颗行星上的新居民——大约只有三百万年;而与有一亿六千万年历史的恐龙相比,仅仅是短暂的一瞬间。从这一开编表述上看,我们很难得出魏伊丝教授的代际公平理论和行星托管或信托理论是建立在"把人与自然之间的关系定性为一种占有拥有的支配关系"之上。魏伊丝教授在该书中并没有像批判论者所言强化作为主体的人类对作为客体的自然的占有和支配关系,相反地,她更强调的是地球义务或者说是人类的行星托管义务。因此,

---

① 〔美〕哈威廉:《关于社会学定律的"限界条件"》,载《社会学研究》1997 年第 3 期。
② 刘卫先:《后代人权利论批判》,法律出版社 2012 年版,第 153 页。
③ 〔美〕爱蒂丝·布朗·魏伊丝:《公平地对待未来人类:国际法、共同遗产与世代间衡平》,汪劲等译,法律出版社 2000 年版,第 1 页。

批判论者的第一个假定前提并不适合于代际公平理论和信托理论。

　　所谓的第二个假设前提是指"把人类整体人为地分割为当代人和后代人"。概念根据其所指向的是集合体本身还是集合体中的每一个成员,可以分为集合概念和非集合概念或称类概念。批判论者认为,"人类"这一概念既可以指作为集合体的人类,也可以指地球上所有具体的个人这一类概念。前者是强调整体利益,是一个时间永续且从未间断的组织体;后者是从个体出发,强调个体利益,并据此认为"只有在类概念的意义上,人类才可能用代进行划分"①。在笔者看来,批判论者这一推论是建立在具体"代"的认识下发生的,而当代人也好,后代人也罢,均应当属于批判论者所说的集合概念而非他所主张的类概念。批判论者基于上述认识,认为作为类概念的人类的环境利益已经由现存法律提供了保护的依据;而作为集合概念的人类的整体环境利益传统法律无法提供保护,其自身也不可分割成存在利益冲突的当代人和后代人两个独立主体。为了澄清后代人与当代人区分的事实,我们很有必要去追溯后代人或未来世代到底是如何被提出的。

　　魏伊丝教授认为,各国在里约作出的可持续发展承诺一开始就是世代间的;基本的可持续发展义务是建立在当今世代对未来世代的高尚义务基础之上的,但该观念也存在当今世代会不履行其对未来世代所具有的高尚义务的危险,原因在于当今世代具有对其自身利益的天生的偏好。② 同时,"那些控制政府的领导者和官僚们,他们继续掌握着确保长远利益的资源的分配,他们在全球范围内攫取人类的共同财产,甚至连国际组织的功能也在很大程度上取决于政治家的意愿"③。为了谋求解决影响人类生存、发展和福祉的全球性问题,魏伊丝教授受联合国大学研究项目的资助④,进行了开创性的把未来世代作为"一个整体"加以保护的系统化研究。⑤

　　以往的研究项目多是从宏观的空间角度开展研究,所谓的"宏观的空间角度"可以用"宇航员看地球"来形象地描述,从太空人们可以看到一幅新的

---

① 刘卫先:《后代人权利论批判》,法律出版社 2012 年版,第 179 页。
② 〔美〕爱蒂丝·布朗·魏伊丝:《公平地对待未来人类:国际法、共同遗产与世代间衡平》,汪劲等译,法律出版社 2000 年版,中文版序言第 15 页。
③ 同上书,英文版序言第 3 页。
④ 该项目为"国际法、共同遗产和世代间的公平",资助方为联合国大学地球学部。参见〔美〕爱蒂丝·布朗·魏伊丝:《公平地对待未来人类:国际法、共同遗产与世代间衡平》,汪劲等译,法律出版社 2000 年版,作者致谢第 1 页。
⑤ 同上书,英文版序言第 3 页。

地球景象：地球是一个世界，是一个不可分割的整体。^① 传统的国际法只是从空间上看问题，而很少从"宏观"上看问题。随着科技的发展，人类影响、干预和改变环境、天气、气候等的能力愈来愈强。由于水、空气、海洋、气候、臭氧层、外层空间、基因等全球性资源易受到某个国家单方面行动的损害，所以我们人类必须采取全球性、整体性的长期行动。这些被誉为"全球共同财产"或"人类共同遗产"的保护若仅从空间的维度看，不论如何扩大范围都是不充分的。正因如此，魏伊丝教授采取了开创性的以时间维度为视角的研究。

传统上的时间维度，主要是将现在与过去相联系，在国际法上的意义就是领土的要求；而魏伊丝教授则将现在和未来有条理地联系起来，从时间的维度发展国际法。至于未来具体有多长，是几十年还是几百年？似乎不太好确定，但又需要一个判断标准。但是，她注意到一个实践原则，即无论是一个家庭还是一个个人，都会无一例外地践行着当今世代与子孙后代或未来世代的关联。而在保护自然和文化遗产方面，国家也在不断贯彻当今世代与未来世代的密切相连，强调当今世代对未来世代的责任。基于此，魏伊丝教授将未来世代作为一个"整体"进行研究，探讨其享有的权益，从而强化了当今世代的责任。因此，我们发现魏伊丝教授并没有将未来世代作为类概念，也没有将人类整体环境利益进行人为的割裂，也就是说并没有触及批判论者所批判的作为类概念的"代"意义上的狭窄的环境利益问题。相反，魏伊丝教授一直坚持人类整体环境利益的保护。

魏伊丝教授在对未来世代权益和代际公平进行研究的过程中，也没有摈弃国际法学界以往所进行的主要以空间的维度进行研究的视角。可以这么说，魏伊丝教授采取了时间和空间或全球性的维度为视角进行了研究，她的理论有一个基本的假定，即人类之间的平等（或称公平——笔者注）不受时空的限制。^② 这正是代际公平理论的限界条件。遗憾的是，批判论者在对后代人权利论进行批判时并没有提及和批驳这一限界条件，也就没法对这一理论进行证伪。

（二）对代际公平和信托理论的批判及其回应

批判论者从如下几个方面批驳魏伊丝教授的代际公平和信托理论。首

---

① 〔美〕爱蒂丝·布朗·魏伊丝：《公平地对待未来人类：国际法、共同遗产与世代间衡平》，汪劲等译，法律出版社 2000 年版，英文版前言第 2 页。

② 同上书，英文版序言第 4 页。

先,批判论者经过分析论证认为,后代人无法作出委托的意思;当代人违反信托义务后代人无法取消信托关系和追究受托人的责任;委托人委托事务须有委托权,基于此去论证后代人权利,会出现循环论证的逻辑悖论。基于此,批判论者认为后代人与当代人之间的信托关系是一种虚构。接下来,批判论者反问"我们真的对后代人负有义务吗?""世界上一些国家的法律和宗教传统表面上对后代人的关注能否作为后代人权利制度的基础?""有关国际人权公约确认代际平等原则了吗?""后代人的权利比当代人的环境义务更能保护后代人的利益吗?"批判论者认为魏伊丝教授所建议的代际、代内群体权利与义务与当今世界被各民族国家分而治之的事实不相适合。第四个质问涉及"权利安排"与"义务安排"哪种是更优的价值判断和制度选择,从更宏大的角度说就是"环境权选项"好,还是"环境保护义务选项"优的问题,笔者拟留待最后与批判论者所坚持的"环境保护义务论"一同予以回应。除此之外,笔者将对批判论者上述质疑和论述一一进行回应。

关于代际信托问题,魏伊丝教授认为,我们必须处理好两种关系,即"我们与我们物种的其他各代之间的关系和我们与我们作为其中一个部分的自然系统之间的关系"[1]。后一种关系即为人类与地球其他自然生态系统的关系。自然生态系统是一个整体,我们人类身在其中,既影响该系统,又受其影响。作为整体的一员,尽管人类最有能力去改造和重塑大自然,但是为了可持续和避免资源环境的退化,我们有一个特殊的义务即作为地球受托人的义务,尽量不去破坏其整体性来照管和使用地球这一行星。所以,在后一种关系中,人类与地球、自然生态系统之间在某种意义上也是一种信托关系。

在前一种关系中,主要是代际公平关系和代际信托关系,具体表述如下:

第一,人类和其他物种一道共同拥有地球这一行星资源,所有世代都有权使用并获得收益。每一代"既是受托人又是受益人"[2],作为受托人,他"不仅是为了邻近世代的利益,而且为了所有未来世代的利益"[3]。为了每一代人的福祉,我们各代人在享受使用地球资源利益的同时,都必须尽受托人的

① Edith Brown Weiss, Our Rights and Obligations to Future Generations for the Environment, 84, *Am J. Int'l. L.*

② Edith Brown Weiss, The Planetary Trust: Conservation and Intergenerational Equity, *Ecology Law Quarterly*, 1984, NO. 4, 507.

③ Ibid. , 505.

责任经营好、照顾好这个行星；当代人应当将一个更加美好的，至少是不差于前代的地球家园传递给后代人。由此，我们首先能够看到魏伊丝教授所谈到的信托关系，不仅限于人类的代际之间，而且还包括人类与地球这颗行星上的其他物种之间。[①] 这也再一次证明了魏伊丝教授的代际公平和信托理论并非像批判论者所指"人与自然之间的关系定性为一种占有拥有的支配关系"。其次，魏伊丝教授所指的"委托人"和"受托人"是一组相对概念，每一代既是委托人和受益人，同时又是受托人。因此，批判论者从抽象意义上谈"后代人作为委托人欠缺委托意思、当代人违反信托义务后代人无法取消信托关系和追究受托人的责任以及出现循环论证问题"与魏伊丝教授具体论证表述不完全吻合，由此也不能够得出所谓的"人类各代之间的信托关系是一种虚构"。

魏伊丝教授从国际法的角度讨论人类的代际公平问题时，的确是从国内法、普通法和民法传统、非洲习惯法、宗教传统和自然哲学等方面寻找依据，乃至无神论依据。批判论者提出"世界上一些国家的法律和宗教传统表面上对后代人的关注能否作为后代人权利制度的基础"这一质问，并认为这些传统不能够为当代人的环境义务与后代人的权利提供可靠的基础，也不能够为减轻环境威胁提供很多帮助。魏伊丝教授援引如下例证：(1) 承租人虽然有合理使用财产的权利，但在返还时应当保持财产的良好状态以适于将来承租人使用；(2) 普通法中善意信托的受益人有权利享受信托利益，但是为了将来受益人的利益，他有义务不浪费信托本金；(3) 人类继承了生命和自然的一切资源，在利用它们的时候对神负有某些宗教上的义务；(4) 犹太教和基督教认为，上帝将地球交给他的子民和他们的子孙后代，让他们照顾好地球并将其传给后代；(5) 在民法传统中，私人拥有财产所有权，但本身也包含固有的社会义务；(6) 非洲习惯法认为，地球资源为群体共有，我们可以使用但应负管理责任，同时也认为我们人类只不过是地球的

---

① 魏伊丝教授说："作为一个物种，我们和当今世代其他成员（包括其他物种成员——笔者注）以及与过去和将来世代的成员一道，共同拥有地球的自然和文化环境。"参见〔美〕爱蒂丝·布朗·魏伊丝：《公平地对待未来人类：国际法、共同遗产与世代间衡平》，汪劲等译，法律出版社 2000 年版，第 16—17 页。她在第 17 页注释①中也明确指出：我们还同其他物种共有这些。人类是生物圈的一部分。作为所有生物的唯一的有智慧的代言人，我们对它们有一种特殊的责任。但是，关于这些对于世代间问题的意义，我们留待下文讨论。此处集中从国家和人民的国际法的角度讨论人类的世代间关系问题。可见，魏伊丝教授所说的世代间不能望文生义的仅理解为人类的世代之间，而且还包括整个地球生物圈的世代间；作为唯一有智慧的代言人，人类负有一种信托关系中的受托人责任来照管它们和整个地球。

房客而已，对过去和未来世代都负有义务；（7）无神论者也强调尊重自然和人与自然的和谐，人类负有保护自然和对未来世代的责任。① 从魏伊丝教授所引证的实例来看，她一直试图说明的是：不论是法律、宗教或其他传统，作为受益人享有权利的同时，也负担一定的义务和责任。换句话说，作为受托人和受益人的当代人，负有为后代人保护地球的义务。尽管没有回应批判论者"世界上一些国家的法律和宗教传统表面上对后代人的关注能否作为后代人权利制度的基础"这一质疑，但是，魏伊丝教授举出上述实例本身也并没有打算直接推导出后代人享有权利这一结论，而是据此来论说各个世代既是未来世代的受托人和管理人，又是地球所有成果的受益人。或者说，她还是在论述代际公平和信托理论。单从信托理论权利的承继来看，当代人作为过去世代遗产的受益人，继承和享有这一遗产成果的权利，魏伊丝教授据此推论，未来世代人也同样享有这样的权利。②

第二，代际公平理论要求，每一代人负有两项代际义务：一是将接手时同样好的条件的地球传递给下一代；二是修复由前一代没能这样做所造成的任何损害。与此相关联，代际公平应当遵循三个基本原则：保护选择、保护质量和保护获取。③ 这三个原则是针对与后代人利益攸关的地球质量下降、自然与文化资源消耗、从当代人继承地球并获益的可能性等问题提出来的。但是，当今世界并非所有的国家、地区都有能力践行这些原则。此时，代际公平理论还要求一个代内的义务，即较富裕的国家、地区和组织有义务资助较贫穷的国家、地区和组织去遵守他们的代际义务。从保护地球的质量和生物多样性的角度上看，肯定和支持当代人对后代人具有义务可以在某种程度上去约束当代人，改变其过去的"无所不为""肆意乱为"的盲目开

---

① 〔美〕爱蒂丝·布朗·魏伊丝：《公平地对待未来人类：国际法、共同遗产与世代间衡平》，汪劲等译，法律出版社 2000 年版，第 17—21 页。

② 同上书，第 21 页。

③ 保护选择原则：要求各世代保护自然和文化遗产的多样性，这样便不会对后代人解决自身问题和满足自身价值观造成不适当的限制，而且未来世代有权享有同其以前世代相当的多样性；保护质量原则：要求各世代维持地球的质量，从而使地球质量在其留传给未来世代时不比其从前代继承时有所下降，并且其有权享有与前世代所享有的相当的地球质量；保护获取原则：各世代的每个成员都有权公平地获取其从前代继承的遗产，并应当保护后代人这种获取权。魏伊丝教授进一步认为，获取和公平利用的权利缓冲了环保主义模式，保护地球质量和多样性的义务又限制了利用主义模式。这将保证每一世代所继承的环境条件都不差于以前的世代，并有机会利用所继承的环境推进其经济和社会福利。参见〔美〕爱蒂丝·布朗·魏伊丝：《公平地对待未来人类：国际法、共同遗产与世代间衡平》，汪劲等译，法律出版社 2000 年版，第 42 页、第 50 页。

发、破坏和污染生态环境的行为。① 这一积极意义难道不可以很好地回应批判论者所论及的第一个质问(即"我们真的对后代人负有义务吗?")吗?② 魏伊丝教授所论及的代际公平不仅仅包括当代人对后代人的代际义务,而且还包括当代人之间的代际义务,也就是说发达国家和地区对不发达、欠发达的国家和地区的义务,这也是国际环境法上经常涉及的"共同但有区别责任原则"的体现。国际公约特别是有关国际人权公约所确认的代际公平原则其实也包括代内公平③和代际公平两个方面。国际社会通过公约的形式确认代际公平不仅仅有助于我们为后代人的利益保护地球环境、生态品质,而且也有助于让曾经严重污染和破坏地球生态环境的发达国家和地区承担更多的国际义务和责任。其实,为了论证国家、地区之间的代内公平问题,魏伊丝教授主张将所有的国家作为一个与国籍无关的集团④,让富裕的集团、地区、社会对贫穷的集团、地区、社会给予经济、技术援助,以避免整个地球环境质量恶化。

第三,代际公平理论主张,"每一代有接受一个不比前一代更差条件的行星的权利、继承自然与文化基础上同样的多样性的权利、拥有平等获得遗产的使用与利益的机会的权利"⑤。这些权利把讨论集中于各代的福利,每

---

① 世代间公平问题产生于不可更新资源的耗竭和可更新资源的减少,产生于诸如空气、水、土壤等环境资源质量的下降,产生于自然资源环境功能的丧失,产生于文化资源的丧失,产生于缺乏利用自然和文化资源的有效途径。而且,我们今天的行为对地球的健康和文化资源的基础带来长远的风险,而在这些方面当代人不可能对后代人进行补偿。参见〔美〕爱蒂丝•布朗•魏伊丝:《公平地对待未来人类:国际法、共同遗产与世代间衡平》,汪劲等译,法律出版社 2000 年版,第 5 页。

② 其实,批判论者的这一质问也很难回应魏伊丝教授所论及的如下问题:"当我们开发利用地球的自然和文化资源时,会遇到在现代和后代人之间产生的财富分配问题。由于后代人的利益在今天的这些决策过程中得不到体现,当代人和后代人的偏好之间潜在的权衡经常被忽略。所以,当代人在利用资源并从中获益时,有可能以后代人的利益为代价。灾难性的环境事件,如核爆炸和有毒化学物品的泄漏,也会引起世代间的问题。虽然这类事件通常会给当代人和后代人都带来不幸,但是后代人是在没有从事件发生前的活动中得到任何好处的情况下承担巨大的损失的。"参见〔美〕爱蒂丝•布朗•魏伊丝:《公平地对待未来人类:国际法、共同遗产与世代间衡平》,汪劲等译,法律出版社 2000 年版,第 4 页。

③ 代内公平问题不仅会发生在不同国家、地区之间,而且会发生在同一国家、同一地区的不同人之间。由于一些人基于趋利的考虑会将其成本外部化为其他人来承担,于是在陌生人之间如何促使外部性内部化、实现公平问题一直也是学界、政界颇为关注的问题。有关外部性问题可参见庇古的《福利经济学》、科斯的《社会成本问题》等。

④ 这种将国家比作无国籍的集团,是作为国际法学者的魏伊丝教授最大胆的设想,其目的是为了后代人的利益而使国家承担世代间和世代内的义务,并以时间尤其是现在与未来沟通联系的时间为视角来扩展国际法的研究新视角和方法。参见〔美〕爱蒂丝•布朗•魏伊丝:《公平地对待未来人类:国际法、共同遗产与世代间衡平》,汪劲等译,法律出版社 2000 年版,第 28 页。

⑤ Edith Brown Weiss, Our Rights and Obligations to Future Generations for the Environment, 84, *Am J. Int'l. L.*

一代人能够享有和享受的利益。这种强调代际权利的主张比强调当代人的义务似乎更有利于保护我们的地球和未来世代的利益。因为,纵使当代人的义务不与权利相连,当代人也有一种将那些义务转化为有利于自己的强烈动机和偏好。代际权利为保护在一个健康、强壮的行星中所有各代的利益提供一个基础。[1] 魏伊丝教授分析了后代人权利模式比当代人义务模式更优的一个重要的理由,即当代人或者说我们都有一种趋利的癖好,很容易规避掉自己肩上的义务和责任,进而使"义务论者"所吹捧的当代人义务落空,其后果是我们当今司空见惯的、逃避义务和责任的、损人利己甚至损人也不利己的、体现人性弱点的现象或行为。实际上,魏伊丝教授从人性的角度给批判论者所提"后代人的权利比当代人的环境义务更能保护后代人的利益吗?"这一问题做了肯定的回答。此外,我们也能够从魏伊丝教授的表述中看出,她在阐述代际权利、代内权利时的确是坚持从整体上来谈权利,而没有分出所谓的第一代后代人权利、第二代后代人权利……第 n 代后代人权利。至于批判论者所论述的这种群体权利与义务与当今世界被各民族国家分而治之的事实不相适合的问题,笔者认为,魏伊丝教授所主张的代内公平和代内权利试图解决的正是这种地球资源被分而治之的局面;代内权利与代际权利的主张与践行就是落实生态系统的整体性、捍卫和保护我们唯一的地球这一神圣使命。

第四,代际公平理论的核心是在利用地球自然文化遗产时,各世代人与其他世代人具有内在的关联。这一理论的出发点是各世代人既是自然文化遗产的管理人,负有对未来世代的照管义务,又是利用人,享有继承并享有自然文化遗产的权利。[2] 所以,后代人的权利也是其必然逻辑。同时,魏伊丝教授认为,将代际公平理论只限于世代间的地球权利和地球义务是不够的,还应当包括世代内的地球权利和地球义务。为了更好地限定代际公平的范围,她反对两种极端的做法:一种是为了后代人保持地球质量和全部资源,当代人什么也不消费的保守主义模式;另一种是由于对是否存在后代人目前不能完全确证,为了满足当代人所有的消费欲望而产生的富裕主义模式,或者主张纵使确证存在后代人,当代人的最大化消费也是为了后代人富

---

① 〔美〕爱蒂丝·布朗·魏伊丝:《公平地对待未来人类:国际法、共同遗产与世代间衡平》,汪劲等译,法律出版社 2000 年版,第 104—105 页。

② 同上书,第 21 页。

裕最大化的最好方法。① 由此可见，魏伊丝教授在论证代际公平时，不提倡当代人为了后代人的利益而退回到原始自然的生活状态，也反对不顾生态环境保护和后代人利益的过度消费的所谓"富裕生活模式"。

第五，作为受托人的当代人，应当如何去代表未来人来照管好地球？魏伊丝教授主张设立代表未来人利益的组织机构。她指出，虽然我们今天的决策会影响未来世代的利益，但是这些未来世代的人们在决策过程中并没有"代表"，以至于无法表达他们的"要求"。我们应该使未来世代利益的代表在"司法或行政程序"中获得一席之地，或者设立一个其职责为"保证保护资源的实体法的实施""调查违法申诉"并"对存在的问题提出警告"且"由公众资金支持"的机关。② 尽管魏伊丝教授发现有些国家的法律和世界某些宗教传统体现了对后代人及其利益的关注，但是她并没有满足于此，而是进一步去探讨后代人权利的长期策略、组织建立、资金支持等制度设计，从而使后代人权利主张在充分的理论论证后具备了实务操作上的可行性。批判论者认为，魏伊丝教授所主张的代际、代内群体权利与当今世界被各民族国家分而治之的事实不符。笔者想提醒的是，正是由于整体性的生态环境利益不能够或者说不太可能为当前分而治之的国家、地区所保护，因为它们或其政治家们更关注短期问题、短期效益而宁愿采取看得见成果的短视措施，所以魏伊丝教授才提出代际群体权利、长远策略和远见措施。③

（三）对代际契约理论的批判及其回应

批判论者首先从西方传统的社会契约理论所存在的异议展开论述：社会契约是建立个人理性主义之上的合意，并基于此合意而构建政治权威合法性基础；而休谟认为，现实中的政府不是建立在篡夺的基础上就是建立在征服的基础之上，并没有建立在被统治者预先的同意或合意之上；黑格尔认

---

① 〔美〕爱蒂丝·布朗·魏伊丝：《公平地对待未来人类：国际法、共同遗产与世代间衡平》，汪劲等译，法律出版社 2000 年版，第 22—23 页。

② 同上书，第 125 页。

③ 她所主张的策略包括：(1) 在决策的过程中应当有未来世代利益的代表；(2) 可更新资源的可持续利用；(3) 维持设备与服务；(4) 自然与文化资源的多样化和环境质量的监管；(5) 对我们的行为给自然与文化资源造成的长远效果进行评价；(6) 进行科学研究和技术创新以理解我们行为的影响、开发替代资源、增加我们利用自然与文化资源的效率；(7) 将地球权利、义务相应的对于特殊的资源与生态功能的国际法律义务法典化；(8) 发展全球性的宣传教育以提高所有民族所有年龄段的人对为未来世代而保护我们的地球和文化资源的意识。参见〔美〕爱蒂丝·布朗·魏伊丝：《公平地对待未来人类：国际法、共同遗产与世代间衡平》，汪劲等译，法律出版社 2000 年版，第 125 页。

为,人是特定文化决定的社会历史存在,妄图从差异中提取固定不变的人类本质即社会契约是纯粹的主观臆断;社会契约论的逻辑起点是理性抽象的人,而这一假设前提在现实中也是不真实的。据此,批判论者认为"代际契约理论以上述这种遭受众议的社会契约理论作为根源和基础在某种程度上就已经向人们展示了其自身的不可靠性、可疑性和易受批判性"[①]。笔者不想泛泛而谈社会契约理论的局限性,因为任何一种理论若脱离其限界条件就会漏洞百出,甚至就会变成谬误;也无意去讨论社会契约理论的限界条件,只是对批判论者以一种理论存在缺陷去质疑另一种理论的可靠性的思维方法和研究路径存有质疑。社会契约(或者说是合同)等政治法律制度的安排通常只在同一个时代、在特定的主体或共同体之间发生效力,而且,缔约主体之间的权利义务具有互换性,也就是通过"交换正义"来实现社会财富的流转和当事人之间权益的互换。由于社会契约这种"共时性"和"互换性"特征阻碍代际伦理的构建,所以迫使许多环境伦理学者纷纷对其进行批判并主张以新的"责任""义务"等原理作为代际伦理的基础。然而,克里斯汀·西沙德-夫列切特等学者并没有拒绝社会契约理论,而是开创性地从社会契约理论中引申出代际伦理和后代人的权利,并提出了自己的代际契约理论。

夫列切特教授认为,当代人和后代人之间虽然不存在常见对等的、共时的互换性,但却存在着代际的、接力的互换性。我们不是把从先人那里得到的恩惠直接还给他们,而是像传递接力棒那样,将得到的恩惠留给后人。此时,契约的互换性是通过跨越时间范围的"A→B、C、D……"的代际"链式"结构加以体现的。例如,在日本等东方文化中的"报恩"就包含了这种代际接力链式互换性,即后人就好像前人的代理人,对后代的抚育就等于报答了前人。[②] 沃尔特·瓦格纳(Walter Wagner)认为,如果我们承认未来人们的权利,作为回报,我们将获得更大程度的幸福和自我实现;主动关心我们遥远后代的利益,能够增强我们的同情心,从而对我们个人有利。[③] 所以可以说,未来人们间接地与现有人们形成了一种互惠关系。彼得·福克纳(Pe-

---

① 参见〔美〕爱蒂丝·布朗·魏伊丝:《公平地对待未来人类:国际法、共同遗产与世代间衡平》,汪劲等译,法律出版社2000年版,第94~98页。

② 韩立新:《环境价值论——环境伦理:一场真正的道德革命》,云南人民出版社2005年版,第198页。

③ 参见〔美〕维西林、冈恩:《工程、伦理与环境》,吴晓东、翁端译,清华大学出版社2003年版,第201页。

ter Faulkner)也说,我们这一代人对于子孙应表现出与祖先对我们同等质量和程度的关心,我们祖先把自己奉献给所有后代,使得我们当前的幸福成为可能。① 夫列切特教授认为,如果我们接受瓦格纳、福克纳、日本等东方人关于代际互惠的观念,也许会承认现在和未来的人们作为道德共同体可以共享同一个社会契约,进而承认未来人们拥有权利。②

针对戈尔丁(M. P. Golding)认为显式互惠是建立在利己主义基础上的道德共同体的必然条件,夫列切特教授对此提出质疑,认为互惠关系并不是所有道德共同体存在的必要条件。他引用约翰·罗尔斯的观点,社会契约是建立在道德理性而不是互惠性关系之上的。根据罗尔斯的观点,人们可以想象一种纯粹假设的情形:(1) 我们每一个人都寻求保护自己的可能利益;(2) 但是没有人清楚他在社会、物质、资产或义务中所处的具体位置。罗尔斯把(1)和(2)的这种情形称为"原始状态"。如果人类的所有成员都处于假说中的原始状态,谁也不知道自己属于哪一代,那么他们会在理智、平等、私利的基础之上形成一种公平的社会契约。因此,对所有人而言,唯一合理的伦理原则将会是所有年代的人们都应当拥有平等的权利。③

当一个人考虑社会契约的某种理由时,如果认为社会契约的基础不是互惠关系而是合理性、自身利益和公平,那么这个契约基础就能够保障后代人的权利。夫列切特教授进而引用丹尼尔·卡拉汉的观点,认为"某些形式的契约之所以能够形成,不是因为达成了预先安排好互惠利益的协议,而只是因为契约的一方主动选择了接受义务"④。此时,如同父母与孩子之间的关系一样,父母主动选择了恩惠孩子的义务;后代人(比如子女)没有被询问是否愿意达成契约,也不能够或者不愿意返还他们得到的利益。最后,她认为,承认后代人的权利,我们至少可以通过规定后代人享有不受当代人采取积极行动伤害的权利来保护他们的利益。换句话说,"尽管我们确实不(明确地)知道代表未来人们应当做什么,我们仍有大量的信息知道自己不该做什么"⑤。

从夫列切特教授的上述论证中,我们得不出批判论者所认为的包括代

---

① 参见〔美〕维西林、冈恩:《工程、伦理与环境》,吴晓东、翁端译,清华大学出版社 2003 年版,第 202 页。
② 同上。
③ 同上书,第 203 页。
④ 同上书,第 204 页。
⑤ 同上书,第 207 页。

际契约理论在内的后代人权利论的两个前提:即把人与自然之间的关系定性为一种占有拥有的支配关系和把人类整体人为地分割为当代人和后代人这两个相互独立且对立的主体。[①] 相反的是,夫列切特教授一直尝试将后代人与当代人放在同一个道德共同体中进行阐述,并力争克服传统社会契约理论的共时、互换、互惠性,去论证在理智、平等、公平、私利的基础上的利他性、传递性的代际契约理论;最终得出后代人享有不受当代人采取积极行动损害的权利。

批判论者主要从如下几个方面批判代际契约理论:首先,由于当代人能够决定什么东西应该保存、能够决定分配政策和决定将来有多少人,换句话说,当代人具有将自己的意愿强加给后代人的优势,所以为了达到与前代的平等,后来的各代只能更大限度地开发利用资源,其结果必然是地球资源以更快的速度被消耗殆尽,从而与环境资源保护的目的相违背。其次,在契约理论中,各缔约方都是为了自己的最大利益而去订立契约,依此推论没有哪一代愿意为了未来各代而牺牲限制自己的利益;代际契约通过限制奢侈的前代人而使所有的后代人受益,其结果是这种契约对于第一代人而言只有牺牲,那第一代为什么还要加入契约呢? 而且,由于后代人的缺位而无法控制当代人的自利行为。最后,代际契约最容易遭受攻击的是缺乏对等的互惠性。[②]

首先需要指出的是,批判论者所秉持的每代人优势于后代人的论证思路是带有严重的家长式、强权性逻辑的。无论是从夫列切特教授,还是从魏伊丝教授的论述中,我们从来没有得出将后代人拆分为第一代后代人、第二代后代人……第 n 代后代人,她们眼中的后代人一直是一个整体,当代人也是如此。作为整体上考虑的当代人和后代人是共处在一个道德共同体之中的。因此,批判论者认为当代人与后代人相比具有强势,并能将自己的意愿强加给后代人的观点与夫列切特教授的代际契约理论相违背。而且,批判论者以缺乏缔约的最大利己性和互惠性来批判代际契约理论也是不成立的。批判论者可能忽略了以下事实:我们现实社会中存在大量的利他性契约,例如赠予契约、遗赠协议等,也是缺乏最大利己性和互惠性的。况且,正是为了克服建立在个人理性基础上之的传统社会契约的共时、互换、互惠性,夫列切特教授才花了大量笔墨去论证在理智、平等、公平、私利的基础之

---

① 刘卫先:《后代人权利论批判》,法律出版社 2012 年版,第 153 页。
② 同上书,第 99—102 页。

上的利他性、传递性的代际契约理论。批判论者也忽视了夫列切特教授运用新的论据和论证方法去避免和克服传统社会契约理论在代际伦理领域中的不适应性并开创性地提出了代际契约理论。这种忽略、忽视创新性的代际契约理论本身，以传统的社会契约理论或者契约理论内涵去批判创新性的代际契约理论的研究思维和论证方法存在争议，也难以令人信服。

批判论者可能认识到这种纯粹以契约理论的内涵、要件和条件来批判代际契约理论的研究存在不足，所以转向批判支撑夫列切特教授代际契约理论的两个重要论据：罗尔斯教授所说的原始状态下所有人的平等权利和卡拉汉所说的父母子女之间恩惠性契约。针对前者，批判论者花了不少笔墨去讨论正义的环境和条件，即适度匮乏、主体间大体平等、适度利己；并据此分析尽管适度匮乏在代际之间客观存在，但是由于当代人比后代人在地位上处于绝对优势，双方地位的不平等迫使正义的环境在代际之间无法形成。他认为罗尔斯原始状态中的人是当代人的集合，而不包括前代人和后代人。所以，处于原始状态下的当代人为了自己的利益能够拒绝为后代人作出牺牲。① 然而，批判论者此处所引证罗尔斯教授的论证又偏离了夫列切特教授对"原始状态"的假设，即"如果人类的所有成员都处于假说中的原始状态，谁也不知道自己属于哪一代，那么他们会在理智、平等、私利的基础之上形成一种公平的社会契约"②。因此，批判论者接下来再去引证罗尔斯教授在《正义论》中探讨实现代际正义的"对第三者的义务"和"动机假设"等两种可能的阐述③，由于没有针对夫列切特教授的假设进行批驳性论述而显得无的放矢，令人难以信服。

针对后者，即卡拉汉所说的父母子女之间恩惠性契约，批判论者对其进行了两点批判：其一，父母与子女之间的关系很难用契约加以解释；其二，子女并非后代人权利论意义上的"后代人"，即使承认父母与子女之间存在契约关系，那也只能是当代人之间的关系。④ 需要指出的是，批判论者眼中的后代人是指未出生的人，其本身也有代与代之别。这与夫列切特教授所指的整体意义上的后代人存有差异。无论是卡拉汉，还是夫列切特教授所谈及的"子女"或"孩子"，都不是批判论者所说的"与父母同在的当代人"，而是

---

　① 刘卫先：《后代人权利论批判》，法律出版社 2012 年版，第 102—107 页。
　② 〔美〕维西林、冈恩：《工程、伦理与环境》，吴晓东、翁端译，清华大学出版社 2003 年版，第203 页。
　③ 刘卫先：《后代人权利论批判》，法律出版社 2012 年版，第 107—112 页。
　④ 同上书，第 102—113 页。

泛指后代；如果不是，那这两位教授为什么这么表述"后代（比如儿女）""后代（比如孩子）""当代人（比如父母）"①？至于父母与子女之间关系能否用契约进行解释，两位教授也仅仅是以亲子关系作为例子来说明当代人可以通过恩惠式的承担、履行一定的义务来实现对后代人利益的保护，也并没有非得将其论证为一种实实在在的契约不可，其实也没有必要。

（四）对人类共同体理论的批判及其回应

埃德蒙·柏克关于国家契约及其价值的论述常被视为人类共同体理论的经典阐释②，并为乔治·赖特教授等作为共同体和未来世代权利的理论依据。柏克认为，国家这一社会契约一旦被订立，就不能由"缔结者的心血来潮而加以解除"；它是"生者、死者与将生者"之间的联合，是由上一代人传递给下一代人，并且是每个人都无法逃避、非接受不可的、必须服从的契约。相较于之前的国家社会自然的共同体，国家被视为一个神圣的跨代共同体。每个人、每个世代都应该清醒地认识到自己只不过是国家社会财富的暂时拥有者，对于自己从前代那里接过来又要传递给后代的这份产业，绝没有完全的权利，绝不可以肆意挥霍或摧残。否则，整个国家的链锁和延续性就遭到了破坏，一个世代就不能与另一个世代相衔接了。③批判论者认为，柏克强调的是人们对国家这一共同体的义务和责任，并没有主张后代人享有权利。在共同体的意义上，尚未出生的后代人与当代人，甚至前代人是一个不可分割的整体。如果把后代人单独从共同体中分割出去而使其独立成为当代人履行义务的对象，那么后代人也就失去了作为共同体之一部分的意义了，因为脱离整体的部分已经不具有整体的功能和意义了。④批判论者敏锐

---

①　〔美〕维西林、冈恩：《工程、伦理与环境》，吴晓东、翁端译，清华大学出版社 2003 年版，第 204—205 页。

②　"社会确实是一项契约。对于那些单纯以偶然的利益为目标的各种附属性的契约，是可以随意解除的，但是国家却不可被认为只不过是一种为了一些诸如胡椒或咖啡、布匹或烟草的生意，或某些其他无关紧要的暂时利益而缔结的合伙协定，可以由缔结者的心血来潮而加以解除的。我们应当怀着另一种崇敬之情来看待国家，因为它并不是以只服从属于暂时性的、过眼烟云的赤裸裸的动物生存那类事物为目的的一种合伙关系。它乃是一切科学的合伙关系，一切艺术的一种合伙关系，一切道德的和一切完美性的一种合伙关系。由于这样一种合伙关系的目的无法在许多代人中间达到，所以国家就变成了不仅仅是活着的人之间的合伙关系，而且也是在活着的人、已经死了的人和将要出世的人们之间的一种合伙关系。每一个特定国家的每一项契约，都只是永恒社会的伟大初始契约中的一款……"参见〔英〕柏克：《法国革命论》，何兆武等译，商务印书馆 1998 年版，第 129 页。

③　同上书，第 127 页。

④　刘卫先：《后代人权利论批判》，法律出版社 2012 年版，第 117 页。

地发现了柏克的国家共同体理论是前代人、当代人和后代人的紧密结合的契约整体,当代人也好、后代人也罢,都没有脱离整体的权利,因为国家这个整体不可分割、不许革命、不许因心血来潮而加以解除。但是,柏克并没有因此而倒向"义务论者"阵营,仍在坚守权利阵地,只不过他眼中的权利无论是对当代人还是对后代人来说都是暂时的、有期限的、不完全的权利。

赖特教授认可柏克的理论,并从整个人类共同体自身进化和人类文明发展的意义上阐释了跨代人类共同体理论,认为对人类整体来说不断的繁衍和进化是任何一个世代的义务。柏克用各代之间的合伙关系来比喻共同体,在合伙关系中,所有的合伙人相互负有最大的信任、公平、忠实的诚信义务,除非其他合伙人明确同意相反的做法,合伙人不可以独自从合伙事务中获利或以有损于合伙利益的方式获利;合理地属于合伙的机会一般不可以被合伙人为了他自己的利益而利用。赖特教授也强调指出:各代之间的合伙关系由于缺乏某种特定的代表机制而具有独特性,后代人不能明确地同意前代人所实施的任何行为,尽管后代人可以以某种方式事后批准那个在先的行为;但是,这种独特性并不表明合伙关系不适用于代际关系。从合伙法中得出的最为突出的经验就是有必要避免造成代的自私和自我交易;任何一代,包括继承代,都没有权利为了自己的利益而加重合伙关系的负担。[1]批判论者认为,赖特教授从柏克的跨代共同体和合伙关系理论中推出后代人享有权利的结论偏离了柏克本人强调"义务与责任"的主导思想,有随心所欲之嫌。[2] 在赖特教授看来,代际关系虽然具有特殊性,但还是有合伙关系适用的余地的;如同合伙人相互负有最大的信任、公平、忠实的诚信义务一样,代与代之间也应当如此,同时各代人也不得加重共同体的负担。因此,批判论者只是看到了由合伙关系推知的一种对合伙共同体的义务,即"对柏克思想的管窥最可能得出的结论就是各代人为了共同体的利益而负有的义务和责任",而无意或有意忽略了合伙人之间或者代际之间的相互负有的诚信义务。从后者反面推论即为:合伙人相互享有合伙事务的权利,或者任何一代都享有相对于其前代的权利。

"爱人及邻""爱邻如己",但是,赖特教授发现我们当今社会存在着严重损害(时间跨度意义上的而非地理空间意义上的)邻居的行为,例如离婚所

---

[1]　R. George Wright, The Interests of Posterity in The Constitutional Scheme, 59, *U. Cin. L. Rev.* 113.

[2]　刘卫先:《后代人权利论批判》,法律出版社 2012 年版,第 118 页。

导致的对未成年孩子的经济和精神伤害、较低的储蓄率和严重的财政赤字向后代转移债务、长期累积的环境污染或灾害对后代人带来的糟糕局面等。① 这些不仅与上帝和人类之间的契约、宪法平等保护条款相违背,而且有害于增进人类共同体的智力、文化事业。根据"永恒社会的伟大初始契约"②,我们各代人都负有照顾好上帝交付给人类的地球的义务以及当代人负有不得牺牲未来人利益的义务。而现实情况表明,一个社会中宗教信仰的衰弱与对后代利益关心程度的逐渐衰弱是相互联系的。人类文化事业具有连续无止境进步的特征产生出一个保护和保障未来世代能够存在与生存的义务。正如格雷戈里·卡夫卡所证明的一样:人类在智力、艺术、科学领域里的成就与进步给我们一个希望人类生存的重要理由。因为如果我们物种的生命结束,这些集体的事业也将结束;而如果他继续,在这些领域中壮观的成就是很有可能的。由于这种壮观的成就很有可能,所以每一代人都必须去努力增大物质、经济、文化的积累并将其传递给他们的继承人。因此,那种采取停滞、分解甚至破坏的方式传递前辈的成就是不被许可和授权的。根据一个进步的解释,每一代轮流得益于其前辈累积的牺牲与投入,并必然为了其继承者的利益做相似的牺牲与投入。③ 赖特教授认为,宪法上平等保护条款可以用来保护后代人的利益与权利,相较于任期制的、由选举产生的、带有短期利益倾向的立法机构,终身制的法官可以在这一领域发挥重要的作用。因为"面临与立法者不同的报酬与激励结构",法官自身虽然可能不比立法者"更渴望后代的利益",但他们由于公平地考虑未来各代的利益而不必担心受到报复,所以,通过诉讼的司法途径更能有效地保护后代人的利益。④

赖特教授根据上述的论述,得出宪法平等保护条款能够被应用到后代人权利或利益的救济和保护中去,具体落实的法律措施不是从立法层面而是从司法层面。而且,他强调这种对后代人平等保护之诉最好是集中限定在给后代人所提供的整体资源、整体机会水平和整体效果上。因此,这种为

---

① 赖特教授同时也指出,代际之间的利益时常是重叠的,所以他们之间的利益冲突不必是鲜明的、统一的和明确的。R. George Wright, The Interests of Posterity in The Constitutional Scheme, 59, *U. Cin. L. Rev.* 113.

② 圣经《创世记》记载:"神晓谕挪亚和他的儿子说,我与你们和你们的后裔立约,并与你们这里的一切活物,就是飞鸟、牲畜、走兽,凡从方舟里出来的活物立约。"

③ R. George Wright, The Interests of Posterity in The Constitutional Scheme, 59, *U. Cin. L. Rev*, 113.

④ Ibid.

了未出生后代的利益平等保护的观点并不会带来大量诉讼。同时,他也意识到"把权利赋予尚不存在的未来世代仍然是逻辑两难的事情",关键的问题是"一个假设现在的权利而没有一个现在的权利拥有者"。但是,他又认为"利用功利主义的关怀而不提权利"的办法来避免这一难题也不能让人满意。"扩展权利的概念或把它用于非传统的范围中,在特定类型的案件中很可能是合理的",因为,"也许正是权利概念本身应当被修正以适合我们不断增长的作用代际损害的能力和倾向","也许我们不应该保持我们以前的以未来人的实体利益牺牲为代价的权利理论"。①

令人遗憾的是,批判论者并没有针对赖特教授的论证进行批判,而是转向去探讨抽象的"共同体理论"②,认为如果存在人类共同体的话,也只能是所有当代人的集合体,对于永远未出生的"场外"后代人而言,由于不能与当代人形成相互交流和联系,所以不可能成为人们所说的人类共同体的现在的成员。批判论者据此认为,传统的习俗并不能保证当代人与后代人构成一个共同体;对于共同体成员之间"在日常生活中的相互作用"这一点而言,后代人和当代人根本无法形成共同体;人类从渔猎文明、农业文明到目前为止的工业文明绝大多数都是反环境的,若后代人仍然遵循着当代人的传统、文化、道德等各个方面,则必然与"生态文明"的要求相违背,也与环境保护的目标相冲突。因此,跨代共同体理论不仅不能必然推出后代人享有权利,反而在某种程度上还与后代人权利理论相矛盾,难以成为后代人权利论的可靠理论基础。③ 笔者毫不怀疑生态文明的优越性,但是批判论者心中的"生态文明"是全新的创举还是现有的文明的改良? 若是改良,恐怕也难以得出后代人不去传承、一定程度上地遵循当代人的传统、文化、道德等各个方面;若是创举,全新的生态文明能够与旧有的文明完全割裂吗? 再者,假定后代人过批判论者眼中的、完全异于旧有文明的生态文明生活,这个假定的命题能够为真吗? 我们再回到批判论者的批判性论证思路:先抽象地去探讨和界定共同体的内涵,然后拿这一标准去评判永远未出生的后代人属于"场外人",没法与"在场人"(即当代人)共同生活、相互联系、交流和合作,

---

① R. George Wright, The Interests of Posterity in The Constitutional Scheme, 59. *U. Cin. L. Rev*, 113.

② 批判论者花了大量笔墨去介绍诸如齐格蒙特·鲍曼《共同体》、本尼迪克特·安德森《想象的共同体:民族主义的起源与散布》、菲迪南·腾尼斯《共同体与社会》和郭台辉在《现代哲学》2007年第5期上发表的《共同体:一种想象出来的安全感》等有关共同体的文献。参见刘卫先:《后代人权利论批判》,法律出版社2012年版,第118—129页。

③ 同上书,第122—129页。

所以作为"场外"的后代人与"场内"的当代人没法形成共同体。这种三段论的逻辑论证思路本身没有问题，但是却远离了批判论者所要批判的对象，也就是说批判论者并没有批判赖特教授的论证内容、论据和论证方法。这种仅仅以自己的或者所谓"普世性"的价值观、人生观去否定赖特教授的观点而不去做有针对性的批驳或批判的研究方法是有问题的，其结论纵使是"真理"也不能够服人。

从赖特教授论文的总体上看，其理论论证的前提是美国文化乃至整个人类文化都是在确保和传承我们自己以及我们后代的自由、幸福、物质和精神文化。也就是说，对人类整体来说，不断地繁衍和进化是任何一个世代的义务[1]；人类社会的一个世代和另一个世代相互之间是一种承接的关系，彼此承担义务又享有权利。现在的世代从先辈那里获得了存在和发展的物质和精神条件，然后把这些物质和精神条件在自己的世代中通过自己的努力使其价值保持或增加，然后再传递给下一个世代。这种连续不断的世代更替过程就是整个人类共同体的文明维持和进步的过程。从赖特教授的上述论证中，我们得不出批判论者所认为的包括人类共同体理论在内的后代人权利论的两个前提：即把人与自然之间的关系定性为一种占有拥有的支配关系和把人类整体人为地分割为当代人和后代人这两个相互独立且对立的主体。[2] 不同的是，赖特教授一直在共同体文化中尝试用宪法的平等保护条款去保护后代人的权利或利益，并将后代人与当代人放在文化共同体中进行阐述，其目的是预防、阻止、解决当代人对后代人所作出的过于损害他们权益的行为。这不是人为地割裂当代人和后代人，而是将他们放在共同体文化中一体考量、一同保护；只不过是由于后代人在当今宪政民主决策中的缺位导致他们的权益得不到有效保护，所以，赖特教授才提出通过司法途径实现宪法平等保护原则，从而有助于后代人权利的维护和救济。这里，也没有彰显或暗含着赖特教授"把人与自然之间的关系定性为一种占有拥有的支配关系"。

（五）小结

综合以上论述，我们能够得出后代人权利论中诸种理论的限界条件：魏伊丝教授将未来世代作为一个"整体"进行研究，其代际公平和信托理论的

---

① 刘雪斌：《论未来世代权利的法哲学基础》，载《内蒙古社会科学（汉文版）》2007年第1期。

② 刘卫先：《后代人权论论批判》，法律出版社2012年版，第153页。

限界条件为"人类之间的平等（或称公平）不受时空的限制"，尤其是在国际法语境下不受时间跨度的限制。夫列切特教授一直尝试将后代人与当代人放在同一个道德共同体中进行阐述，并力争克服传统社会契约理论的共时、互换、互惠性，去论证在理智、平等、公平、私利的基础上的利他性、传递性的代际契约理论；其代际契约理论的限界条件为"后代人与当代人放在一个道德共同体背景下的公平衡量"。赖特教授等主张的人类共同体理论的限界条件为"美国文化乃至整个人类文化都是在确保和传承我们自己以及我们后代的自由、幸福、物质和精神文化"。

　　这些理论的限界条件与批判论者所批判的后代人权利论的两个假定条件①存在差异。如同波普尔认为的一样，任何科学理论都可能包含着错误，科学本身也只能是一个无限接近真理的过程；科学理论是很难通过逻辑实证得以证实，但可以证伪。同时，库恩也提出任何一个理论都有其相应的"限界条件"；一个理论定律的限界条件越窄、越严格，则越难于被证伪。如果要证伪一个理论定律，就需要首先证明该限界条件存在错误或为假。批判论者假想了后代人权利论的限界条件并进行了批判，并没有找到诸理论的限界条件并一一进行批驳或批判。因此，首先，批评论者没有完成对后代人权利论的限界条件为假或错误的证明，也就根本没有完成"后代人权利论诸理论"的证伪过程。其次，批判论者在批判后代人权利论时，尤其是在批判代际契约理论和跨代人类共同体理论时，拿抽象的正义理论、传统社会契约理论或者共同体理论去批判他不满意的代际契约理论和人类共同体理论，没有针对性地对夫列切特教授的假设及其论述进行批驳，也没有针对性地批判赖特教授的论证内容、论据和论证方法，显得无的放矢，因此其批判尽管宏大也难以令人信服。批判论者这种仅仅以自己的或者所谓"普世性"的价值观、人生观去否定他人的理论观点而不去做有针对性的批驳或批判的研究方法是有问题的，其结论纵使是"真理"也不能够服人。最后，批判论者在批判后代人权利论诸理论时，存在没有忠实于理论所依据的文本自身或者说存在按照自己的理解假定或假想文本含义的问题。这些问题都能够从上文中找到佐证。

　　尽管如此，笔者仍然认为批判论者的《后代人权利论批判》不失为一部

---

　　① 　即为"把人与自然之间的关系定性为一种占有拥有的支配关系和把人类整体人为地分割为当代人和后代人这两个相互独立且对立的主体"。刘卫先：《后代人权利论批判》，法律出版社 2012 年版，第 153 页。

优秀的学术著作，因为它触及后代人权利论诸理论难以论证的，甚至尚未完成的有关"整体权利"的论证。正因为整体权利或群体权利与传统意义上的私权利存在重大差异，所以学界尤其是环境法学界存在否定"环境权"的主张，进而提出环境保护义务论。批判论者也是"环境保护义务论"的倡导者，因此笔者也不得不对此进行简要的回应。

魏伊丝教授在论证代际公平理论时，认为每一代人作为未来世代和当今世代的地球财产的受托人和地球遗产的受益人的双重身份，都可以享有相应的权利和承担一定的义务；并把这作为一系列地球权利和地球义务的基础。她认为，地球权利和地球义务是内在联系的，权利总是与义务结合在一起，并存于每一代。在世代间层面上，义务的主体是当代人，义务的对象是未来世代，与权利相联系的是前代人。在同代层面上，地球权利与义务存在于同代人的成员之间。但是，他们来自每一代与其前代和未来世代之间的代际关系。所以，作为整个世代的未来世代和当今世代的成员，他们拥有利用和享受地球遗产的权利，也负有保护地球的世代间义务。①

夫列切特教授认为，当代人和后代人之间虽然不存在常见对等的、共时的互换性，但却存在着代际的、接力的互换性。我们不是把从先人那里得到的恩惠直接还给他们，而是像传递接力棒那样，将得到的恩惠留给后人。沃尔特·瓦格纳认为，如果我们承认未来人们的权利，作为回报，我们将获得更大程度的幸福和自我实现；主动关心我们遥远后代的利益，能够增强我们的同情心，从而对我们个人有利。② 所以可以说，未来人们间接地与现有人们形成一种互惠关系。彼特·福克纳也说，我们这一代人对于子孙应表现出与祖先对我们同等质量和程度的关心，我们祖先把自己奉献给所有后代，使得我们当前的幸福成为可能。③ 夫列切特教授进而认为，如果我们接受瓦格纳、福克纳等关于代际互惠的观念，也许会承认现在和未来的人们作为道德共同体可以共享同一个社会契约，进而承认未来人们拥有权利。④

赖特教授人类共同体理论也认为，对人类整体来说，不断的繁衍和进化

---

① 〔美〕爱蒂丝·布朗·魏伊丝：《公平地对待未来人类：国际法、共同遗产与世代间衡平》，汪劲等译，法律出版社 2000 年版，第 49 页。

② 〔美〕维西林、冈恩：《工程、伦理与环境》，吴晓东、翁端译，清华大学出版社 2003 年版，第201 页。

③ 同上书，第 202 页。

④ 同上。

是任何一个世代的义务①;人类社会的一个世代和另一个世代相互之间是一种承接的关系,彼此承担义务又享有权利。他进而主张"扩展权利的概念或把它用于非传统的范围中,在特定类型的案件中很可能是合理的",因为,"也许正是权利概念本身应当被修正以适合我们不断增长的作用代际损害的能力和倾向","也许我们不应该保持我们以前的以未来人的实体利益牺牲为代价的权利理论"。②

在这些后代人权利论者心目中,当代和未来世代都享有权利。这些权利是指每一代都有权得到不比上一代得到的更差的地球,有权继承同样丰富多彩的自然和文化资源,有权平等地使用此遗产并从中获得收益。③ 当代人作为上一代人遗产的受益人,有某种从此遗产中获益的权利,即平等获得和使用权;同样地,后代人也享有此种权利。这里所说的未来世代享有的地球权利,并不是个人所拥有的权利,而是群体权利。④ 因此,我们看到后代人权利论者在论述后代人权利时,只是将其界定为整体权利、群体权利或集体权利而已,无法也根本不可能将其转化为个人权利,甚至转化为具体某一代人的权利。⑤

正是察觉到后代人权利论者关于权利讨论的局限性,批判论者也注意

---

① 刘雪斌:《论未来世代权利的法哲学基础》,载《内蒙古社会科学(汉文版)》2007 年第 1 期。

② R. George Wright,The Interests of Posterity in The Constitutional Scheme,59, *U. Cin. L. Rev.* 113.

③ 〔美〕爱蒂丝·布朗·魏伊丝:《公平地对待未来人类:国际法、共同遗产与世代间衡平》,汪劲等译,法律出版社 2000 年版,第 99 页。

④ 同上书,第 100 页。

⑤ 众所周知,我们生活在同一个地球。每个人不能仅仅只考虑自己的利益,尽管我们多数时间的确是在追求自己利益的最大化。在并非少见的场合,我们需要顾及他人的权益,不损害他人的权益,这是权利不得滥用的体现;同时也反映出我们拥有的那些固有权利和非固有权利在某种程度上都存在一定的边界和界限,逾越了该边界,就会导致侵害他人权益。如果后代人拥有一定的权利,那么现在人或当代人拥有的权利也应当有其边界,并且在行使自己权利时也不得逾越其界限,否则就会侵害后代人的权益。

当代人之间的权益资源的分配通常依照人权和人道理论让人人都分享一定的基本权利;同时又依照每个个体人之间的差异、能力大小和贡献比例分配一些并不雷同的非基本权利。尽管现实社会中会存在这样或那样的权益冲突,但是现在人的权利配置原则基本上遵循上述的逻辑。可能在专制集权的社会中,权利的配置较多的依照长官意志,而较少的遵循上述人类社会普适的公正配置权利的逻辑。这种现代人之间的权利配置原则,许多学者和民众已经能够耳熟能详。

当后代人拥有一定的权利,并且将其与当代人放在一起考量时,上述适用于当代人之间的权利配置原则能否派上用场呢? 如果不能够适用上述原则,那么我们又将依照什么样的标准和原则来配置后代人与当代人之间的权利或利益? 目前有关后代人权利论的诸理论并没有分析依照何种标准来配置当代人与后代人或未来人之间的不同利益,也没有提供一些他们之间的利益冲突解决规则,因此构建后代人权利的法律保护和救济机制尚待时日。

到当今社会严重的生态环境污染破坏危及后代人利益的现象,并基于"利益转化为权利的限度"的考虑①,所以批评论者主张相应的环境保护义务论。批评论者认为,后代人权利论者之所以要虚构出后代人与当代人之间针对地球环境资源的对抗关系,其目的就是想用后代人的权利去限制当代人对地球环境资源的污染和破坏,使当代人承担起保护环境资源的义务,从而使地球的环境资源能够为人类永久利用。② 批判论者最后从生态环境的整体性、环境风险的特征和环境法的独特使命来阐释了其义务论主张。③

我们发现,批判论者是以一种整体主义义务路径批判后代人权利论者所主张的整体主义权利路径。他们都秉持地球生态环境的整体性和整体保护,只不过一个走向了似乎更符合当今法律语境下的权利选择,而另一个却滑向社会连带责任味道的普遍义务。

批判论者所倡导的义务论也存在义务的落实问题。也就是说,义务主体如何承担义务问题,以及义务主体不承担义务或不当承担义务时又该如何去救济和落实问题。至于后者,我们又不得不回到谁有权利或权力去监督、督促、迫使义务主体去履行义务问题。于是,我们又绕不开权利的路径。

其实,环境权论与环境保护义务论的目标指向皆为保有、保持、保护和改善我们地球生态环境,减少、避免、预防和防止人类的污染和破坏环境生态的行为。单从价值判断上很难对二者进行正缪、优劣之分。因此,在环境法学领域,不论是拿"义务论"来批判"权利论",还是拿"权利论"去批判"义

---

①　利益转化为权利至少需要以下条件:首先,该利益是客观存在的实实在在的利益,而不是仅仅停留在人们大脑中虚构的意识层面;其次,对利益进行权利保护必须体现主体的独立人格需求而不能与主体的独立人格相悖;最后,对利益进行权利保护必须不能与主体生活于其中的集体的秩序相冲突,相反,还应该有助于促进这种集体生活秩序的维护。参见刘卫先:《后代人权利论批判》,法律出版社 2012 年版,第 209—210 页。

②　同上书,第 216 页。

③　同上书,第 223—241 页。其实,魏伊丝教授论证了具体的地球义务。她认为地球义务是指保护多样性、质量和可获得性义务,在国际法和国内法上可转换为使用义务、国家责任、国家犯罪等使用自然、文化资源并保护环境的义务。使用义务又包括:(1) 采取积极措施保护资源的义务;(2) 保证平等地获得、使用这些资源并从中受益的义务;(3) 防止或减轻对资源或环境质量的破坏义务;(4) 减少灾害提供紧急援助的义务;(5) 承担破坏这些资源或环境质量的责任的义务。国家责任除了包括上述五种义务外,还必须对自己的行为负责,并采取必要有效的措施去确保本国私人领域也遵守有关的国际规定。这主要是由于国家是履行对后代和当代的地球义务的保证人。参见〔美〕爱蒂丝·布朗·魏伊丝:《公平地对待未来人类:国际法、共同遗产与世代间衡平》,汪劲等译,法律出版社 2000 年版,第 54 页、第 91 页。

务论"，在理论上都是可行的。但是，笔者认为，在哲学层面抽象的泛泛而论环境权抑或环境保护义务均无助于环境问题的解决。①

四、未来世代环境权的建构

(一) 未来世代环境权建构的必要性

当前人类这种以自己利益为核心的价值取向、生活方式和法律模式已经显示出严重的弊端。在人与生态自然关系上的片面性和形而上学助长了人类无限度地掠夺生态资源，破坏生态环境的盲目倾向，忽视了当代人与后代人的公平。② 于是，我们不得不反思过去那种过分不合理开发利用自然资源的经济发展方式，走可持续发展之路。正如汪劲教授所说，可持续发展是人类社会在几千年的探索实践中找到的一条维持地球生态系统繁荣稳定的发展道路，它是对现代生态学、环境经济学以及环境伦理学思想理念的归纳总结并予以现实化。它不仅应当成为现代各国完善立法体系的长远目标，而且理应成为当代环境立法应当确立的予以实现的长远目标之一。③

走可持续发展的道路，我们就需要考虑当代人的责任和后代人的权利问题，也就是魏伊丝教授所说的代际公平问题。地球是包括未来世代的人类共同拥有的家园。因此，地球上的自然资源是全人类的共有财产，它不仅仅属于当代人，而且应当属于后代人，属于即将登场或未来一定会来到这个地球上的人。地球面前人人平等，每个人都有享受良好自然环境和合理利用自然资源的权利，也都有保护和改善自然环境的义务。所以，地球上的自然资源除代内公平分配之外，还应当在代际之间进行公平分配，使之能够永续为人类所利用。这种强调当代人与子孙后代之间自然资源利益的代际公平分配思想，不仅体现了可持续发展新理念，而且也在理论上为未来世代享有环境权益（或当代人具有保护环境义务）提供必要性支撑。此外，公共信

---

① 若仅停留在整体性思维、整体论路径不仅与当前我国乃至世界各国环境治理、管制的现状不符，而且也无助于具体环境问题的解决。整体论思路和整体主义研究进路尽管能够宏大叙事和从理论高度阐释理论问题，并常常以无懈可击的科学论断自居，但是却无助于问题的解决和理论的深耕细作，也时常阻碍学术的进步。因此，该研究方法与局部的、"片面的"、细节性的、问题性的研究方法相比，后者更有助于法学乃至整个社会科学研究的进步。

② 陈泉生：《可持续发展与法律变革：21世纪法制研究》，法律出版社 2000 年版，第 199—200 页。

③ 汪劲：《论现代西方环境权益理论中的若干新理念》，载《中外法学》1999 年第 4 期。

托理论、权利理论、正义理论、社会契约理论、人类共同体理论等都从不同的角度来论证和支持未来世代可以享有环境权益。

汪劲教授认为，根据上述理论，现世代的成员作为对过去世代遗产的受益者享有对地球的权利，而国家则具有对现代和将来世代双方地球权利的主要保证人的职能。由于将来世代的成员不能确认因而目前似乎无法享有权利。然而，作为地球权利集团的将来世代，可以经由法律创立的监护人、代表人或者代理制度来代言他们适当地行使目前无法行使的权利。尽管现在的实际情况是，这些将来世代的权利尚没有确立为实体法上的权利，然而需要在这个目标的基础之上由环境立法来进一步的确立。①

未来世代享有道德上的环境权利或环境权益，学界对此似乎不存在太多争议，因为在道德上我们都想让自己的子孙后代生活得好一些。厉以宁教授认为"社会成员总希望生活渐渐好起来，总希望子女的生活能过得比自己这一代好一些。这就是'生活中的希望'"②。为了防止当代人只考虑自己利益，以牺牲未来世代的利益为代价谋发展和滥用地球资源，法理上承认代与代之间存在权利义务关系，特别是让当代人对后代人或者未来世代负担一定的义务至关重要。然而，能否给予（或者说天赋）未来世代一定的权利？如何将未来世代从道德主体地位上升为法律主体地位？如何在法律上去构建未来世代的权利及其行使、保护机制等，却存在着非议和不少制度设计上的现实困难。

（二）未来世代环境权建构的可行性

尽管未来世代环境权的法律化与法律自身要求权利主体的具体确定性和权利范围的明确边界存在一定的冲突，但是，未来世代作为权利主体的可能性去实现代际公平的法律之门仍然敞开。从民事主体的演变历程来看，经历了一个从"人可非人"到"非人可人"的发展历程，即从"自然人的完满""团体的人化（即法人）""自然人生命延展到胎儿""动物"等生命体可能作为权利主体的讨论等"类存在的扩充"。③ 法律既然可以赋予不会说话的国家、公司以及胎儿等以法律主体地位资格，那为什么就不能赋予未出生的后代

---

① 汪劲：《论现代西方环境权益理论中的若干新理念》，载《中外法学》1999 年第 4 期。

② 厉以宁：《超越市场与超越政府——论道德力量在经济中的作用》，经济科学出版社 1999 年版，第 175 页。

③ 李拥军：《从"人可非人"到"非人可人"：民事主体制度与理念的历史变迁——对法律"人"的一种解析》，载《法制与社会发展》2005 年第 2 期。

人以权利主体(或法律主体)地位资格呢？民事主体发展演进的历史规律告诉我们，一种新的主体之所以发展成为权利主体不外乎社会发展的需要和国家法律的确认两个条件。未来世代能否作为权利主体也需要考察这两个方面：世代衡平和可持续发展、环境资源保护的需求以及一国法律的确认。

在当今生态环境破坏日益危及人类生存和发展的情况下，赋予后代人法律主体地位或权利主体资格客观上更有利于保护我们地球环境和自然资源，也更能够体现可持续发展的社会需求。更何况后代人作为潜在的人和当代人的继承人，将来必然具有民事权利能力和民事行为能力，并享有继承当代人的物质、文化、精神财富和整个地球的权利。因此，后代人作为权利主体从社会发展需要的角度上看是不成问题的。

国内不少学者也在学理上努力去探讨后代人法律主体地位，并提出了相应的主张或观点。譬如，汪劲教授主张将较大地域范围的后代人作为"团体"，赋予其法律人格；政府可作为后代人团体的法定代理人，环保组织也可作为后代人团体的"执行机关"。作为地球权利集团的将来世代，可以由法律所创立的监护人、代表人或者代理制度来代为行使。[①] 尽管刘国涛教授也赞同后代人可以作为权利主体，但是他更倾向于认为后代人的利益已被当代人的长远利益和公共利益所吸收，保护当代人的长远利益和公共利益就是保护后代人的利益。[②] 他进而认为，由于"后代人利益被吸收说"不必赋予后代人"人格"，从而维护了大陆法系上的"权利能力"等相关概念的严谨性，避免导致不必要的混乱，更为科学、实际。[③]

吕忠梅教授等认为，未来世代、当代人以及代际公平、未来世代的权利等概念都是"抽象性多于具体性、整体性强于个体性、普遍性高于特殊性"，所以，未来世代这个群体作为法律主体设定时，不能取消其在具体法律关系上所存在的主体缺位问题，尤其是当权利主张发生在跨国的或国际共有区域时，后代权利的代表者问题就更加突出；在法律行为的过程中，由于涉及的是整体的当代对未来存在的后代人利益的影响，因而对主体的行为动机及相应的法律后果都难以作出确切的衡量，即使司法者或权利的代表者有

---

① 汪劲:《论现代西方环境权益理论中的若干新理念》,载《中外法学》1999 年第 4 期。

② 由于人类社会的生生不息、绵延不绝,我们为后代人所设定的利益由于后代人的不断出生而得以具体实现;可以说后代人的利益就是当代人的长远利益。

③ 刘国涛教授将后代人利益保护的学说划分为三种,即自己倾向的"后代人利益被吸收说"、汪劲教授所主张的"后代人团体拟人说"和借鉴王泽鉴先生所主张的"未出生者之保护"而提出"后代人利益实在说"。刘国涛:《法律关系要素的内涵改良探讨——兼论后代人利益的保护》,载《郑州大学学报(哲学社会科学版)》2002 年第 2 期。

充分的理由和耐心作出这样的认定,它也随时会面临因其实施的高昂成本而搁浅的危险;最后在司法判决的可执行性方面,由于其最后的承担者也只能是群体性的,所以这个角色唯一可能的扮演者就是政府。[1]

尽管在《联合国气候变化框架公约》《生物多样性公约》《斯德哥尔摩人类环境宣言》《里约环境和发展宣言》《世界自然宪章》《濒危野生动植物物种国际贸易公约》《南太平洋自然保护公约》《保护野生动物迁徙物种公约》《保护和利用跨界水道和国际湖泊公约》等一系列有关环境保护的国际条约、宣言,甚至在一些国家的法律中[2]都明确规定了保护"后代人"的利益或者权益,但是这些规定更多的是强调一国政府的义务和责任。

法律制度的设计固然是为了人类更好地生存和发展的需要,未来世代或后代人作为法律主体地位也的确存在社会发展的需要,但是由于法律制度的惯性原理,后代人的法律地位及其权利制度的法律设计无论是在学理上还是在现实立法上都存在相当大的困难。不少国际条约、公约等国际法律文件虽然承认并规定了后代人的权利或权益,但更多的是宣誓性规定,其动议和目的是旨在强调国家和政府的环境保护责任。

尽管法律在后代人权利的制度设计上存在法理和立法技术的双重难题,然而却没有阻止司法实践在这个领域促进社会文明进步的探索。例如在司法实践中,菲律宾最高法院并没有顾及学理上的担忧和立法上的争议,认为没有理由和任何困难阻碍孩子们为自己、他人和后代人利益提起诉讼,其诉求的环境权是一种与生俱来的、不同于民事权利和政治权利的新型类型权利,并于1993年7月30日作出推翻原审判决和支持上诉人请求的判决。[3]

因此,我们又不得不进一步反思,固守既有的法律概念体系和现有的法律逻辑有时会不会制约或阻碍了社会的进步?作为一个整体意义上的后代

---

[1] 吕忠梅、鄢斌:《代际公平理论法律化之可能性研究》,载《法学评论》2003年第5期。

[2] 例如,1969年美国《国家环境政策法》第1条规定:"发展和增进一般福利,创造和保持人类与自然得以在一种建设性的和谐中生存的各种条件,实现当代美国人及其子孙后代对于社会经济和其他方面的要求,这乃是联邦政府一如既往的政策。"1976年匈牙利《人类环境保护法》第1条规定:"为了保护人的身体健康,不断改善这一代人和后代人的生活条件。"1993年日本《环境基本法》第3条规定:"环境保全是因维持健全、丰惠的环境为人类健康、文化的生活所不可缺少以及保持生态系统的微妙平衡而形成的,有限的环境是人类存续的基础。鉴于人类活动有造成对环境的负荷之虞,在现在以及将来的世代人类享受健全、丰惠的环境恩惠的同时,必须对作为人类存续基础的环境实行适当的维护直到将来。"

[3] 吕忠梅主编:《超越与保守:可持续发展视野下的环境法创新》,法律出版社2003年版,第61—73页;张一粟:《未来世代人的环境权》,载《绿色视野》2007年第8期。

人,的确享有某种意义上的环境资源权益,至少享有的环境资源不受到过分恶化的权利。这一点是毋庸置疑的,也能够获得大家的认可。但是,由于它是一个群体性、集体性权利,所以在法律制度的设计上与既有的法律逻辑和制度现实不相协调。因此,这需要制度创新或者说不同的法律制度建构。

其实,针对未来世代或后代人权利的法律制度经验性建构,不会根本性颠覆既有的法律制度和概念体系。例如,可以通过扩大法定代理权,当代人(尤其是环境非政府组织)成为后代人的代言人;或者设立独立的后代人权利保障的专门机构,如匈牙利尝试设立的"保护后代人的独立检察官"、芬兰议会中的"未来委员会"、法国成立的"后代人委员会"等;或者在诉讼主体资格上允许当代人以后代人的利益受到损害为由提起诉讼,这种诉讼即为我们常说的环境公益诉讼[①]等。

五、结　　论

未来世代环境权或权利命题自提出以来,产生了许多伟大的理论,包括魏伊丝教授的代际公平和信托理论,克里斯汀·西沙德·夫列切特等学者的代际契约理论,埃德蒙·柏克教授的人类共同体理论等。

代际公平理论在论述代际权益和未来人权利时没有阐述现代人和未来人之间的权益配置,更没有论述依照什么标准和原则来配置现在人和未来人之间的利益。夫列切特教授所谈的非互惠性代际契约,目的在于让当代人谨慎行事并尽力不去危害未来人所享有的"不受当代人采取积极行动伤害的权利",而后代人消极权利的范围何在以及如何去行使等核心问题,并没有论及;再者,让当代人为了未来人的权益去限定自己行为的自由或权益,然后又让当代人去代言未来人,不仅存在一定理论上的悖论,而且在制度设计上也可能会存在一定的难题。柏克用合伙关系来比喻人类共同体,并借用合伙人之间相互负有最大的信任、公平、忠实的诚信义务,主张当代人对后代人负有合伙义务;但是,合伙关系需要明示的合伙契约来约束和规制各位合伙人,而后代人又很难事先作出合伙契约的安排。正是由于后代人权利理论存在或多或少的不同程度上的问题,所以一经提出就受到异议

---

① 《环境保护法》第 58 条规定:"对污染环境、破坏生态,损害社会公共利益的行为,符合下列条件的社会组织可以向人民法院提起诉讼:(一)依法在设区的市级以上人民政府民政部门登记;(二)专门从事环境保护公益活动连续五年以上且无违法记录。符合前款规定的社会组织向人民法院提起诉讼,人民法院应当依法受理。提起诉讼的社会组织不得通过诉讼牟取经济利益。"

和反对。

　　未来人权利理论尽管批判之声不断，但是为什么还有那么多著名学者主张或赞同未来人享有权利？这或许与我们当代人无所不为、肆意妄为的行为密切相关。随着科技的发展，当代人完全有能力将唯一的地球改变成他们的祖先和后人都震惊和讨厌的、面目全非的模样。气温升高、冰雪融化、资源枯竭、物种灭失、生态恶化、多样性丧失等当今经济社会发展所带来的问题，是促使未来人权利诸种理论产生的根源，也是这些著名学者通过他们的理论主张和相关法律机制的建构设想来直接关心和寻求环境问题的解决之道。因此，本章也较为详细地介绍和探讨了未来世代环境权的必要性和可能性论证，以及法律机制的建构等问题，并主张后代人或未来世代的权利或环境权，需要从整体或集体权利角度进行创新性法律制度建构。

第五章　自然物的权利:伦理提倡与法律应对

一、引　　言

1972 年和 1985 年斯通(Christopher D. Stone)教授在《南加州法律评论》(*Southern California Law Review*)发表了两篇论"树应该有诉讼资格吗?"(*Should Trees Have Standing?*)的研究论文①(以下简称"树"文),在为自然物享有与人类"有差别的平等对待"的观点进行辩护,提倡通过"监护人"制度赋予自然物法律权利和诉讼资格之后②,又以多元化视角运用逻辑推理论述了自然物的道德权利,以及将这种权利类型引入法律的合理性。③在 1972 年的论文《树应该有诉讼资格吗?——迈向自然物的法律权利》中,他写道:"我正十分严肃地建议,给予自然界中的森林、海洋、河流以及其他所谓的'自然物'以法律权利,给予整个大自然以法律权利。"④由此,将 20 世纪六七十年代美国现代环境保护运动以来关于自然物权利的讨论推向顶峰,引起各国学者广泛关注。

二、自然物的权利研究综述

自然物(在此特指非人类自然物)与人类之间存在千丝万缕的联系。这些联系涵盖了情感利益、经济利益、工具价值、审美需要与生命支持系统等

---

① Christopher D. Stone, Should Trees Have Standing? Toward Legal Rights for Natural Objects, in *Southern California Law Review*, Vol. 45:450, 1972, pp. 1-154. Christopher D. Stone, Should Trees have Standing? Revisited: How Far will Law and Morals Reach? A Pluralist Perspective, in *Southern California Law Review*, Vol. 59:1, 1985, pp. 1-157.

② See Christopher D. Stone, Should Trees Have Standing? Toward Legal Rights for Natural Objects, in *Southern California Law Review*, Vol. 45:450, 1972, pp. 1-154.

③ See Christopher D. Stone, Should Trees have Standing: Revisited: How Far will Law and Morals Reach? A Pluralist Perspective, in *Southern California Law Review*, Vol. 59:1, 1985, pp. 1-157.

④ 译文参见〔美〕克里斯托弗·D. 斯通:《树应该有诉讼资格吗?——迈向自然物的法律权利》,王明远译,载《清华法治论衡》2010 年第 1 期。

各个方面。如何看待、理解和认识这些联系,是人文社会科学的重要议题。同时,也正是因为这些联系所涉及的范围如此广泛、关系错综复杂,倘若我们将其放在不同的分析框架之下,就可能获得互不相同,甚至看似相互矛盾的结果。

在现代社会,宣扬尊重自然、保护自然最为直接的方法,就是首先在道德上,进而在法律上赋予自然物以"权利",通过人类社会的道德自律和制度结构给予自然以相对完善的保障。对此,在法学,乃至哲学领域,有过诸多经典论断。

(一) 自然物有权利——法学代表性观点所做的解释

有资料可查的最早一篇系统论述自然物在现代法律中主体地位的专门性研究论文是 1964 年美国宾夕法尼亚大学莫里斯(Clarence Morris)教授所撰写的《走兽和树木的权利和义务:一名法律教师为景观设计师所作的短文》。通过比较古代中国"道"的知识、孔子文化传统与中世纪西欧基督教对于自然的不同认识观念,莫里斯首次提出了"自然的法律权利"这一概念。[①]在文中,他甚至引用了"揠苗助长"的故事来说明由于中国农耕文化和欧洲游牧文化在生活习俗方面的不同所带来的古代中国与古代欧洲在看待人与自然关系方面的差异,并进一步提出了自然的"次级权利""初级权利""举证责任倒置""有利于自然的法律推定"这些开创性的观点,以及在这种新的法律框架下如何才能更好地保护人类。

1972 年,即斯通首次发表"树"文同年,美国联邦最高法院大法官斯图尔特在塞拉俱乐部诉莫顿案的法院判决意见中,记录了时任陪审法官威廉·道格拉斯(William O. Douglas)的判决异议。其中,道格拉斯谈道:"无生命物有时也是诉讼中的当事人。船舶具有法定人格,这种拟制对于海运目的来说非常有用。单独法人———一种教会法的产物——就是一个可接受的对手,并且其案件中往往涉及大量财富……无生命物的声音,因此,不应被平息。这不是说司法接管了联邦机构的管理职能。这仅仅是说在这些仅存的美国无价之宝(例如山谷、高山草甸、河流,或者湖泊)永远消失或者被改造成我们城市环境最终的废墟以前,(法院)应当听到这些环境奇迹的现

---

　　① See Clarence Morris, The Rights and Duties of Beasts and Trees: A Law Teacher's Essay for Landscape Architects, in *Journal of Legal Education*, Vol. 17, 1964, pp. 185-192.

有受益者的声音。"①1974 年,哈佛大学特雷布(Laurence H. Tribe)教授在《不要想到塑料树的方法:环境法的新基础》的论文中,分析了当代环境法的不合目的现象及其在认识论上的局限性,并提出在自然演化的语境下应当重新认识"权利"的概念。② 20 世纪 70 年代末,欧文·费斯(Owen M. Fiss)教授又在《正义的形式》③一文中引用"树"文,从一个侧面说明美国司法制度实施结构性改革的必要性。

20 世纪 90 年代中期,瑞士伯尔尼大学的伊曼尼格(Susan Emmenegger)教授和钱舍尔(Axel Tschentscher)教授④撰文《认真对待自然的权利:环境法通向生物中心主义的漫长道路》,详细回顾和评述了"自然的法律权利"被提出以来,法律文件的发展、变化及在学界引发的各种争议,认为环境法,尤其是国际环境法应当转向一种"非人类中心的世界观"。文章提出"自然的法律权利"是指:生物的生存权包括自我保护、移动、进食和生育的权利,免受不必要痛苦的权利,以及为环境损害诉诸法律的权利。⑤

2000 年,芝加哥大学桑斯坦(Cass R. Sunstein)教授发表《动物的诉讼资格(兼论动物权利)》一文,谈到虽然法律往往在形式上采用"动物福利"一词,但是基于美国国会已经颁布的逾 50 部旨在保护动物福祉的制定法这个基本事实来看,动物已经在客观上和实质上享有法律权利,"严重的问题是出在那些定义和执行上"。⑥ 从而,对"动物权利"和"动物福利"的概念及其在使用过程中的重合性提出了全新认识。

(二) 自然物为何有权利? ——哲学的两种证明方法

回溯哲学领域,关于"自然物权利"的证明是形而上地围绕"人对自然的道德责任"和"自然的内在价值"展开的。在哲学界,尤其是伦理学中,针对

---

① Sierra Club v. Morton 405 U. S. 727 (1972). Available online: http://elr. info/sites/default/files/litigation/2. 20192. htm, last visited 2017/04/16.

② See Laurence H. Tribe, Ways not to Think about Plastic Trees: New Foundations for Environmental Law, in *the Yale Law Journal*, Vol. 83, 1974, pp. 315-348.

③ Owen M. Fiss, Foreword: The Forms of Justice, in *Harvard Law Review*, Vol. 93, 1979, pp. 1-58. 该文实是费斯教授《如法所能》一书的前言。中译本参见〔美〕欧文·费斯:《如法所能》,师帅译,中国政法大学出版社 2008 年版。

④ 他们当时分别就职于纽约 Thomas Ré & Partners 律师事务所和德国汉堡大学。

⑤ See Susan Emmenegger & Axel Tschentscher, Taking Nature's Rights Seriously: The Long Way to Biocentrism in Environmental Law, in *the Georgetown International Environmental Law Review*, Vol. 6, 1994, pp. 545-592.

⑥ See Cass R. Sunstein, Standing for Animals (with Notes on Animal Rights), in *UCLA Law Review*, Vol. 47, 2000, pp. 1333-1368.

"自然物权利"中"自然物"的概念存在三种主要认识:第一种观点认为作为权利主体的自然物应当是会呼吸之物,具体而言就是动物;第二种观点认为权利应当广泛属于有生命之物,"生命"或者"生存"这样的事实本身就是权利的证明;第三种观点则认为,从自然和生态系统的整体性来看,任何生命体在脱离生态系统或者客观自然环境后都不能单独存在,因此自然界以及其中的各种存在物,包括有生命物和无生命物都应当被纳入权利体系。贯穿于这些观点之中的,是两种典型的证明方法及其论据,即"感知(觉)能力"和"内在价值"。

1. "感知(觉)能力":"天赋"权利的注脚与说明

启蒙思想家卢梭在讨论动物是否也存在于自然法的调整范围内时,曾谈道:一方面,因为没有智慧和自由意志,动物(禽兽)是不能认识这个(自然法)法则的;但是,因为它们也具有天赋的感性,在某些方面,也和我们所具有的天性一样,所以我们认为它们也应当受自然法支配,人类对于它们也应担负某种义务。"这种性质,既然是人与禽兽所共有的,至少应当给予禽兽一种权利,即在对人毫无益处的情况下,人不应当虐待禽兽。"①

"天赋的感性"或者"感知(觉)能力"这个概念,在后来的动物权利(福利)论争乃至环境伦理学中得到了广泛的继承,影响甚深,并被多数动物解放论者作为证明动物权利的基本基础和来源,以及作为人对动物负有义务的基本依据。这一点首先在被伦理学界普遍认为是动物解放主义源头的边沁功利主义学说那里得到体现。边沁曾论述道:"有哪些别的载体,它们处于人的支配性影响之下,同时可得幸福? 它们有两种:(1)被称作人的其他人;(2)其他动物,其利益由于旧时法学家的麻木而遭忽视,降入物类。"②在这段简短的论述中,边沁确立了证明法律适用(保护)从个人延伸至法律上拟制(或承认)的人再拓展到动物(自然物)的基本研究框架。后世学者,包括斯通在论证自然物的法律(或道德)权利时,大多接受和沿袭了这个证明框架。③

① 〔法〕卢梭:《论人类不平等的起源和基础》,李常山译,商务印书馆1962年版,第68页。
② 〔英〕边沁:《道德与立法原理导论》,时殷弘译,商务印书馆2000年版,第348页。
③ 在"树"文中,斯通对这个证明框架作出了反复阐述与论证,例如,"……我们一直致力于让儿童成为'人',尽管他们过去在法律上不一定是'人'。而且,尽管有人会说不够完美,但我们也同样致力于加强对犯人、外国人、妇女(尤其是已婚妇女)、精神病人、黑人、胎儿和印第安人的保护。……是否仅承认人类是权利的持有者,这无关紧要。律师的世界充斥着无生命的权利持有者,在此仅举几例:信托、公司、合资企业、自治市、有限合伙和民族国家。依然被法院以女性相称的船舶,长期以来都拥有独立的法律生命,并常常由此产生重大的后果。"参见〔美〕克里斯托弗·D.斯通:《树应该有诉讼资格吗? ——迈向自然物的法律权利》,王明远译,载《清华法治论衡》2010年第1期。

　　在对上述观点做注时,边沁进一步谈道:"为什么它们(动物)普遍未像人类生灵的利益那样,被允许在敏感性方面有那么多差异?因为现存法律是相互恐惧的产物,而那些较少理性的动物缺乏人所有的那种手段来利用这种恐惧感。……可能有一天,其余动物生灵终会获得除非暴君使然就绝不可能不给它们的那些权利。……问题并非它们能否作理性思考,亦非它们能否谈话,而是它们能否忍受。"① 从而,他将"感知(觉)能力"与"动物权利"联系起来,证明感觉(知觉)和忍受限度(痛苦程度)是使动物获得权利的标准,是人对动物承担义务的客观前提,而不是皮肤颜色、毛发数量、理性、思考能力、交谈能力或者其他什么因素。

　　继边沁之后,亨利・萨特(Henry Stephens Salt)于 1892 年出版了历史上第一部全面讨论动物权利的哲学著作——《动物的权利:与社会进步的关系》。② 有意思的是,动物的"感知(觉)能力"在这本著作中,仍然是连接"动物权利"与"人的义务"的关节点。萨特坚信动物应该自由地过它们自己的生活,而人类有责任慈悲和公正地对待它们。书中,他试图说服人们不要掠杀或者食用动物,并指出这是文明社会与野蛮社会的重要区别。该书也是首部对家养动物、野生动物、实验动物、肉类加工业和动物毛皮制造业作出分类研究并进行批驳的专门著述。1975 年,彼得・辛格(Peter Albert David Singer)采用类似分类方法完成并出版《动物解放》一书,正式提出"动物解放"的概念和"同等痛苦同等关切"的动物权利观。

　　此外,20 世纪 60 年代以来,各类实验陆续证明植物也有"感知能力",具有与人类相类似的高级情感活动。③ 许多植物能够感受到快乐、恐惧或者痛苦。2008 年,瑞士联邦非人类生物技术伦理学委员会(The Swiss Federal Ethics Committee on Non-Human Biotechnology)发表报告《有关植物的生命尊严——基于植物利益的道德考虑》,论述了植物的感知能力和植物个体、植物物种以及植物集体的道德尊严,并一致提出包括"没有合理理由采

---

　　① 〔英〕边沁:《道德与立法原理导论》,时殷弘译,商务印书馆 2000 年版,第 348—349 页。

　　② Henry S. Salt, *Animals' Rights: Considered in Relation to Social Progress*, New York: Macmillan & Co, 1892. Available online: http://www.animal-rights-library.com/texts-c/salt01.pdf, last visited 2017/04/16.

　　③ See Cleve Backster, *Primary Perception: Biocommunication with Plants, Living Foods, and Human Cells*, White Rose Millennium Press, 2003. Available online: http://www.primary-perception.com/book.html, last visited 2017/04/16. 但是,按照神经生物学的解释,只有具有神经系统的生物才具有感知能力,而现代科学还没有发现植物具有神经系统,因此,植物的"情感"反应目前在科学上只能称之为应激性。

摘路边野花"等随意伤害植物的行为在道德上是绝对不被允许的。① 尽管这份报告受到了来自瑞士国内和国际社会的嘲笑②，但是近年来陆续有研究者转向讨论"植物的权利"议题③，作为与人权、动物权利并列的自然物的权利类型。④

2. 自然的内在价值

分析并承认"自然的内在价值"是现代环境伦理学证明自然物"权利"的另一条主线。或许，在"自然的内在价值"这个部分，"自然物为何有权利"这个设问应当被修改为"人为什么对自然物负有义务？"⑤罗尔斯顿在 1975 年发表的论文《存在着一种生态伦理吗？》中谈到，"内在价值"并非人类专属，而一种适宜的生态伦理取决于自然中"善""价值"的发现。⑥ 在 1988 年出版的《环境伦理学——大自然的价值以及人对大自然的义务》中，他提出"当我们说，人拥有天赋权利时，我们的意思是，人格（人的天然本性所具有的特点）自身就具有某些值得用权利来加以保护的价值，而且，文化中的法律应

---

① See The Swiss Federal Ethics Committee on Non-Human Biotechnology，*The Dignity of Living Beings with Regard to Plants. Moral Consideration of Plants for Their Own Sake*，2008，available online：http://www. ekah. ch/fileadmin/ekah-dateien/dokumentation/publikationen/e-Broschure-Wurde-Pflanze-2008. pdf，last visited 2017/04/16.

② See Improbable Research，Winners of the Ig Nobel Prize：For Achievements that First Make People Laugh then make them Think，online resource at：http://www. improbable. com/ig/winners/♯sthash. vOlSgPP8. dpuf，last visited 2017/04/16.

③ See Michael Marder，Of Plants，and Other Secrets，in *Societies*，Vol. 3，2013，pp. 16-23. 马尔德认为，植物的权利来源于植物的主体性，而与人格或者动物的主体性相比，植物主体性是一个更为隐蔽的概念。另可参见 Michael Marder，*Plant-Thinking*：*A Philosophy of Vegetal Life*，Columbia University Press，2013.

④ 雷根极力反对"植物的权利"这一提法。他认为，虽然植物同属生命的体验主体，但却应当被排除在权利体系之外，否则则无法说明人类以动物为食的不道德性。因为，动物同样以植物为食，但道德体系对此却无法作出良好的解释。参见〔美〕T. 雷根：《关于动物权利的激进的平等主义观点》，杨通进译，载《哲学译丛》1999 年第 4 期。

⑤ 罗尔斯顿并不赞成对自然物采用"权利"这个概念。他说："'权利'是一个名词，它看上去像是一个动物或一个人所拥有的某种不同于头发、牙齿和皮肤的东西的名称。但是，不存在任何生物学意义上的与权利对应的指称物；权利更像某个人所拥有的'金钱'和'地位'；也就是说权利这类东西只有在文化习俗的范围内，在主体性和社会学的意义上才是真实存在的，它们是用来保护那些与人格不可分割地联系在一起的价值的。……权利概念在大自然中是不起作用的，因为大自然不是文化。"〔美〕霍尔姆斯·罗尔斯顿：《环境伦理学：大自然的价值以及人对大自然的义务》，杨通进译，中国社会科学出版社 2000 年版，第 68 页。

⑥ 转引自〔美〕J. B. 科利考特：《罗尔斯顿论内在价值：一种解构》，雷毅译，载《哲学译丛》1999 年第 2 期。

反映出这些价值。那么天赋权利的概念是否可应用于非人类存在物呢?"①
对此,他进一步论述说:"对种群、物种、基因库和栖息地的关注需要一种合
作意识,这种意识把价值理解为'共同体中的善'。……个体的价值要适应
并被安置于自然系统中,这使得个体的价值依赖于自然系统,内在价值只是
整体价值的一部分,不能把它割裂出来孤立地加以评价。"②在书中,他反复
强调非人类自然实体和整体自然的内在价值,以及这种内在价值是如何通
过一个生命的死亡、消解而使生态系统获得更高、更为伟大的价值。③ 基于
自然的内在价值和人类对这种价值系统的不断发现,呈现出了人类对自然
的责任。

"自然的内在价值"理论在泰勒(Paul Warren Taylor)那里得到了捍卫。
在 1981 年发表的论文《尊重自然的伦理学》和 1986 年出版的著作《尊重自
然:一种环境伦理学理论》中,泰勒反复重申,每个生物都有一种内在的目
的。每个生物就是自身的目的,因而每个生物具有自身的善。④ 然而,与罗
尔斯顿稍有不同的是,泰勒认为以生命为中心的目的论是具有固有价值和
享有道德关怀的充分必要条件。因此,"非生命物质(如大气和海洋)、整体
(物种和生态系统),以及地质和进化过程(如从地球内部释出气体物质和自
然选择)都不具有内在价值。"⑤在名称上,泰勒也明确地将其环境伦理学称
为"生物中心主义自然观"而非广义的"生态中心主义"。

1983 年,雷根(Tom Regan)出版《为动物权利辩护》一书,以内在价值,
或者他所称的"天赋价值"观作为其立论的重要基础,提出了他闻名于世的
动物权利论。在雷根看来,功利主义并不完美,用功利主义来解释动物的权
利问题也并不是一个可靠的办法。因为,"对功利主义者来说,你和我就像
杯子;作为个体,我们毫无价值,因而也不具有平等的价值。具有价值的是
那些让我们体验到的东西,是我们作为容器要去接纳的东西;我们的满足感

---

① 〔美〕霍尔姆斯·罗尔斯顿:《环境伦理学:大自然的价值以及人对大自然的义务》,杨通进
译,中国社会科学出版社 2000 年版,第 64 页。
② 同上书,第 296 页。
③ 同上书,第 301—306 页。
④ See Paul W. Taylor, The Ethics of Respect for Nature, in *Environmental Ethics*, Vol. 3,
1981, pp. 197-218.
⑤ 转引自〔美〕J. B. 科利考特:《罗尔斯顿论内在价值:一种解构》,雷毅译,载《哲学译丛》1999
年第 2 期。

具有正面的价值，我们的挫折感具有负面的价值。"①雷根认为，功利主义虽然宣称个体的价值，然而实际上在功利主义的框架中个体是没有价值的。按照功利主义的方法来解释，无论人还是动物，其自身都不具有价值，只有感觉才具有价值，而这显然是很不合理、更不可靠的。对此，雷根采用的方法是转而着重论述"天赋价值"这个概念，并依此提出他认为最为圆满的理论——权利论。在雷根的理论中，天赋价值等同地属于生命的体验主体，"所有拥有天赋价值的存在物都同等地拥有它，不管这些存在物是否是人这一动物。"②同样地，何种形式的生命体或者何种数量规模的生命体也不是考查天赋价值的标准。人的理性，与人本主义者的认识所不同的是，并非所谓"人的内在价值"的属性和证明，而恰恰正是因为人有理性才迫使我们承认动物——作为生命的体验主体——也拥有与人同样的天赋价值。一切生命主体都平等地拥有天赋价值，因而都拥有获得尊重的平等权利。有鉴于此，雷根提出动物权利运动不过是人权运动的一个部分，而不是它的敌对者。

三、法律适用中自然物的主体地位

（一）中世纪欧洲的动物审判：一个简短的回顾

在 1474 年的瑞士巴塞尔，一只公鸡下了个蛋，被诉违反自然法、判处有罪并施以火刑。③ 这大概是迄今有记录可查的人类与自然物之间发生诉讼的早期例证之一。如果说中世纪欧洲的动物审判是源于人类对于造物

---

①　〔美〕T. 雷根：《关于动物权利的激进的平等主义观点》，杨通进译，载《哲学译丛》1999 年第 4 期。

②　同上。

③　See Clarence Morris, The Rights and Duties of Beasts and Trees: A Law Teacher's Essay for Landscape Architects, in *Journal of Legal Education*, Vol. 17, 1964, pp. 185-192. 这个案例是在 15 世纪巴塞尔一位牧师的日记中发现的，以拉丁文记录。公鸡被送上法庭的原因除了当时法律不仅适用于人，也适用于同是神的创造物的动物以外，主要还因为当时的自然论者长期警告这种不符合自然规律的现象预示着蜥蜴状妖怪——一种蛇怪的出现。这种怪物是公鸡与毒蛇的混种，它会喷射出致命的浓烟，能够用它的眼神杀人。在那个时代，蜥蜴状妖怪（basilisk）和巴塞尔（Basel）两个词在发音上的类似，更引起一阵不安。当地的法庭在一大群旁观者面前，将雄鸡杀死，并且掏空它的内脏。这种场景非同寻常的刺激，使围观者比平常更挣扎于想看与不敢看之间。据说，治安法官在将这起犯罪的物证烧成灰烬之前，又发现了另外两枚鸡蛋。〔英〕萨达卡特·卡德里：《审判的历史——从苏格拉底到辛普森》，杨雄译，当代中国出版社 2009 年版，第 134 页。

主的敬畏,仿佛沙斯尼指出的:"正如一个统治者未经审判就对人类进行惩罚,是'无法容忍的暴政'一样,在尚未给一个动物听审的机会前,就寻求上帝帮助惩罚它们,是完全不正当的。"①那么,也如同巴恩斯所言"未来在于过去"②,诸如此类人与自然物之间的早期诉讼案例说明了人与自然物之间并非在现代才首次共同以法律关系主体的地位诉诸法的适用问题。

　　据考证,早在古希腊时期就有关于雅典市政厅对致人死亡的动物,甚至石头、房梁、铁块进行审判的记录。③ 直到中世纪的欧洲,人与自然物之间的诉讼达到了顶峰。人被视为上帝的臣民,与其他自然物同为上帝的造物。"但借着所造之物,就可以晓得,叫人无可推诿。"④当时的人类过于弱小,时常受到来自动物和自然界的侵扰。然而,自然法与上帝的法同一,人不能违背自然,如同其不能违背上帝。因此,人们对于这些不堪忍受的侵扰除了向上帝虔诚地祷告以外,更诉诸教会法庭。⑤ 考据发现,公元9世纪开始出现关于家养动物犯罪在与人相同的普通法庭受审;而有害动物例如老鼠、蝗虫犯罪在教会法庭受审,且如被判有罪则以正式法令判处死刑、革除教籍或者流放的判例。⑥ 教会不仅向自然物作出民事判决,也对动物侵害人的行为

---

　　① 转引自〔英〕萨达卡特·卡德里:《审判的历史——从苏格拉底到辛普森》,杨雄译,当代中国出版社2009年版,第139页。

　　② 转引自李颖:《论〈10½章世界历史〉对现代文明的反思》,载《当代外国文学》2012年第1期。

　　③ See Walter Woodburn Hyde, The Prosecution and Punishment of Animals and Lifeless Things in the Middle Ages and Modern Times, in *University of Pennsylvania Law Review*, Vol. 64, 1916, pp. 696-730. 波桑尼阿在《希腊记事》中记录了德拉古法关于雕像压死人受审的一个案件,"……死者的孩子控诉这个雕像的杀人罪行;塔索斯(靠爱琴海北岸的一个岛屿)的居民根据德拉古的决议把这个雕像推到海里去,德拉古为雅典人写了刑事法,并决定如果某一无生命物倒塌压死人的话,那它就要被惩罚。"《古代希腊史参考资料(译草)》,吉林师范大学1960年版,第6—11页。转引自孔晶:《希腊古典时期诉讼制度研究》,华东政法大学2010年博士学位论文。

　　④ 《罗马书》第二段"罪恶",贰"神的审判"。

　　⑤ 〔英〕萨达卡特·卡德里:《审判的历史——从苏格拉底到辛普森》,杨雄译,当代中国出版社2009年版,第132页。与巴塞尔案相类似的案例还有很多,著名的案例如1510年欧坦鼠案、1545年圣朱莉象鼻虫案等,甚至有关于是否应当审判撒旦的讨论。

　　⑥ See Walter Woodburn Hyde, The Prosecution and Punishment of Animals and Lifeless Things in the Middle Ages and Modern Times, in *University of Pennsylvania Law Review*, Vol. 64, 1916, pp. 696-730.

（如杀人）适用刑罚。① 法庭不仅审判，而且正式作出宣判。②

中世纪欧洲大量与动物相关的判例存在两个显著的特点：

其一，这些案例在本质上保护的是人的利益。在有记载的案例当中，除人和动物共同违反自然常性，共同受审的以外③，在绝大多数案件里，均是动物因侵害人的利益而受到审判。人类侵害动物而受审的记录则较为少见。这能够从一个侧面说明，动物审判的目的在于维护人的利益。例如，1451年，教会法庭命令一位牧师驱逐日内瓦湖的七鳃鳗，因为"这些巨大的吸血鬼，扬言要摧毁所有的大鱼，这对于鲑鱼——在斋戒的日子里最受欢迎的一种食品，尤其是致命的。"④1591年，一头猪因为吃掉摇篮中的小孩而被绞死。对于这个案件，当时的一个文稿中写道："这实际上是为了警告父母、保姆和仆人，不要让小孩独处，确保动物不会伤害孩子们。"⑤不仅对于动物，对于其他无生命物的审判也是如此，目的在于使人免遭由自然物所造成的非命和侵袭。在当时，"人经常视不能报复动物的攻击为对自己的侮辱"，而"抓住不会思考的动物，让它们为自己的行为付出代价，显示了谁是主宰"。⑥

其二，这些案例也体现和说明了当时人类社会对于自然物的利益的认同。虽然动物审判的目的主要在于保护人类，维护人的利益，然而这些审判的存在也说明了自然物的利益确实受到了人类在一定程度上的认同与尊重。在一些诉讼中，自然物的利益在法律程序和实体正义方面获得了确认。本着正当程序的原则，教会在侵害人类财产或日常生活的案件中为自然物

---

① 中世纪对动物的刑事审判的记录与考证，详细内容参见 E. P. Evans, *The Criminal Prosecution and Capital of Animals*, E. P. Dutton and Company, 1906.

② 贝藏松木蠹案中，教会法庭的判决部分记录如下："我们以全能的上帝，以圣父、圣子和圣灵的名义，以我主耶稣基督最神圣的母亲玛利亚的名义，凭借神圣使徒彼得和保罗的权威，凭借使我们成为本案法官的权威，以神圣十字架坚强我们的意志，以对上帝的敬畏擦亮我们的双眼，我们告诫前述木蠹这些面目可憎的害人虫，并命令它们七日之内离开贝藏松教区马米罗勒村的圣米歇尔教堂，并毫无延迟或阻碍地移至由居民们为它们提供的牧地，以此作为其栖居地，再不许侵权圣米歇尔教堂，违则处以谴责、诅咒乃至革除教籍。为使本判决合乎法律，为使随时即可宣判的谴责、诅咒乃至革除教籍发生效力，特此训导马米罗勒村的居民们，热心慈善义务，按神圣教会的命令供奉什一税，在主之圣殿内力戒轻浮举动，并每年一度在贝藏松主教雨果被打入知觉全无的黑暗那个令人痛恨的日子……"参见〔英〕朱利安·巴恩斯：《10 1/2 章世界史》，林本椿、宋东升译，译林出版社2010 年版，第 69—70 页。

③ See E. P. Evans, *The Criminal Prosecution and Capital of Animals*, E. P. Dutton and Company, 1906, pp. 150-153.

④ Ibid., p. 27.

⑤ 〔英〕萨达卡特·卡德里：《审判的历史——从苏格拉底到辛普森》，杨雄译，当代中国出版社2009 年版，第 136 页。

⑥ 同上书，第 136 页、第 140 页。

指定律师。① 在动物杀人的案件中,被告虽不允许获得律师辩护(在人杀人的案件中,被告通常也不得享有律师辩护的权利),但法庭却照例传讯证人,在对被判有罪的动物处以死刑前照例将其押解至监狱,并在行刑时得到与人类死囚几乎相同的对待。在有些案件中,动物甚至可以作为证人出庭。② 对此,法学家解释说:"动物被通过一种人格化的行为,赋予了人的权利和责任"③。在实体正义方面,卡德里记录了一群鼹鼠在 1500 年受审的故事。在这个案例中,鼹鼠被控"挖地洞,使草和绿色植物无法生长",而"鼹鼠的辩护人指出,它们同时也吃毛虫蛹,有助于丰收。因此,法院作出了重大让步。保证鼹鼠在被放逐的途中不受猫狗攻击,而那些怀孕的、处于幼年的,可以在 14 天后离开。"④

(二) 美国现代环保运动以来自然物在环境诉讼中的资格确认

基于普通法传统,现代环保运动以来的美国法中,有关自然物权利的争议最集中地表现在涉及环境利益分配的公民诉讼领域,即斯通在"树"文中提出的自然物的诉讼资格问题。在"树"文中,通过比拟胎儿、婴儿等无行为能力人权利的实现,斯通提出了一种"监护人"制度,即由法院指定、代表自然物的权利、以自然物的名义提起损害赔偿之诉的人。根据不同的案件事实,监护人可以是政府主管部门、环保团体或者某种"委员会"。文中谈道:"通过这样的做法,我们实际上使自然物,通过其监护人,成为一个法律实体,它有能力收集这些分散的以及以其他方式无代表为之代言的损害请求,并向法院提出这些请求,甚至在那些基于法律或实践的原因,传统集团诉讼的原告们不愿提起诉讼的场合,也是这样。"⑤这可能是在支持自然物有权利的法律人看来,实现这类权利的最为理想的制度之一。

---

① 例如在前述象鼻虫案、鼠患案中,教会均为被告指定了律师。参见〔英〕萨达卡特·卡德里:《审判的历史——从苏格拉底到辛普森》,杨雄译,当代中国出版社 2009 年版,第 132—133 页、第 137—139 页。

② See E. P. Evans, *The Criminal Prosecution and Capital of Animals*, E. P. Dutton and Company, 1906, p.279.

③ 至于 1474 年那只被开膛的公鸡,"只具有异教徒的人格"。Walter Woodburn Hyde, The Prosecution and Punishment of Animals and Lifeless Things in the Middle Ages and Modern Times, in *University of Pennsylvania Law Review*, Vol. 64, 1916, pp.696-730.

④ 〔英〕萨达卡特·卡德里:《审判的历史——从苏格拉底到辛普森》,杨雄译,当代中国出版社 2009 年版,第 138—139 页。

⑤ 〔美〕克里斯托弗·D. 斯通:《树应该有诉讼资格吗? ——迈向自然物的法律权利》,王明远译,载《清华法治论衡》2010 年第 1 期。

　　然而,实践中的普通法否认这类"创设"的权利。普通法中,诉讼主体资格的取得首先依赖于"损害"的存在,原告除非能够证明自己受到了正在实施或者拟议行为的实际损害或存在重大损害风险,否则无权提出诉讼。[①] 也就是说,法院认定原告资格必须在普通法上证明其享有诉因。这不得不迫使律师或者环保人士转而另辟蹊径来证明对自然物的损害与自身利益之间存在客观联系。例如,桑斯坦曾提出,有三类人:(1) 被剥夺了合法的必要信息(知情权)的;(2) 面临"审美"损失的;以及(3) 因遵守环境、自然或动物福利保护法律,而受到其他违反这些法律者不正当竞争损害的人,应当享有保护自然物(动物)法律利益的诉讼资格。[②]

　　在著名的 1972 年塞拉俱乐部诉莫顿案中,作为公益环保团体的原告,塞拉俱乐部也不得不想出提供宣誓书这样的途径来证明自身利益将受到内政部拟议的红杉国家森林公园矿金峡谷滑雪场开发项目的损害。但是,这种证明方法并未获得法院采信。在该案的终审判决中,联邦最高法院指出:"(塞拉)俱乐部没有在起诉书或者宣誓书中的任何部分说明其成员出于任何目的使用矿金峡谷",或者说明其对峡谷的利用可能受到被告的拟议活动的何种重大影响。据此,"法院不认为在没有证明更为直接利益关系的前提下该俱乐部的关切能够成立法律意义上足以挑战代表全体公民根据国会和宪法授权由政府官员所履行职责的诉讼资格"[③]。不过,该案中,塞拉俱乐部虽然最终败诉,但联邦最高法院在判决书中却承认了受损害的利益不限于经济价值,并确实也可以反映为审美、环保或者娱乐价值。此外,判决意见也指出仅依据"利益受到多人广泛分享并且损害也受到广泛分担"这一事实,并不能根据该事实本身剥夺当事人受司法保护的利益或者取消其提出损害赔偿的资格。这对此后的公民环境诉讼中原告资格的取得具有积极意义。同时,在该案的判决异议中,时任陪审法官道格拉斯也提出,如果能够修改联邦诉讼规则,赋予自然物以自己名义提起诉讼的权利,就可以解决在此类具有公益性质的环境诉讼案件中认定诉讼资格的难题。

---

① 《美国法典》(第 5 卷)第 702 条《联邦行政程序法》"审查权"条文规定:"因行政行为而致使其法定权利受到不法侵害的人,或受到有关法律规定之行政行为的不利影响或损害之人,有权就此诉诸司法审查。"See 5 U. S. C. § 702 (2012) Right of Review.

② See Susan Emmenegger & Axel Tschentscher, Taking Nature's Rights Seriously: The Long Way to Biocentrism in Environmental Law, in *The Georgetown International Environmental Law Review*, Vol. 6, 1994, pp. 545-592.

③ Sierra Club v. Morton 405 U. S. 727 (1972). http://elr. info/sites/default/files/litigation/2. 20192. htm, last visited 2017/04/16.

　　然而,司法审判中自然物的诉讼资格认定问题并未由此取得突破性进展。1978 年田纳西流域管理局诉希尔案被视为保护濒危物种领域的经典判例。该案中,联邦最高法院判决禁止继续建设即将完工且价值上亿美元的泰利库大坝,保留作为新近发现的珍稀物种蜗牛镖①关键性栖息地的小田纳西河流域,从而保护了蜗牛镖免受灭绝风险。② 但是,在该案中,联邦最高法院作出判决意见的主要法律依据是 1973 年《濒危物种法》第 7 条,即内政部长对有关危及濒危物种行为的审查权,以及各部门之间的合作义务规定。③ 并且,基于当时《濒危物种法》刚刚获得通过,确实需要有关判例支撑的历史背景,自然物的诉讼资格并未被列为该案的争议焦点。

　　随后的一系列类似案件中,法院系统表现出了虽有摇摆,但仍倾向于拒绝承认自然物诉讼资格的态度。1988 年帕里拉鸟诉夏威夷土地和自然资源部案(帕里拉鸟案四)中,联邦上诉第九巡回法院在判决中采用了多少带有些文学色彩的句子简短地论述帕里拉鸟的诉讼资格:"这种鸟(黄胸拟管舌鸟),夏威夷蜜旋木雀家族中的一员,也具有法律地位并可以飞到联邦法院中作为独立的原告。……其是参与本案诉讼的一方当事人,因此已经赢得了大写的权利。"④此后,至少有两个地区法院以该案作为先例,依据上述判决意见,判决支持《濒危物种法》授予了自然物(动物)诉讼资格。但 2004 年鲸类群落诉布什案⑤,第九巡回法院在判决意见中写道:"在提供司法意见过程中所作的陈述属于法官对判决的附带意见,但当其对于判决结果并非必要时即不具先例属性。……当我们判决帕里拉鸟案四时……绝大部分原告的诉讼资格都是清晰的,并且帕里拉鸟的诉讼资格从来也不属于一项争议焦点。"⑥据此,第九巡回法院指出 1988 年帕里拉鸟案中关于这种鸟主体资格的判决陈述属于不具约束力的判决附带意见,不构成判决先例。

---

①　The snail darter,拉丁学名 *Percina tanasi*,又称蜗牛鱼、坦氏小鲈。

②　Tennessee Valley Authority, Petitioner, v. Hiram G. Hill, Jr., et al. 437 U. S. 153 (1978) (98 S. Ct. 2279, 57 L. Ed. 2d 117). 案件详情参见汪劲、严厚福、孙晓璞编译:《环境正义:丧钟为谁而鸣——美国联邦法院环境诉讼经典判例选》,北京大学出版社 2006 年版,第 161—205 页。

③　16 U. S. C. § 1536 (2012).

④　Palila v. Hawaii Dep't of Land & Natural Resources 852 F. 2d 1106 (9th Cir. 1988). Available online: https://law. resource. org/pub/us/case/reporter/F2/852/852. F2d. 1106. 87-2189. 87-2188. html, last visited 2017/04/16. 由于该案是 1981 年以来塞拉俱乐部等诉夏威夷土地和自然资源部有关保护帕里拉鸟关键性栖息地一系列案件中的第四个案件,因此又被称为帕里拉鸟案四(Palila IV)。

⑤　Cetacean Community v. Bush 386 F. 3d 1169 (9th Cir. 2004). Available online: http://www. animallaw. info/cases/causfd386f3d1169. htm, last visited 2017/04/16.

⑥　Ibid.

与司法审判实践相比，联邦各类环保法案对自然物的态度则更为积极。在这些制定法中，自然物被作为一类特殊对象加以保护，包括《动物福利法》（Animal Welfare Act）①、《海洋哺乳动物保护法》（Marine Mammal Protection Act）②、《濒危物种法》（Endangered Species Act）③和《动物健康保护法》④等，涉及保护各类自然物权益（福利）的联邦法律共计 50 余部。这些法律所保护的自然物类型包括动物个体（陪伴动物、实验动物、养殖动物等）、动植物物种、栖息地、生态系统、自然景观、自然遗迹等。问题在于，适用这些法律时，我们应当如何认定自然物受到法律保护这一法律现象的性质。其中，自然物，尤其是动物，是否因此具有了如桑斯坦所辩护的"受保护的权利"以及在其利益受到损害时诉诸司法的权利。⑤ 如若如此，自然物就享有法律关系中的主体地位，属于受法律保护的特殊主体，与受到立法特别保护的妇女、儿童、老年人地位相当。或者，这一事实仅仅说明，如同文物、历史遗迹那样，自然物不过是受法律特别保护的客体，仍具有"物"或"财产"性质？又或者，自然物是介于法律关系主体与客体之间的非"物"之物？

（三）欧盟法中自然物的法律地位

成文法传统的欧洲大陆，在有关自然物权利的立法理念上具有较强的包容性。欧盟层面，对自然物的保护主要通过两个制度框架获得实现：一是动物福利法，二是环境责任制度。

1. 动物福利

与激进环保主义者所倡导的"权利"论不同，欧盟及其各主要成员国在动物保护立法中多采用相对柔和的"福利"概念。按照通常的认识，"权利"与"福利"的概念最大的区别在于，"权利"体现了主体性，而"福利"则相对弱化了主体性。在"权利"的视野中，拥有同等权利的主体之间完全平等；而在"福利"的语境下，则强调施予福利一方对接受福利一方的特别恩惠，尤指在生活上的利益和照顾。福利的施予方与接受方之间不一定具有平等地位。

---

① 7 U.S.C. §§ 2131—2159 (2012).
② 16 U.S.C. §§ 1361—1421 (2012).
③ 16 U.S.C. §§ 1531—1544 (2012).
④ 7 U.S.C. §§ 8301—8322 (2012).
⑤ See Cass R. Sunstein, Standing for Animals (with Notes on Animal Rights), in *UCLA Law Review*, Vol. 47, 2000, pp. 1333-1368.

此外,采用"福利"概念,也从一个侧面说明了欧盟在实施动物保护的同时,并不回避动物对人的利用价值。一方面,作为世界主要农产区之一,欧盟(欧共体)成立的最初目标是建立共同和自由的经济贸易区和统一农业政策。农业生产离不开对动植物的利用。另一方面,作为人文社会科学最为发达的地区之一,欧洲学术界对于社会福利和人权议题的研究十分活跃,道德和伦理的关照深入社会各个角落,也包括对人与自然的关系和自然物保护的不断反思。从这个意义上说,在立法中采用"动物福利"这一称谓,既不与联盟的总体目标相违背,又体现了尊重自然的理念和对于人与自然关系的新近研究成果。

由欧盟各成员国签署并于 1999 年生效的《阿姆斯特丹条约》及附件《动物保护和动物福利议定书》①属于最早的欧盟一系列动物福利法律规范文件中的初级法律,它首次在联盟初级立法层面上采用了"动物是有感知能力的存在物"这一表述,体现了将人文社会科学的研究发展融入法律规范的立法理念。该议定书要求在制定和实施联盟的农业、运输、内部市场和科学研究等政策时,联盟和各成员国应当充分重视动物福利的需要,并尊重各成员国尤其与宗教仪式、文化传统和地方遗产有关的立法或行政规定以及习惯。据此,欧盟在动物养殖、驯养、屠宰、捕获、运输、实验、科研,以及利用动物进行的娱乐活动、皮毛加工业和野生动物贸易、栖息地保护等诸多方面制定了一系列公约、决议和指令。

随着《修正〈欧洲联盟条约〉和〈建立欧洲共同体条约〉的里斯本条约》(以下简称《里斯本条约》)②于 2009 年 12 月 1 日生效,欧盟理事会于 2012 年 11 月 12 日通过了经《里斯本条约》改革的《〈欧洲联盟条约〉、〈欧洲联盟运行条约〉和〈欧洲联盟基本权利宪章〉统一文本》。③ 其中,新增加的《欧洲联盟运行条约》第 13 条规定:"在制定和实施联盟的农业、渔业、运输、内部

---

① 可参见:The Protocol on the Protection and Welfare of Animals annexed to the Treaty of Amsterdam (1999), Available online: http://europa. eu/europe an-union/sites/europaeu/files/docs/body/treaty_of_ams terdam_en. pdf, last visited 2019/10/28.

② 可参见:http://europa. eu/lisbon_treaty/full_text/index_en. htm, last visited 2017/04/16.《里斯本条约》,又称改革条约,其前身是《欧盟宪法条约(草案)》。《里斯本条约》的正式文本与未获得批准的欧盟宪法条约在文本内容上的差异极小,是具有宪法性质的欧盟改革条约。《里斯本条约》于 2007 年 12 月 13 日经欧盟全体成员国签署,并于 2009 年 12 月 1 日正式生效。该条约旨在调整当前急需变革的欧盟在全球的角色、人权保障、欧盟决策机构效率,并针对全球气候暖化、天然能源等政策,以提高欧盟全球竞争力和影响力。

③ 可参见:http://register. consilium. europa. eu/doc/srv? l=EN&t=PDF&gc=true&sc=false&f=ST%206655%202008%20REV%207,last visited 2017/04/16。

市场、研究和技术开发以及空间等政策过程中,联盟和各成员国应当,鉴于动物是有感知能力的存在物,充分重视动物的福利需要,并尊重各成员国尤其与宗教仪式、文化传统和地方遗产有关的立法或行政规定以及习惯。"

与 1999 年《阿姆斯特丹条约》和附件《动物保护和动物福利议定书》相比,2012 年《欧洲联盟运行条约》关于动物福利规定的重要意义表现在:一是将政策制定过程中对动物福利的关切在农业、运输、内部市场和科研四个传统部门基础上拓展至了渔业、技术开发和空间等领域。二是《欧洲联盟运行条约》重申了"动物是有感知能力的存在物"这个立法表述。三是基于2002 年以来欧盟制宪委员会成立并运行以及欧盟宪法条约公投的历史背景,《里斯本条约》实际上是代替欧盟宪法条约对欧盟诸条约进行修改的"改革条约"。据此修订的《〈欧洲联盟条约〉、〈欧洲联盟运行条约〉和〈欧洲联盟基本权利宪章〉统一文本》在一定程度上具有宪法性质。因此,《欧洲联盟运行条约》第 13 条关于动物福利的规定也具备了欧盟动物福利现行"基本法"的属性。

随着联盟层面动物福利立法的不断发展完善,截至目前,尤其是在农场养殖业,欧盟已经建立了堪称全世界最为全面的动物福利法律规范及其相关标准。其中的代表性法律文件有 1976 年《农畜动物保护欧洲公约》①、《第 78/923/EEC 号关于〈农畜动物保护欧洲公约〉的结论的理事会决议》②、《第 2006/778/EC 号关于检查特定农畜动物养殖场地收集信息的最低要求的委员会决议》③、《第 98/58/EC 号关于农畜动物保护的理事会指令》④、《第 2008/119/EC 号制定小牛保护最低标准的理事会指令》⑤、《第 2008/120/EC 号制定生猪保护最低标准的理事会指令》⑥、《第 1999/74/EC 号制定蛋

---

① 相关内容可参见网站,http://conventions. coe. int/Treaty/en/Treaties/Html/087. htm. last visited 2017/04/16。

② 相关内容可参见网站,http://eur-lex. europa. eu/legal-content/EN/ALL/? uri=CELEX: 31978D0923. last visited 2017/04/16。

③ 相关内容可参见网站,http://eur-lex. europa. eu/legal-content/EN/ALL/? uri=CELEX: 32006D0778. last visited 2017/04/16。

④ 相关内容可参见网站,http://eur-lex. europa. eu/legal-content/EN/ALL/? uri=CELEX: 31998L0058. last visited 2017/04/16。

⑤ 相关内容可参见网站,http://eur-lex. europa. eu/LexUriServ/LexUriServ. do? uri=OJ: L:2009:010:0007:0013:EN:PDF. last visited 2017/04/16。

⑥ 相关内容可参见网站,http://eur-lex. europa. eu/LexUriServ/LexUriServ. do? uri=OJ: L:2009:047:0005:0013:EN:PDF. last visited 2017/04/16。

鸡保护最低标准的理事会指令》①、《第 2002/4/EC 号关于第 1999/74/EC 号理事会指令规定的饲养蛋鸡场所注册的委员会指令》②、《第 1234/2007 号建立农业市场共同组织和关于特定农产品特别规定的理事会条例》③、《第 589/2008 号制定实施第 1234/2007 号理事会条例有关鸡蛋的销售标准细则的委员会条例》④，以及《第 2007/43/EC 号制定肉鸡保护最低标准的理事会指令》⑤等。

关于屠宰和肉类加工过程中动物保护的联盟立法主要有：1979 年《保护屠宰用动物的欧洲公约》⑥、《第 93/119/EC 号关于在屠宰或者捕杀时动物的保护的理事会指令》，⑦以及《第 1099/2009 号关于在捕杀时动物的保护的理事会条例》⑧等。

关于运输过程中动物保护的联盟立法主要有：《第 639/2003 号依照第 1254/1999 号理事会条例制定有关拨付涉及在运输过程中活牛福利的出口退税的要求细则的委员会条例》⑨、2004 年《在国际运输过程中的动物保护欧洲公约》⑩、《第 2004/544/EC 号关于签署〈在国际运输过程中的动物保护欧洲公约〉的理事会决议》⑪、《第 1/2005 号关于在运输及其有关操作过程中保护动物并修正第 64/432/EEC 号，以及第 93/119/EC 号指令和第 1255/

---

① 相关内容可参见网站，http://eur-lex. europa. eu/legal-content/EN/ALL/? uri＝CELEX：31999L0074. last visited 2017/04/16。

② 相关内容可参见网站，http://eur-lex. europa. eu/legal-content/EN/ALL/? uri＝CELEX：32002L0004. last visited 2017/04/16。

③ 相关内容可参见网站，http://eur-lex. europa. eu/LexUriServ/LexUriServ. do? uri＝OJ：L:2007:299:0001:0149:EN:PDF. last visited 2017/04/16。

④ 相关内容可参见网站，http://eur-lex. europa. eu/LexUriServ/LexUriServ. do? uri＝OJ：L:2008:163:0006:0023:EN:PDF. last visited 2017/04/16。

⑤ 相关内容可参见网站，http://eur-lex. europa. eu/legal-content/EN/ALL/? uri＝CELEX：32007L0043. last visited 2017/04/16。

⑥ 相关内容可参见网站，http://ec. europa. eu/food/animal/welfare/references/slaughter/jour137_en. pdf. last visited 2017/04/16。

⑦ 相关内容可参见网站，http://eur-lex. europa. eu/legal-content/EN/ALL/? uri＝CELEX：31993L0119. last visited 2017/04/16。

⑧ 相关内容可参见网站，http://eur-lex. europa. eu/LexUriServ/LexUriServ. do? uri＝OJ：L:2009:303:0001:0030:EN:PDF. last visited 2017/04/16。

⑨ 相关内容可参见网站，http://eur-lex. europa. eu/legal-content/EN/ALL/? uri＝CELEX：32003R0639. last visited 2017/04/16。

⑩ 相关内容可参见网站，http://ec. europa. eu/food/animal/welfare/l241-22_13-7-04_en. pdf. last visited 2017/04/16。

⑪ 相关内容可参见网站，http://eur-lex. europa. eu/legal-content/EN/ALL/? uri＝CELEX：32004D0544. last visited 2017/04/16。

97 号条例的理事会条例》①等。

此外，关于限制动物皮毛制品的联盟立法有《欧洲议会和理事会第 1523/2007 号禁止在市场上销售和向共同体进口或从共同体出口猫狗皮以及含猫狗皮制品的条例》②和《欧洲议会和理事会第 1007/2009 号关于海豹制品贸易的条例》。③ 关于动物园内豢养的野生动物福利的联盟立法有《第 1999/22/EC 号有关在动物园内豢养野生动物的理事会指令》。④ 关于保护实验或科研用动物的联盟立法有《欧洲议会和理事会第 2010/63/EU 号关于保护用于科学目的之动物的指令》。⑤

值得注意的是，尽管欧盟十分重视动物福利立法，但是保护动物福利却不是欧盟法的一项基本原则。2001 年吉普斯等诉（荷兰）农业、自然管理和渔业部部长案中，欧洲法院在判决书中写道：

> 动物福利并不构成欧盟条约目标的一部分。根据《马斯特里赫特条约》第 2 条，共同体的任务是："通过建立共同市场和一个经济与货币联盟并通过实施共同政策或活动，推动整个共同体内经济活动的和谐和均衡发展，在尊重环境前提下的可持续和无通胀增长，高水平的经济业绩协同性，高水平劳动雇佣和社会保护，生活标准和生命质量的提升，以及各成员国间经济和社会的凝聚力和向心力。"其中并不包括动物福利。此外，1999 年《阿姆斯特丹条约》及《动物保护和动物福利议定书》未规定概念清晰的联盟法一般原则，其仅将动物福利限制在特定的政策制定与实施领域，且明确表示需尊重各成员国尤其与宗教仪式、文化传统和地方遗产有关的立法或行政规定以及习惯。1976 年《农畜动物保护欧洲公约》等联盟初级立法亦未规定任何清晰的、明确的责任。最后，虽然在二级立法中有大量现行规定涉及动物福利，但其中没有迹象表明保障动物福利的需要应当被视为共同体法律的一项一

---

① 相关内容可参见网站，http://eur-lex. europa. eu/legal-content/EN/ALL/? uri＝CELEX： 32005R0001. last visited 2017/04/16。

② 相关内容可参见网站，http://eur-lex. europa. eu/legal-content/EN/ALL/? uri＝CELEX： 32007R1523. last visited 2017/04/16。

③ 相关内容可参见网站，http://ec. europa. eu/food/animal/welfare/trade_seals_products. pdf. last visited 2017/04/16。

④ 相关内容可参见网站，http://eur-lex. europa. eu/legal-content/EN/ALL/? uri＝CELEX： 31999L0022. last visited 2017/04/16。

⑤ 相关内容可参见网站，http://eur-lex. europa. eu/LexUriServ/LexUriServ. do? uri＝OJ： L:2010:276:0033:0079:EN:PDF. last visited 2017/04/16。

般原则。

在欧盟国家的国内法中,基本法层面,瑞典《宪法》对有关涉及严重暴力侵犯人或动物的影音制品等作出了禁止和限制规定。[①] 2012 年新修订的瑞士联邦《宪法》[②]第 78 条第 4 款规定,应当立法保护动物和植物的生命以及保护其自然栖息地和多样性;应当保护濒危物种免受灭绝。该法第 80 条规定,联邦应当针对动物保护立法,应当特别规范动物的饲养和护理;动物实验和对利用活体动物进行实验的有关程序;对动物的利用、进口动物和动物制品;动物贸易和运输以及动物屠宰等。除法律规定由联邦保留外,各州负有执行这些规定的责任。第 120 条第 2 款规定,联邦应当针对利用动物、植物和其他有机物的生殖和遗传物质进行立法。立法过程中,联邦应当考虑有生命存在物的尊严以及人类、动物和环境安全,并应当保护动物和植物基因的多样性。

国内法的一般法层面,最为研究者熟知的,是德国《民法典》第 90a 条的规定:"动物不是物。动物受法律的特别保护。除另有规定外,关于物的规定准用于动物。"该条于 1990 年通过《联邦法律公报》被加入德国《民法典》,属于新增条文。[③] 与该条文同年通过的,还有 1990 年德国《环境责任法》。后者在附录一中对养殖家禽或养猪的饲养场在场地面积和养殖动物规模的数量比例上作出了规定。此外,德国《民法典》第 251 条第 2 款,该条属于法典第二编债务关系法第一章债务关系的内容第一节给付义务,规定:"恢复原状唯需费过巨始为可能的,赔偿义务人可以用金钱赔偿债权人。由医治受伤动物而发生的费用显著超过动物的价值的,不因此而为过巨。"2006年,德国颁布了新修订的《动物福利法》。作为全世界最严格的动物保护立法,该法第 1 条规定:"本法的目的是根据人类对其生物同胞的责任,保护生

---

① 相关内容可参见网站,http://www. riksdagen. se/en/Documents-and-laws/Laws/The-Constitution/. last visited 2017/04/16. 瑞典《宪法》由四部基本法律组成:《政府组织法》《王位继承法》《新闻自由法》和《言论自由基本法》。其中,《政府组织法》保证公民自由获取信息、举行示威游行、成立政党和从事宗教活动的权利。《王位继承法》规定了贝纳多特家族(the House of Bernadotte) 成员继承瑞典王位的权利。《新闻自由法》规定了公众获取官方文件的原则,以保证社会开放、自由获取瑞典议会、政府和公共机构的工作信息。

② 相关内容可参见网站,http://www. admin. ch/org/polit/00083/index. html? lang = de (DE);http://www. admin. ch/ch/e/rs/1/101. en. pdf (EN). last visited 2017/04/16. 瑞士联邦《宪法》的官方文本是德文本、法文本和意大利文本。英文本并非宪法正式文本,不具法律效力。

③ 参见《德国民法典》(第 2 版),陈卫佐译注,法律出版社 2006 年版,第 28 页。

命和动物福祉。没有充分理由，任何人不得给动物造成痛苦、折磨或者损害。"①此外，欧盟各成员国均在不同程度上制定了保护动物福利的相关法律。

2. 环境责任

为实现对自然生态的全面保护，在实施人道主义的动物福利制度框架以外，欧盟又酝酿出台了环境责任机制。由此，欧盟虽未在立法上承认"自然物的法律权利"这个概念，但却通过动物福利法和环境责任法二者之间的有机结合，建立了在"权利"论以外的一种"责任"制自然保护模式。这种"责任"制模式具备三方面的优点：一是有利于避免自然物权利议题中的"主体性"问题可能对传统法律体系造成的逻辑混乱；二是将责任落实到人，强调自然物作为法律保护对象的特殊性和人的法律责任，回避了"权利"论框架下可能出现的人与自然物之间的权利冲突和对抗；三是这种制度模式与联盟的根本任务目标一致、互不违背。

欧盟立法机构欧洲议会和欧盟理事会于 2004 年 4 月 21 日制定通过了《关于预防和救济环境损害的环境责任指令》（2004/35/CE）（以下简称《指令》）②，作为欧洲联盟内部统一适用的环境责任立法框架。此后，欧洲议会和欧盟理事会又于 2006 年、2009 年和 2013 年三次启动立法修订程序，制定通过了《指令》的有关修正案。这三个修正案分别是：2006 年 3 月 15 日《关于采掘业废弃物治理并修正〈第 2004/35/EC 号指令〉的指令》③、2009 年 4 月 23 日《关于地质储存二氧化碳并修正理事会〈第 85/337/EEC 号指令〉、欧洲议会和理事会〈第 2000/60/EC 号指令〉、〈第 2001/80/EC 号指令〉、〈第 2004/35/EC 号指令〉、〈第 2006/12/EC 号指令〉、〈第 2008/1/EC 号指令〉和〈第 1013/2006 号条例〉的指令》④以及 2013 年 6 月 12 日《关于海上石油和天然气操作安全并修正〈第 2004/35/EC 号指令〉的指令》。⑤

----

① 相关内容可参见网站，http://www. gesetze-im-internet. de/bundesrecht/tierschg/gesamt. pdf; http://www. cgerli. org/fileadmin/user _ upload/interne _ Dokumente/Legislation/Tier-SchG2011. pdf. last visited 2017/04/16。

② 相关内容可参见网站，http://eur-lex. europa. eu/legal-content/EN/TXT/? uri＝CEL-EX:32004L0035，last visited 2017/04/16。

③ 相关内容可参见网站，http://eur-lex. europa. eu/legal-content/EN/TXT/? uri＝CELEX: 32006L0021. last visited 2017/04/16。

④ 相关内容可参见网站，http://eur-lex. europa. eu/legal-content/EN/TXT/? uri＝CELEX: 32009L0031. last visited 2017/04/16。

⑤ http://eur-lex. europa. eu/legal-content/EN/TXT/? uri＝CELEX:32013L0030. last visited 2017/04/16。

虽然《指令》在最初曾在转化为各国国内法方面面临巨大阻力①,但迄今欧盟大多数成员国均已按照《指令》制定了本国的环境责任法。作为联盟立法,《指令》主要是为环境责任的承担提供了一个法律制度框架,从而通过支付合理的社会经济成本预防、治理和救济环境损害。《指令》所遵从的指导性法律原则是污染者负担原则。

根据《指令》规定,损害是指自然资源中的可计量有害变化或者可能直接或者间接发生的一种自然资源服务的可计量减损。也就是说,《指令》规定需要预防和救济的环境损害,包括自然资源损害和自然资源服务损害。其中,"自然资源"是指受保护物种和自然栖息地、水和土地,"服务"和"自然资源服务"(以下简称"生态服务")是指由一种自然资源为另一种自然资源或公共的利益所履行的功能。据此,《指令》设定了对自然资源和生态服务的"基线条件"这个概念,是指如果没有发生环境损害则自然资源和服务可能的存续情况,并以"基线条件"作为评估环境损害和采取救济措施的重要基础。

具体而言,《指令》所覆盖责任范围中的环境损害,包括对水体、土地或者受保护物种或栖息地造成的损害,也包括由于航空器机载元素对上述自然物所造成的损害。根据《指令》第 2 条的规定,对受保护物种和自然栖息地的损害,是指对达到或者保持该类栖息地或者物种的有利保护状态有重大有害影响的任何损害,即"生物多样性损害"。针对此类影响程度的评估依据为"基线状态",包括种群或者栖息地的规模、数量、珍稀程度及其实施自然恢复的可能性。水体损害,是指对水资源造成的对生态、化学质量或者水体分类产生重大有害影响的损害(例如污染),即根据本《指令》和欧洲议会和欧盟理事会 2000 年 10 月 23 日第 2000/60/EC 号《关于在水政策领域建立共同体行动框架指令》的规定,严重有害的影响所涉及水(环境)的生态、化学以及/或者量化状态以及/或者生态潜力的任何损害。其中,"水"是指第 2000/60/EC 号指令规定的全部水体,即联盟内部的全部地表水、地下水、内陆水、河流、湖泊、地表淡水与海水之间的过渡水域、沿海水域、人工水体、经人工高度改造的地表水、含水层、流域区域等。土地损害,是指对人体健康造成重大有害影响风险的土地污染,即由于直接或者间接向土壤、地面

---

① 相关内容可参见网站,http://europa.eu/rapid/press-release_MEMO-07-157_en.htm? locale=en,last visited 2017/04/16;also see http://eur-lex.europa.eu/LexUriServ/LexUriServ.do? uri=CELEX:52010DC0581:EN:NOT. last visited 2017/04/16。

或者地下引入物质、制剂、有机物或者微生物，造成人体健康受到有害影响的重大风险的任何土地污染。

但是，《指令》不适用于人身损害、私有财产损害，并且不影响采用其他法律规范裁决涉及人身、私有财产损害的任何权利的任何经济损失的案件。也就是说，当环境损害导致人身、私有财产损害时，受害人并不能依据《指令》的规定直接对致害人提起诉讼或者损害赔偿请求，而需要依据可适用的国内法中的有关规定提出诉讼，例如侵权责任之诉等。因此，可以说，《指令》所关注的环境损害和损害风险，是一种更广泛公共利益范畴的概念，或者说，是一种"纯粹环境损害"。

（四）中国的情况

一国法律体系的进步程度与国家的经济社会客观发展状况息息相关，处于经济改革和社会转型时期的中国尤其如此。转型过程中，重大制度变革或者其变革的起点往往是通过个别典型事件反映出来的。对于自然物的权利议题来说，在我国法治建设进程中的标志性事件有三件：一是 2005 年松花江水污染环境公益诉讼案件；二是 2009 年《中华人民共和国动物保护法（专家建议稿）》面世；三是探索建立国家公园体制。

1. 环境公益诉讼制度

2005 年松花江水污染事件发生后，北京大学法学院三位教授及三位研究生向黑龙江省高级人民法院提起了国内第一起以自然物（鳇鲟鱼、松花江、太阳岛）作为共同原告的环境民事公益诉讼，要求法院判决被告赔偿 100 亿元人民币用于设立松花江流域污染治理基金，以恢复松花江流域的生态平衡，保障鳇鲟鱼的生存权利、松花江和太阳岛的环境清洁权利以及自然人原告旅游、欣赏美好景象和美好想象的权利。该案件后被黑龙江省高级人民法院立案庭口头拒绝受理。[①] 经媒体报道之后，该案立刻引起巨大社会反响。学者们纷纷将视线投向自然物的权利议题，并就自然物的诉讼资格和中国环境公益诉讼制度展开了热烈讨论。

然而，学术研究的繁荣在较长时期内并未能够推动制度建设的创新。直至 2012 年修正通过的《民事诉讼法》才对公益诉讼制度作出了初步规定。该法第 55 条规定："对污染环境、侵害众多消费者合法权益等损害社会公共

---

① 参见严厚福：《环境公益诉讼原告资格之确立——扩大"合法权益"的范围还是确立自然物的原告资格》，载《北大法律评论》2007 年第 1 期。

利益的行为,法律规定的机关和有关组织可以向人民法院提起诉讼。"2014年修订的《环境保护法》第 58 条规定:"对污染环境、破坏生态,损害社会公共利益的行为,符合下列条件的社会组织可以向人民法院提起诉讼:(一)依法在设区的市级以上人民政府民政部门登记;(二)专门从事环境保护公益活动连续五年以上且无违法记录……"

以《环境保护法》的修订作为契机,有关环境公益诉讼的法律制度在此后不断得到完善。2014 年 12 月,最高人民法院与民政部、环境保护部联合下发《关于贯彻实施环境民事公益诉讼制度的通知》。2015 年 1 月,最高人民法院制定发布《关于审理环境民事公益诉讼案件适用法律若干问题的解释》。2015 年 12 月,最高人民检察院发布《人民检察院提起公益诉讼试点工作实施办法》。2016 年 2 月,最高人民法院印发《人民法院审理人民检察院提起公益诉讼案件试点工作实施办法》。

2017 年 6 月,全国人大常委会又对《民事诉讼法》和《行政诉讼法》作出修正,增加了有关人民检察院提起环境公益诉讼的法律规定。其中《民事诉讼法》第 55 条增加一款,作为第 2 款,该款规定:"人民检察院在履行职责中发现破坏生态环境和资源保护、食品药品安全领域侵害众多消费者合法权益等损害社会公共利益的行为,在没有前款规定的机关和组织或者前款规定的机关和组织不提起诉讼的情况下,可以向人民法院提起诉讼。前款规定的机关或者组织提起诉讼的,人民检察院可以支持起诉。"《行政诉讼法》第 25 条增加一款,作为第 4 款,该款规定:"人民检察院在履行职责中发现生态环境和资源保护、食品药品安全、国有财产保护、国有土地使用权出让等领域负有监督管理职责的行政机关违法行使职权或者不作为,致使国家利益或者社会公共利益受到侵害的,应当向行政机关提出检察建议,督促其依法履行职责。行政机关不依法履行职责的,人民检察院依法向人民法院提起诉讼。"至此,环境公益诉讼制度基本形成。

然而,需要指出的是,无论是现行的《民事诉讼法》《环境保护法》,以及《行政诉讼法》中规定的环境公益诉讼制度,还是最高人民法院就此发布的司法解释,均强调提起公益诉讼的情形应当是"损害社会公共利益的行为"。也就是说,现行法律规定的公益诉讼制度是以污染环境或破坏生态对人类社会造成损害作为关注对象。至于纯粹针对自然物造成的侵害,如果尚未上升至人类社会问题的层面,或者其未被纳入"公共利益"范畴的,则不必然适用有关环境公益诉讼的法律规范。

可喜的是,近来备受社会各界瞩目的"百鸟之王"中国绿孔雀与云南红河戛洒江一级电站的物种栖息地之争，在野性中国、自然之友、山水自然保护中心和阿拉善 SEE 基金会等多个著名环保组织的努力和关注之下，于2017 年 7 月由自然之友作为原告向云南省楚雄彝族自治州中级人民法院提起环境公益诉讼，并于同年 8 月获得正式立案。这是我国确立环境公益诉讼制度以来，由环保组织提出的首例以保护重要野生动物及其栖息地为诉讼请求的案件，也是我国第一例获得立案的自然物预防性保护公益诉讼案件。

2017 年 12 月，中共中央办公厅、国务院办公厅印发《生态环境损害赔偿制度改革方案》（以下简称《方案》），明确指出生态环境损害赔偿制度是生态文明制度体系的重要组成部分。根据《方案》的规定，因污染环境、破坏生态造成大气、地表水、地下水、土壤、森林等环境要素和植物、动物、微生物等生物要素的不利改变，以及上述要素构成的生态系统功能退化，发生《方案》规定的突发环境事件、环境污染事件、生态破坏事件等情形的，要依法追究生态环境损害赔偿责任。《方案》同时明确国务院授权省级、市地级政府作为本行政区域内生态环境损害赔偿权利人。省级、市地级政府及其指定的部门或机构均有权依法提起生态环境损害赔偿诉讼。

该《方案》的出台，虽然没有从制度层面规定自然物的权利，但从维护生态系统的整体性、完整性、功能性角度出发保护自然物和生态环境的利益方面，具有重大意义。此外，该《方案》对全民所有自然资源的国家所有权理论的完善也提供了制度实践的重要注解和证明。

在这个意义上，2005 年松花江水污染环境公益诉讼案已经成为迄今为止中国大陆以自然物为原告提起民事公益诉讼的绝唱。然而，以环保组织、人民检察院，以及有关政府部门或机构等提起的保护自然物的环境公益诉讼，及其通过司法制度伸张自然物权利的主张，或许将成为未来自然物保护的法治工作重点。

2. 自然物保护（福利）立法研究的新进展

中国的自然保护立法工作十分滞后。迄今没有一部综合性的自然保护法律。1994 年颁布实施的《中华人民共和国自然保护区条例》立法层面低，且存在诸多遗漏。进入 21 世纪以来，全国人大常委会多次对自然保护法律的起草制定工作进行调研。其间，社会各界提出了"自然保护区法""自然遗产保护法""自然保护地法""自然保护地保护法"等多种立法模式建议，但始终未有正式法律文件出台。

2008 年 12 月,中国社会科学院法学研究所、西北政法大学主办的"中国动物保护法(建议稿)研究项目"启动。① 之后,由来自中国社会科学院法学研究所、武汉大学、中国政法大学、中南财经政法大学、山东大学、有关环保团体和国外有关学术机构组成的项目研究起草专家组完成了《中华人民共和国动物保护法(专家建议稿)》。② 项目研究起草专家组同时研究起草了《关于提请全国人民代表大会常务委员会制定〈中华人民共和国动物保护法〉的建议》和《关于提请全国人民代表大会常务委员会修订〈中华人民共和国刑法〉保护动物的建议》。③ 与《动物保护法(专家建议稿)》同时面世的,还有《反虐待动物法(专家建议稿)》④。此外,该项目研究起草专家组也研究起草了《关于提请全国人民代表大会常务委员会制定〈中华人民共和国反虐待动物法〉的建议》和《关于提请全国人民代表大会常务委员会修订〈中华人民共和国刑法〉反对虐待动物的建议》。

两部专家建议稿的内容涉及动物防疫与医疗;野生动物、经济动物、宠物动物、实验动物、表演动物、竞技动物、特殊工作动物的保护;动物运输;动物屠宰等及其与之相关的各类动物福利和反虐待动物规定。从两部建议稿的体例来看,稿件起草思路受欧盟动物福利法立法理念影响极深。从两者关系来看,《动物保护法(专家建议稿)》是从正面对保障动物福利作出相应程序性和实体性规定及其有关义务性规范,其中,亦不乏"国家的动物保护基本方针"和"管理体制"等这类中国环境和行政立法中常见的"一般性规定"条款;而《反虐待动物法(专家建议稿)》则是从反面规定了不当对待动物行为的禁止性规范,全文采用"不得""禁止"等术语较多。两个建议稿呈"义务"型立法和"责任"型立法的正反印证关系,两者之间具有一定重合性。

应当说,适时提出制定动物保护(福利)法的立法建议,在我国具有重要的现实意义。然而,动物保护(福利)法因存在违法行为隐蔽、法律责任证明

---

① 参见《中国动物保护法(建议稿)研究项目启动》,http://finance. sina. com. cn/roll/20081223/13245673991. shtml,最后访问时间:2017 年 4 月 14 日。

② 建议稿全文可参见《独家发布:中华人民共和国动物保护法(专家建议稿)》,http://www. china. com. cn/news/law/2009-09/18/content_18551113. htm,最后访问时间:2017 年 4 月 14 日。

③ 参见《〈动物保护法(专家建议稿)〉向社会公开征求意见》,http://www. china. com. cn/news/law/2009-09/18/content_18550714. htm,最后访问时间:2017 年 4 月 14 日。

④ 建议稿全文参见常纪文:《〈反虐待动物法〉(专家建议稿)及其说明》,载《中国政法大学学报》2011 年第 5 期。

困难等特点,需要在其法律条文中规定严格并可行的执法监督机制和责任承担机制。条文内容的起草必须细致全面,细节考虑越周到入微越好。以欧盟动物福利法对农畜动物的立法为例,法律条文对于农畜动物的养殖场地规模、养殖动物数量、养殖方式、笼舍式样、场地设施等均作出详细规定,凡是能进行量化、标准化、公式化和比例化的要素,均要细化到具体数值①,以保证监管执行到位并有利于取证。

与之相比,《动物保护法(专家建议稿)》和《反虐待动物法(专家建议稿)》虽已在文本中充分注意了中国环境和行政立法的惯常特点和模式,内容尽量覆盖全面,也作出了如建立动物身份登记制度等较好的立法建议,但仍存在以下主要问题:

首先,两份建议稿的总则部分均沿用了中国环境立法常用的"基本方针+行政职能分配"模式。除"适用范围""基本定义"等条文以外,在有关管理体制条款中,设定了中央和地方各部门对动物保护(反虐待动物)的职责分工。其中,除《动物保护法(专家建议稿)》中规定"国务院畜牧兽医行政管理部门主管全国的动物医疗、免疫、检疫和疫病控制工作,主管全国的宠物猫、犬和大型经济动物的登记管理工作。国务院畜牧兽医行政管理部门和国务院公安行政管理部门共同主管全国的流浪动物收容和救助工作"以外,其他职责分工均与各部门现有职责重合,看似梳理细致却并无太大实际功能。《反虐待动物法(专家建议稿)》中的管理职责分工条文则语焉不详。此外,《反虐待动物法(专家建议稿)》建议各级政府将反虐待动物的情况纳入相关部门及其主要负责人社会主义精神文明建设考核评价指标的内容,但未说

---

①　例如,《第 2008/120/EC 号制定生猪保护最低标准的理事会指令》第 3 条第 2 款规定,各成员国应当保证养殖生猪的地板表面应当符合以下要求:(1)对产后或者妊娠期的母猪,面积相当于每头产后母猪至少 0.95 平方米,每头妊娠期母猪至少 1.3 平方米,必须是连续的结实地面,其排水口所占面积最大不得超过 15%。(2)采用水泥漏缝地板进行集体养殖的,板缝开口的最大宽度:猪仔为 11 毫米,断奶幼猪为 14 毫米,成猪为 18 毫米,产后或者妊娠期母猪为 20 毫米;板条的最低宽度:猪仔和断奶幼猪为 50 毫米,成猪、产后和妊娠期母猪为 80 毫米。又如,《第 1999/74/EC 号制定蛋鸡保护最低标准的理事会指令》第 4 条第 1 款规定,各成员国应当保证自 2002 年 1 月 1 日起,全部新建或者重建的蛋鸡养殖设施以及全部首次使用的生产设施必须设置有:(1)每只鸡间至少间隔 10 厘米的直排式喂食器或者每只鸡间至少间隔 4 厘米的环形喂食器;(2)每只鸡间至少间隔 2.5 厘米的连续饮水槽或者每只鸡间至少间隔 1 厘米的环形饮水槽。此外,采用点式饮水器或水杯的,每 10 只鸡至少应当配置 1 个饮水器或者水杯。采用连接式饮水点的,每只鸡至少应当能在 2 个水杯或者 2 个点式饮水器内饮水;(3)每 7 只鸡至少配置 1 个鸡巢。采用集体鸡舍的,最多每 120 只鸡必须配置 1 平方米的鸡舍空间;(4)每只鸡至少配置 15 厘米长且无尖锐边缘的栖木。栖木不得安置于垫料之上且每根栖木之间的水平距离必须至少是 30 厘米。栖木与墙壁之间的水平距离至少是 20 厘米;(5)每只鸡至少配置 250 平方厘米的垫料区,垫料至少因占养殖地面的 1/3。

明纳入考核的方法和可行性;同时又建议设立对虐待动物行为的行政监督、司法监督和人大监督机制,但未明确实行监督的具体方法。即便我国法律层面的环境立法通常墨守"宜粗不宜细"原则,但由于动物保护法属于新生事物,各部门并未形成既有工作机制,因此如果真的将建议稿开放征求各级各部门的意见,此类规定仍可能因缺乏可操作性而难以获得各级政府和各有关部门的支持。

其次,两份建议稿中宣誓性、倡导性条文居多,各项规定过于原则化。例如,《反虐待动物法(专家建议稿)》全文设计了大量委任性规范,如将饲养动物的必要条件委任国务院畜牧兽医行政管理部门会同国务院商务等行政管理部门制定(第 17 条);将野生动物的捕获或者猎杀方法和装置标准委任国务院林业、渔业等行政管理部门制定(第 22 条);将禁止遗弃犬、猫的规定委任国务院公安部门会同国务院畜牧兽医等部门制定(第 25 条);将民间犬、猫只留检、收容、救助机构的设立条件委任国务院公安部门会同国务院民政、畜牧兽医等部门制定(第 28 条)等。由此,可能导致实施该法所必需的各类规定、标准迟迟得不到制定,使本应细化的法律无法细化,从而造成立法流于形式、缺乏实践价值。

最后,两份建议稿普遍缺乏执法监管监督保障机制。例如,《动物保护法(专家建议稿)》规定规模化集中饲养经济动物,达到国家规定的数量的,应当在项目建设前履行环境影响评价手续和土地使用审批手续(第 53 条),却没有明确国家规定的数量是多少,标准是什么。又如,该建议稿规定禁止以育肥为目的给经济动物强制喂食,不得使用垃圾或者未经高温处理的泔水饲喂经济动物(第 58 条),却没有说明执法机关怎么才能实现监管?再如《反虐待动物法(专家建议稿)》规定禁止遗弃犬、猫(第 25 条),却没有规定如何认定遗弃行为(如何证明到底是遗弃还是走失),监督机关怎么查,如何取证,如何证明责任成立。如果说对于建立了身份识别档案的犬、猫尚可实现追查,那么对没有身份识别的犬、猫怎么办,如何能够保障或催促宠物主人主动进行犬、猫身份识别登记,如果发生跨地区的遗弃行为,怎么保障地区之间身份识别数据档案联通①,诸如此类没有设计监督监管和证明机制的规定在两份建议稿中通篇可见,使得其条文内容失之于过分理想化,立法的

---

① 在我国,婚姻登记、房屋产权登记尚未实现全国联网;而环境监测数据也不能实现各部门各级政府间联网和数据共享。如若指赖通过政府行为在短时间内实现宠物身份识别登记跨地区联网,希望极其渺茫。

方法路线和技术仍有待反复推敲和拷问。

由此看来,学术界对中国的动物福利立法工作虽已作出了重要的探索和尝试,但距离起草制定良好的法律文本仍存在重大差距。当然,推动和促进动物福利或者说自然物保护的立法工作不是,也不应当仅仅是学者的任务,需要立法、司法、行政机关和学术科研机构以及社会各部门的共同努力与配合。

值得重视的是,2016 年修订的《野生动物保护法》对珍贵、濒危的陆生、水生野生动物和有重要生态、科学、社会价值的陆生野生动物保护(福利)问题,确定"国家对野生动物实行保护优先、规范利用、严格监管的原则",并作出了一些开创性的新规定。

3. 建立以国家公园为主体的自然保护地体系

2007 年,中国大陆第一个以"国家公园"命名的自然保护地——香格里拉普达措国家公园在云南省挂牌成立。2010 年 12 月,国务院发布《关于印发全国主体功能区规划的通知》(国发〔2010〕46 号),将我国国土空间按开发方式,分为优化开发区域、重点开发区域、限制开发区域和禁止开发区域。2013 年 11 月,《中共中央关于全面深化改革若干重大问题的决定》提出建立国家公园体制。2015 年 5 月,国家发改委联合 13 个部委印发《建立国家公园体制试点方案》。2015 年 9 月,中共中央、国务院印发《生态文明体制改革总体方案》,进一步明确要改革各部门分头设置自然保护区、风景名胜区、文化自然遗产、地质公园、森林公园等的体制,对上述保护地进行功能重组,合理界定国家公园范围。国家公园实行更严格保护,除不损害生态系统的原住民生活生产设施改造和自然观光科研教育旅游外,禁止其他开发建设,保护自然生态和自然文化遗产原真性、完整性。

2017 年 9 月,中共中央办公厅、国务院办公厅印发《建立国家公园体制总体方案》,要求建成统一规范高效的中国特色国家公园体制,交叉重叠、多头管理的碎片化问题得到有效解决,国家重要自然生态系统原真性、完整性得到有效保护,形成自然生态系统保护的新体制新模式,促进生态环境治理体系和治理能力现代化,保障国家生态安全,实现人与自然和谐共生。目前,我国已经设立了三江源、东北虎豹、大熊猫、祁连山、湖北神农架、福建武夷山、浙江钱江源、湖南南山、云南普达措和海南热带雨林等 10 个国家公园体制试点。2018 年 9 月,十三届全国人大常委会立法规划将《国家公园法》纳入需要抓紧工作、条件成熟时提请审议法律草案的第二类立法项目。

应当说,中共中央和国务院建立以国家公园为主体的自然保护地体系的一系列改革措施,主要目的是以国家公园作为制度抓手,着重解决和理顺中国各级各类自然保护地的行政管理职能和职权配置问题。然而,建立国家公园体制,确实为"预留用于保护大规模生态过程、本地物种和生态系统特性,以及一个或多个生态系统的完整性的大面积自然或者毗邻自然的陆地或海洋区域;禁止进行有害开发及占用,并为与环境及文化相协调的精神、科学、教育、娱乐及旅游等活动提供基础"①的保护地类型提供了可能。在这种大片、连续、自然生态系统完整的主体功能区中,自然物虽然不可称之为享有严格意义上的法律权利,但却有可能以其自在、自然的姿态存续并受到严格的制度保护。

四、问题的焦点:"权利"释义

分析"自然物的权利",关键是对"权利"的理解。因此,如何认识"权利"决定了自然物是否具有权利及其具有何种权利。现代社会,人们对"权利"一词的使用十分频繁,将其作为表达诉求和追求正义的简便而精致的工具,例如,法律权利、政治权利、经济权利、文化权利、道德权利、宗教权利、习惯权利等等,"换言之,只要自己认为是合理、正当的需求,就可以称之为'权利'"②。可见,"权利"一词有被滥用的趋势和倾向。

事实上,尽管对"权利"的直观理解正对应着"能够获得某物",然而由于人们在不同的环境下运用这个概念,并将其分解成不同的面向来使用,使得"权利"概念本身的内涵变得十分复杂而玄妙。如何认识"权利",似乎全依赖于将其放在何种结构之下、运用何种理论工具来解释它。康德曾说,问一位法学家"什么是权利"就像问一位逻辑学家"什么是真理"那样会让他感到为难。他们可能通过极力避免同义反复来回答某个国家在某个时期的法律认为唯一正确的东西是什么,而不正面解答"什么是权利"这个普遍性的问题。③ 因此,对"权利"概念的定义成了理论研究工作中的一个难题。

---

① See the UNEP World Conservation Monitoring Centre, *IUCN Management Categories*, available online: http://www. unep-wcmc. org/iucn-protected-area-management-categories_591. html, last visited 2017/04/14.

② 夏勇:《权利哲学的基本问题》,载《法学研究》2004 年第 3 期。

③ 这大概是描述权利概念时,被当代学者们引用得最多的一段论述。参见〔德〕康德:《法的形而上学原理——权利的科学》,沈叔平译,商务印书馆 1991 年版,第 39 页。

(一) 权利的要素和来源

由于为"权利"这个概念下定义这个任务本身所存在的诸多困难,使得我们在试图对权利作出解释时,只能转而从把握权利的要素入手。[1] 然而,权利的概念范畴如此广泛,如果从不同的面向入手便可以归纳出与之相关的一个要素,而以这个要素为基础又有可能为权利概念下一个特定角度的定义,这就仿佛陷入了一个循环论证的逻辑错误怪圈。因此,笔者仅从与"自然物的权利"相关的有限的前提出发来看待权利的要素及其来源,并不企图进行关于权利概念及其要素的全面论述和总结。即使如此,在不同理论学派的学者那里,笔者所做的解释仍可能是存在大量瑕疵的,而这正是理论研究的一种意义所在。

现代权利概念有两个最为基本的要素:自由和利益,发端于私有财产的出现和以私有财产为基础的个人主义的兴起。[2] 启蒙思想家采用"natural rights"或"the right of nature"来指代这个概念,直译为"自然权利",以说明权利的自然法本质。但是,鉴于启蒙运动中"natural rights"的提出是以否定上帝及上帝的永恒法,并强调人法和人的权利为基础的,因此,中文通常将其翻译为"天赋权利"或"天赋人权"。

自由是权利概念的重要组成部分,具体而言,是权利形而上的伦理道德根源。自由首先是指不受第三人干涉的自由,如个人行动的自由、处分个人

---

[1] 夏勇归纳了权利主要包含的五个要素:利益、主张、资格、力量和自由,指出这些要素中的任何一个都可以用来阐释权利概念,表示权利的某种本质。据此,"可以给权利下一个这样的定义:权利是为道德、法律或习俗所认定为正当的利益、主张、资格、力量或自由。不过,这个定义并不是完美的,甚至可以说是没有多大意义的。"参见夏勇:《权利哲学的基本问题》,载《法学研究》2004 年第 3 期。

[2] 方新军认为,各种罗马法教科书中充斥着权利的影子,这是因为很多罗马法教科书通常是为了便于现代人的认识和理解,才运用权利体系的模式来加以写作。但是,并不能就此认为古代罗马时期就存在权利的概念,"罗马法中之所以没有出现权利的概念,关键在于古罗马仍然是一个整体主义的社会,古罗马人还没有真正意义上的个人主义的诉求。"参见方新军:《权利概念的历史》,载《法学研究》2007 年第 4 期。薛军对此也论述过:古典时代的"权利"概念,具有客观性的特征,它强调的是,处于某一特定的社会结构中的主体,可以而且应该获得与其德性、能力、社会地位等依据该社会中存在的正义观念称的利益分配。相比之下,现代权利观念则具有主观性的特征。古典的权利理论,是以既定的社会正义观念为基础去建构一种利益分配秩序。在这样的分配秩序中,权利拥有者之所以能够享有权利,并不是因为他主观上追求相关的利益,而是基于他在社会结构中表现出来的德性和能力等因素,将权利配置给他,合乎道义的正当性。但是现代权利理论表达的是一个无社会性拘束的个体所具有的各种利益诉求。参见薛军:《权利的道德基础与现代权利理论的困境》,载《法学研究》2009 年第 4 期。

财产的自由,以及支配个人劳动力的自由等。霍布斯曾指出自然权利的核心是自由,自由是权利的本质。① 康德曾言:只有一种天赋的权利,即与生俱来的自由。自由是独立于别人的强制意志,是每个人由于他的人性而具有的独一无二的、原生的、与生俱来的权利。② 韦伯则着重讨论了作为"被法律秩序所承认的自治权"③的契约自由。

利益是权利概念在实证分析中的表现形式。利益在本质上属于社会关系范畴,是主体与客体之间由于人的社会性所产生的一种联系。耶林认为权利就是受到法律保护的利益,并把利益称为请求、要求或愿望。④ 在讨论契约自由问题时,韦伯谈到,"那么什么是权利呢? 我们已经将权利的存在定义为:某人一定期望实现的可能性。"⑤可见,在人的主观性那里,利益表现为一种主观愿望,而权利则为这种愿望的实现提供了可能。以耶林利益论为基础,庞德指出利益的存在是基于财富的有限性。⑥ "各种利益之间的冲突或竞争,起因于个人之间、群体之间、社群之间或社会中人们之间的矛盾和冲突,以及个人在努力实现各种请求、要求和欲望时与群体、社群或社会之间的竞争。"⑦在这个意义上,可以说法是社会利益分化的产物。法律或者其他社会秩序并不创造利益,而仅作为解决利益主体之间的争议的指引或者基础。

与自由和利益相对应的,是使其具有合理性和正当性的场合。换言之,即自由和利益是受到何种权威力量的认可并被确认为正当。这种正当性的

---

① See Thomas Hobbes, *Leviathan*, edited by Richard Tuck, Cambridge University Press, 1991, p. 91.

② 或称为自由意志,参见〔德〕康德:《法的形而上学原理——权利的科学》,沈叔平译,商务印书馆 1991 年版,第 48—53 页。如果说康德的权利概念并不仅限于意志自由这个范畴,那么黑格尔则对此做出了更为限定和系统的解释。黑格尔说:"权利的基础在总体上是精神王国,且其准确的位置和出发点是意志;意志是自由的,所以自由构成了权利的实质和定数,并且权利体系就是实现了的自由王国,从中产生出来作为第二自然的精神世界。"See G. W. F. Hegel, *Elements of the Philosophy of Right*, edited by Allen W. Wood, Cambridge University Press, 1991, p. 35.

③ 〔德〕马克斯·韦伯:《论经济与社会中的法律》,张乃根译,中国大百科全书出版社 1998 年版,第 100 页。

④ 〔德〕鲁道夫·冯·耶林:《为权利而斗争》,郑永流译,法律出版社 2012 年版,第 59—72 页。

⑤ 〔德〕马克斯·韦伯:《论经济与社会中的法律》,张乃根译,中国大百科全书出版社 1998 年版,第 98 页。

⑥ 而这也是现代西方经济学的一个理论基础,即假设资源有限和稀缺的前提下,市场如何发挥其调整功能。

⑦ 〔美〕罗斯科·庞德:《法理学》(第三卷),廖德宇译,法律出版社 2007 年版,第 14 页。

来源，或者说，这种权威指引一般有四个方向：道德、法律、宗教和习惯。① 通过道德、法律、宗教教义或习惯的确认，人们得以判断特定形式的自由与利益是否确当，以及与之相关的主张是否将受到承认与保护。但是，道德、法律、宗教或习惯对于自由与利益的确认，并不总是相互重合的。有的利益符合道德诉求，但却不一定受到法律保护；而宗教教义和习惯，例如群婚制度或者荣誉谋杀，也并不总是具有道德上或者法律上的正当性。

因此，当我们运用"权利"这个概念时，需要区分究竟是在何种语境下使用它，它所指涉的自由或者利益的正当性来源为何。也就是说，某种"权利"究竟属于道德权利、法律权利，还是来源于宗教或习惯中的权利。

（二）"道德权利"抑或"法律权利"？——为自然物的权利而辩

虽然作为社会规范类型，道德的出现先于法律，但是在严格意义上所称的权利主要是指法律权利。因为社会生活中，包括个人、群体、社群等各类主体之间频繁出现的利益竞争关系，使得权利的行使必须要有强制力作为保障。然而，现实中确实也存在那么一种情况，即有的利益、需要、主张具有一定合理性，但却不受法律承认和保护。这类需要和主张又被称为应然的权利。在尚未得到实在法的承认之前，它们被认为是存在于法律系统之外的各种"权利"。

1. "道德权利"的出现

一般认为，法律注重权利，而道德强调义务。例如在德语中，"Recht"（权利）一词就与"正当"和"法"同义。义务在过去被认为是伦理学所应当研究的最基本的道德范畴。然而主要基于两方面的原因，伦理学开始关注道德权利问题：

第一个原因来自内部理论构建的需要。义务是与权利相对应的概念，是权利得以实现的前提。所谓没有无义务的权利，也没有无权利的义务。抛开权利而单讲义务，是道德理论结构的一种缺失。为了弥补这个缺陷，伦理学需要研究道德权利问题。例如，范伯格（Joel Feinberg）将道德权利解释为"先于或独立于任何法规或规章而存在的权利"，并归纳出"习惯的权

---

① 宗教是判断人的自由或利益正当性的一个重要来源，但是基于宗教教义与信众的特殊性，在许多非宗教国家，宗教并不总被直接被作为判断"权利"合理性与正当性的权威指引，而是将其分解至道德、法律或习惯中来实现。宗教权利这个概念，也由此出现了两种理解：一是由宗教教义或戒规赋予其教徒的权利；二是信仰宗教的权利。

利""理想的权利""凭良心的权利"和"履行的权利"等道德权利类型。① 作为国内专门研究道德权利被引用最多的文献之一,程立显的《试论道德权利》将道德权利定义为"系指人们在道德生活——社会生活最为广泛的方面应当享有的社会权利;具体地说,就是由一定的道德体系所赋予人们的,并通过道德手段(主要是道德评价和社会舆论的力量)加以保障的实行某些道德行为的权利"②。

第二个原因则来自伦理学之外的现实需要。现代权利理论中,法律权利的道德基础不断流失,催生了道德权利这个概念。启蒙运动以来,"权利"概念被过分地用于与个人利益相关联,将源于自然法的"天赋权利"解读为超越于实在法而存在的、不可剥夺或让渡的权利。它宣扬权利是人为了追求功利而产生的"自然而然"的利益需求,暗示着人们自私自利的本性,并为通过诸如人的价值和尊严、人是万物的尺度等理论学说来为这种需求的正当性作出解释。尽管通常认为权利应当以一定的道德判断作为基础,但是现代权利理论却逐渐淡化和抛却了其道德基础,"日益沦为一种浅薄的理论修辞,试图为一些道义上可疑的利益诉求提供苍白无力的辩护和论证。"③从而,对于道德权利的研究就成为伦理学的一种迫切需要。也就是说,用伦理学中的道德权利观念,来弥补法律权利中道德基础缺失的问题。在这个意义上,"道德权利是一个批判性概念,没有这样的概念,我们便注定会丧失对现实社会和法律的批判精神。"④因此,对道德权利的研究虽然是一个理论问题,但探索这个理论问题的主要目的却是为了满足实现良好社会控制的现实需要。

"自然物的权利"是一种什么权利呢? 笔者认为,假设"道德权利"这个命题成立⑤,那么自然物的权利首先主要是一种"道德权利",或者说是一个道德范畴的概念。对此,笔者将通过分析"感知(觉)能力"和"自然的内在价

---

① 参见〔美〕乔尔·范伯格:《自由、权利和社会正义——现代社会哲学》,王守昌、戴栩译,贵州人民出版社 1998 年版,第 122—123 页。转引自余涌:《道德权利研究》,中国社会科学院研究生院 2000 年博士学位论文。

② 程立显:《试论道德权利》,载《哲学研究》1984 年第 8 期。这个定义可能存在一个"循环定义"的逻辑错误,因为它只强调了"道德权利"中"道德"的部分,而未对"权利"作出解释。从而,使人仍然难以从中理解这些"实行某些道德行为的权利"究竟为何。

③ 薛军:《权利的道德基础与现代权利理论的困境》,载《法学研究》2009 年第 4 期。

④ 夏勇:《权利哲学的基本问题》,载《法学研究》2004 年第 3 期。

⑤ 之所以说"假设",是因为"道德权利"实在是一个比法律权利更加复杂的概念。它把"道德"与"权利"这两个自身已然具有诸多可能性的范畴联系在一起,使得要证明"道德权利"这个命题成立所可能面临的困难数倍于说明"道德"或者"权利"本身。这是本书主题之外的另外一个问题。

值"这两种证明"自然物有权利"的典型方法来进行说明。

2. 论"感知（觉）能力"

"感知（觉）能力"常常被用于作为论述"自然物权利"的依据，然而应当注意的是，对"感知（觉）能力"的价值评断属于道德范畴。它虽然在一定程度上可以被用于证明人对自然物负有道德义务，但却难以作为自然物具有法律权利的论据。按照边沁功利主义的解释，自然把人类置于快乐和痛苦的主宰之下。人类的所行、所言、所思无不受其支配。"功利主义承认这一被支配地位，把它当作旨在依靠理性和法律之手建造福乐大厦的制度的基础。"①在将"感知（觉）能力"作为自然物，尤其是动物的"天赋权利"的哲学证明方法中，研究者对于自然物的关切首先来自一种被称为"同情心"或者"共情能力"的体验，即将自身的感情、感觉投射于动物所经历和遭受的痛苦，从中体会到"己所不欲、勿施于人"的道理。

以辛格的《动物解放：生命伦理学的世界经典素食主义的宣言》为代表，研究动物权利（或福利）的伦理学著作通常以人类对动物造成的巨大痛苦和劫难作为切入点，来说明将人与人之间的道德标准和道德原则延伸适用于动物的合理性和必要性。如辛格所谈到的："我们并不'爱好'动物；我们只是要求人们把动物作为独立的有情生命来看待，而不是把他们当作满足人类目的的工具。"②这正是同情心的一种重要表现。

同情心是隐藏在"感知（觉）能力—自然物权利"这个证明方法背后的道德根源。功利原理认为，"同情心应被理解为一个人的这么一种心理倾向：他由于其他有感情的生灵欢享幸福而感到快乐，由于他（它）们遭受不幸而感到痛苦。同情心越强烈，他因为他（它）们而感到的快乐和痛苦同（据他看来）他（它）们自己感到的快乐或痛苦之间的比例也就越大。"③除了由于同情心所直接带来的道德情感体验以外，人们还能从"鉴于其他生灵据想经受苦难而产生的痛苦中"体验到"仁慈之苦"或称之为"善意之苦"。④　然而，如果能够通过"善"的行为将这些生灵从其经受的苦难中解脱出来，使其享受快乐，则能使人体验到"仁慈之乐"或"善意之乐"。因此，如若能够通过学术研究的呼吁将遭受人类暴行苦难的动物解救出来，也能够使人从中得到"仁慈

---

① 〔英〕边沁：《道德与立法原理导论》，时殷弘译，商务印书馆 2000 年版，第 57—58 页。

② 〔美〕彼得·辛格：《动物解放：生命伦理学的世界经典素食主义的宣言》，祖述宪译，青岛出版社 2004 年版，序。

③ 〔英〕边沁：《道德与立法原理导论》，时殷弘译，商务印书馆 2000 年版，第 106 页。

④ 同上书，第 96 页。

之乐"。

从这个角度上来说,运用"感知(觉)能力"所获得证明的动物权利,主要是由于人的道德情感体验的投射所产生出来的一种"权利"。它在为解救遭受苦难的动物进行辩护的同时,也救赎着人们基于同情心而在见证动物苦难时所经历的"仁慈之苦""善意之苦"。承认自然物的"道德权利",解放动物,也是在解放人类自身。因此,与其说具有感知(觉)能力的动物"权利"是一种权利,不如说是人类为了实现对动物和人类自身的双重救赎而创造的一种道德理论工具。

道德权利不等同于法律权利。道德准则十分强调动机理论,即个人在赞成或者遵循某一道德行为时的动机和情感倾向。[①] 然而,道德情感体验,尤其是人类个体的主观道德情感体验,作为一种心理因素和心理状态,并不是严格意义上的法律所探讨的主要内容。[②] 建立在"感知(觉)能力"之上的主观体验,也不能成为特定法律权利存在的证明,而只是属于道德范畴的内容。

3. 论"自然的内在价值"

在"自然的内在价值"与"自然物的权利"这对概念关系中,笔者认为"自然的内在价值"是环境伦理学中的一个理论。这个理论存在自身固有的矛盾和问题,使得其在现阶段只能存在于道德范畴,而不宜被直接移植为证明自然物有法律权利的理论根据。这是因为:

许多研究"自然的内在价值"的环境伦理学家自己就反对在自然物身上使用"权利"概念。罗尔斯顿认为"权利"这个概念,如果将其作为名词使用则对自然物是不起作用的。因为名词的"权利"只存在于文化之中,但大自然不是文化。如果将其作为形容词使用,将"right"解释为"正确的",那么"权利"一词的作用就是为自然物的人类道德代理人指明应作出什么样的正确行为。因此,"对'权利'这个概念的使用在修辞上有时是方便的,但在原则上却是不必要的。"[③]深层生态学的创始人阿兰·纳斯和大地伦理学的科

---

① 〔美〕R. B. 布兰特:《道德权利概念及其功能》,程立显译,载《哲学译丛》1991 年第 5 期。

② 正如商鞅"法不诛心"的观点一样,康德也认为,权利的法则不可以也不应该被解释为行为的动机原则。权利的法则是在普遍自由的原则支配下,根据每一个人的自由,必然表示为一种相互的强制。于是,权利的法则,可以说是权力概念的典型结构,也就是根据作用与反作用的平衡的物理法则,对物体自由活动的可能性进行的类比研究,然后用一种纯粹的先验直接来说明它。参见〔德〕康德:《法的形而上学原理——权利的科学》,沈叔平译,商务印书馆 1991 年版,第 42 页。

③ 〔美〕霍尔姆斯·罗尔斯顿:《环境伦理学——大自然的价值以及人对大自然的义务》,杨通进译,中国社会科学出版社 2000 年版,第 68—69 页。

利考特也认为"自然物的权利"只是对"自然的内在价值"的另一种表述，而这种象征性的表述是不必要的。[①]

泰勒则认为，道德权利这个概念难以被沿用至非人类存在物。这是因为：第一，植物和动物不能要求道德代理人承认其权利的合理性；第二，动植物没有"自我尊重"这个概念；第三，动植物无法主动行使或者停止行使其"道德权利"；第四，动植物不具有发出抱怨、要求公正、使其权利得到法律保护的能力。[②] 但是泰勒又认为，自然物没有道德权利并不影响赋予它们法律权利，给予它们法律保护就可以被解释为给予它们受法律保护的权利，"这可能是在一个尊重自然的伦理学社会中，公开承认自然物的内在价值的一种途径"。[③]

由此可以看出，即使是在环境伦理学内部，针对诸如"自然的内在价值"与"权利"概念之间是否存在对应性？"权利"概念能不能适用于自然物？以及"自然物的权利"内涵到底是什么？这些问题，也并无统一答案或者权威的定论。学者们只是从自己的证明逻辑和思维框架出发来陈述这个问题，没有形成相互协调的认识。对此，诺顿曾指责说，工具价值与内在价值的区分是多余的，"哲学争论只是学术上的，贬义地说就是毫无必要地制造分裂。"[④]这不得不使我们产生这样的怀疑：尽管"权利的道德基础问题"被认为是一个"元伦理学问题"，也就是说权利必须具有一定的道德基础，这一点是无须证明也不应对其作出对错判断的，但是"自然的内在价值"或许并非要证成"自然物的权利"所能够依赖的道德基础。

"自然的内在价值"理论究其根源仍然是对"天赋权利"理论框架的延伸。然而，"天赋权利"归根结底是人本主义的产物，与"自然物的权利"在价值判断上存在根本对立和矛盾。因此，这种类比式的推理方法并不必然适用于论证"自然物的权利"这个命题。换句话说，虽然证明自然有其固有的内在价值，是伦理学一个值得肯定的学术追求，也是环境伦理学的重要理论

---

① See J. B. Callicott, *In Defense of the Land Ethic*, Albany, 1989, pp. 134-136. 转引自〔美〕霍尔姆斯·罗尔斯顿：《环境伦理学——大自然的价值以及人对大自然的义务》，杨通进译，中国社会科学出版社 2000 年版，译者前言，第 4 页。

② See Paul W. Taylor, *Respect for Nature：A Theory of Environmental Ethics*, Princeton University Press, 1986, pp. 245-251. 转引自〔美〕霍尔姆斯·罗尔斯顿：《环境伦理学——大自然的价值以及人对大自然的义务》，杨通进译，中国社会科学出版社 2000 年版，译者前言，第 4—5 页。

③ See Paul W. Taylor, The Ethics of Respect for Nature, in *Environmental Ethics*, Vol. 3, 1981, pp. 197-218.

④ 转引自〔美〕J. B. 科利考特：《罗尔斯顿论内在价值：一种解构》，雷毅译，载《哲学译丛》1999 年第 2 期。

基石,正如罗尔斯顿所言:"我们正是从价值中推导出义务来"①,但是,得到这个理论基石的推论过程并不一定可靠。

从理论预设的角度来看,"自然的内在价值"所表达的观点虽然是非人类中心主义,但其接受的理论预设却是人本主义的。"自然的内在价值"的基本观点是:自然物身上具有某些先于人类社会而存在的自在价值,"当具有义务意识的人接触到这些事物时,这些独立的价值就成了确定人的行为是否恰当(即正当)的根据。"②从字面表述看来,这个观点似乎毫无问题,因为其所要表达的思想主旨是非人类中心主义。只有在非人类中心的框架下,才能将自然的内在价值作为判断人的行为正当性的标准,而这正好符合环境伦理学的证明需要。

但是,为什么要证明自然物有内在价值呢?这是因为这种证明方法背后隐藏着这样一种思维逻辑:如果说在"天赋权利"的人本主义理论框架中,人是价值主体,自然物对于人只具有工具或者手段的意义;那么,只有证明自然物也能成为价值主体,才能说明自然物与人具有平等性,人不能仅仅将自然物作为工具或者手段来看待。由此看来,这个看似符合"非人类中心主义"环境伦理学需要的证明逻辑,却恰好是人本主义的。在这个证明逻辑中,"内在价值"和"价值主体"是人本主义思想的产物,也就是说,倡导"自然的内在价值"的环境伦理学是试图在以人本主义作为理论预设的前提下,用人本主义的证明逻辑来证明一个反人本主义的结论。

"从价值中推导出义务"所接受和蕴含的理论预设是人本主义。康德认为,人作为理性的存在者,具有绝对的价值。人是目的,"其存在自身就是目的的东西,而且是一种无法用任何其他目的来取代的目的,别的东西都应当仅仅作为手段来为它服务,因为若不然,就根本不能发现任何具有绝对价值的东西。"③这被认为是关于人的绝对价值(内在价值)的一个经典论述。许多环境伦理学家正是在接受了这个论述所包含的思维逻辑的基础之上,按照这种思维逻辑(论述模式)来论证"人对自然物的义务"或者"自然物的权利"问题。例如罗尔斯顿的"自然的内在价值"理论、泰勒关于"每个生物就是自身的目的"的论断,以及雷根的"天赋价值"观等。

此外,从形式逻辑的角度来看,"自然的内在价值"理论采用了一种类推

---

① 〔美〕霍尔姆斯·罗尔斯顿:《环境伦理学——大自然的价值以及人对大自然的义务》,杨通进译,中国社会科学出版社 2000 年版,第 2 页。

② 同上书,第 131 页。

③ 李秋零主编:《康德著作全集》(第 4 卷),中国人民大学出版社 2005 年版,第 436 页。

的证明手法,即试图从人有绝对价值、人的存在自身就是目的,而别的东西都应当仅仅作为手段来为这个目的服务中推导出:如果自然物有内在价值,那么人对自然物有义务。事实上,这种推导关系是不成立的。

五、自然物的四种"法律权利"结构

我们能不能给予自然物以法律权利呢?从形式上来说,只要实在法中规定了法律对自然物的保护,自然物就具有了一个最广泛意义上的"受法律保护的权利"。但是,仅此并无法使人知晓这个"权利"的结构、内涵和要素是什么。因此,"受法律保护的权利"虽然也是一种权利,但却不是一个严格意义上的权利。为了进一步说明"自然物的法律权利"这个问题,笔者将搭建人与自然物之间可能出现的四种权利结构,观察从中可能得出的结论。

需要说明的是,为了搭建人与自然物之间的权利结构,笔者采用为自然物"扩权"的经典证明框架,即通过扩大法律关系主体的范围,赋予自然物以社会性,并且代入自由和利益这两种最基本的权利要素,将自然物纳入人类社会的范畴中来讨论自然物的法律权利问题。同时,在以下的证明过程中,笔者遵循的是"价值无涉"的论证原则①,也就是说,只是记录在不同的"拟制"的权利结构中所推论出来的人与自然物之间的权利关系可能为何,而不对这些关系进行价值判断。

按照(1)人、(2)有神经系统和感知(觉)能力的自然物、(3)有生命的自然物和(4)包括无生命物在内的一切自然物这个顺序,可以搭建出人与自然物关系的四种权利结构。在这四种结构中,笔者分别将前述四种"存在物"逐一纳入法律关系主体范畴,并将其分别称为人、动物、生物和自然物。

---

① 韦伯在《社会科学和经济科学"价值无涉"的意义》一文中提出事实的因果分析不能提供价值判断。在《社会科学方法论》中由系统性地提出价值无涉作为经验科学的原则向文化科学提出了客观性的要求:将价值判断从经验科学的认识中剔除出去,划清科学认识与价值判断的界线,即社会科学研究的客观性原则。他说:"评价这种价值的有效性、是信仰的事情,同时或许是一种根据生活和世界的意义对它们进行思辨的考察和解释的任务,但是就应在这里维护这种价值有效性这一层意义而言,这的确不是经验科学的课题。……科学讨论与评价性推断之间的不断混淆仍然是我们专业研究中散步最广而且危害最大的特点之一。"参见〔德〕马克斯·韦伯:《社会科学方法论》,韩水法、莫茜译,中央编译出版社 2008 年版,第 6—10 页。价值无涉是韦伯提出的一种谨慎的科研原则和态度。用诸如价值判断广泛存在或者道德范畴中的价值理论来批驳价值无涉的原则,是毫无意义的。

(一) 第一种结构:只有人作为法律关系主体的权利结构

只有人作为法律关系主体的权利结构,也就是绝大多数国家现行法律中的权利结构。在这种结构中,法律所保障的首先是人的自由和利益。自然物是人与人之间法律关系的客体,是人作为法律关系主体的行为所指向的对象。但是,这种结构并不否定法律对自然物的保护。在这种权利结构中,法律关系的权利主体和义务主体都是人。法律对自然物的保护和关照主要通过两个层面表现出来,第一个层面表现在法律调整和分配人的利益的过程中,第二个层面表现在法律将自然物作为一种特殊的对象加以保护。

在第一个层面,法律对自然物的保护可以被理解为法律保护人的利益过程中产生的一种"附随"效应。其中,法律通过调整人与人之间的利益关系,具体而言是人与人之间的环境利益与经济利益冲突,来确认和判断人对自然物的利用方式及其合理性。这时候,法律保护自然物的途径主要包括:(1)承认人的环境权利;或者(2)保护虽未被承认为环境权利但却具有法律上的合理性与正当性的人的环境利益;以及(3)要求发生利益冲突的一方当事人向另一方当事人承担与保障其环境权益相关的法律责任。在这个过程中,法律虽然不直接适用于人与自然物之间的关系,但是可以通过调整人与人之间的环境利用关系来实现对自然物的保护效果。

在第二个层面,法律将自然物作为一种特殊的对象来加以保护。例如前文已经谈到的德国《民法》对动物不是物的规定,以及欧盟动物福利法的有关规定,均属于将自然物作为特殊对象加以保护的法律规范。在这个层面,法律对于自然物的保护可以表现为两个方面:一是法律直接规定对自然物的特殊保护,如制定保护动物福利的法律规范;二是法律规定对涉及不特定多数人的整体性的环境利益(环境共益)予以保护。在现行法律构架中,对不特定多数人的整体性环境利益的保护,往往是通过法律的责任机制来实现的。例如欧盟法中的环境责任制度,其所预防和救济的环境损害,是对受保护物种和自然栖息地、水、土地,以及自然资源服务所造成的损害,而以环境要素为介质所导致的人身损害、私有财产损害并不适用于环境责任制度。

(二) 第二种结构:以人和动物共同作为平等法律关系主体的权利结构

在人和动物共同作为平等法律关系主体的权利结构中,动物因为被赋予了社会性,成为参与人类社会关系的主体。此时,动物已经不是物,人也不能实现对动物的自由占有、使用、收益或者处分。此外，如同法律关系中的"人"有自然人、法人、其他组织等之分那样，作为法律关系主体的动物也应当有个体、种群和物种之分，并以此解决诸如物种繁衍、栖息地保护等问题。

在第二种结构中，笔者将作为权利要素的自由和利益解释为"对利益占有的自由"。原因在于：显然，在这种关系中自由和利益所指涉的不再是人的自由和人的利益，以个体、种群和物种等形式出现的动物的自由和动物的利益也必须被考虑进来。这时候就出现了一个难题，也就是说法律必须在此建构一种能够被人和各种动物普遍接受的关于自由和利益的概念。之所以存在这个难题，是因为即使是在动物作为参与主体的法律关系中，由于语言交流的障碍，人们仍然只能从自己的认识出发来解读这种法律关系及其中的各类要素，而这可能存在一些问题。例如，人无法区分动物的行动自由和动物的自在状态。人无法真正深入考查不同物种和每个动物个体的精神世界。[①] 人也不能完全站在动物的立场上来说明动物的利益。对此只能采取一个折中的办法，即将自由和利益合一，并将权利要素解释为"对利益占有的自由"。据此，在人和动物共同参与的法律关系中，权利的实现便依赖于实现各类法律关系主体"对利益占有的自由"。其中，法律规范的作用也表现在实现各种主体之间"对利益占有的自由"的相互制衡。

依照法律关系的基本构架，在第二种结构中，人对动物承担义务，动物也同样要对人承担相应的义务。基于权利与义务的相对性，作为权利主体的人和各类动物同时也是法律关系中的义务主体。因此，在这种权利结构中，动物将不再以"受法律保护的特殊对象"这一身份出现，而要在享受升格为法律关系主体所带来的权利的同时，承担其作为义务主体所应当履行的责任。以豢养农畜动物为例，在这种结构中，某农场主想要豢养一定数量的某种动物，必须先获得主管行政部门的许可。此时，主管部门行使行政许可权所要审查的内容，将不仅仅限于工商资质、税务登记、环境影响等，还要同时审查豢养农畜动物这个行为本身的合法性。法律也必须对这方面的内容作出规定。否则，农场主将可能被指控非法拘禁。当农场主获得许可开始养殖农畜动物时，除非农场主在养殖过程中作出了违反法律规定的行为，被

---

① 虽然运用黑格尔关于自由意志的理论来解释在这种权利结构中的自由和利益，可能是更为便利的一种方法。但是限于"价值无涉"的论证原则，笔者在此并不引入任何代表性学派的观点来开展论述或者为文中得出的各种结论提供理论支撑。

豢养的动物不得随意主张要求解除这种豢养关系。这便是被豢养动物需要承担的一种义务形式。如若不然,法律只能规定全体人类吃素,而这对于人是不公平的。因为即便在自然界,不同物种之间也存在维持各类生态系统和生态过程所必需的食物链关系。因此,法律如果规定人类食素,就是将动物权利作为第一性权利,而将人的权利降格为动物之下的第二性权利。人与动物之间便由此失去了平等性,同时也打破了人与动物同为平等法律关系主体的这种权利结构。

需要注意的是,在第二种结构中,法律主要调整人与动物之间的关系,不调整纯粹的动物与动物之间的关系。① 这个规则同样也适用于在有自然物作为主体参与的一切类型的权利结构。这是因为:首先,现代法律主要是人类社会的产物,脱离人这个因素,法律不可能也没有必要存在。其次,即使赋予动物社会性,将动物纳入法律关系主体来进行考虑,法律的调整功能必然也只能作用于以人作为法律关系一方参与人的情形,否则法律将失于言之无物。动物或者其他自然物既不会主动参加,也不会自愿接受法律的调整。最后,纯粹的动物与动物、动物与其他自然物之间的关系,属于自然法则调整的范畴。人定的实在法如要强行插手这种"纯粹自然"的关系,那么人就扮演了上帝的角色。

(三) 第三种结构:以人和生物共同作为平等法律关系主体的权利结构

在第三种结构中,除人和动物以外,又加入了许多新的法律关系主体,包括植物、微生物等生命体和有机体。这种权利结构看似复杂,但事实上与第二种结构具有相似性。根据前面的论述可以得知,无论获得主体性的是人、动植物或其他自然物,法律只调整以人作为一方当事人参加的"社会"利益分配关系,而不调整纯粹自然物之间的"自然"关系。如此一来,第三种权利结构中的法律关系就比较明确了。它相比第二种权利结构只多出两个问题。

一是应当受到关注的主体增加了。法律不仅要考虑人与动物之间基于"对利益占有的自由"而产生的利益分配关系和权利冲突,也要考虑人与植物、其他生命体之间基于"对利益占有的自由"而产生的利益分配关系和权利冲突。在第三种权利结构中,人的自由和人的利益受到了更大的限制,而法律的

---

① 有一种被称为"开放的'主、客一体化法'"观点认为,法律可以调整动物与物的关系,包括动物和动物的关系。对其具体阐述可参见常纪文:《动物有权利还是仅有福利?——"主、客二分法"与"主、客一体化法"的争论与沟通》,载《环球法律评论》2008 年第 6 期。

制定也必须更加细致、谨慎。同时，法律对于自然科学的依赖也大幅度增加。

　　二是究竟如何将微生物纳入法律关系主体进行调整，是第三种权利结构所面临的巨大难题。如果说动物具有神经系统，而植物具有应激性，它们都可以对人的行为作出某种形式的回应，那么在能够实现人与微生物之间的有效沟通之前，由于缺乏当事人之间的交流，微生物即使被赋予了主体性，同样也不能参加到法律的有效调整活动中来。例如，如果人因为病毒的侵袭致病，那么人可不可以提起侵权之诉呢？解决这个问题，单凭法律的规范和调整功能是不够的，而需要大量地依赖科学研究的成果。在这个方面，法律的制定与修改必须是与科学研究同步的。如若经科学研究证明，人与微生物之间最终不能实现有效交流和沟通，那么微生物就可能因"不具有行为能力"而从法律关系中退场。

（四）第四种结构：以人和（非人类）自然物共同作为平等法律关系主体的权利结构

　　在以人和（非人类）自然物共同作为平等法律关系主体的权利结构中，一切客观存在的"物"都成为法律关系的主体。人或者一切其他生命形式的生理构造和特征不再具有特殊性。这要求我们尤其注意"主体"这个概念的含义转换问题。从广义的社会关系上来看，由于"主体"一词的本意包含着唯一性，即主体只有一个；当一切客观存在物都被给予主体性时，多个主体也就可能意味着没有主体。但是，从具体的法律关系来看，因为每一对法律关系的参与人都是有限的，也就是说，法律关系是一种有限制的特殊社会关系类型，一种法律关系只能在有限的主体之间构成，所以在具体的法律关系中，主体仍然是特定的，不论其是特定的人或特定的自然物。

　　在第四种权利结构中，随着"主体"概念的变化，法律的形态也将发生巨大的变化。一方面，在调整纯粹人与人之间的关系层面，法律仍然可以按照现有的形式存在着。例如甲打了乙，造成乙重伤，仍然可以采用现有的法律手段对此进行调整。另一方面，在调整人与自然物之间的关系层面，或者在调整以自然物为介质的人与人的关系层面，法律将回到其在人类社会中一开始出现时的形态，以判例的形式存在。

　　为了实现法律对社会关系的规范和调整功能，第四种权利结构中的法律将主要是一种判例法。法律的作用也主要是对具体争议和冲突的解决和协调。在这种结构中，任何一个主体"对利益占有的自由"都可能干涉到其他主体。随着主体的不断增加，主体之间的利益分配关系变得更紧张而不是更宽松了。这使得解决利益冲突的方法变得单一化。凡是涉及利益分配的一般性法律原则在这种结构中都将可能造成对其他主体正当利益的侵犯。例如各国现行法律中常常出现的"物权公示公信原则"，在第四种权利结构中将不复存在，因为法律意义上的"物"这个概念已经不复存在了。同样的，诸如财产、财产权利这些概念也将消失。

六、结论：法律如何保护自然物

自然原本是接受自然法则调整的自在自然。人类社会出现以后，便开始营造人化自然。这个过程中，人类行为对自然造成了不可避免的侵袭。随着人类社会的不断进步，自然却在不断"后退"。或许是基于现实的窘迫，或许是出于对实现人类社会可持续发展的担忧，又或许是由于自然界存在太多未知，人类对自然的这种退化感到恐慌。在不知道什么是"更优"之前，人类不得不假设"维持现状"就是处理人与自然关系的"最优"手段。从而，人们想出种种途径、寻找各种方法来维系这个"最优"。在哲学领域，理论研究找到"同等痛苦同等关切"和"自然的内在价值"作为主张人类应对自然承担义务的证明；而在法学领域，理论研究则诉诸权利。

权利，大概是宣称某种利益的正当性和合理性的最为正式和便利的概念。一切争议，仿佛只要冠之以"权利"的称谓，便可以自然而然获得解决。于是，在看待人与自然的关系问题上，为了"维持现状"，学者们提出"自然物的权利"这一概念，又在此基础上分别衍生出"自然物的道德权利"或"自然物的法律权利"。

正如本章所论述的那样，理论上，我们可以给予自然物法律权利，赋予不同类型的自然物以社会性，将其作为新的主体，引入到不同法律关系"拟制"的权利结构中，运用结构自身的转换功能①来实现对"自然物的法律权

① 结构主义方法的根本特征在于用抽象的概念来描述被分析的对象，将对象理解为一个由各个要素或部分组成的结构。结构是指事物内部各组成要素之间在空间排列或者时间顺序方面相互联系或者相互作用的方式。它是"一个由种种转换规律组成的体系"，具有整体性、转换性和自身调整性的特点。整体性是指结构由不同组成部分(要素)构成，它们服从于彼此之间形成的整体性规律。转换性是指，结构的构成要素彼此之间形成整体性规律的同时，这些规律又具有建造结构的功能；结构与建构，二者之间能够彼此转化。自身调整性是指，一个结构自身的各种转换规律反复地构成总是属于这个结构内的新成分，并在有节奏地保证结构总体边界增减的同时并不取消原先结构的边界。任何一个结构以子结构的形式加入一个更大的结构中时，各个结构之间"并没有归并现象，仅有联盟现象"。这使得结构的构成要素之间的关系能够有张力地持久存在，并由此赋予结构以守恒性和封闭性。参见〔瑞士〕皮亚杰：《结构主义》，倪连生、王琳译，商务印书馆1984年版，第2—3页、第10页。

利"的合理性证明。在理论研究中,也可以选取其他的要素来组成新的理论结构,得出相应结论。

按照这种证明方法,可以看到,正如人类社会在规则开始形成的初期法律的原始形态那样,通过引入自然物作为法律权利的主体,法律在处理人与自然物的权利义务关系时,可能主要将以"判例"法的形态存在。这既是法律的一个"还原"的过程,又是一个"上升"的过程。

然而,与理论中"拟制"结构的简便快捷相比,实在法的形态则要复杂得多。其中自然物法律权利的实现只能是一个循序渐进的过程。在解决各类权利从应然权利转化为法定权利的过程中,实在法要受到各种规范性、引导性和限制性因素的影响和作用,例如道德伦理(包括道德伦理的不同理论学说)、社会的可接受度、立法资源的有限性、掌握立法权的阶层的意志等等。同时,即使上述因素都不成其为问题,从应然权利到法定权利的转换也必须有一个各种具体权利转换的先后顺序,即表现为权利实现的"差序格局"。[①]这是权利实现的客观规律,自然物的权利由一种应然权利、"道德权利"向法定权利转换的过程,也必须遵循这个客观规律。

赋予自然物以严格的法律权利,从形式上看,是实现法律对自然物保护的最直接的方法,但从实践内容上看,这却不一定是最便捷的方法,甚至不是一个最聪明的办法。因为实施这种方法的前提,是要打破绝大多数国家现行法律中的对法律关系的界定以及支撑这些法律关系的权利结构。这既是一个极其冗长烦琐的过程,在这个过程中基于法律所承认和确立的自然物权利主体的不同,各国国内法的实在内容也可能表现出巨大的差异性。

通过比较各国各地区在自然物保护方面所采用的法律方法可以发现,在现阶段实现法律对自然物的保护,不一定非得以确立"自然物的法律权利"作为唯一手段。实践中,也可以采用一方面将自然物作为受法律保护的特殊对象,明确规定人对自然物的责任体系;或者另一方面是通过确立人的权利,尤其是人的环境权利和环境利益,来实现保护自然物的客观效果。

那么,在现阶段"自然物的法律权利"形态为何呢? 在解答这个追问之前,我们应当先回答"为什么要确立自然物的法律权利"这个问题。抛开一切理论研究需要的因素,确立"自然物的法律权利"的根本目的,是为了实现

---

①　即使在人类社会内部,法律权利从应然向实然转化也存在这种差序格局。以人的公民权为例,西方主要国家权利发展和实现公民权的顺序通常是:按照主体来看,先由男性公民到女性公民,在普及至各个民族和种族的公民;按照权利种类来看,公民先实现的是人身、财产和政治权利,再到经济文化权利,然后到社会权利。参见郝铁川:《权利实现的差序格局》,载《中国社会科学》2002 年第 5 期。

法律对自然物的保护。为着这个目的，结合以上研究可知，法律保障自然物的权利，一方面是要保障那些程序性的权利，使得对自然物不利的行为可以被诉诸法律。其最为直接的，就是法律赋予并保障自然物的诉权。无论是采用公益诉讼制度，或者是推行自然物的代理人制度，都是实现自然物的诉权所可能采用的手段。

另一方面，法律也可以通过划定严格的大片、连续的自然保护地，利用系统化的空间管制措施，赋予自然物自由自在的生存条件和状态。在这种受到严格进入管制的区域内，自然物可以在高速发展的现代社会中，最大化地免受或者降低受到人类活动的侵袭。这种制度对于人类的惠益也将是显著的。因为在这些区域中，生态系统的完整性和生物多样性得以较好地保存，动物、植物、微生物以自在的方式繁育，而蕴含在其中的科学意义上的生态功能将以生态系统的生态产品和生态服务的方式，回馈人类社会。它们调节气候、涵养水土、维持人类赖以生存的自然环境和条件。由此，人与自然可以和谐共生、持续发展。

退一步来说，"价值"也好，"权利"也好，或许是真实的，也或许不过是学者在从事社会科学研究过程中创造出来的理论工具。虽然这些工具来自社会实在、抽象自经验现实，但是要实现对社会关系、社会现象的有效规范、调整和指引，却不一定必需依赖于这些理论工具。肇始于人类社会关系变化，作为一种"社会"现象存在的人与自然关系，如同人类社会的一切其他现象，具有复杂性、多样性。与之对应的，社会科学理论也具有复杂性、多样性。对此，从解决实际问题的角度来看，良好的整合和运用现有条件，结合当前的客观实际来寻找实现法律对自然物的有效保护途径，才是迫切需要的工作态度。在这个过程中，研究者可以通过系统而慎重的理论构建、循序渐进地将法律制度建设引导向自己的学术理想，直至最终建立出完备地实现对自然物的良好保护的、可靠的实在法律规范体系。

第六章　自然资源国家所有权：
辨析与重构

一、引　　言

（一）研究背景

自然资源是指天然存在的、不包括人类加工制造的，并对人类有利用价值的自然物，如土地、矿藏、水利、生物、气候、海洋等资源。根据联合国环境规划署（UNEP）对自然资源的定义，自然资源是在一定时间和条件下，能产生经济价值以提高人类当代和未来福利的自然因素的总和。基于对人类不同需求的满足，产生了不同的自然资源经济行业，进而形成了对自然资源进行类型划分的依据。这种自然资源类型划分方法又通过自然资源立法得到进一步的固化和延伸。例如，我国就分别制定有《森林法》《草原法》《渔业法》《矿产资源法》《水法》等自然资源法律。①

自然资源是生产原料来源和物质财富源泉，健全的自然资源资产法律体系和管理体制，是有效组织社会生产的前提和基础。我国以《宪法》《物权法》等为代表的国家根本法和基本法律规定了自然资源国家所有权制度，这构成了自然资源开发、利用、保护和污染防治等具体制度设计的前提约束与制度语境。近些年来，我国在建设生态文明和改革生态环境监管体制中越来越重视自然资源制度设计，陆续出台多个中央政策文件推动自然资源产权制度和用途管制制度改革。自然资源的产权制度和用途管制制度，转换为法律表达，即自然资源的所有权制度和使用权制度。在自然资源的所有和使用关系中，所有关系是基础，使用关系是从自然资源所有关系派生出来的一种社会关系类型。因此，清晰掌握和深入分析我国现行法理与制度体系中对自然资源所有关系的制度规范，是进一步分析自然资源的开发利用关系的前提和基础。

2013 年 11 月 12 日中国共产党第十八届中央委员会第三次全体会议通

---

① 王社坤：《自然资源利用权利的类型重构》，载《中国地质大学学报（社会科学版）》2014 年第 2 期。

过的《中共中央关于全面深化改革若干重大问题的决定》（以下简称《决定》）超越以往以经济改革为主题，进行经济、政治、文化、社会以及生态文明建设等领域的"五位一体"的体制改革，生态文明建设作为"五位一体"总布局中的重要一环，成为重要的改革议题之一。

《决定》在"十四、加快生态文明制度建设"部分，既有对现行重要的环境法律制度与环境政策的重申与强调，也有对现行环境法律制度与环境政策的深化与拓展，还进行了生态环境保护制度创新，并且重视吸纳了近些年环境法学界的一些最新的研究成果和政策建议。[①] 其中，该部分提出了要"健全自然资源资产产权制度和用途管制制度。对水流、森林、山岭、草原、荒地、滩涂等自然生态空间进行统一确权登记，形成归属清晰、权责明确、监管有效的自然资源资产产权制度。建立空间规划体系，划定生产、生活、生态空间开发管制界限，落实用途管制。健全能源、水、土地节约集约使用制度。健全国家自然资源资产管理体制，统一行使全民所有自然资源资产所有者职责。完善自然资源监管体制，统一行使所有国土空间用途管制职责"。中国共产党第十八届中央委员会第四次全体会议 2014 年审议通过的《中共中央关于全面推进依法治国若干重大问题的决定》在"加强重点领域立法"部分也明确提出，要"建立健全自然资源产权法律制度，完善国土空间开发保护方面的法律制度，制定完善生态补偿和土壤、水、大气污染防治及海洋生态环境保护等法律法规，促进生态文明建设"。习近平总书记在中国共产党第十九次全国代表大会上所作的报告《决胜全面建成小康社会 夺取新时代中国特色社会主义伟大胜利》，高度重视生态文明体制改革，将自然资源产权制度和管理制度放在生态文明建设总体设计的高度，强调"设立国有自然资源资产管理和自然生态监管机构，完善生态环境管理制度，统一行使全民所有自然资源资产所有者职责"。这些中央政策文件对自然资源产权制度的高度重视，实际上要求我们重新检视、反思与梳理我国当前的自然资源权属制度。在现行的自然资源国家所有权的宏观规定之下，具体去探讨自然资源国家所有权的社会功能、现实绩效与制度运行的逻辑。这是本章研究的政策背景。

在我国当前以《宪法》和《物权法》为主体形成的法律体系中，对自然资源所有权的规定呈现出以下的一些特征：（1）规定了自然资源的国家所有权和集体所有权制度，即一切自然资源属于国家所有和集体所有。《宪法》

[①] 具体分析参见刘超：《生态空间管制的环境法律表达》，载《法学杂志》2014 年第 5 期。

第 9 条第 1 款规定："矿藏、水流、森林、山岭、草原、荒地、滩涂等自然资源，都属于国家所有，即全民所有；由法律规定属于集体所有的森林和山岭、草原、荒地、滩涂除外。"《物权法》第五章规定了自然资源属于国家所有和集体所有。（2）在自然资源公共所有权制度中，又以国家所有权制度为重心，除了法律有明确规定属于集体所有之外，一切自然资源概括地属于国家所有，包括现行法律体系中未尽明确列举的各种自然资源。（3）我国《物权法》第 39 条规定："所有权人对自己的不动产或者动产，依法享有占有、使用、收益和处分的权利。"这实际上表明我国《物权法》秉持的是一种绝对所有权的观念和制度设计①，所有权人对于所有权客体享有的是一种完整的、绝对的权利效力。《宪法》和《物权法》在此法律逻辑和制度设计理路下，形成我国基本的自然资源权属制度，与自然资源相关的归属与利用制度在此法律逻辑下进一步展开。

　　同时，自然资源又是人类生产生活的最为基本的物质基础。各种自然要素构成人类生存生活的基本环境，也为人类生产提供了基本的生产资料。因此，自然资源在其经济功能与生态功能这两个层面对人类发挥着至关重要的作用，既为人类提供了基本的生境家园，又是人类物质财富之源泉。相应地，法律制度设计也必须同时在自然资源的这两个功能之间进行兼顾与平衡。申言之，法律制度既要有效保护自然资源以发挥其生态功能，同时又要规定其开发利用制度以发挥其经济功能。即自然资源的国家所有权制度功能要同时在两个方向上进行选择与平衡，既要代表公众来保护和管理自然资源，同时又分配、开发和利用自然资源以满足社会公众生产生活的需要。应对此综合性需求，我国当前的基本自然资源权属制度可以概括为，一切自然资源属于国家所有和集体所有，矿藏、水流、海域等重要自然资源专属国家所有，同时，通过设置探矿权、采矿权、取水权和使用水域、滩涂从事养殖、捕捞的权利作为"准物权"，将其性质定位为用益物权赋予社会主体，使之享有自然资源开发利用的权利。

　　我国当前的自然资源权利制度框架下，自然资源权利制度体系运行的现实状况是：第一，在自然资源保护方面，面临生态环境持续恶化和经济发展过程中资源耗竭性退化危机的严峻形势；第二，在自然资源开发利用方面，"准物权"沦为自然资源国家所有权的附庸，自然资源开发利用权利的独立地位被遮蔽和漠视，权利主体的权利效力受到较大限制，准物权主体的经

---

①　李国强：《相对所有权的私法逻辑》，社会科学文献出版社 2013 年版，第 40 页。

济利益难以充分实现。因此,在当前的自然资源权属制度体系中,上述自然资源的双重功能均未得到有效实现,这促使我们重新检视和反思我国当前自然资源所有权制度设计及权利内容上的问题。

虽然在我国自然资源权属理论体系和制度框架中,自然资源在逻辑上属于国家所有与集体所有,也即自然资源的所有权有国家所有权和集体所有权这两种类型。但是,从以下几个角度,我们可以归纳,自然资源国家所有权是我国当前法律体系中最为基础和重要的自然资源所有权类型:从自然资源所有权的客体上看,我国立法思路是将一些关系国计民生的重要战略资源均规定属于国家所有;从立法理路上看,自然资源概括地属于国家所有,只有在存在法律明确规定等特殊制度的语境下,一些自然资源才属于集体所有;从制度运行情况看,当自然资源国家所有权与集体所有权发生交叉与冲突时,自然资源国家所有权处于更优势的地位。

因此,自然资源国家所有权是自然资源所有权的最主要类型,本章将主要展开对自然资源国家所有权的研究。当前的研究已从不同理论和角度切入,对自然资源国家所有权制度进行了检讨与反思。民法学界的研究已经较为深入和系统,但从宏观角度梳理,民法学界对此问题的剖析共同遵循的一个价值选择和分析范式是基本重视自然资源的经济功能和物质属性,而鲜有从自然资源生态功能的角度切入。申言之,既有研究在理论预设、价值判断等层面都重视的是在财产权—物权—所有权的框架下解析自然资源国家所有权,而忽视了把自然资源作为环境权客体的视角来分析这一问题。这是本章研究的制度缘由。

(二) 研究综述

自然资源国家所有权的理论基础与制度建构问题虽然已经引起学界的重视,但比较而言,在学界关于物权、所有权的研究中,自然资源国家所有权的研究总体上所占比例偏少。概括而言,学界当前对于自然资源国家所有权的相关研究,可以从以下几个方面进行归纳:

第一,研究自然资源国家所有权的性质,认为民法上自然资源国家所有权的概念是经由自然资源全民所有过渡到宪法上国家所有权进而转化为民法上的国家所有权的。这一转化,在权利性质上,完成了宪法上所有权向民法上所有权的转变;在权利主体上,实现了主权国家向国家法人的转化;在权利客体上,使自然资源可以作为民法上所有权的客体被支配;在权利行使上,为在自然资源之上设置私权性质的自然资源用益物权提供了可能,有益于自然资源效用的最大限度发挥。[①] 另有研究则主张我国自然资源国家所有权的理论定位应为公共财产权，是一种物权，自然资源作为国有财产对法律的要求不是设定特别的保护禁区，而应是通过法律合理配置权利来增强自我健康发展的活力和参与市场竞争的能力，故而，建议要借鉴外国立法经验探索我国自然资源国家所有权的可交易性，以实现我国自然资源所有权的物权化。[②]

第二，研究了自然资源国家所有权的四种形态，认为在市场经济条件下，自然资源国家所有权具有私权意义上的所有权和公权意义上的所有权二重属性，由此，自然资源产权运行过程可以具体划分为自然资源所有权（狭义）的经济实现、使用权的分配、经营权的运作、国家公共产权的管理四种具体形态。[③]

第三，对我国当前的自然资源国家所有权制度的批判性研究，这一研究可以从两个方面进一步区分：首先，环境法研究者对我国当前《物权法》体系呈现的自然资源国家所有权"物权化"的批评，该研究梳理了我国当前自然资源国家所有权制度存在的问题，重点从我国当前自然资源国家所有权物权化的理论与制度现状进行反思与检讨，主张我国要确立公共自然资源国家所有权制度和国有自然资源国家所有权制度[④]；其次，民法专业研究者从传统的民法物权法理论出发反对自然资源作为国家所有权的客体，该研究认为我国自然资源的国家所有权理论体系带着浓厚的政治色彩和行政化倾向，国家所有权所表现出的属性不是所有权的属性特征，更不是私权所应具备的性质，它更多地体现的是公共权力、政治性权利，将国家所有权制度强行地规定在我国物权法体系中，忽略物权理论对于所有权主体、客体上的基本要求。学者建议理清国家对于自然资源的主权性权利，同时，以公法人所有权来代替国家所有权行使国家在私法领域的权利，按照市场经济的要求重新构造我国的自然资源所有权体系。[⑤]

第四，从宪法角度研究自然资源国家所有权，针对当前自然资源国家所

---

① 单平基：《自然资源国家所有权性质界定》，载《求索》2010 年第 12 期。

② 黄桂琴：《我国自然资源国家所有权物权属性研究》，载《石家庄经济学院学报》2006 年第 3 期。

③ 董金明：《论自然资源产权的效率与公平——以自然资源国家所有权的运行为分析基础》，载《经济纵横》2013 年第 4 期。

④ 邱秋：《中国自然资源国家所有权制度研究》，科学出版社 2010 年版，第 35—96 页。

⑤ 李冬枫：《自然资源的国家所有权制度研究》，中国社会科学院研究生院 2012 年硕士学位论文。

有权制度实施面临的诸多困境,认为宪法上的自然资源"国家所有"不能简单地认为是国家通过占有自然资源而直接获取其中的利益,而首先应理解为国家必须在充分发挥市场决定作用的基础上,通过使用负责任的规制手段,包括以建立国家所有权防止垄断为核心的措施,以确保社会成员持续性共享自然资源。①

第五,一些研究虽然不是直接针对自然资源国家所有权的内容进行论述,但在关于国家所有权的论述中,或论述了国家所有权存在的必要性,认为它是一种公共所有权,是法律为实现公共利益而赋予国家所享有的民事权利,进而系统论述民法保护国家所有权的理论与制度体系。② 或从国家所有权的主体实在性、权利运行与救济的弊端以及其在实践中的异化等角度反思、批判与反对国家所有权的理论与制度设计,这些研究将在以下具体的分析中予以梳理与评析。

值得注意的研究动态是,近几年来,由于自然资源在国家发展和国民生活中的重要性日益增强,以及《决定》等中央政策文件提出了生态文明建设方略、重视自然资源产权制度和用途管制制度建设,学界又重新重视了自然资源国家所有权制度的研究,这较为集中地体现在学界在 2013 年召开了多个学科多位学者参与的自然资源国家所有权的研讨会中。这一研讨会集中了学界不同学科学者对于自然资源国家所有权的较有代表性的观点,这些观点主要是对自然资源国家所有权性质上的不同主张。对自然资源国家所有权性质的观点及论证典型地体现了不同的学科进路和核心主张,具体体现为民法学者基本都坚持主张自然资源国家所有权的民事权利属性。比如,民法学者认为"我国的自然资源国家所有权制度是一个民法层面上的制度,在物权法中对其作规定不存在任何体系上的问题。因此,可以考虑通过民法解释论的方法,对这一制度的具体运用予以一定的合理化"③。"否定了民事权利属性,将其划归宪法上的或其他法上的或法外空间,民事权利的运行规则、救济方法就全都派不上用场,对自然资源的实际利用者不见得有利。"④也有民法学者认为,"宪法上规定的自然资源国家所有权不是专属于公法的所有权概念。它包含三层结构:第一层结构是私法权能。在这一层面上,它与物权法上的所有权无异。第二层结构是公法权能,主要包括国家

---

① 王旭:《论自然资源国家所有权的宪法规制功能》,载《中国法学》2013 年第 6 期。
② 程淑娟:《国家所有权民法保护论》,法律出版社 2013 年版,第 49—109 页。
③ 薛军:《自然资源国家所有权的中国语境与制度传统》,载《法学研究》2013 年第 4 期。
④ 崔建远:《自然资源国家所有权的定位及完善》,载《法学研究》2013 年第 4 期。

对于自然资源的立法权、管理权和收益分配权。第三层结构是宪法义务"①。还有学者论证了自然资源国家所有权蕴含着宪法所有权与民法所有权的双阶构造,纯粹私权说与纯粹公权说均难谓恰当。② 有环境法学者深入剖析了宪法上国家所有权的性质,认为宪法上的自然资源国家所有权的实质是国家权力,是管理权,而非自由财产权。③ 还有学者论证了自然资源国家所有权的公权说。④

　　基于法律体系的差异和所有权制度框架的异质性,国外关于"自然资源国家所有权"的论述语境与中国有所区别,他们多将自然资源定位为公用物,并以此为视角展开制度设计。纵观大陆法系各国民法,可以发现,各国对国家所有权的规定模式并不相同:德国民法极其强调其民法的私法性质,未对公有物或者公用物作出规定,亦未对国家强制征收私人财产作出规定(此种规定交由德国基本法作出);但包括法国、比利时、瑞士、泰国、伊朗、墨西哥、智利、意大利在内的很多大陆法国家,则普遍在其民法典中对于公用物或者国家所有权作出了某些基本规定乃至具体规定,对于国家征收私人财产问题作出规定的,仅只有法国和意大利两国的民法典。⑤ 英美法系由于不成文法的特点,没有大陆法系民法典及行政法对自然资源国家所有权制度的系统认识,但通过发展传统的公共信托原则,为自然资源国家所有权制度注入新内容。在英国普通法中,公共信托原则的主要功能是:第一,区分国王财产中的私人财产和公共财产,限制国王对公共财产的特权;第二,保障自然资源上的公共权利。美国从英国普通法传统中引入公共信托原则,用以限制政府处置公共资源的行政权力。20 世纪 60 年代美国掀起大规模环境保护浪潮,随后公共信托原则被作为一种环境法律改革的新手段,肯定自然资源上公共所有权的必要性,保障自然资源上的环境利益。⑥ 通过公共信托原则的制度设计,在自然资源上设置公共权利,使之成为全体国民的公共财产,排除任何人的肆意侵占、支配与损害,全体国民作为共有人将自然资源委托给国家进行管理,这样等于赋予国家对自然资源享有一种富含有多重义务的所有权。美国的丹尼尔·H.科尔教授在研究中分析了在环境

---

① 王涌:《自然资源国家所有权三层结构说》,载《法学研究》2013 年第 4 期。
② 税兵:《自然资源国家所有权双阶构造说》,载《法学研究》2013 年第 4 期。
③ 徐祥民:《自然资源国家所有权之国家所有制说》,载《法学研究》2013 年第 4 期。
④ 巩固:《自然资源国家所有权公权说》,载《法学研究》2013 年第 4 期。
⑤ 尹田:《论国家财产的物权法地位——"国家财产神圣不可侵犯"不写入物权法的法理依据》,载《法学杂志》2006 年第 3 期。
⑥ 邱秋:《中国自然资源国家所有权制度研究》,科学出版社 2010 年版,第 89—90 页。

物品上设置财产权的四种模式,也包括了国家财产权,为我们分析自然资源国家所有权制度提供了有启发意义的借鉴。[①]

梳理以上研究成果,为我们进一步展开自然资源国家所有权制度研究提供了基本的理论支撑和研究基础。但现有的研究众说纷纭,即使在一些最基础的问题上也分歧众多。对这些研究的梳理与分析可知,现有研究的分歧折射出当前研究对于自然资源国家所有权的研究对象、方法与路径存在一些尚待拓展的空间:(1)既有的研究多为关于所有权和国家所有权的理论与制度的研究,即使在这些研究中有涉及自然资源国家所有权,也基本上作为例证或客体,未有针对自然资源作为所有权或国家所有权客体的特殊性及独特的理论与规则需求进行深入剖析,专门针对自然资源国家所有权的系统研究相对较少,尤其是从自然资源国家所有权客体特殊性出发展开的针对性研究相对较为鲜见。(2)当前对于自然资源国家所有权的研究多从其性质、正当性论证(或否定)、理论依据和域外立法比较借鉴等相对宏观的角度展开,对于自然资源国家所有权的效力、功能和权利结构等内容较少涉及,而这一角度的研究则可能是自然资源国家所有权制度区别于传统国家所有权理论与制度的关键所在。(3)当前研究成果多为民法专业或宪法专业学者的研究,学科背景和专业视角决定了其研究基本上从自然资源的经济功能和生产资料的属性展开论述,而较少兼顾到自然资源的生态功能及相应的制度需求。

(三) 研究思路

本章研究的是自然资源的国家所有权,是在本课题整体展开的"环境法中的权利类型研究"中研究的一种具体的权利类型。长期以来,在环境法学界,对于是否存在着独立的环境权、环境权的性质与类型、环境权的内涵与构造等诸多方面均众说纷纭,尚未形成高度共识。这固然是因为环境法作为新兴学科远未成熟的结果,也是当前的环境法律体系尚未正式回应这一问题的体现。2015 年 1 月 1 日开始实施的《环境保护法》依然回避了这一问题,没有正式规定环境权,这也就使得关于环境权的争论远未平息。但无论对环境权本身持有何种观点、存在何种争议,不可否认的是,环境法律体系中存在广泛的权利类型,这是我们必须正视与重视的立法现状。从当前的

[①] 〔美〕丹尼尔·H.科尔:《污染与财产权——环境保护的所有权制度比较研究》,严厚福、王社坤译,北京大学出版社 2009 年版,第 9—15 页。

环境法律体系来看，我们可以参照多种标准对环境法中的权利类型进行划分。从权利主体的角度，我们可以从环境法律规范与环境法理论的角度去类型化阐释公众、自然物、法人、国家作为不同主体在环境法律体系中享有的权利。从国家作为权利（力）主体的角度视之，则可以进一步去类型化梳理国家享有的自然资源所有权和国家在环境管理中享有的权利（力）。从自然资源作为客体的角度而言，则可以从所有权与利用权的角度去进行划分。本章预期研究的是国家的自然资源所有权，既在主体上与国家环境管理中的权利（力）一章有机联系，同时，在权利客体上，又与自然资源利用权相互呼应。

虽然笔者主张自然资源国家所有权不是传统的国家所有权的简单的具体化，但从逻辑理路上看，现行法律制度体系中国家所有权制度构成了展开自然资源国家所有权的制度语境，既有的国家所有权理论也成为我们剖析自然资源国家所有权的理论背景。当前，学界对于国家所有权本身的性质、构造与权利效力本身存在诸多争议，这是本章分析自然资源国家所有权必须正视的前提。所以，本章将首先从国家所有权客体设定依据的角度，对国家所有权本身存在的争议进行梳理与辨析。其次，本章将直接针对自然资源国家所有权本身及其特殊性展开研究，在检讨现行的自然资源国家所有权存在的弊端的基础上，建议从重构权能体系的角度完善自然资源国家所有权的制度设计。本章从宏观理论与制度设计层面提出的建议与主张的绩效，必须经过具体制度实践的检验，并体现于具体的自然资源国家所有权的制度设计中。因此，本章最后的内容将以具体的气候资源国家所有权的规定为个案，详细剖析气候资源国家所有权设计的证成思路与制度设计。

二、国家所有权客体设定依据之论争与辨析

国家所有权是我国《宪法》和《物权法》规定的重要的所有权类型，国家所有权的客体范围涵括了我国最为重要的广泛的资源和财产类型，国家所有权客体的无限性和广泛性是学界基于法律规定和权利属性所形成的共识。但是，从法律层面和立法技术角度，国家所有权的这种无限性是从何而来？如何体现？这需要我们进一步去探究国家所有权客体范围的划定依据并从理论和实践角度去进行检视。

（一）国家所有权客体的无限性

我国《物权法》第二篇第五章详细规定了完整的所有权体系,包括了国家所有权、集体所有权和私人所有权。我国当前的民法论著和教材在对所有权的结构、类型和内容的论述中,无一例外地认为我国的国家所有权客体范围相当广泛,既包括了土地及其他自然资源,也包括了各类动产和不动产。[①]《物权法》第 46 条至第 52 条规定了国家所有权的客体范围,基本上囊括了所有重要的自然资源。在民法学界的共识中,近乎先验地认为国家所有权客体具有无限广泛性。国家所有权客体的广泛性是指国家所有权的客体没有范围限制,无论何种财产都可以作为国家所有权的客体。而且,有些财产只能属于国家所有,其他民事主体不能取得所有权。[②] 这是对我国以《物权法》为代表的法律体系规定的所有权制度体系以及国家所有权制度的一个客观陈述,但仅仅在民法理论甚至是整个法律理论体系中无法解决的前提性的问题是,为什么国家所有权的客体具有无限性?[③]

《物权法》第 4 条规定:"国家、集体、私人的物权和其他权利人的物权受法律保护,任何单位和个人不得侵犯。"在我国《物权法》框架中,国家所有权、集体所有权和私人所有权这三种所有权受到平等保护,这是《物权法》确立的基本原则之一。《物权法》第 4 条的规定是从立法技术角度化解来自宪法层面的责难。但是,依然面临着从宪法角度来看必须要应对的问题,即三种类型的所有权是否要予以平等保护? 王利明教授明确主张和论证《物权法》确立平等保护原则,认为平等保护应作为《物权法》的首要原则,《物权法》如果放弃平等保护原则,就违反了民法的基本原则,脱离了《物权法》作为民事法律的基本属性。平等保护原则既要破除公有财产特殊保护论,也要破除私有财产特殊保护论。王利明教授认为《物权法》分别规定了各类所有权,充分体现了平等保护原则。[④] 但童之伟教授认为,《物权法》的制定自

---

① 基本上大部分民法教材都是这样论述,比如,王利明主编:《民法》(第五版),中国人民大学出版社 2010 年版,第 173 页。

② 这也是我国大部分主流的有关民法、物权法的专著和教材中持有的普遍的观点,典型的相关论述可以参见王利明:《物权法研究》(上卷),中国人民大学出版社 2007 年版,第 506 页;柳经纬主编:《物权法》,厦门大学出版社 2000 年版,第 64 页;等等。

③ 我国《物权法》第 45 条第 1 款规定:"法律规定属于国家所有的财产,属于国家所有即全民所有。"因此,该问题也即可以转换为如何进行"国家所有的财产"的范围是无限性的法律论证?

④ 王利明:《试论物权法的平等保护原则》,载《河南省政法管理干部学院学报》2006 年第 3 期。

专家草拟建议稿时就开始主张对不同主体的物权平等保护，这基本上没有注意甚至是有意回避了宪法的要求，平等保护原则直接与宪法中不同财产的不同地位的规定有冲突。实际上，《物权法》对不同主体的财产实行平等保护是以《宪法》规定的国家、集体在财产占有方面事实上占据了优越的宪法地位为前提的，是以国家、集体事实上占有或垄断了社会的全部财产中的基础性部分为前提的；这种平等是全局不平等格局下的局部平等，是宪法上不平等前提下的法律上的平等，是实质不平等条件下的形式平等。[①]

因此，体现为《物权法》立法规定中的所有权的结构、类型及其内容已经是民法领域对于所有权行使及保护的立法价值选择。虽然对于不同主体享有的所有权是平等保护，但这体现在作为民事权利的实现与救济的环节。除此之外，民法尚未解决的问题是，为什么要设定国家所有权？划定国家所有权客体与内容的标准是什么？法律是作为法权和社会整体利益的分配工具，最终是要分配社会财富并规范其支配或消费行为。[②]法律在资源稀缺的社会，本质上要解决稀缺资源分配的问题，这要通过设定所有权的方式实现。所以，在如何更好地保障与救济所有权、实现所有权平等保护之前的前置性的问题是如何划定所有权的边界？在我国《物权法》体系中国家所有权客体范围具有无限性，极其广泛并且可以随着社会发展、人类控制自然能力的增强而不断扩大，则国家所有权相较于其他类型所有权的这种优越性和特殊性从何而来？是否有必要？设定国家所有权的标准和目标是什么？是否有一些内在的价值选择的准则？这些问题不但是回答设定国家所有权客体的合理性和可行性的必需，也是更好实现国家所有权立法预期的需要。当前，虽然《物权法》对于我国所有权法律体系已有立法界定，国家所有权的立法也渐趋完善，但现实中的一些纷争并未因此而平息。关于国家所有权本身的必要性、内涵、范畴依然有诸多论争，从现实中看，在当前法律框架对于国家所有权客体无限性的立法思路之下，很多新型的财产或能源均被界定为国家所有权的客体，引发了不少争论。[③] 这就需要探讨国家所有权设定

[①] 童之伟：《〈物权法（草案）〉该如何通过宪法之门——评一封公开信引起的违宪与合宪之争》，载《法学》2006 年第 3 期。

[②] 童之伟：《法权与宪政》，山东人民出版社 2001 年版，第 16—17 页。

[③] 黑龙江省在 2012 年 6 月 14 日颁布的《黑龙江省气候资源探测与保护条例》中规定，企业探测开发风能及太阳能资源必须经过气象部门批准，而且探测出来的资源属国家所有。这一规定不但引起广大企业的反对，被认为是地方政府和相关职能部门增加收费的一种手段，也引起了国家能源局等部门的异议。具体内容可参见刘子裕：《"风光"买卖——黑龙江明令，多省潜行，气象系分羹新能源》，载《南方周末》2012 年 8 月 24 日，第 13—14 版。

以及国家所有权客体范围的法律界定应当始终秉持的标准。

（二）国家所有权在理论与实践中的质疑之梳理

我国《物权法》中规定国家所有权的直接法律依据是根据《宪法》对于所有权的规定。我国《宪法》第 6 条规定了全民所有制和集体所有制，第 9 条第 1 款规定："矿藏、水流、森林、山岭、草原、荒地、滩涂等自然资源，都属于国家所有，即全民所有；由法律规定属于集体所有的森林和山岭、草原、荒地、滩涂除外。"第 10 条第 1 款规定："城市的土地属于国家所有。"这是《物权法》规定国家所有权的直接宪法依据。虽然如此，从宪法规定的公权向物权法规定的私权的转换还存在着逻辑与法理上的论争。

也有不少论者对于国家所有权本身从不同角度提出了质疑，质疑观点可以概括如下：（1）从实体性上消解国家，认为在国家和构成国家的人民之间的关系上，国家是不存在的，它不是实体，而是我们为了认识国家这一社会结构形式而在心智中的一种建构，故而，国家所有权也是不可能存在的。[①]（2）从国家所有权运行与救济的弊端上论证，认为国家所有权本质是按照政治方式运行的、以国家对个人的强制性支配权为内容的不折不扣的公共权力，任何公共权力的商业化运作都必然导致权力滥用和政治腐败，必然背离法治和市场经济的基本原则，许多滋生于国家权力的弊害都可能由国家所有权而产生。[②]并且，全体人民的任何个体成员都不可能转让其权益份额，也不可能"退出"国家所有权，则国家所有权受侵害时，全体人民的个体成员无权请求司法救济。（3）国家所有权在实践中的异化，由于我国公产观念和制度的缺失，使得公共用财产一再被塑造成公路运营商乃至作为"股东"的地方政府的营利手段，地方政府利用资源性财产牟利而行政监管不力，尤为严重的是企业用财产国家所有权在实践中存在着国有企业经营过程和改制过程的内部化。[③]

梳理上述几种质疑国家所有权的观点，可以概括当前对于国家所有权存在的疑惑或者担忧是：（1）认为国家所有权本质上是一种公权力，行使国家所有权的行为本质上是一种公权行为，由于其特殊的法律效力使得其在与其他类型所有权并列时会导致实质上的不平等。（2）认为国家所有权是

---

① 李凤章：《国家所有权的解构与重构》，载《山东社会科学》2005 年第 3 期。

② 具体论述参见王军：《国企改革与国家所有权神话》，载《中外法学》2005 年第 3 期。

③ 具体分析可参见张力：《国家所有权的异化及其矫正——所有权平等保护的前提性思考》，载《河北法学》2010 年第 1 期。

对我国社会主义国家的"国有财产"预期寻求法律保护从而在私法上的生搬硬套，罔顾一些私权设置与运行的规律（比如国家所有权并不能在法律关系中得到真实具体的体现）。（3）从实效角度出发，认为国家所有权在具体行使过程中会引致诸多弊端，基于该权利设计将国家"拟人化"，"全民"作为国家所有权的主体仅仅是名义上的，全民所有也难以量化到具体个人，实际上国家所有权所表征的利益在现实中往往通过各种方式转化为私人所有，其结果往往是少数人获益，国家所有权仅仅是一个神话或幻象。

（三）国家所有权客体范围的理论依据及逻辑反思

虽然有不少关于国家所有权的质疑，但这些质疑或基于政治理论上对于国家本质的界定，或基于对国家所有权作为一种民事权利在实现、保障与救济中存在内生性困境而生发的担忧。从法定权利的角度考察，既然我国《宪法》和《物权法》明确规定了国家所有权，并且，《物权法》对于所有权的三种类型及其客体、范围和具体内容进行了明确立法，尤其是确立了国家所有权的实质上的优势地位，在这种制度背景和框架下，过多讨论国家所有权理论本身固然具有理论争辩意义，但更务实的态度和更具实践意义的是需要进一步去讨论国家所有权的客体范围到底应该如何划定？国家所有权的客体范围的"无限性"如何在法律上界定？当前，学界对于国家所有权的理论证成的进路主要有以下几种，我们可以在这些理论依据下去探讨，国家所有权是如何通过理论证成进入当前的立法，以及这些理论依据本身对于我们划定国家所有权客体范围是否存在一些逻辑上的自洽性。

1. 公有制与国家所有权

此种论述进路是社会主义国家主张法律规定并重点保障国家所有权的主流观点，是将马克思主义理论作为社会主义国家建立国家所有权的主要理论依据。从马克思主义政治经济学和法学理论出发，认为所有权作为一种法律制度的本质是表现并保护一定社会形态下的所有制关系。我国是社会主义国家，实行公有制为主体，多种所有制共同发展的所有制结构。公有制分为全民所有制和集体所有制，全民所有在法律上的体现即为国家所有权。在公有制国家，国家所有权与全民所有制是两个密切相关的概念，前者是上层建筑，后者是经济基础。按照民法理论的内在逻辑，"全民所有"只能是一个经济或社会意义上的概念，不能成为特定个体权利上的法律概念。[①]

[①]　马俊驹：《国家所有权的基本理论和立法结构探讨》，载《中国法学》2011 年第 4 期。

所以,国家所有权是全民所有制在立法上的转化和表达,国家所有权的性质即为全民所有。全民所有制在法律上只能体现为国家所有制的形式,其在观念上体现了对国家所有权人的代表人行使国家所有权的约束,在法治国家的背景下,可以从宪法和法律的层面上,实现对国家所有权行使者的行为进行程序上、价值上的约束。公有制决定了国家所有权制度。因此,公有制作为国家所有权制度的立法依据,规定了国家所有权制度的性质和社会功能,从而也能防止国家所有权偏离公共目标,使之既不会异化为私人所有权,也不会侵害私人所有权。

从社会主义公有制的角度论证国家所有权的正当性看似理所当然,但忽视了近现代以来关于所有权本质认识的基本假设,这个假设的前提就是所有权的私人性质,或者说个体性质,以及经济制度上的市场经济体制。① 罗马法文献中没有关于所有权的定义,仅有所谓"对所有物的完全支配权",后世注释法学家们将所有权定义为"所有权是以所有人的资格支配自己的物的权利"或"所有权是所有人除了受自身实力和法律限制外,就其标的物可以为他所想为的任何行为的能力"②。后来法国《民法典》在第 554 条规定了"所有权是对于物有绝对无限制使用、收益、处分的权利,但法令所禁止的使用不在此限"。"德文中的所有权一词,从词源学的意义来说即归属于自己的财富的意思。"③历史上各国对于所有权的立法都是将其界定为所有人在法律限定的范围内对所有物拥有的完全支配权。这种对所有权的界定是典型的私人所有权,但很明显,国家是作为一个整体而非私人。

若从此逻辑出发,则国家所有权与传统所有权理论不相契合。为了应对此问题,不少学者从以下几个进路对传统理论进行了拓展:(1)直接界定国家所有权的双重权利属性,认为国家所有权具有二重性特征,"在我国,全民所有表示国家所有的概念具有两层法律含义,它不仅蕴含了民法意义上的国家所有权,而且蕴含了行政法意义上的公共用国有财产管理权,这两种不同性质的财产权构成了我国国家所有权制度的基本立法结构。"④(2)将国家所有权界定为一种特殊私权,它既不同于完全的私权,也不是纯粹的公

---

① 张里安:《所有权制度的功能与所有权的立法》,载孟勤国、黄莹主编:《中国物权法的理论探索》,武汉大学出版社 2004 年版,第 172 页。

② 周枏:《罗马法原论》(上册),商务印书馆 1994 年版,第 323 页。

③ 孙宪忠:《德国当代物权法》,法律出版社 1997 年版,第 173 页。

④ 马俊驹:《国家所有权的基本理论和立法结构探讨》,载《中国法学》2011 年第 4 期。

权力，它带有私权的性质同时又具有公共权力的特征。① 虽然这两种观点略有差异，但实质上均认为国家所有权具有区别于传统纯粹个人私权的所有权，具有公权特征。实质上，在现代法制语境下，国家所有权的私权性即表征为私法上的财产权利，而国家所有权的公权性则是公法上的权利，这种权利为一种管理权，在此基础上区分了国家私物制度与国家公物制度。但由此而来的疑问是，既然国家所有权的公权实质上是对国有财产的监督和保护，则为何不直接通过适用行政手段解决，而要通过增大制度创新成本的方式以容纳国家所有权？

2. 自由获取悲剧的克服与国家所有权

从历史源头梳理，在法律对于社会资源设定所有权之前，人类社会处于一种自然状态，社会资源在自然状态下可以自由获取。自然状态是没有公权力的状态，它造成了人们生活的不安宁，损害了人们的生活质量，诱发了终结它的愿望。② 于是，人类社会在自生自发演进下，人们通过让渡部分权利而形成掌握公权力的国家。哈丁于1968年在《科学》发表的《公地悲剧》已经成为一种经典的描述社会资源在自由获取状态下引致后果的象征和模型。资源损耗和环境污染问题都根源于自由获取的体制（无财产权）所创造的激励机制，在此体制下，没有人可以排除任何其他人使用给定的资源。哈丁针对此问题提出了两种限制获取和使用的进路：第一，私有化，将自由获取的牧场转变为私人所有权；第二，管制，包括外部管制（政府管制）和内部管制（使用者的自我管制），这在法律上经常体现为在该资源上确立公共财产权。这两种进路实际上都涉及在原有的自由获取（或无财产权）的资源上设定财产所有权。因此，在对于社会资源设定所有权之前，存在着无所不在的公地悲剧，解决的进路必须是明确财产权，或确立私人所有权或确立公共所有权。从私人所有权对于公地悲剧的解决实效进行考察，"罗马法可有物与不可有物的分类标准说明了某些财产（公用物）的归属与利用关系不能按照自由主义的私人所有权模式建立，而必须由国家以特别的方式拥有以优先实现公共利益。"③进入近现代社会，随着人类科学技术的发展和利用自然资源能力的增强，"由于经济规模、公共所有权和私人所有权以及公共管理

---

① 　罗世荣、何磊：《论国家所有权的特别私权性——兼谈〈物权法〉对国有资产的立法保护完善》，载《社会科学战线》2006年第5期。

② 　徐国栋：《商品经济的民法观源流考》，载《法学》2001年第10期。

③ 　张力：《国家所有权的异化及其矫正——所有权平等保护的前提性思考》，载《河北法学》2010年第1期。

和私人管理的相对交易成本不同,自然资源的公共所有权在某些时候比私人所有权更可取。在特定情形下,某些资源的公共所有权,不但在生态意义上有表面上确凿的正当理由,而且在经济意义上同样如此。"①从历史本源上说,国家所有权的出现是对于私人所有权制度设计存在弊端的矫正手段。尤其是在社会主义公有制国家,国家所有即全民所有,国家所有权设定的宗旨在于对私人所有权的矫正以维护社会公益。

如果说国家所有权的出现是以克服私人所有权弊端为追求,那么,是否意味着国家所有权的正当性在于矫正私人所有权存在的缺陷? 反言之,国家所有权仅仅在私人所有权存在对于社会公益的损害时才能进入立法、发挥作用? 从经济学观点来看,只有在可以提高社会净收益的情形下,政府才应当对私人活动进行管制。由此,是否可以推论,在某些类型资源或财产上设定国家所有权(本质上可以归结为对公共资源管理人的激励)必须要以考察设定私人所有权的绩效或社会效果作为前提? 至少从实际中来看,大多数论者都认可国家所有权至少不是纯粹的私人所有权,或具有二重属性或属于"特殊私权",除了具有一般私人所有权性质,还是国家行政权(管制权)的体现。自从罗马法将政治共同体作为法人的范式介绍到市民法中起,国家作为公共职能机构突破了传统所有权理论预设,而具备一种新的实现公共职能的手段——成为所有权的主体。但与此同时,国家所有权这一立法创新,可能在能克服私人所有权弊端的同时过犹不及,在某种意义上变成行政权主导,导致政治国家以及公共领域过多干涉私人领域。更何况,一旦国家所有权的客体过于广泛和庞大,国家垄断了主要营利性部分的财产和资源,那么,对于该权利实施的效率实际上已经无法与私人所有权的情形进行比较。尤为糟糕的是,根据委托—代理理论的诸多研究,国家所有权的主体并非私人,最终要委托一些主体执行,如果代理人作出不适当的管理决策,他们个人并不会受到经济损失而是将损失外部化给"全民"。这样,在国家所有权框架下,社会财产或资源的现实管理人很可能比在私人所有权制度安排下的私人更少关注与维护权利客体的价值。

(四) 小结

我国《宪法》第 12 条明确规定:"社会主义的公共财产神圣不可侵犯……"

---

① 〔美〕丹尼尔·H.科尔:《污染与财产权——环境保护的所有权制度比较研究》,严厚福、王社坤译,北京大学出版社 2009 年版,第 27—28 页。

国家所有制度是我国《宪法》规定的基本所有制和宪法制度，国家所有权是我国《物权法》明确规定的重要的所有权类型。因此，虽然已有不少论著从哲学、政治伦理学等角度反思了国家所有权，这种反思虽具有重要的理论探讨意义，但在我国当前的制度语境和既有的制度框架下，更务实、更具建设性和实践意义的做法应当是，在我国制定法将所有权划定为三种类型的前提下，反思当前国家所有权制度运行的绩效及检讨其弊端，从法律技术层面和可操作性角度梳理和探究国家所有权的具体内容在实践中遭遇的困境，在当前制度立法存在模糊和抽象之处，进一步细化对于国家所有权的具体立法。

三、自然资源国家所有权的制度绩效与权能重构

自然资源国家所有权，是指自然资源归属国家所有，由国家占有、使用、收益和处分的权利。世界各国法律体系中较为普遍地规定了自然资源国家所有权制度，但在不同的社会类型、政制架构、文化背景和制度语境下，自然资源国家所有权的内涵、外延和范围存在诸多差异。当前环境问题以多种形式频繁涌现，而法制进步追求以彰显权利来实现社会问题的法律治理，在此背景下，各种新型的自然资源权利不断生长。如何归纳这些新型权利的内在属性、提炼其共生规律和定位其具体要素，从而将其纳入权利谱系并规范其使用，是我国当前的国家自然资源所有权制度亟待解决的问题。

（一）现行自然资源国家所有权制度的逻辑与问题

在我国，自然资源不能作为私人所有权的客体，只能由国家或集体所有，也即在我国的法律框架中，国家所有的自然资源包括专属国家所有和非专属国家所有，非专属国家所有的自然资源可以由集体所有，但不能由私人所有。

自然资源包括土地资源、水资源、矿产资源、生物资源、气候资源、海洋资源等。[①] 我国《物权法》规定了最为广泛的自然资源国家所有权制度。《物

---

① 当前对于自然资源尚未形成统一定义，生态学、环境学、经济学和法学等学科从不同的学科立场、研究重点和功能价值出发，对于自然资源的内涵与外延的界定稍有差异。此处对于自然资源的界定引述的是立法机关对于自然资源的立法解释。参见全国人大常委会法制工作委员会民法室编：《中华人民共和国物权法：条文说明、立法理由及相关规定》，北京大学出版社 2007 年版，第 75 页。

权法》第 46 条规定："矿藏、水流、海域属于国家所有。"第 47 条规定："城市的土地，属于国家所有。法律规定属于国家所有的农村和城市郊区的土地，属于国家所有。"第 48 条规定："森林、山岭、草原、荒地、滩涂等自然资源，属于国家所有，但法律规定属于集体所有的除外。"我国《物权法》中规定自然资源国家所有权的直接的法律依据是我国《宪法》对于所有权的规定。我国《宪法》第 6 条规定："中华人民共和国的社会主义经济制度的经济基础是生产资料的社会主义公有制，即全民所有制和集体所有制……"第 9 条规定："矿藏、水流、森林、山岭、草原、荒地、滩涂等自然资源，都属于国家所有，即全民所有；由法律规定属于集体所有的森林和山岭、草原、荒地、滩涂除外……"第 10 条规定："城市的土地属于国家所有……"这是《物权法》规定国家所有权的直接宪法依据。

根据我国《物权法》及《土地管理法》《水法》等相关法律规定，矿藏、水流、海域和城市土地等自然资源专属于国家所有，森林、山岭、草原、荒地、滩涂等自然资源不属于专属国家所有的自然资源，也可以由集体所有。但是，实际上，无论从我国《物权法》的立法目的、价值选择还是制度逻辑和学理总结上看，我国法律体系对于自然资源国家所有权是概括的规定，国家所有的自然资源是最为广泛的，其原因是：

（1）根据《物权法》第 45 条第 1 款的规定，"法律规定属于国家所有的财产，属于国家所有即全民所有"，这一规定根源于我国《宪法》第 6 条和第 7 条确立的我国社会主义基本经济制度，即我国的社会主义公有制包括全民所有制和劳动群众集体所有制，全民所有制经济是国民经济中的主导力量。在我国民法学界的通说中，社会主义全民所有制在法律上即表现为国家所有权，并且，国家所有权通常是与国有财产的概念相等同。[1] 虽然我国《物权法》确立了对不同主体的物权平等保护的原则，但正如有学者所剖析的，实际上，《物权法》对不同主体的财产实行平等保护是以《宪法》规定的国家、集体在财产占有方面事实上占据了优越的宪法地位为前提的，是以国家、集体事实上占有或垄断了社会的全部财产中的基础性部分为前提的。[2] 如果说，对比于私人所有权，国家和集体在财产占有事实上占据了优越的宪法地位，那么，在公有制内部，在国家与集体二者之间，基于全民所有制经济的主导

---

[1] 王利明：《物权法研究（修订版）》（上卷），中国人民大学出版社 2007 年版，第 507 页。

[2] 童之伟：《〈物权法（草案）〉该如何通过宪法之门——评一封公开信引起的违宪与合宪之争》，载《法学》2006 年第 3 期。

地位,则国家对于作为社会生产和发展基础的自然资源也必然较之于集体具有优势地位。

(2)基于国家(全民)对于一切关系国计民生的自然资源享有所有权,在《物权法》所确立的所有权类型结构中,立法思路是自然资源概括地属于国家所有,而法律有明确规定的才属于集体所有。由此可见,自然资源中,除了法律明确规定专属于国家所有的之外,排除了法律明确规定属于集体所有的,也概括地属于国家所有权的客体范围。由此意味着,未进入立法视野的地热能、页岩气、可燃冰等新型能源以及尚未被人类所熟知的自然资源也当然属于国家所有权的客体。

纵观我国《宪法》和《物权法》等法律,我国法律体系已从实在法和法定权利的角度明确规定了国家所有权。也有学者论述了自然资源国家所有的重要意义,因为自然资源既是由国家主权所派生的,也是关系到国家经济命脉的最重要的资源,国家所有一方面可以宣示国家主权,充分保障我国的社会主义性质,保障我国的经济安全;另一方面,自然资源国家所有,对于合理有序地利用自然资源、保护环境、维护生态平衡具有十分重要的意义。① 但当前自然资源国家所有权制度运行的绩效及其自身的制度逻辑也遭受了诸多质疑,表现在:

1. 制度运行目标落空

自然资源国家所有权制度虽然预期确立对自然资源的合理开发利用制度,但现实中,自然资源国家所有权制度却未能发挥保护自然资源和生态环境、保障与促进可持续发展的制度功能。近些年来,我国环境事件频繁发生,矿产资源、水资源等战略性资源形势严峻,大量关系国计民生的重要自然资源被不合理利用、损耗、浪费,破坏严重。根据环境保护部近几年来发布的《中国环境状况公报》,我国淡水资源、大气环境等环境要素污染依然严重,外来物种入侵危害领域广泛、水土流失严重。

2. 制度实施逻辑错位

根据《物权法》第45条的规定,国家对自然资源的所有权是由国务院代表国家行使的。但实际上,由于我国是一个地大物博的大国,治权和事权的纵向分配使得自然资源的享有者和受益者是各级政府及其相关职能部门。只要地方政府依然被认为对当地经济发展负责,地方GDP仍然是衡量官员政绩的主要指标,那么就不能制止地方保护主义、盲目开发、重复建设和政

① 王利明:《物权法研究(修订版)》(上卷),中国人民大学出版社2007年版,第517页。

策恶性竞争。① 从自然资源经济功能出发的开发利用政策的"底线竞争"必然使得自然资源国家所有权制度设计的目标落空，导致政府普遍依据公共权力行使所谓的"所有权"，给一般民众的民事权利造成很大损害的现象普遍发生。②

3. 制度拓展引致质疑

随着科学技术的发展进步，当以前一些不能被人支配的自然资源逐渐能被人所支配控制并能够产生经济效益时，一些地方立法将风力风能、太阳能、降水和大气成分等构成气候环境的自然资源规定为"国家所有"，对这些自然资源的探测需经行政许可，由此引发舆论广泛质疑。③ 质疑的主要观点集中于，将这一自然资源归属国家所有的规定，实质上是将作为公民生存生活须臾不可缺少的必需品的自然资源设定为"国家所有"，超出了普通民众的认知与常识。有学者认为，对某个类型自然资源设定所有权，需要具备三个最基本的前提条件，即稀缺、能够被比较准确地特定化和在开发利用过程中没有外部性影响或者影响很小，气候资源不具备设定所有权的前提条件。④

4. 制度后果功能异化

自然资源既是人类的劳动对象又是人类的生境家园，对于人类同时存在着经济功能和生态功能。国家对于自然资源排他性的占有和支配，需要在自然资源的双重价值与功能之间合理选择与配置，既要在自然资源作为基本生产资料的经济领域进行宏观调控以保障其合理开发利用，同时，又要保障自然资源作为环境要素予以保护。当前，国家所有的自然资源实际上由国家各相关职能部门和地方政府实际控制，部门利益和地方利益的存在使得自然资源控制者更多地重视自然资源的经济价值，考虑的是如何将自然资源最大化地开发利用，从自然资源所有权行使中获益，而疏于履行对自

---

① 张千帆：《国家主权与地方自治——中央与地方关系的法治化》，中国民主法制出版社 2012 年版，第 119 页。

② 孙宪忠：《中国物权法总论》（第二版），法律出版社 2009 年版，第 45 页。

③ 黑龙江省在 2012 年 6 月 14 日颁布的《黑龙江省气候资源探测与保护条例》中规定，"气候资源为国家所有"，"本条例所称的气候资源，是指能为人类活动所利用的风力风能、太阳能、降水和大气成分等构成气候环境的自然资源"。企业探测开发风能及太阳能资源必须经过气象部门批准，而且探测出来的资源属国家所有。这一规定不仅引起广大企业的反对，被认为是地方政府和相关职能部门增加收费的一种手段，也引起了国家能源局等部门的异议。具体内容可参见刘子衿：《"风光"买卖——黑龙江明令，多省潜行，气象系分羹新能源》，载《南方周末》2012 年 8 月 24 日，第 13—14 版。

④ 张璐：《气候资源国家所有之辩》，载《法学》2012 年第 7 期。

然资源的保护义务,经济利益较小的自然资源则无人问津,自然资源在国家所有权体系的外观下,沦为地方政府攫取经济利益的途径。国家自然资源所有权本身所承载的生态保障以及后代人生存发展机会的维护保障等公益功能被遮蔽和疏忽。

当前自然资源国家所有权制度内在逻辑及运行绩效中出现的诸多问题,促使我们反思,自然资源国家所有权的法律性质是什么? 制度内涵、设定预期、价值功能和具体权能是什么? 它是否是传统所有权的当然逻辑延伸? 当前的制度设计能否实现预期价值目标?

(二) 当前研究对自然资源国家所有权制度反思的梳理与检讨

诚如上述分析,在我国当前法律体系所确立的所有权种类中,国家所有权是重要的一种所有权类型,且在制度起点和内在逻辑上,拥有最为广泛的客体范围。在这一制度框架下,我国的自然资源(包括既有的已探明并经立法确立的以及未知的自然资源)也概括地属于国家所有。但是,无论从制度逻辑还是从其实施绩效来看,均存在着诸多问题,使得现实中自然资源国家所有权制度不但实施效果不理想,而且也饱受争议。我们应当理性看待和客观分析自然资源国家所有权制度在现实中存在的问题并不尽是制度设计上的缺陷,有些是制度实施中的偏差。

针对当前立法体系中所有权类型化规定及其具体制度设计的现状,基于对当前国家所有权制度实施的绩效及可能产生负面影响的担忧,不少学者对于自然资源国家所有权提出了质疑,这些质疑的观点根据其立场与论辩逻辑可以进一步划分为以下几种:

1. 从自然资源国家所有权权利构造的角度予以否定

主要从所有权主体和客体的角度否定自然资源国家所有权,典型的观点有:(1)从主体角度反思国家所有权本身,认为在国家和构成国家的人民之间的关系上,国家不是实体,而是我们为了认识国家这一社会结构形式而在心智中的一种建构,故而,国家所有权也是不可能存在的。[①] 在此逻辑下,则自然资源国家所有权当然也不可能存在。(2)从客体角度反思自然资源国家所有权,认为物权法定原则下所有权的客体也必须是确定的。但"自然资源"是一个集合概念,一切可能或可以为人类所利用的自然因素都可以被纳入自然资源的体系,其具有极大的抽象概括性和涵盖范围的模糊性,无法

---

① 　李凤章:《国家所有权的解构与重构》,载《山东社会科学》2005 年第 3 期。

符合物权客体特定性的要求。

梳理上述观点,既然从根本上否定国家所有权的制度设计,那么,当然也从根本上不认可国家对自然资源的"所有权"。但是,从主体和客体的角度否定国家所有权的论证存在以下可商榷之处:(1)第一种观点基于国家不具有实体性而否认国家所有权,虽然关于国家起源有多种学说,但现代国际社会一般形成的共识是国家是由领土、人口、政府和主权等要素构成的综合实体。国家至少是最基本的国际法主体,在国际法领域拥有完全的权利能力和行为能力,能独立行使国际法上的权利和承担国际法上的义务。(2)针对第二种观点基于"自然资源"概念的抽象概括性而否定自然资源作为国家所有权的客体存在着理解上的偏差。物权法定原则包括物权种类法定和物权内容法定,物权内容的法定主要是指物权内容必须由法律规定,当事人不得创设与法定物权内容不符的物权,同时强调当事人不能作出与物权法关于物权内容的强行性规定不符的约定。很明显,物权法定的内容没有指物权的客体也必须法定,更遑论需要明确规定自然资源的具体构成,否则会导致物权法的僵化与封闭而难以适应社会发展的需要。

2. 从国家所有权权利实施异化的角度质疑

有些研究是从国家所有权存在内生逻辑困境的角度,归纳国家所有权实施会出现的诸多弊病:(1)从国家所有权运行与救济的弊端上论证,认为国家所有权本质是按照政治方式运行的以国家对个人的强制性支配权为内容的不折不扣的公共权力,任何公共权力的商业化运作都必然导致权力滥用和政治腐败,必然背离法治和市场经济的基本原则,许多滋生于国家权力的弊害都可能由国家所有权而产生。[①] 并且,全体人民的任何个体成员都不可能转让其权益份额,也不可能"退出"国家所有权,则国家所有权受到侵害时,全体人民的个体成员无权请求司法救济。[②] (2)国家所有权在实践中的异化,由于我国公产观念和制度的缺失,使得公共用财产一再被塑造成公路运营商乃至作为"股东"的地方政府的营利手段,地方政府利用资源性财产牟利而行政监管不力,尤为严重的是企业用财产国家所有权在实践中存在着国有企业经营过程和改制过程的内部化。[③]

---

① 具体论述参见王军:《国企改革与国家所有权神话》,载《中外法学》2005 年第 3 期。

② 王军:《国家所有权的法律神话——解析中国国有企业的公司制实践》,中国政法大学 2003 年博士学位论文。

③ 具体分析可参见张力:《国家所有权的异化及其矫正——所有权平等保护的前提性思考》,载《河北法学》2010 年第 1 期。

上述观点剖析了我国国家所有权制度在具体实施过程中存在的问题,但需要反思的是,上述问题是经验命题还是价值命题? 是国家所有权制度本身的问题还是实施过程中的异化? 若因实践中制度的异化便对国家所有权本身予以否定,只会增加制度创新的成本和引致混乱。同时,上述主张还恪守了传统民法秉持的所有权即为私权的立场,以此观照国家所有权则会得出"国家所有权是一种神话"的论断。因为,"国家通过其行政机关可以运用那些经营性财产从事工商业活动而获取收益,这时国家是民事主体,其权利的性质是私权;但在管理大多数资源性和公共性财产时,国家承担着维护社会公共利益的职责,原则上不能从中获取收益或权利的行使应受到严格的限制,这时国家是行政主体,其权利的性质是公权。"[①]公法与私法、公权与私权的划分虽有意义,但不能绝对。比如,环境法即是典型的公法与私权的结合体,环境权是一种由公权与私权、程序性权利与实体性权利所构成的内容丰富的权利体系。[②]

3. 从当前自然资源国家所有权物权法角度进行反思

有学者从规范分析角度,系统梳理了当前以《民法总则》《物权法》和自然资源单行法群构成的法律体系,自然资源国家所有权物权化的制度方式、理论基础与方案路径,从理论与实践层面质疑了自然资源国家所有权的物权化。在理论上,自然资源国家所有权在法律上获得了物权法意义上的私权形式,但自然资源兼具公共物品和私人物品的双重属性使得自然资源国家所有权不是一般的民事权利,它在本质上不同于以"私"为基础的民法所有权。在实践中,自然资源国家所有权的物权化很容易使正在进行的自然资源有偿使用和市场化改革偏离国有自然资源的公共性,而且会损害代内公平和代际公平。在此基础上,进而主张摒弃将自然资源国家所有权完全纳入民法私权体系的物权化思路,实现自然资源国家所有权制度的分类调整和多元化调整。[③]

笔者赞成上述观点对于自然资源国家所有权制度的理论基础与价值预设的反思,但对于该论述的论辩逻辑和制度建议存在疑问。首先,笔者也认为,在民法物权法下的自然资源的国家所有权制度适用传统民法所有权理论与制度,难以契合自然资源国家所有权设定的可持续发展功能。其原因

---

①　马俊驹:《国家所有权的基本理论和立法结构探讨》,载《中国法学》2011 年第 4 期。

②　吕忠梅:《沟通与协调之途——论公民环境权的民法保护》,中国人民大学出版社 2005 年版,第 44 页。

③　邱秋:《中国自然资源国家所有制度研究》,科学出版社 2010 年版,第 148—186 页。

在于,传统所有权理论前提与制度框架下的国家所有权制度难以因应自然资源保护与利用的制度需求:(1)近现代民法关于所有权的本质的前提假设是所有权的私人性质或者个体性质①,从而确立物或财产的私人归属,但是,国家自然资源所有权明显带有公益属性,以保障国家和社会合理开发利用自然资源。(2)传统民法所有权理论与制度视野中,作为"物"的自然资源是静止的和孤立的,其对于人除了经济利益没有其他利益。但事实上,自然资源是一个由物质循环、能量流动、信息传递联系在一起的生态系统,并且它对于人的重要性不仅仅在于它可以变成财富,更是人生存所必不可少的基本物质条件。自然资源对于人类同时具有经济功能和生态功能,若自然资源国家所有权制度依然在理论基础和制度逻辑上沿用传统所有权理论,则只能重视和保障自然资源的经济功能,其生态功能将不能纳入关注与保障的视野。但是,笔者不赞同将该问题的症结总结为"当代中国自然资源国家所有权误区,就是怀着将所有国有自然资源一网打尽的'野心',陷入无限扩大解释物权客体的怪圈之中"②,从而主张自然资源国家所有权要由宪法、民法、行政法和自然资源法群来多元化调整。

笔者也赞成自然资源的多元价值和功能仅在民法私权理论与制度体系中难以实现,但不赞成从"客体"的角度划分自然资源的种类分别纳入不同法律中进行调整,因为这样必然要面临的问题是,这需要对具有共性的自然资源进行人为分割,而分割的依据将难以客观科学,因为像页岩气、可燃冰等新型自然资源虽然现在不符合特定化、可排他性支配等条件,但是,随着科技进步和发展,这些新型自然资源将不断进入人类可以支配控制的范围内,且是极为重要的能源。如果以自然资源的"客体"种类作为标准来划定是否纳入物权法国家所有权调整范围,则必然要么使得物权法调整的自然资源范围固化,要么则要频繁地修改法律以适应自然资源勘探开发的新形势。笔者也主张对于由多个法律部门对自然资源国家所有权的多元化和分类调整,但分类的依据不是"客体"而是"功能",即传统民法所有权理论和制度自身以及通过扩大解释依然保障与观照不及的自然资源的生态功能,可

---

① 张里安:《所有权制度的功能与所有权的立法》,载孟勤国、黄莹主编:《中国物权法的理论探索》,武汉大学出版社 2004 年版,第 172 页。

② 这种论述的理论前提是基于民法上的自然资源国家所有权,应当符合物权客体的一般要求,即特定化、具体化、有排他支配可能的财产,进而认为民法所能调整的自然资源的所有权客体是有限的,需要符合以下条件:第一,限于财产;第二,可特定化;第三,具体化;第四,可排他支配。邱秋:《中国自然资源国家所有权制度研究》,科学出版社 2010 年版,第 199 页。

以由其他法律部门调整。但是，从节省制度创新成本的角度，如果所有权理论与制度能够提供理论解释与制度拓展适用的空间，则应当在所有权理论与制度框架内适用自然资源国家所有权制度。

（三）自然资源国家所有权的权能重构

行文至此，笔者也认为我国当前的自然资源国家所有权制度存在诸多问题，这些问题可以归纳为：在制度理念上，现行自然资源国家所有权制度在所有权体系结构中的价值选择和前提假设上秉持传统所有权的私权性质，以保证所有权人享有对物权客体的充分自由的排他性支配和使用、收益和处分权，这与自然资源同时对人类具有经济功能与生态功能因而天然承载了公共利益，故而自然资源国家所有权具有私权和公权的二重性不符；在制度内涵上，现行制度重视的是自然资源的财产属性，而自然资源国家所有权更应该兼顾保障自然资源的生态功能；在制度实施上，基于自然资源是最基本的生产资料，当国家所有的自然资源实际由各职能部门和地方政府控制时，经济利益和地方利益的追求使得自然资源国家所有权制度实施过程中有可能被异化。因此，需要对自然资源国家所有权制度进行重构。

但是，笔者不赞成突破既有制度框架另起炉灶重新设计自然资源权利制度体系，甚至是激进地否定自然资源国家所有权的观点。从节省制度创新成本和便于制度实施的角度，主张在传统边际上进行制度创新，利用现有的所有权理论与制度资源，通过扩大解释和拓展使用，在现行的所有权理论与制度框架提供的制度弹性空间中，使现行制度能够容纳自然资源保护与规制的制度需求。更何况，我国的《宪法》与《物权法》已经确立的所有权制度体系是我们在完善现行制度时必须受到的约束。

1. 自然资源国家所有权制度完善与权能重构

笔者认为，从尽可能利用既有制度资源的角度出发，可以通过重构自然资源国家所有权的权能以实现自然资源国家所有权制度的完善，其必要性和可能性论证如下：

（1）自然资源国家所有权权能结构是其制度功能和作用的具体体现

所有权的权能是一个能将抽象的财产支配权具体化的概念，是所有人为利用所有物以实现其对所有物的独占利益，而于法律规定的范围内可以采取的各种措施或手段。所有权的不同权能表现了所有权的不同作用，是构成所有权内容的有机组成部分。[①] 关于所有权权能的性质及其与所有权的关系有权利集合说与权利作用说两种观点。笔者赞同的观点是,所有权权能实质上是所有人实施某一行为的权利,是特定的行为方式与法律允许这样做的结合。所有权权能是特定的行为方式。[②] 所有权权能的构成体系,从不同角度清晰揭示了所有权人可以通过各种方式以实现对于所有权客体的自由支配利用,是所有人可以实施某些行为的可能性,是所有权作用的具体体现。因此,自然资源国家所有权的权能结构即表明了国家作为自然资源的所有权人,可以通过哪些具体的行为方式以实现对自然资源的支配从而发挥所有权的作用。自然资源国家所有权的具体权能既具有所有权权能共性,也具体受到所有权客体自身内容和性质的影响,国家对不同的自然资源可以以不同的方式实现其控制与支配,我们可以通过具体分析自然资源国家所有权的权能以彰显其特殊制度内涵。

(2) 具体化与重构自然资源国家所有权权能的可能性

我国《民法总则》第 114 条规定:"民事主体依法享有物权。物权是权利人依法对特定的物享有直接支配和排他的权利,包括所有权、用益物权和担保物权。"我国《民法通则》第 71 条规定:"财产所有权是指所有人依法对自己的财产享有占有、使用、收益和处分的权利。"我国《物权法》第 39 条规定:"所有权人对自己的不动产或者动产,依法享有占有、使用、收益和处分的权利。"这是我国立法对所有权权能的规定。但是,我们可以在立法中明确规定所有权保护占有、使用、收益和处分四项权能,却并不能说所有权限于这四项权能。因为所有权权能不过是列举所有权人特定的行为方式,而所有权确认所有人在支配所有物时可以想其所想、做其所做,无论其方式如何怪异少见,都是所有权的表现形式。[③] 基于价值多元和个体差异性,所有人预期通过所有权客体实现的效用价值及其方式丰富多样,因而所有权的权能也应当是难以穷尽,立法所列举和确认的所有权四项权能,应当是在所有权存在的漫长历史中总结出来的较为经常适用的四种方式,并不能由此而排斥其他的所有权产生作用和所有权人行为方式的存在,这就说明所有权权能不是封闭的结构而应当具有复杂性和多样性。王利明教授在其研究中也主张,随着社会经济生活的发展,所有权的权能也在不断变化,四项权能也

---

① 陈华彬:《民法物权论》,中国法制出版社 2010 年版,第 178—179 页。

② 孟勤国:《物权二元结构论——中国物权制度的理论重构》,人民法院出版社 2009 年版,第 148 页。

③ 同上书,第 149 页。

不一定能够完全概括所有权的各项权能。[①]

　　考察所有权权能的历史演进与立法现状，所有权权能的理论与立法也存在着多样性。占有在罗马法上不是所有权的权能，因而所有权的权能只包括使用权、收益权和处分权这三项。[②] 法国《民法典》对于所有权权能的规定采取了列举主义模式，该法典第 544 条规定："所有权是对于物所享有的绝对无限制地用益、处分的权利，但法令所禁止的使用不在此限。"德国《民法典》对于所有权权能的规定采取了概括主义模式，并未列举所有权各项权能。我国学者在对德国物权法制度展开的研究中，依据德国《民法典》第903 条的规定，把所有权权能划分为积极权能和消极权能，积极权能包括使用自己的物和将自己的物通过转让而为变价之处分两个方面。[③] 德国学者则将所有权权能概括为所有权人的使用权和第三人之排除权这两个方面。[④]由此可见，所有权权能的结构和内容本身也并不是确定的共识性的真理，在当前世界各国关于所有权权能的立法中也存在着迥异的立法模式和制度内涵。我国立法所持有的占有、使用、收益和处分的四项权能的主张也是我国的立法选择的结果，是对现实中所有权人行使所有权的四种典型方式的类型化归纳。但现实中国家作为自然资源所有权人行使所有权，需要有不同的行为方式时，我们需要在既有方式的框架下总结其新的内涵，以及归纳出新的方式类型。

　　2. 自然资源国家所有权权能的内涵细化与种类拓展

　　上述内容论证了所有权权能本身并不是一个封闭的结构体系，其具体构成和内容是对所有权人在不同的时代和社会背景下，基于所有权客体的属性对于使用方式的归纳与总结。土地资源、水资源、矿产资源、生物资源、气候资源、海洋资源等自然资源虽然是"物"，可以作为所有权的客体，但它在对人产生经济效用的同时，在当代环境问题严峻的时代背景下，和国家法律体系明确规定其属于国家所有的制度语境下，如何清晰揭示其具体权能及其内涵以同时兼顾保障其生态价值尤为重要。自然资源国家所有权权能重构可以分为两个层次，一是对既有权能的内涵的细化厘清，二是自然资源国家所有权新型权能的论证。

---

① 王利明：《物权法论》（修订本），中国政法大学出版社 2003 年版，第 256 页。
② 周枏：《罗马法原论》（上册），商务印书馆 1994 年版，第 324 页。
③ 孙宪忠：《德国当代物权法》，法律出版社 1997 年版，第 177 页。
④ 〔德〕M. 沃尔夫：《物权法》（2004 年第 20 版），吴越、李大雷译，法律出版社 2004 年版，第27—28 页。

（1）自然资源国家所有权权能的内涵细化

《民法通则》和《物权法》中明确列举了所有权的四项权能，这四项权能由此形成了法定的所有权权能体系的内在结构。立法没有规定各项权能的具体内涵，目前民法学界关于所有权权能的具体研究也是从所有权人对于作为权利客体的类型"物"的一般支配力的角度去总结的，针对自然资源的特殊性，笔者认为，应当进一步深化揭示各项权能的具体内涵。

第一，占有权能。

占有权能是指特定的所有人和合法占有人对于标的物进行控制、管领和支配的事实。占有是所有权人对于物的一种实际控制，它是所有权人行使物的支配权的基础与前提。现实中，如何理解与认定所有人对物的控制、管领和支配，应依社会观念并斟酌外部可以认识的空间、时间关系以及法律关系，就个案加以认定。空间关系，是指人与物在场合上须有一定的结合关系，足以认定该物为某人事实上的管领；时间关系，是指人与物在时间上须有相当的继续性，足以认为该物为某人事实上所管领。①

现实中，国家作为所有权人对于自然资源的占有具有特殊性，因为自然资源普遍具有弥散性、流动性和难以完全控制等特征，因此，理解自然资源的占有应该进一步明晰：首先，不能以与物的接触作为占有的外在表征，事实上，土地资源、水资源、气候资源、海洋资源等自然资源都由非所有权人直接接触的，但不发生占有关系；其次，与传统所有权占有明显不同的是，国家对于自然资源的占有也不能实现完全的排他性的控制和管领，尤其是土地资源和水资源等作为公民基本生产生活物质条件的自然资源更是公民须臾不可或缺的；再次，事实上，国家对于自然资源的控制和管领不是为了实现自己的控制和支配，恰恰是为了排除任何其他主体对于自然资源的排他性的控制、管领和支配；最后，对于自然资源占有不可作物理的、机械的理解，而更应该将其投诸广阔的时空关系中进行考察，国家对于自然资源的管领和控制并不是如传统的居住房屋等物理上和外表上的结合，而体现为《水法》规定的由国家划定水功能区、编制流域规划和区域规划等方式。

第二，使用权能。

使用权能是指所有权人依物的性能或用途，对其有效利用或从中获得经济上的收益以满足生产和生活需要的权能。使用权能是基于物的使用价值或增值价值。虽然不同历史时期、法系种类、制度体系中关于所有权权能

---

① 宁红丽：《物权法占有编》，中国人民大学出版社 2007 年版，第 18 页。

的结构与内容有多种观点,但均承认使用权能是财产所有权最基本的权能。使用权意味着所有权可以在不违法的前提下随意地依自身意志而使用其物,包括自己使用、授权他人使用以及其他使用的具体方式等。

所有权的使用权能的具体行使还取决于物本身的自然属性,以及受到科技水平与生产力水平对物的利用能力的约束。自然资源的自然属性、价值功能决定了国家作为自然资源的所有权人的使用权应当重视的特殊性是:首先,传统所有权人对于所有物的使用是以实现私益为目的,是自己最佳利益的判断者,充分体现自己的意志,有最大的自由度,而自然资源承载了诸多公益功能,由政府代表国家行使自然资源所有权实现的意志必须最大限度符合和体现全民意志,实现公共利益。其次,传统所有权要受到限制,主要包括法定的所有权负担、约定的所有权负担、不滥用所有权、接受征收征用和遵守法律法规规定的义务等,但总体而言,所有权受到的限制极为有限,主要是要求所有权行使过程不违背法律、社会公共利益以及承担相邻义务,这是所有权人承担的最低道德义务。① 自然资源国家所有权受到的限制具有特殊性,除了一些限制内容不同于传统所有权,比如,既然是国家所有权则不存在接受基于公共利益目的征收征用之外,总体上受到的限制比传统所有权更为严格和全面,因为国家对于重要的自然资源类型均进行了专门的立法,已经有以《环境保护法》《土地管理法》《水法》《矿产资源法》《海洋环境保护法》《土壤污染防治法》为核心构成的自然资源保护法律体系,同时还在酝酿和启动《气候变化应对法》,这些法律体系综合确立和规范自然资源的合理开发、利用、节约、保护等立法目的,还以可持续发展为制度目标,这些都是自然资源国家所有权行使中要受到的限制。最后,自然资源国家所有权的使用权权能与所有权相分离是普遍现象,水权、矿业权、林业权、狩猎权、海域使用权等大量的自然资源使用权被陆续创设并成为时下热点,对于这些权利的性质、结构和内容进行清晰界定,是传统所有权使用权权能分离理论与制度设计必须充分且谨慎应对与解决的关键问题。

第三,收益权能。

收益权能是指从财产上获取一定的经济收益的权能,包括收取所有物的天然孳息和法定孳息。收益权能体现了所有人基于所有物而获取经济收益以满足自己的需要、实现所有权的目的,因此,享有和行使收益权能是所

---

① 孟勤国:《物权二元结构论——中国物权制度的理论重构》,人民法院出版社 2009 年版,第146—153 页。

有权的目的实现机制。

自然资源的国家所有权的收益权能具有特殊性,重要的是合理界定与严格控制国家作为所有权人的收益权:首先,传统所有权收益权能重视的是物的价值,所有权人通过各种合法方式获取物的经济价值和实现物质利益,国家作为自然资源所有权人当然也要实现自然资源的经济价值,因为矿产资源、土地资源和水资源等是最为重要的生产资料。与此同时,更要注重自然资源的生态价值与环境功能,拓展收益权能的内涵,并注重自然资源的经济收益与生态收益。其次,控制所有权与收入所有权,对于水资源、原始森林等公共性特别强,排斥私人所有权的公共自然资源,国家作为所有权人只享有控制所有权,不享有收入所有权,对矿产资源、用材林等公共性较弱的国有自然资源,国家不仅享有控制所有权,而且享有收入所有权。①

第四,处分权能。

处分权能是所有人处理所有物的权能,包括对物的生产生活消费这一事实上的处分和对物的转让这一法律上的处分,分别导致所有权的绝对消灭与相对消灭。处分权能被认为是所有权的最为基本、最为重要和最为核心的权能,因为它集中体现了所有人对于所有物的自由意志与支配力,表征了所有权是最为充分、最为自由的物权的特性,他物权人即使能享有部分处分权能,但也不可能如所有权人一样可以完全自由地处分财产。

国家作为自然资源所有人不能像传统所有权人一样可以自由充分地处分自然资源,应受到诸多限制:首先,国家对于自然资源事实处分上要受到严格限制,国家当然可以消费自然资源,利用自然资源作为生产资料进行国家建设,但是,必须以保障土地资源、水资源等自然资源能为每一个社会成员提供基本生存与发展的最低限度的需要为前提。传统所有权人可以对所有物进行多种方式(甚至包括肆意损毁、奢侈浪费)的消费,但以国有企业代表国家对自然资源进行的消费的目标、方式、效率等也要受到全方位的监督与控制。其次,禁止自然资源国家所有权的法律处分,根据《物权法》的规定,由国务院代表国家行使国有财产的所有权,现实中,实际上由国务院各自然资源领域职能部门、地方政府、国有企业控制、管理和使用自然资源。根据我国《宪法》的规定,无论是国家机关还是国家自己对于国家专有自然资源的所有权,一律禁止买卖、出租或者以其他方式非法转让,对于除国家

---

① 邱秋:《中国自然资源国家所有权制度研究》,科学出版社 2010 年版,第 193 页。

专有自然资源以外的公共国有自然资源同样不具有处分权能。①

（2）自然资源国家所有权权能的种类拓展

梳理当前关于所有权权能研究，基本上秉持了所有权四项权能观点。当前，我国民法学界主流观点是坚持所有权的四项权能，而倾向于排斥其他类型的权能，比如，王利明教授认为，管理职权只是所有权的一种行使方式，并不是所有权的一项权能。② 周林彬教授也持有相同观点。③ 而前述孟勤国教授的研究，则基于其对权能的定位认为不能排斥其他可能出现的所有权权能。笔者认为，从所有权权能理论、比较法和现实制度需求三个层面分析，自然资源国家所有权的权能结构中应当包括管理权能。第一，从所有权权能理论角度分析，正如上述，所有权权能体系是所有权人实现对所有物自由支配利用的各种行为方式的总结，它不是一个封闭的结构，而是对所有人最为经常适用的行为方式的归纳，当自然资源对于国家作为所有权人的行为方式提出了新的规制需求时，我们应当对于既有的所有权四项权能进行种类拓展。鉴于自然资源自身的自然属性与管理保护规则需求，我们应当重视自然资源国家所有权的管理权能。第二，从其他国家立法例来看，一些国家也规定了国家所有权的管理权能。比如，法国《民法典》第 537 条明确承认国家所有权的权能结构中包括管理权能，日本《国有财产法》不但承认管理权能为国家所有权的内容，而且国家所有权的权能结构是由管理权和处置权能所构成的二元结构。第三，从现实制度需求层面看，我国法律体系中规定的属于国家所有的自然资源最为广泛，基本上涵括了所有关系到国民经济命脉的最为基础的生产资料，同时，也关系到生态环境的安全与健康，自然资源的国家所有权的制度预期已经超越了传统私有权对于所有权人意志自由的保障，同时注重自然资源的经济效益与环境公益，而这是上述传统权能所不能完全作用的领域，也需要自然资源国家所有权人及其授权的代表人积极履行管理权能。

具体而言，笔者认为自然资源的国家所有权管理权能应当概括为以下几个领域：第一，制定自然资源开发利用与保护战略，这是指国家作为所有人从宏观层面考虑既有的自然资源在当代人与后代人之间的分配与平衡，

① 张建文：《转型时期的国家所有权问题研究：面向公共所有权的思考》，法律出版社 2008 年版，第 298 页。

② 王利明：《物权法论》（修订本），中国政法大学出版社 2003 年版，第 265 页。

③ 周林彬：《物权法新论——一种法律经济分析的观点》，北京大学出版社 2002 年版，第 403 页。

具有双重价值属性的自然资源如何在经济功能与生态功能之间进行配置，比如，矿产资源的保有与勘探开发之间的战略选择等。第二，进行自然资源开发利用规划，即国家作为所有权人决定自然资源在不同地区、领域或行业的开发利用规划，比如，制定水资源的流域规划与区域规划，在不同生态功能区对于水资源在防洪、治涝、灌溉、航运、供水、水力发电、竹木流放、渔业等领域与行业的功能分配。第三，划拨与调剂，即国家出于特定公益目的基于法律规定将自然资源使用权转让给其他主体，比如，根据《物权法》《土地管理法》和《城市房地产管理法》等划拨国家城市土地使用权，调剂是国家作为自然资源所有权人在具体的所有权代表者之间进行代表权限的分配；等等。

（四）小结

我国的自然资源国家所有权制度是以我国《宪法》和《物权法》等基本法律为核心的法律体系所确立的。就制度属性而言，自然资源国家所有权从属于民法所有权制度类型，是从物的归属与利用的角度调整自然资源以实现其效用的，以环境法学科所秉持的理念与注重的自然资源的经济功能与生态功能的双重属性视之，则在价值立场与制度绩效上与环境保护目标存在扞格不入之处在所难免。自然资源为人的生存与生活提供了最为基本的物质条件，环境权的首要内容便在于保障主体对于自然环境资源的利用，由此也对自然资源的国家所有权的行使的内容、实现的方式提出了很多公益要求、目标约束，从节省制度创新成本的角度考虑，我们也应当通过重构自然资源国家所有权权能以丰富其作用的内涵与方式。当环境保护、生态维系等功能不能在自然资源国家所有权理论与制度框架内予以涵摄时，再考虑制度创新是更为务实的选择。

四、气候资源国家所有权的权利结构

上述内容从理论层面和宏观制度框架层面论述了我国自然资源国家所有权的立法现状、制度逻辑、价值选择和权能结构。自然资源国家所有权属于国家所有权的一个特殊组成部分，虽然从国际立法层面和自然资源本身属性出发有一定的内在规律、规则需求和普遍规律，但镶嵌在特定的政治、经济、社会背景和法系制度语境下，自然资源国家所有权的立法选择却并没有一定之规。当现有的自然资源国家所有权制度存在诸多缺陷时，我们务力的方向应当是如何在现有的制度框架下,从节省制度创新成本角度考虑,应尽量实现在传统的边际上进行创新,在国家所有权理论和制度框架中通过扩大解释与内涵拓展的方式实现自然资源国家所有权理论拓展与权利结构调整。《宪法》与《物权法》规范体系中属于国家所有的自然资源是一个宏观规定、未尽列举的概念,科技发展和社会进步使得能够被人类发现、控制、开发利用的自然资源种类逐渐拓展,这也考问我们理论的解释力与立法技术。本部分内容将以近几年来引发争议的气候资源国家所有权为个案,从实现自然资源国家所有权社会功能的角度,探讨气候资源国家所有权权利结构完善的具体内涵。

(一) 气候资源国家所有权争论的逻辑之辨

黑龙江省人大常委会于 2012 年 6 月 14 日通过的《黑龙江省气候资源探测和保护条例》中关于气候资源归国家所有的规定引发诸多争议[1],学界主流观点基本上是从不同角度对之予以批判,社会公众则从本能需要的层面指斥其荒诞。[2] 若从协商民主理论角度考察,环境立法应当是自由平等的个体通过理性、集体协商的结果,其正义性、理性应基于公共生活的每一个参与者的广泛讨论而得以增强。[3] 而《黑龙江省气候资源探测和保护条例》在制定过程中和正式颁布后均招致专家和公众近乎一边倒的批评,似乎《黑龙江省气候资源探测和保护条例》是失败的立法,创设了糟糕的制度。但是,环境立法公众参与的前提是参与者能够在信息充分的条件下,在对公共议题充分交流、换位思考和同情式理解下形成利益表达。但是,综观对于气候资源国家所有权的质疑,在一些论辩逻辑上存在可商榷之处,下面将分类归纳当前学界反对气候资源国家所有权的主张及其依据,并从论辩逻辑上对这些观点予以剖析。

---

[1] 《黑龙江省气候资源探测和保护条例》(2012 年)第 7 条规定:"气候资源为国家所有。从事气候资源探测活动,应当经省气象主管机构批准。经批准的气候资源探测活动,应当通知所在地气象主管机构。"该条例于 2016 年 12 月 26 日修正。修正后的第 7 条规定:"气候资源为国家所有。从事气候资源探测活动,应当将从事探测活动的主体、探测范围、探测种类以及所使用的仪器、遵循的探测方法标准书面告知所在地气象主管机构。"第 7 条内容虽有所修改,但其第 1 款关于"气候资源为国家所有"的规定并没有改变。

[2] 《黑龙江省气候资源探测与保护条例》刚颁布,网络上便舆论大哗,有网友就感叹道:以后晒个太阳喝个西北风什么的,都要交税了;也有网友调侃,如果以后被太阳晒伤,那么是不是可以索取国家赔偿呢?

[3] 刘超:《"二元协商"模型对我国环境公众参与制度的启示与借鉴》,载《政法论丛》2013 年第 2 期。

1. 法条主义：气候资源国家所有权法律依据之辨

《黑龙江省气候资源探测和保护条例》作为地方立法，应当有上位法依据。很多论者批评该《条例》中"气候资源国家为所有"之规定缺乏法律依据。我国《宪法》第 9 条规定："矿藏、水流、森林、山岭、草原、荒地、滩涂等自然资源，都属于国家所有，即全民所有；由法律规定属于集体所有的森林和山岭、草原、荒地、滩涂除外。"黑龙江省人民代表大会在回应社会各界质疑时宣称，这就是该机构出台《黑龙江省气候资源探测和保护条例》的法律依据。① 有学者认为，《宪法》第 9 条规定的"国家所有"，只是抽象所有权，不是物权法意义上的具体所有权。通观我国现行法，并没有将风能和太阳能确认为国家所有的立法规定。② 还有学者认为，遍寻《气象法》《可再生能源法》，也未有规定气候资源所有权的内容，《黑龙江省气候资源探测和保护条例》对气候资源权属的规定既无直接的上位法依据，也无法从《宪法》关于自然资源权属的规定中找到根据，因而这一规定是来历不明的。③ 我们不能因为《宪法》第 9 条为统领的自然资源权属规定中，法律条文所列举的自然资源没有明确包括气候资源，就认为《黑龙江省气候资源探测和保护条例》规定气候资源国家所有权没有上位法依据，这涉及两个方面的问题：

（1）《宪法》第 9 条关于自然资源国家所有权规定的法律解释

该条文规定了自然资源属于国家所有，并列举了"矿藏、水流、森林、山岭、草原、荒地、滩涂等自然资源"，但如果因为该条文的表述中没有明确关于气候资源的列举，便认为在我国现行法上，尚没有将气候资源确认为国有的立法规定，这是机械的法条主义法律观。因为自然资源的种类是丰富多样的，进入立法列举的难以穷尽，这时需要对自然资源作出体系解释，"它要求全面理解、解释法律的意义，反对仅仅从字面意义上理解、解释法律，是克服机械司法和执法的有效规则与方法。"④事实上，由于人类对自然的认识和对自然资源的开发利用是一个不断发展的过程，因此对自然资源内涵的理解也是不断发展的。无论从我国物权法的立法目的、价值选择还是制度逻

---

① 王培莲：《规范新能源建设还是气象部门扩权》，载《中国青年报》2012 年 6 月 21 日，第 05 版。

② 侯佳儒：《气候资源国有化：法律上的"不可能任务"》，载《中国政法大学学报》2012 年第 6 期。

③ 于文轩：《设立气候资源所有权不利于可再生能源产业健康发展》，载《中国政法大学学报》2012 年第 6 期。

④ 陈金钊：《法律解释规则及其运用研究（中）——法律解释规则及其分类》，载《政法论丛》2013 年第 4 期。

辑和学理上总结,我国法律体系对于自然资源国家所有权是概括的规定,国家所有的自然资源是最为广泛的。

自然资源的权属规定首先是一个政治制度选择,其次才是立法技术选择。中华人民共和国成立后,历经土地改革和社会主义改造等运动,我国逐步确立了自然资源国家所有权制度。梳理作为国家根本法的《宪法》在不同阶段对于自然资源所有权的规定,虽然不同时期的《宪法》对于自然资源国家所有权的规定有所差异,但差异不在于所有权立法立场的游移,也不是国家所有的自然资源范围的变迁,而是在立法技术上对于入法列举的自然资源范围的拓展。比如,1954 年《宪法》第 6 条第 2 款规定:"矿藏、水流,由法律规定为国有的森林、荒地和其他资源,都属于全民所有。"1975 年《宪法》第 6 条第 2 款规定:"矿藏、水流,国有的森林、荒地和其他资源,都属于全民所有。"1978 年《宪法》第 6 条第 2 款规定:"矿藏,水流,国有的森林、荒地和其他海陆资源,都属于全民所有。"1982 年《宪法》第 9 条第 1 款规定:"矿藏、水流、森林、山岭、草原、荒地、滩涂等自然资源,都属于国家所有,即全民所有;由法律规定属于集体所有的森林和山岭、草原、荒地、滩涂除外。"现行法律的规定是通过具体列举(矿藏、水流、森林、山岭、草原、荒地、滩涂)加兜底概括(等自然资源)的形式规定了最为完整的自然资源国家所有权。由此,我们可以从《宪法》立法解释的角度总结,在《宪法》所确立的自然资源所有权的制度框架中,理论上,一切自然资源均属于国家所有,原则上概括地将自然资源所有权赋予国家,只有由法律明确规定属于集体所有的土地、森林、山岭、草原、荒地、滩涂除外,并且,根据《宪法》第 9 条的规定,可以集体所有的自然资源,只限于上述列举的几种。因此,可以批评《黑龙江省气候资源探测和保护条例》中关于气候资源归国家所有的规定,但不能基于其没有上位法作为依据。

(2)《立法法》规定的立法权之选择

有学者认为,气候资源所有权的规定属于《立法法》(2015 年修正)第 8 条规定的"民事基本制度"和"基本经济制度",根据法律保留原则,其立法权专属于全国人民代表大会及其常务委员会。因此,黑龙江省人民代表大会通过地方法规形式规定"法律保留事项",这种创新和突破显然超越自身立法权限。[①] 涉及公民个人人身、自由、财产等基本权利事项属于立法权专属内容,不能由行政法规作出规定,但这是针对"本法第 8 条规定的事项尚未

---

① 参见李艳芳:《黑龙江省气候资源探测与保护条例评析》,载《风能》2012 年第 9 期。

制定法律的"情况。很明显,《黑龙江省气候资源探测和保护条例》中规定的"气候资源为国家所有"不是针对尚未制定规则的基本权利事项,因为气候资源作为自然资源的一种具体类型,作为一种客体类型的自然资源权属已由《宪法》明确规定。《黑龙江省气候资源探测和保护条例》关于气候资源国家所有权的规定只不过是对《宪法》自然资源国家所有权规定的重申。有论者认为《宪法》从未明确气候资源属于该法所称的自然资源,而如若需要进一步解释,解释权也当属全国人大常委会①,黑龙江省人大常委会此举是创设所有权。但事实上,全国人大常委会于 2007 年对自然资源的解释中也包括了气候资源。②

2. 资源属性:气候资源自然属性与权利设定之辨

还有不少论者从气候资源自然属性的角度,反对气候资源作为国家所有权的客体,其理由可以概括为以下几个方面:(1)认为空气和阳光是每个人生存生活必需的,吹吹凉风、晒晒太阳、享受和风丽日也要收费的规定很荒谬、很霸道。(2)风力、光照等气候资源具有流动性、不确定性,不能被人直接支配和排他占有,如果将气候资源规定为国家所有,对气象灾害造成的损失,国家应承担赔偿责任。③(3)一种资源的产权化之所以成为必需,以存在稀缺性为前提条件,以有助于实质性地解决外部不经济性为必要条件,气候资源是可再生能源④,它是不可耗竭的。

从资源属性的角度反思气候资源国家所有,应该说就气候资源本身而论,这些反对意见不无道理,但若深入探究气候资源自然属性以及纳入我国现有的自然资源所有权制度体系内予以考察,则存在以下可商榷之处:(1)阳光和大气的确是每个公民生存、生活须臾不可或缺的环境要素,但这并不代表不能在其上设定所有权,对于人类生存、生活同等重要的水、土壤

---

① 张玉成:《警惕气候资源立法中的行政权魅影》,载《南方周末》2012 年 6 月 21 日,第 C13 版。

② 当前对于自然资源尚未形成统一定义,生态学、环境学、经济学和法学等学科从不同的学科立场和研究重点出发,对于自然资源的内涵与外延的界定存在差异。全国人大常委会认为,自然资源包括土地资源、水资源、矿产资源、生物资源、气候资源、海洋资源等,参见全国人大常委会法制工作委员会民法室编:《中华人民共和国物权法:条文说明、立法理由及相关规定》,北京大学出版社 2007 年版,第 75 页。

③ 这是国家能源局对《黑龙江省气候资源探测和保护条例》有关争议问题的意见中的一个方面,具体内容参见安徽省国家能源局网站 http://nyj.ahpc.gov.cn/info.jsp? xxnr_id＝10085317,最后访问时间:2017 年 4 月 10 日。

④ 《可再生能源法》第 2 条第 1 款规定:"本法所称可再生能源,是指风能、太阳能、水能、生物质能、地热能、海洋能等非化石能源。"

等环境要素,世界各国已经设定了体系完整的所有权制度。我国《宪法》和《物权法》等立法均明确规定一切水资源属于国家所有,土地属于国家和集体所有。(2)风力、光照具有流动性、不确定性,不能被人直接支配和排他占有,但不能基于这些自然属性而否认在其上设定所有权的可能性。实际上,现有的已经作为国家所有权客体的自然资源也同样具备这些特性。比如,水资源的基本特性在于其流动性和循环性,且地表水和地下水作为流体能相互转换;同时,水资源系统也具有不确定性,体现为随机性、模糊性、灰色性、未确知性。① 而一种资源能否被人直接支配不是一成不变的,而是受到科技水平和技术条件的制约,比如《物权法》和《无线电管理条例》规定属于国家所有的无线电频谱资源。能否被主体排他占有和支配不应成为反对气候资源国家所有的依据,因为,国家享有对一切水资源和城市土地的所有权,但并不需要对其排他性占有,更何况,设定国家对自然资源的所有权的目标并不是需要对其进行排他性占有,这一点将在后文详细论述。(3)气候要素不同于气候资源。气候要素是用来说明大气状态的基本物理量和基本天气现象,包括空气温度、湿度、气压、风、云、雾、日照、降水等,因此,气候要素不存在稀缺性。气候资源虽然没有权威立法定义,但学界基本达成的共识是认为气候资源是气候环境要素中可以被人类利用的那一部分自然物质和能量。正如《黑龙江省气候资源探测和保护条例》第 2 条第 2 款所规定:"本条例所称的气候资源,是指能为人类活动所利用的风力风能、太阳能、降水和大气成分等构成气候环境的自然资源。"气候资源不同于气候要素的特性决定了其不是不可耗竭的,因为,"对各种可更新资源,如太阳能、潮汐能、风能,已估算过它们的最大自然能量潜力,得出的数字显示出非常美妙的前景。但这种估计并无多少实际意义,现实中的可得性取决于人类把这些潜力转换为实际能源的能力,取决于人类是否愿意担负这样做的代价和成本,包括对环境退化的代价。"②

3. 制度逻辑:气候资源社会属性的制度表达

气候资源对于人类具有重要的社会价值,它是人类生存生活的必要保障,也为农业生产提供天然物质和能量。随着现代社会科技水平的进步,气候资源也在多个领域成为日趋重要的新能源。有学者认为,气候资源是全

---

① 参见左其亭、吴泽宁、赵伟:《水资源系统中的不确定性及风险分析方法》,载《干旱区地理》2003 年第 2 期。

② 〔英〕朱迪·丽丝:《自然资源:分配、经济学与政策》,蔡运龙等译,商务印书馆 2002 年版,第41 页。

体公众的"公共财产"和"共享资源",应当归全体公民共有,即气候资源是一种公众共有物。① 也有学者认为气候资源既不是国家所有,也不是个人所有,而是全人类共同且平等享用的共用物,全人类对气候资源均享有所有权与使用权。② 主张气候资源作为"共有物"或"共用物"的学者,均认为气候资源不属于国家所有之物,也不属于私人所有之物,其相应的逻辑是,通过"公共信托理论",国家或政府将作为全体公民的"公共财产"和"共享资源"的气候资源的受托人来履行管理义务。

但是,前述内容论证的,在气候资源(而不是气候要素)也是稀缺的前提下,将气候资源认定为"共有物"或"共用物",如何克服气候资源开发利用中的"公地悲剧"? 如果大气不存在公共财产权、私人财产权,也不存在共有财产权,那么它必然是自由获取的——任何人都可以自由地使用。在这种情况下,政府就没有任何权利排除污染者对这种不存在财产权的大气的使用。③

(二) 气候资源国家所有权与国家管理功能的实现

气候资源是人类重要的自然资源,只有通过有效的管理保护和合理的开发利用才能实现其对人类的生态价值和经济价值,无序和无度地盲目开发利用则会引致自然灾害。世界各国均重视通过制度设计规制气候资源的开发利用,区别只在于制度理念与路径上的不同。气候资源国家所有权的制度设计,在实现气候资源保护、规制其开发利用中具有独特功能。

在气候资源上设置所有权,在我国现行的自然资源法律制度体系中不存在自然资源私人所有的空间,并且气候资源的公共属性决定了其一旦私人所有将带来生态灾难。也有论者基于气候资源的自然共生和非排他使用等特性主张气候资源属于全体公民所有,但是,在我国《宪法》和《物权法》中,全体公民所有即为国家所有,且全体公民所有自身难有法律表达途径。还有不少论者基于对国家所有权的警惕,反对在气候资源上设置所有权,而

---

① 曹明德:《论气候资源的属性及其法律保护》,载《中国政法大学大学》2012 年第 6 期。
② 高利红、陈芳:《气候资源的属性及权属问题研究——兼评〈黑龙江省气候资源探测与保护条例〉》,载《重庆大学学报(社会科学版)》2013 年第 5 期。
③ 〔美〕丹尼尔·H.科尔:《污染与财产权——环境保护的所有权制度比较研究》,严厚福、王社坤译,北京大学出版社 2009 年版,第 38 页。

是在公共信托理论指导下主张通过加强和完善行政规制来实现气候资源的有效管理机制。但是,就我国环境法制现实来看,我国当前的环境法制立法重点和大量规范均属于行政规制制度。然则,即使如此,当前规制思路下的环境污染和自然资源破坏的现象没有得到根本遏制。其原因在于,现行的环境保护监管体制既有悖于公共管理的基本原理,也不符合环境保护本身内在规律的要求,法律机制选择中的公众参与度不够。[①] 这种规制体制上的缺陷导致了环境行政规制制度上呈现出断裂的现状。[②] 笔者并不认为气候资源国家所有的制度设计没有问题,但当其他路径均存在缺陷的情况下,国家所有权是行政规制的一种替代进路和方式。[③] 而且,通过国家气候资源所有权制度构建,可以实现一些重要的社会功能。

有论者从民法所有权要素和特征角度反思了气候资源的国家所有权,认为气候资源国有缺乏根基,面临无法逾越的法律技术障碍,国家无法实现所有权人对气候资源的绝对保护和独占专享。[④] 但是,国家对气候资源享有所有权,不一定要实现民法所有权的立法目的和权利效力。国家所有权已与传统所有权的概念相去甚远,它是一种特殊的财产权,我们不可能再以传统物权和所有权的构成原理去规范它,严格意义上讲,它已超出了《物权法》的调整范围。[⑤] 因此,我们不能拘泥于传统民法所有权理论与制度构造来检验与评判气候资源国家所有权,气候资源国家所有权是公权与私权的复合性质的权利,部分地承载了国家公权力特征。民法所有权的主要功能在于,通过确定物的归属,来保障所有权人对物的排他、完全、独占的支配,并排他性地享有其带来的利益。但是,气候资源国家所有权的制度功能却与民法所有权制度功能不一致:(1)气候资源国家所有权的生态价值保障功能。民法所有权是主体对物的支配权,保障的是权利主体对物享有的经济价值;而气候资源国家所有权效力则指向的是气候资源的生态价值,其制度目的

---

① 吕忠梅:《监管环境监管者:立法缺失及制度构建》,载《法商研究》2009 年第 5 期。

② 刘超:《环境风险行政规制的断裂与整合》,载《法学评论》2013 年第 3 期。

③ 〔美〕史蒂芬·布雷耶:《规制及其改革》,李洪雷等译,北京大学出版社 2008 年版,第 266 页。

④ 这种观点从物权立法奉行"一物一权主义"、物权有"直接支配"和"保护绝对"两大属性出发,细致剖析了气候资源国有化将会出现的问题,包括:"气候资源国有"在物权法上没有意义;如果"气候资源国有",国家无法实现所有权人对自身财产的"绝对保护";"气候资源国有"会引起现有法律体系和法学理论体系的混乱。具体分析参见侯佳儒:《气候资源国有化:法律上的"不可能任务"》,载《中国政法大学学报》2012 年第 6 期。

⑤ 马俊驹:《国家所有权的基本理论和立法结构探讨》,载《中国法学》2011 年第 4 期。

不是为了通过"寻租收费"而获得其经济价值。(2)气候资源国家所有权秉持的是集体主义理念,保障的是团体权利。民法所有权制度是基于个人主义而建立,近现代民法关于所有权的本质的前提假设是所有权的私人性质或者个体性质[1];气候资源国家所有权秉持的是集体主义,保障的是全体公民的团体权利,明显带有公益属性。(3)气候资源国家所有权是排除公共资源的排他性独占。民法所有权是一种排他性的独占支配权,以保障所有权人对于所有物的完全、永久的独占;气候资源国家所有权的功能恰恰是基于气候资源的稀缺性和公共性,一旦被个人排他性独占,则会影响气候资源的生态价值和公益功能发挥,故而气候资源归于国家所有的目的是确保气候资源不能被任何除了国家之外的社会个体独占享有。(4)气候资源国家所有权是控制所有权而非收入所有权。自然资源所有权在结构上可以分为收入所有权和控制所有权,水资源、原始森林等公共性特别强、排斥私人所有权的公共自然资源,国家或全民享有控制所有权,不享有收入所有权;对于矿产资源、用材林等公共性相对较弱的自然资源,国家或全民不仅享有控制所有权,还享有收入所有权。[2] 民法所有权既是控制所有权也是收入所有权,所有权人通过多种形式控制所有物最终从对物的所有权中获取经济收益;而因为气候资源较强的公共属性,国家代表全体公民享有所有权主要目的是对气候资源的控制,通过有效控制为社会公众提供公共资源和生态产品。

(三)气候资源国家所有权的权利结构更新

气候资源国家所有权在立法目的和社会功能上不同于民法所有权,它是一种公权与私权相结合的复合性权利,是一种控制所有权,预期通过国家所有权的制度设计实现国家对于公共气候资源的管理控制。那么,相应地在该权利的理论基础上要突破民法所有权的理论体系,在制度展开上也不能固守民法所有权的制度框架,要重构其权利结构。气候资源国家所有权权利重构的目标具体可以通过重构所有权权能实现。我国《物权法》第39条规定:"所有权人对自己的不动产或者动产,依法享有占有、使用、收益和处分的权利。"这是我国立法对于所有权权能的规定。立法和法学理论共识

---

[1] 张里安:《所有权制度的功能与所有权的立法》,载孟勤国、黄莹主编:《中国物权法的理论探索》,武汉大学出版社 2004 年版,第 182 页。

[2] 邱秋:《中国自然资源国家所有权制度研究》,科学出版社 2010 年版,第 193 页。

是认为民法所有权权能包括占有、使用、收益和处分四项权能。但是,所有权权能本身并不是一个封闭的结构体系,所有权权能实质上是所有人实施某一行为的权利,是特定的行为方式与法律允许这样做的结合。自然资源国家所有权的具体权能既具有所有权权能共性,同时也具体受到所有权客体自身内容和性质的影响。重构气候资源国家所有权的权利结构,既需要对民法所有权的权能进行具体化和内涵拓展,同时,又需要根据气候资源自身的自然属性和社会属性,归纳总结其独特的行为方式。

1. 传统所有权权能的虚化

占有、使用、收益和处分是传统民法理论和我国《民法通则》《物权法》规定的所有权四项权能,这是民法所有权人实现所有权体现的目的利益的四种最为常见的意思支配力手段和行为方式。但是,基于气候资源存在的整体性、流动性和非排他性等特征,使得气候资源国家所有权的传统四项权能存在着虚化的特征,以下具体分叙之。

民法所有权的占有权能强调所有人对物的控制、管领和支配,基于气候资源的特殊性,气候资源国家所有权的占有权能应当具有的新的内涵,主要包括:第一,气候资源国家所有权并不是由国家行使或全体人民直接行使,而是由国务院和地方各级政府及其职能部门,也即气候资源探测和保护工作的主管部门(气象部门)代为行使。第二,国家对气候资源的占有实质上并不需要对气候资源进行事实上的、持续性的管领,而是排斥私人主体对气候资源的独占;第三,基于气候资源的流动性,及其为社会公众提供最基本的生产生活的物质条件,国家对气候资源的占有更多地具有宣示性的意义,只有当气候资源商业性开发利用可能会影响公众的生活用途时,国家作为气候资源所有权主体的占有权能才发挥作用。

民法上所有权的使用权能是指所有权人依物的性能或用途,对其有效利用或从中获得经济上的收益以满足生产和生活需要的权能。气候资源国家所有权的使用权则具有虚化的特征:第一,气候资源主要不是由所有人使用,而是由其他社会主体使用,以满足生产生活的需要;第二,划分气候资源使用权的层次,将气候资源使用权分为生活性使用权和生产性使用权,前者是社会公众为生活需要而使用气候资源,应当是免费的。国家作为气候资源所有权主体不能收费,只能监督控制在生活性使用中可能产生的负外部性,后者是能源企业为开发利用气候资源的营利性使用,国家作为气候资源所有权主体,除了需要监督控制在气候资源开发利用中产生的负外部性之外,还要实行开发审批和公共气候资源开发利用收费。

收益权能是所有权人从所有物上获取一定的经济收益的权能,包括天然孳息和法定孳息。国家作为气候资源的所有权主体,其收益权能体现出的特殊性可以概括为:第一,气候资源同时对于人类产生生态价值和经济价值,并且,气候资源首要和基本的价值是生态价值,只是基于现代科学技术的发展,其经济价值才越来越凸显,因此,设计国家气候资源所有权制度,应当首先注重其对人类产生的生态收益,其次才是经济收益。第二,针对《黑龙江省气候资源探测和保护条例》出台后受到"审批制+国有化"会导致在能源行业固化垄断的担忧以及"将民间参与当成资源保护的敌人"的质疑,建议在规定气候资源国家所有的同时,鼓励民间资本进入气候资源开发领域。并且,基于气候资源国家所有,企业探测开发风能及太阳能资源必须经过气象部门批准,需要取得气候资源开发探测许可证,但不增加审批环节的收费项目。第三,基于公众担忧的气候资源国家所有会导致"寻租收费"的质疑,建议国家基于气候资源国家所有权所获得的收益仿照《排污费资金收缴使用管理办法》对于排污费作为环境保护专项资金的处理①,只用于气候资源的保护和改善。

处分权能是所有权人对财产进行消费和转让的权能。基于气候资源的整体性和公益性,国家作为气候资源所有权主体在处分气候资源时的特征有:第一,国家作为一个政治权力机构不是自然人,不能对气候资源进行生活消费,而应当首先满足和保障这一社会群体中每个自然人的生活消费;第二,国家对气候资源的生产消费应当首先体现在农业生产领域,优先保障农业气候资源的开发利用和可持续发展,其次才是商业性开发利用;第三,气候资源的商业性开发利用必须以满足公众生活性消费为前提,以不干扰农业气候资源为选择;第四,禁止气候资源国家所有权的法律处分,即各级政府气候资源主管职能部门在代表国家行使气候资源所有权时,可以在一定的法定条件和程序下审核批准其他社会主体从事气候资源的探测开发利用活动,但不能买卖、出租或以其他形式非法转让气候资源,因为气候资源的法律处分会在根本上损害环境公益。

---

① 《排污费资金收缴使用管理办法》(2003年)第2条规定:"排污费资金纳入财政预算,作为环境保护专项资金管理,全部专项用于环境污染防治,任何单位和个人不得截留、挤占或者挪作他用。"

2. 新型权能类型的引入

所有权权能是对权利人基于所有权效力、实现所有权目的和功能的最为经常的行为方式的总结,其本身并不是一个封闭的体系。当社会发展、科技进步使得能够作为所有权客体的范围越来越宽泛、内容越来越丰富时,所有权客体的种类、内涵和外延溢出了传统民法所有权客体特性,所有权人控制与支配客体的行为方式也会发生变迁,这使得我们需要总结新的权能类型。气候资源国家所有权还应具有的重要的类型化权能的种类是保护权能和管理权能。民法所有权的四项权能本质上是所有权人的个人自由。所有人可以基于私人自由意志以各种方式实现自己对于财产的控制与支配。而保护权能与管理权能固然也是国家作为气候资源所有人的自由意志的体现,但与此同时,基于我国国家所有是全民所有的法律表达,所有权受到更多的目标制约,从根本上服务于公益目的。在本研究所主张与论证的权能仅为自然资源国家所有权的行使方式的论述框架中,保护权能与管理权能是紧密联系在一起的,前者是宏观方面的目标,后者是微观层面的具体手段。

气候资源国家所有权的保护权能,是国家作为所有人对气候资源施以最系统的最有利于其性能完好的保管与护理的一项权能。该权能具有的内容与含义有:第一,对国家所规定的气候资源保护职权。所有权权能表现了所有人权利的一面,另一面应是所有人的义务。[①] 在个人主义理念下的私人所有权受到的义务限制非常少,主要表现在不违反法律、不构成权利滥用等方面。而国家作为所有人,保护气候资源不但是一项权利也是职责,国家可以也应当采取多种措施治理与防治环境污染引致的气候变化、禁止无序无度开发利用气候资源。第二,财产规则、责任规则和不可让与性规则这三种权利保护规则在保护环境权利中具有不同的功能与绩效[②],基于气候资源具有的为社会公众提供基本生存生活条件的公益属性,不可让与规则应当成为国家在气候资源保护中的首要规则。第三,气候资源对于人类具有生态价值与经济价值,但应以生态效益优先,气候资源国家所有权的保护权能还应当在宏观政策层面划定气候资源在生态领域与经济领域的分配,确保气候资源的开发利用不影响其生态功能的发挥。

[①] 孟勤国:《物权二元结构论——中国物权制度的理论重构》,人民法院出版社 2009 年版,第150 页。

[②] 刘超:《权利不可让与规则与环境侵权救济》,载《武汉大学学报(哲学社会科学版)》2010 年第 4 期。

气候资源国家所有权的管理权能是国家所有权人及其授权的代表人，为了使得国有财产能够适于并保持特定公益性用途，而依法对国有财产所实施的特定行为，主要表现为行政立法行为，产权的登记、界定、变动和纠纷调处、资产的使用、处置、评估、统计报告和监督等。[①] 该项权能应当是国家作为所有权主体实现其所有权目的的主要行为方式。气候资源的国家所有权管理权能应当包括为以下几个领域的内容：第一，注重通过系统的气候资源保护、开发利用的部委规章、地方法规（如《黑龙江省气候资源探测和保护条例》等地方气候资源立法）来规范地规定气候资源管理，并且在立法目的和指导思想上贯彻我国《气象法》第 3 条的规定，把公益性服务放在首位。第二，根据《气象法》（2016 年修正）第 32 条的规定，国务院气象主管机构负责全国气候资源的综合调查、区划工作。综合调查是了解我国气候资源的资源量和分布情况，以为科学管理工作提供基础资料和数据支持，气候资源区划分为综合气候资源区划、专业气候资源区划和单项气候资源区划。第三，气象主管机构组织进行气候监测、分析和评价。监测气候资源各构成要素的状况以及可能引起气候恶化的大气成分，进而对气候现状及可能产生的气候灾害进行分析评价。这项工作是保护和管理气候资源的前提，持续性、动态地监测、分析和评价也是国家作为气候资源所有权人主要行为方式之一。第四，根据《气象法》（2016 年修正）第 34 条的规定，对大型太阳能、风能等气候资源开发利用项目进行气候可行性论证和环境影响评价。第五，气候资源流转制度体系化，包括气候资源开发利用权许可制度的实施以及在《中共中央关于全面深化改革若干重大问题的决定》提出实行资源有偿使用制度的背景下，参照我国试点建立的排污权交易制度的经验，完善气候资源市场交易制度的构建。

（四）小结

上述分析并不代表本研究毫无保留地赞成气候资源国有化，也不代表气候资源国家所有权制度设计不存在缺陷。在我国当前的时代背景下，社会各界对气候资源一旦国有则容易"寻租收费"的担忧也不无道理。只是，所有权理论与制度是一定社会历史条件的产物，我们不能再在传统民法个人主义私人所有权理论与制度框架下展开气候资源所有权的制度设计。镶

---

① 张建文：《转型时期的国家所有权问题研究：面向公共所有权的思考》，法律出版社 2008 年版，第 321 页。

嵌在我国现行以《宪法》为首所确立的自然资源所有权理论与制度框架下,气候资源国家所有权本身的制度逻辑并无问题,我们在检视气候资源国家所有权制度时,不能混淆制度本身的问题抑或制度实施异化的问题。况且,气候资源国家所有还有独特的社会功能。为了节省制度创新成本,我们需要努力去做的是拓展与更新所有权的权利结构,以实现气候资源国家所有权的公益目标。

五、结 论

本章研究的内容是自然资源的国家所有权。当前学界对于国家所有权在性质、内涵与构造等诸多方面存在着争议,甚至有些著述否认国家所有权本身的必要性和正当性,对于国家所有权本身的探究成为研究自然资源国家所有权的前设性问题。虽然,现实中国家所有权制度的实施存在诸多弊端,但是,从法律体系与制度现状而言,国家所有权是我国《宪法》和《物权法》规定的重要的所有权类型。并且,在我国的三种类型的所有权框架中,国家所有权的客体范围涵括了我国最为重要的广泛的资源和财产类型,国家所有权客体的无限性和广泛性是学界基于法律规定和权利属性所形成的共识。我们在正视与应对国家所有权制度运行的现实问题时,需要理性地区分是制度设计的内生性问题还是制度实施的弊端。在我国当前的制度语境和既有的制度框架下,更务实的、更具建设性和实践意义的做法应当是,反思当前国家所有权制度运行的绩效及检讨其弊端,从法律技术层面和可操作性角度梳理和探究国家所有权的具体内容在实践中遭遇的困境,并且根据国家所有权客体类型的特殊性来具体展开国家所有权的制度逻辑。具体到自然资源国家所有权制度,我们需要在归纳自然资源上设置所有权的制度功能预期、研究自然资源权属设置的规律、探究我国当前推行的自然资源所有权与管理权、使用权分离政策的制度需求的基础上,检讨当前的自然资源国家所有权制度实施的绩效,进而在国家所有权制度规范解释射程范围内,探究具体的自然资源国家所有权制度设计的规律与完善路径。

《宪法》《民法总则》和《物权法》中的相关规定,成为我国自然资源国家所有权的基本法律依据。自然资源国家所有权的制度设计,对于保障我国的战略安全和经济安全、保护和合理开发利用自然资源具有重要意义。但是,我国当前的自然资源国家所有权制度运行存在着诸多困境,这表现在制度运行目标落空、制度实施逻辑错位、制度拓展引致质疑和制度后果异化等方面。这些困境的存在使得有不少论者质疑甚至是否认自然资源国家所有权,也有不少学者从改变自然资源国家所有权的法律性质与调整规范等角度提出了制度完善建议。本章研究的基本主张是,如果所有权理论与制度能够提供理论解释与制度拓展适用的空间,则应当在所有权理论与制度框架内适用自然资源国家所有权制度。这一思维与路径,可以通过重构自然资源国家所有权制度来完成,申言之,即通过重构自然资源国家所有权的权能以实现自然资源国家所有权制度的完善。所有权权能本身并不是一个封闭的结构体系,其具体构成和内容是对所有权人在不同的时代和社会背景下,基于所有权客体的属性对于使用方式的归纳与总结。因此,具体而言,重构自然资源国家所有权的路径包括两个层面:第一,对既有权能的内涵的细化厘清;第二,增设自然资源国家所有权新型权能,包括制定自然资源开发利用与保护战略、进行自然资源开发利用规划、自然资源的划拨与调剂,等等。

自然资源是一个聚合概念,包括了以多种环境要素为基础构成的自然资源类型。从逻辑上看,自然资源国家所有权制度要具体适用于所有自然资源类型,反之,自然资源国家所有权的制度绩效亦应在所有的具体自然资源类型的权属立法中予以检验。以近几年来我国各界争议的气候资源国家所有权的规定为个案,可以探究自然资源国家所有权的制度理路与权利结构完善的具体内涵。在我国法律体系规定的三种所有权类型中,国家所有权的客体具有广泛性。从理论与逻辑上考察,自然资源国家所有权客体当然可以包括所有的自然资源类型,包括未被法律明确列举或尚未被人类熟知的自然资源,如气候资源。世界各国均重视通过制度设计以规制气候资源的开发利用,区别只在于制度理念与路径上的差异。气候资源国家所有权的制度设计,在实现气候资源保护、规制其开发利用中具有独特功能:第一,气候资源国家所有权的生态价值保障功能;第二,气候资源国家所有权保障的是团体权利;第三,气候资源国家所有权可以排除公共资源的排他性独占,实现国家对气候资源的控制而发挥其公益功能。不少论者所质疑与担忧的气候资源国家所有权制度设计所存在的困境以及可能引致的问题,可以通过更新气候资源国家所有权权利体系、重构气候资源国家所有权权能体系予以应对,这种路径具体可以通过虚化所有权传统权能与引入新型权能来实现。

第七章 自然资源利用权的类型:梳理与再造

一、引 言

(一) 自然资源权利研究的必要性

在人类社会早期,基于认识的局限和自然资源供给的充足,人类一直将自然作为取之不竭的资源仓库,放任人类贪婪的索取欲望。随着人类需求的扩张,自然资源的供给不能同时满足所有人的需求,因此围绕自然资源产生了冲突。为了解决这些冲突,人类将自然资源视为权利的客体,试图通过确立物权或者财产权解决源于自然资源经济价值利用的社会冲突。

在世界各国的发展史上,土地一直占有重要的地位,土地的禀赋曾长期被认为是社会经济增长与发展的决定性因素。因而,在传统农业社会及简单商品经济中,以土地为代表的有体物一直是社会财产的主要形态。与土地相关的自然资源被视为是土地的附属物,有关自然资源的利用、转让等法律关系也比照不动产物权规则来处理,以确保其时刻依附于土地之上的法律秩序能得以维系。土地之上的林木或土地之下的矿藏及水资源等,原则上不能成为物权之客体。[①]

但在当代的社会条件下,这种已显僵化的立法模式遭到了前所未有的挑战。一方面,矿产资源、水、渔业和森林等附属于土地的资源的开发和利用行为已具有了独立的价值,并逐渐开始脱离土地所有权的效力范围。另一方面,基于对自然资源的开发和利用形成的权利也不再是单纯的民法上

[①] 对于产生这种现象的原因,有学者给予了精辟的分析:其一,从现实需求来看,土地是最为基础性也是最为重要的生产资料,围绕土地的权利构建直接决定了社会的经济秩序,物权作为当时社会定分止争的基本规范,将土地作为制度设计的基本支撑也是理所当然。其二,从立法技术来看,土地虽然和其他自然资源类型在形态并无根本差异,都表现为赋存相连的整体,但依社会经济观念,仍可依人为方式予以划分,分别成立物权。其三,从土地在自然资源的基础地位上来看,土地是林、矿、草、水等各种自然资源赋存的基础,工业社会中的各种生产行为比如采矿、取水、采伐等同样必须以土地为基本的载体,所以与土地相关的权利在整个物权制度中基础性的地位也从未改变。参见张璐:《生态经济视野下的自然资源权利研究》,载《法学评论》2008 年第 4 期。

的不动产用益物权,而有渐次形成具有相对独立性的新权利体系的趋势,这也是现代社会中土地利用关系走向多元化的必然结果。①

然而,环境问题、自然资源问题的凸显,又促使人类对这些自然资源的财产制度进行反思。

首先,财产制度反映的是人对物的占有和支配关系,维护和鼓励人类对物的现实支配和消费是其固有的、原始的机能。它传递的是一种人与人之间因资源利用而发生的利益分配信息。因此,无论是英美法系的财产法还是大陆法系的物权法并不关注个人与社会、人和自然之间的紧张关系,只是一味地关注物之经济效益的充分利用。这种以功利主义价值观为导向的制度在促进经济发展和资源的有效利用方面功不可没,但它同时也间接地加剧了人与自然的冲突和对立,成为全球性生态危机出现的制度性因素。②

然而,自然资源对人类而言具有双重性,一方面它是人类经济活动最重要的物质资料来源,具有经济价值;另一方面它也是人类赖以生存的生态系统的有机组成部分,具有生态价值。传统财产法或物权法虽然已将土地、矿藏、森林、水资源等部分"自然物"纳入财产或物的范畴,但是对它们的保护主要是甚至仅仅是从经济角度来考虑的,而从没有或者很少考虑到自然资源具有的生态价值,而这恰恰就是环境问题出现的根源之一。正如有学者所言,环境问题对物权法的挑战缘于环境资源的经济与生态双重价值引起的法律上的自由与公平的冲突,因此,必须在对传统民法的经济理性进行深刻反思的基础上纳入生态理性,为克服经济理性的不足而进行生态理性选择。③

因此,自 20 世纪初开始各国均通过对象、地域、方式、强度、数量等条件限制自然资源的开发利用,出现了"私法公法化"的现象。对此,从法律理论上如何解释?公权力干预私权行使的依据是什么?其界限是什么?这些限制措施是自然资源权利的内在边界还是外在约束?

其次,作为英美法系财产权和大陆法系物权客体的"财产"或者"物",在某种意义上都是"人化"或者"人工"产品,这些"财产"或者"物"的自然属性相对于社会属性可以被忽略不计。随着人口数量增长和人类需求的膨胀,自然资源成了稀缺资源,产生了利益冲突的可能;为了避免冲突,就需要对

---

① 梅夏英:《特许物权的性质与立法模式的选择》,载《人大法律评论》2001 年第 2 期。
② 徐涤宇:《环境观念的变迁和物权制度的重构》,载《法学》2003 年第 9 期。
③ 吕忠梅:《物权立法的"绿色"理性选择》,载《法学》2004 年第 12 期。

自然资源的获取、使用、收益和交易设立一定的规则，确定权属。此时就出现了一个问题：以社会化的物或财产为客体建立的物权和财产权理论，能够解释以自然资源——自然属性为主的物品为客体的权利现象吗？如果不能，那么我们应当如何解释这种新的法律现象？

例如，各国物权法中出现的所谓林权、探矿权、采矿权、取水权、渔业权、狩猎权等物权类型，都是具有公法性质的特许物权。一方面它们在取得方式上不同于一般物权，是非因时效、先占、法律行为而取得的权利；另一方面它们的内容由公法性质的特别法确定者甚多，这明显区别于围绕私益构建起来的近代物权类型。[①]

而且更重要的是，自然资源作为权利客体无法满足传统物权观念对"物"的基本要求。作为物权客体的物必须具备独立性和特定性的特征，而自然资源作为赋存相连的整体，与上述要求相去甚远。另外，对自然资源进行利用的权利由于不能满足物权制度对"使用"的要求，所以对土地和海域之外自然资源类型的非所有利用权利无法取得物权制度的真正认同，而只能以"准物权"或者"特别法上的物权"等称谓游走于物权制度的边缘。[②]如果沿用原有的财产权或物权制度解释自然资源权利，是否会导致既有理论体系的混乱和矛盾？

综上，如果仅从传统的"物尽其用"的宗旨出发，运用传统的物权或财产权理论无法解决自然资源开发利用所引致的社会问题。因此，自然资源权利之研究，必须尊重自然资源作为环境要素之自然属性，以环境保护理念作为研究自然资源权利问题的基本出发点。

与西方国家的一般情况不同，在社会主义公有制背景下，我国的《矿产资源法》（2009 年）、《水法》（2016 年）、《渔业法》（2013 年）等既有自然资源立法强调自然资源的公有属性，过度依赖行政权力对自然资源的配置，忽视了市场的功能和作用。这就导致了虽然现行自然资源立法关注了自然资源的利用、分配与管理，但是各自然资源要素的权利设置从根本上仍不同程度地表现为一种计划经济的延续，尚存在忽视清晰界定自然资源权属的问题和倾向。在自然资源市场发育尚不成熟的市场条件下，自然资源权利的初始配置非但未能实现已开发资源的合理配置和高效利用，反而刺激了对未开发资源的过度需求和"掠夺式"开发利用，自然资源利用与自然资源保护

---

① 徐涤宇：《环境观念的变迁和物权制度的重构》，载《法学》2003 年第 9 期。
② 张璐：《生态经济视野下的自然资源权利研究》，载《法学评论》2008 年第 4 期。

是割裂的。

而以公有制为基础的自然资源权利的确立,无疑会大大改变这种不利局面。它为我国提升自然资源开发、利用和保护的质量和效率提供一种可行的法律制度选择,可以在一定程度上解决我国长期以来基于自然资源取得与流转制度不合理而引发的自然资源利用秩序既欠公正又效率低下的问题。只是,在这种制度构建过程中我们要充分考虑自然资源生态价值保护的需要,实现经济价值和生态价值的平衡和协调。

因此,厘清自然资源之上的经济性权利的种类及其权能,明确自然资源生态价值的保护路径,对我国的自然资源开发利用和环境保护而言有其更为特殊的意义。

第一,确认自然资源权利是建立资源要素市场、完善市场经济的基本前提。市场经济建立在社会分工和社会经济权利分权化的基础之上。要发展市场经济,就必须建立和完善资源要素市场,充分提高自然资源利用效率。"在一个充分商品经济化的社会里,资源法律及其制度关于资源权益的设计主要是满足市场权利的要求,并通过市场机制对资源进行合理和有效的配置"[①],确认自然资源权利,通过合理的制度设计使有限的自然资源的效益最大化,可进一步促进资源要素市场的健全和市场经济的完善。

第二,确认自然资源权利是提高资源利用效率、实现可持续发展的必要途径。自然资源是一国经济社会发展的重要基础,在可持续发展理念下,提高资源利用效率,处理好围绕自然资源的开发、利用和保护而形成的权利义务关系至关重要。构建和完善自然资源权利制度,不仅有助于明晰自然资源产权,明确界定自然资源所有者与利用者的权利(力)范围,而且还有助于实现资源的优化配置。同时,在自然资源流转过程中,物权制度也可基于合理的交易规则,规范法律主体的行为,防止因自然资源的稀缺性和地域性而产生的对自然资源无节制的开发和利用,从而有助于在提高资源利用效率的同时,促进经济社会的可持续发展。

第三,确认自然资源权利是保障公民合法权益、协调利益冲突的重要手段。"利益作为客观范畴,对法律起着决定性的作用。"[②]法律通过将权利主体之间的利益固定化和程式化,保证各种利益之间和谐共存。自然资源除

---

① 张璐、冯桂:《中国自然资源物权法律制度的发展与完善》,载吕忠梅、徐祥民主编:《环境资源法论丛》(第 2 卷),法律出版社 2002 年版,第 172 页。

② 张文显主编:《法理学》,法律出版社 1999 年版,第 64 页。

了蕴藏丰富的经济价值外，还具有生态、审美等价值。正是由于自然资源的价值多元性，自然资源开发利用过程中所要解决的利益协调问题之外延被大大拓展：既有经济利益与生态利益的协调，也有个人利益与公共利益的协调，还包括代内利益与代际利益的协调以及局部利益与整体利益的协调。自然资源权利制度协调这些利益冲突的一个重要思路，就是不再片面强调某种利益的绝对性，而是在特定的理念框架之下，尽量实现不同利益的公平分配，并保证各类利益实现机制的效率性。

第四，确认自然资源权利是维护国家利益、争取国际资源市场主动权的战略保障。自然资源的保护和可持续利用事关一国的政治、经济、军事安全。自然资源已被提升至国家主权的高度，1973 年联合国大会《关于自然资源永久主权的决议》宣布："坚决重申各国对其国际边界以内的陆地上以及在其国家管辖范围内的海床及其底土中和上方水域中的一切自然资源，拥有不可剥夺的永久性主权权利。"①近些年来发生的一系列重大国际事件大都涉及对自然资源权属的控制和争夺。建立完善的自然资源权利体系，实现自然资源的合理分配和高效流转，有助于保障本土自然资源的合理开发和保护，降低对国外资源的依存度，争取政治、经济交往主动权，维护国家安全。

《中共中央关于全面深化改革若干重大问题的决定》中明确提出了要"使市场在资源配置中起决定性作用"，市场配置资源的前提是产权的明确界定。基于此，《决定》提出要"对水流、森林、山岭、草原、荒地、滩涂等自然生态空间进行统一确权登记，形成归属清晰、权责明确、监管有效的自然资源资产产权制度"。由于我国几乎所有的自然资源都属于国家所有或者集体所有，而国家作为所有人几乎不会直接从事自然资源的开发利用，往往是通过许可的方式由私主体进行具体的开发利用；集体所有者往往通过发包的方式由具体的集体成员对自然资源进行开发利用。因此，在我国要使市场在自然资源配置中起到基础性作用，就必须明确界定非所有者开发利用自然资源的权利，也即笔者所谓的自然资源利用权利。

这一点在中共中央、国务院印发的《生态文明体制改革总体方案》中被进一步明确表述为：要"制定权利清单，明确各类自然资源产权主体权利。处理好所有权与使用权的关系，创新自然资源全民所有权和集体所有权的实现形式，除生态功能重要的外，可推动所有权和使用权相分离，明确占有、

---

① 李俊然：《自然资源物权法律制度研究》，河北人民出版社 2005 年版，第 127 页。

使用、收益、处分等权利归属关系和权责,适度扩大使用权的出让、转让、出租、抵押、担保、入股等权能"。

(二) 类型思维在自然资源利用权利研究中的必要性

在自然资源利用权利的研究中,存在着两种完全不同的研究进路。一是将自然资源利用权利视为一种具有确定内涵的概念,试图归纳出自然资源利用权利的一般理论,进而通过概念演绎的思维方法解释各类具体的自然资源利用权利,这种研究进路可以概括为概念思维。[①] 二是将自然资源利用权利视为有关水、矿产、森林、草原、海域、野生动物等自然资源开发利用的一类权利的概称,这些不同类型自然资源的利用权利本身并无统一的、逻辑自洽的本质内涵,只是因为其客体都是自然资源而被归为一类,这种研究进路可以被概括为类型思维。[②]

概念是通过精确地列举出其固定不变的特征来加以定义的,概念具有封闭性、分离性,概念的判断只有"是或者不是",而没有"多或少"。而类型则通过形形色色的特征组合来呈现出其所共同拥有的某种"意义",所以对类型无法采用定义、无法列举出物理项目之相同,而仅能够诉诸一种"整体性的观照"。[③] 概念思维是演绎逻辑的必然体现,其有助于理论的深化和扩展,实现理论研究相对于实践应有的抽象和升华。但问题在于,当概念高度抽象之后,就会失之于空洞。面对物理特性极具差异的自然资源,概念思维就面临着这种困境。

应当说,两种进路都具有合理性。一体化模式体现了演绎逻辑的必然要求,有助于自然资源权利理论的深化和扩展。但其问题在于,自然资源种类多样且物理属性差异太大,一体化抽象自然资源权利理论的结果就是理论极其抽象,而失于空洞。类别化模式,体现了归纳逻辑的必然要求,有助于对具体自然资源权利的认识,但失之于理论抽象度,只有局部的自然资源权利理论,而无整体的自然资源权利理论,无法深刻洞察自然资源作为权利客体与传统财产权的重大差异。

[①] 代表性论著如黄锡生:《自然资源物权法律制度研究》,重庆大学出版社 2012 年版。

[②] 此类研究进路的代表性论著表现为对各类具体自然资源权利的研究论著,如周伯煌:《物权法视野下的林权法律制度》,中国人民大学出版社 2010 年版;李永军主编:《海域使用权研究》,中国政法大学出版社 2006 年版;孙宪忠主编:《中国渔业权研究》,法律出版社 2006 年版。

[③] 〔德〕亚图·考夫曼:《类推与"事物本质"——兼论类型理论》,吴从周译,学林文化事业出版社 1999 年版,第 115 页。

　　最近几十年来,大陆法系的许多国家(德国、法国以及北欧的一些国家)几乎一直都走在扬弃概念思维、积极探索新的法律适用方法的道路上。而晚近出现的类型思维,在实践中事实上已经替代概念思维而成为民法学、刑法学等学科的主流思维方法,影响极为深远。[①]

　　正是基于自然资源本身的特性与法学研究方法的演进,类型思维在自然资源利用权利研究中具有十分重要的意义,甚至可以说是解开自然资源权利理论迷宫的钥匙。事实上,也正是苦于无法从缤纷复杂的自然资源权利中抽象出概念思维所需的本质内涵,我国学者也"被迫"转向类型思维,对各类自然资源利用权利进行了研究。然而,现有的有关自然资源利用权利的类型研究及其指导之下的立法并不成功。

(三) 关键术语的界定

1. 自然资源

　　所谓的自然资源,并非泛指一般意义上的自然资源,而特指相对人类需求而言表现出稀缺性,并能够为人类所利用的或控制的有形自然资源,包括但不限于土地资源、森林资源、水资源、矿产资源、野生动物资源、渔业资源、海洋资源。

　　据此,非耗竭性资源、无形自然资源、人类无法控制的自然资源都不在笔者的研究范围之内。

　　非耗竭性自然资源因其数量无限,能够同时满足所有人的需求,因此无须通过权利机制进行调整。然而,要利用诸如太阳能、风能之类的非耗竭性资源又必须借助于特定的耗竭性资源,如土地。因此,严格来说通常所谓的太阳能利用权、风能利用权并非严谨的法律概念,其权利客体并非太阳能或风能,而只是利用太阳能或风能所必需依赖的土地等耗竭性资源。

　　诸如环境容量之类的无形自然资源,因其形态的特殊性,与有形自然资源的权利机制存在较大的,甚至是本质性的差异,为求理论体系的一致性与渐进性,本部分不涉及此类无形自然资源。

　　至于人类无法控制的自然资源,如纳入法律调整范围实属天方夜谭。因为法律是通过规范人的行为来达到调整目的的。如果人的行为和活动对某些自然资源不产生影响或支配,法律对它的调整便没有意义。例如,太阳

[①]　吴学斌:《刑法思维之变革:从概念思维到类型思维——以刑法的适用为视角》,载《法商研究》2007 年第 6 期。

及其光和热是维持地球上生命的至关重要的、决定性的条件,但是我们没有看到过任何一种直接以保护太阳为目的或将太阳作为权利客体的法律规范。因为法律所要调整的人类的行为和活动还暂时无法影响和左右太阳活动,我们只能通过调整对太阳活动有间接影响的人类行为和活动,使太阳辐射维持在适宜人类生活的程度。例如,通过保护臭氧层来限制过多的太阳紫外线;通过规划法、建筑法来保护人们的光照权,使人们的居所获得正常生活所需要的光照。

2. 利用权

所谓的利用权,是指非所有者利用自然资源获取经济收益的权利。

笔者之所以没有使用自然资源物权、准物权、特许物权之类的称谓,主要原因在于:物权与物的特性息息相关,物权所具有的支配性、排他性莫不与物之特定性有关。而自然资源作为类概念,是对自然产生的、对人类有用的自然存在物的概称,并非都是物权之"物",如果强行将其纳入物之范围,可能会导致物权理论自身的颠覆。因此,以自然资源开发利用为内容的权利并非都是物权,也并非都可以用物权理论来解释。而使用自然资源利用权这一概念则可以避免这些问题,对于符合物之特性的自然资源,自然可以将其定性为物权;而对于不符合物之特性的自然资源也不必强行将其纳入物权体系,但是这并不排斥借鉴物权理论对其权利构造进行合理构建。

笔者之所以将研究重点放在非所有者利用方面,是因为从环境保护的需要看,重要的不是自然资源属于谁,而是自然资源如何开发利用。无论是所有人对自然资源的开发利用,还是非所有人对自然资源的开发利用都要遵守相同的管制措施。而使用自然资源利用权这一概念就可以避免所有权和他物权之分,而直接关注自然资源之利用行为本身。①

而且,在我国几乎所有的自然资源都属于国家所有或者集体所有,国家作为所有人几乎不会直接从事自然资源开发利用,往往是通过许可的方式由私主体从事具体的开发利用。而集体所有者往往通过发包的方式由具体的集体成员对自然资源进行承包经营。因此,我国的自然资源利用基本上都是非所有者的开发利用。

---

① 不关注自然资源所有权并不意味着自然资源所有权对自然资源开发利用没有影响,事实上,在没有外在干预的情况下,自然资源所有权人和非所有权人对自然资源的利用是有较大差异的。但是,在有公权干预的情况下,两者的差异不再那么明显。

二、基于资源类别的自然资源利用权利类型及其局限

自然资源权利研究中，主流的方法是依照自然资源类型的不同对自然资源权利进行类型划分。而依据不同的标准，又可以对自然资源进行不同的类型划分。下文将基于三种主要的自然资源类型划分方法，梳理相应的自然资源利用权利类型，并对基于资源类别的自然资源利用权类型划分方法的局限进行分析。

（一）基于自然资源经济行业划分的类型化

自然资源是人类社会经济发展的物质基础，基于人类技术水平的不断提高，人类能够利用的自然资源范围逐渐扩大，利用强度逐渐增大，由此产生了不同的自然资源经济行业。自然资源经济行业的划分，也就成了对自然资源进行类别划分的依据，并且这种类型化方法被大多数国家的立法所确认。例如，我国就分别制定有《森林法》《草原法》《渔业法》《矿产资源法》《水法》等自然资源法律。

在自然资源权利研究方面，主流的方法也是以基于自然资源经济行业的自然资源类型划分为基础，进行自然资源权利的类型划分，将自然资源权利分为地权、水权、矿权、林权、渔业权、海域使用权、狩猎权、采集权等。这种自然资源权利的类型化方法，也基本上被我国的现行立法所采纳。例如，《物权法》（2007 年）对自然资源物权的规定就采取了这种类型划分方法，在第 122 条和第 123 条分别规定了海域使用权、矿业权、取水权、养殖权和捕捞权。

1. 水权

（1）水权的概念

目前关于水权的概念并无统一认识，大体上可以归结为一权说、二权说和多权说。

一权说认为，水权是指依法对于地面水和地下水进行使用、收益的权利，其母权是水资源所有权。[①] 但是，一权说并不认为水权就是一种单一的权利，而将其界定为一个集合概念，是汲水权、蓄水权、排水权、航运水权、竹

---

① 裴丽萍：《水权制度初论》，载《中国法学》2001 年第 2 期。

木流放水权等一系列权利的总称，并且不同类型的水权在性质、功能和效力上存在着一定的差别。①

二权说认为，水权就是指水资源的所有权和使用权②，这也是我国水利实务界的主流观点。例如，《水利百科全书》就将水权定义为"部门或个人对于地表水、地下水的所有权、使用权"。

多权说认为，水权是由多种权利组成的权利束，持该学说的学者对于组成这个权利束的权利数量和类型有不同的认识。有的学者认为，水权最终可以归结为水资源的所有权、经营权和使用权③；有的学者从产权的一般理论出发，认为水权就是水资源的所有权、占有权、支配权和使用权等组成的权利束④，或认为水权涉及使用权、收益权、处分权和自由转让权⑤；还有的学者认为，水权是由水资源所有权、水资源使用权、水环境权、社会公益性水资源使用权、水资源行政管理权、水资源经营权、水产品所有权等不同种类的权利组成的权利束⑥；还有的学者对水权进行了更宽泛的解读，认为水权是由水物权和取水权作为上位权利以及与之相应的一系列下位权利组成的有机体系，具体而言，水物权包括资源水物权（资源水所有权和资源水他物权）和产品水物权（产品水所有权和产品水他物权），取水权包括法定取水权和特许取水权。⑦

对上述三种观点进行比较分析，可以发现主要分歧有两点：第一，如何理解水权中的"水"；第二，如何理解水权中的"权"。

大体上看，对"水"的理解有水资源、水容量和水产品三种。将水资源作为水权之客体是统一的认识，而水产品和水容量是否应作为水权的客体则存在疑问。笔者认为，水权客体仅限于水资源。水产品已进入社会流通领域，不再属于自然资源，其法律适用方面与一般的物并无二致，所以不宜纳入水权客体。水容量并非水资源本身，而只是水资源所具有的一种功能而已，而且水容量功能的实现还需依赖于水资源、底土以及水中生物所组成的

---

① 崔建远：《水权与民法理论及物权法典的制定》，载《法学研究》2002 年第 3 期。

② 汪恕诚：《水权和水市场——谈实现水资源优化配置的经济手段》，载《中国水利》2000 年第 11 期。

③ 姜文来：《水权及其作用探讨》，载《中国水利》2000 年第 12 期。

④ 石玉波：《关于水权与水市场的几点认识》，载《中国水利》2001 年第 2 期。

⑤ 张范：《从产权角度看水资源优化配置》，载《中国水利》2001 年第 6 期。

⑥ 蔡守秋：《水权体系和水市场》，http://old. civillaw. com. cn/artical/default. asp? id = 20261，最后访问日期：2020 年 2 月 12 日。

⑦ 黄锡生：《水权制度研究》，科学出版社 2005 年版，第 78—88 页。

生态系统的存在，而不仅仅是水资源，因此水容量也不宜纳入水权客体的范围。

对"权"的理解有所有权、使用权（广义的、所有权之外的权利），各种学说的分歧在于水权是否应当包括水资源所有权。笔者认为，就自然资源利用的权利研究而言，水权不宜包括水资源所有权。一方面，绝大多数国家都实行着不同程度的水资源国家所有制，而水资源利用又主要是由私主体进行的，水资源所有权几乎均需转化为水资源使用权才能发挥其功能。另一方面，从环境保护的角度看，重要的不是谁拥有所有权，而是如何利用水资源，水权制度设计的核心应当是水资源利用而非归属。

综上，笔者基本赞同一权说的观点，但是不认同一权说将水权定性为用益物权的观点。笔者认为，水权是对利用水资源并获取收益的权利；水权不包括水资源所有权、水产品所有权和使用权、水容量所有权和使用权。

（2）水权体系

水权是对以水资源为客体，以利用水资源并获取收益为内容的一类权利的概称。不同的利用、收益方式，对应不同类型的水权。大体上看，水权包括取水权和水面使用权两大类，前者属于消耗性利用，后者属于非消耗性利用。

取水权是指借助取水工程或者设施直接从江、河、湖泊、地下水中引水或取水的权利。[1] 取水权行使的结果是改变了水在自然状态下的空间位置。依据取水目的的不同，取水权又可分为生活用水权、工业用水权、农业用水权和市政用水权等。[2]

水面使用权是指在不改变水资源空间分布的条件下，对水资源进行使用并获取收益的权利。依据使用水面的不同目的，可以分为航运使用权、水上娱乐使用权、竹木流放使用权、养殖使用权、发电使用权等。[3]

需要特别说明的是，养殖使用权在我国现行的法律中被规定在《渔业法》（2013年）之中。由此，在权利分类上，养殖权通常也被归为渔业权，而非水权。然而，如果抛弃立法的限制，仅从理论周延性考虑，养殖权乃典型的水面使用方式之一，将其归入水权体系之中更具有理论合理性。考虑到渔业作为一个自然资源经济行业的客观存在，保留渔业权的概念未尝不可，

---

[1] 按照我国《取水许可和水资源费征收管理条例》的解释，取水工程或者设施，是指闸、坝、渠道、人工河道、虹吸管、水泵、水井以及水电站等。

[2] 李晶主编：《中国水权》，知识产权出版社2010年版，第37页。

[3] 黄锡生：《水权制度研究》，科学出版社2005年版，第82—84页。

只是应当明确其仅是一个形式概念，不具有任何实质内涵。

2. 海域使用权

(1) 海域使用权的概念

地球表面由陆地和海洋两大部分组成，随着人口数量的增加和技术水平的提高，人类对海洋的依赖和利用程度逐渐加强，海洋资源尤其是海域资源成为一类重要的自然资源，进入了法律的调整范围。

海域，即内水、领海的水面、水体、海床和底土。[①] 在我国，海域属于国家所有，任何单位和个人要开发利用海域，必须取得海域使用权。所谓海域使用权是指民事主体依照法律规定，对国家所有的海域享有的以使用和收益为目的的具有直接支配性和排他性的新型用益物权。[②]

海域使用权的客体简单来说就是海域，海域可以视为一种不动产，但是与土地相比，海域具有复合性、介质流动性、连续性及立体性、公共性与共享性、差异性等特征。[③] 此外，由于海域是由水面、水体、海床和底土组成的集合体，因此海域不是单一物，而是集合物。[④]

在《海域使用管理法》(2001 年)颁布前后，关于海域使用权的法律属性曾存在着争论，立法者倾向于将海域使用权笼统地定性为自然资源使用权[⑤]，而学者们更倾向于将海域使用权定性为一种新型用益物权，且是一种典型物权。[⑥] 这一点也得到了《物权法》(2007 年)的肯定。《物权法》(2007 年)第 122 条单独规定了海域使用权，而没有与取水权、养殖权等准物权规定在一条，即是例证。

海域使用权人的权利包括使用权、占有权、收益权、出租权、设立抵押权、转让权、入股权、优先的续期使用权、取回权和补偿权。[⑦]

笔者基本赞同目前主流学说对海域使用权概念和性质的界定，即海域

---

① 内水，是指领海基线向陆地一侧至海岸线的海域；领海是指领海基线向海一侧 12 海里以内的海域；内水和领海统称为领水。

② 尹田主编：《中国海域物权制度研究》，中国法制出版社 2004 年版，第 40 页。

③ 李永军主编：《海域使用权研究》，中国政法大学出版社 2006 年版，第 52 页。

④ 尹田主编：《中国海域物权制度研究》，中国法制出版社 2004 年版，第 45 页。

⑤ 卞耀武等主编：《中华人民共和国海域使用管理法释义》，法律出版社 2002 年版，第 6 页。在李永军教授主编的《海域使用权研究》一书中还提及有人认为海域使用权是准物权，但并未注明来源。在笔者的阅读范围内，尚未发现有学者主张海域使用权属于准物权，就连准物权理论的执牛耳者崔建远教授也明确表示，准物权属于典型物权、用益物权。参见崔建远：《海域使用权制度及其反思》，载《政法论坛》2004 年第 6 期。

⑥ 尹田主编：《中国海域物权制度研究》，中国法制出版社 2004 年版，第 45 页；李永军主编：《海域使用权研究》，中国政法大学出版社 2006 年版，第 41 页。

⑦ 尹田主编：《中国海域物权制度研究》，中国法制出版社 2004 年版，第 53—56 页。

使用权属于以海域为客体、以使用和收益为内容的典型用益物权。但是笔者需要特别指出的是,海域使用权的研究同样存在着陆地资源研究中的土地中心主义与资源中心主义之争。海域与土地类似,其本身是一种自然资源,但同时也是其他自然资源的载体。海域使用权只是对海域本身的权利,它与海域中所蕴藏的矿产资源、野生生物资源之上的权利是相互独立的。

此外,从逻辑关系上看,海域使用权的上位概念不是土地使用权,两者是不同权利体系的构成要素。海域所有权与海域使用权构成了海域权利体系,而土地所有权与土地使用权则构成了土地权利体系,两者共同构成了现有的不动产物权体系。①

(2) 海域使用权的体系

依据不同的标准,可以对海域使用权的体系进行不同的划分。

依据使用目的,海域使用权可以分为建设用海权和养殖用海权。建设用海权是指在海床、底土之上建设建筑物及其他附着物,在海水表面设置悬浮物的权利;养殖用海权是指在特定海域养殖水生动植物的权利。②

依据取得海域使用权是否支付对价为标准,海域使用权可以分为有偿取得的海域使用权和无偿取得的海域使用权。海域使用权有偿取得是原则,无偿取得是例外。大体而言,经营性海域使用权要有偿取得,而公益性或非经营性海域使用权则可无偿取得。③

依据使用目的对海域使用权的划分更具法律意义,建设用海权和养殖用海权在权利取得方式、条件、行使方式等方面都存在着较大差异。我国《海域使用管理法》(2001 年)也采取了这种分类方式。

3. 矿业权

(1) 矿业权的概念

矿权是矿业权的简称,目前的通说认为矿权是指探采人依法在已经登记的特定矿区或工作区内勘查、开采一定的矿产资源,取得矿产品,并排除他人干涉的权利。④ 其中,勘探一定的国有矿产资源,取得矿石标本、地质资料等之权利,叫作探矿权;开采一定的国有矿产资源,取得矿产品之权,称为

---

① 详细的论证参见尹田:《论海域使用权与准物权的立法分界——海域使用权与准物权在〈物权法〉上列规定的意义》,载《海洋开发与管理》2008 年第 1 期。

② 李永军主编:《海域使用权研究》,中国政法大学出版社 2006 年版,第 66 页。

③ 尹田主编:《中国海域物权制度研究》,中国法制出版社 2004 年版,第 47—49 页。

④ 这显然是受到了行政主导的自然资源立法的影响,1994 年颁布实施《矿产资源法实施细则》第 6 条规定:探矿权,是指在依法取得的勘查许可证规定的范围内,勘查矿产资源的权利。采矿权,是指在依法取得的采矿许可证规定的范围内,开采矿产资源和获得所开采的矿产品的权利。

采矿权。[①]

关于矿业权的客体存在争论,有的学者认为矿业权的客体就是矿产资源,作为矿产资源载体的土地只能作为辅助性客体而存在,并非矿产资源的客体本身。[②] 而大多数学者则认为,矿业权的客体具有复合性,包括特定的矿区或工作区的地下土壤与其中所赋存的矿产资源,是两者的组合体。[③]

也有学者对矿权概念的合理性提出了质疑,认为探矿权和采矿权是性质迥异的两类不同权利,将它们作为一个整体即矿业权来分析判断其属性是不科学的。[④] 笔者赞同此种观点。

从行业发展的角度看,探矿与采矿是上游产业与下游产业的关系,但这种关系的存在并不能为将采矿权和探矿权合并为矿业权提供足够的合理性支持。权利的分类有其特有的标准,产业链中先后出现的权利,并不一定就是同质的权利。当然,如果仅仅为了行政管理便利,将探矿与采矿合称为矿权,未尝不可。但是,如果理论研究循此思路,去研究所谓的矿权的概念、客体、性质,注定是误入歧途。

综上,笔者认为矿业权仅是为了行政管理便利,而对探矿权和采矿权的合称,矿权本身并无实质内涵。作为自然资源利用权利之一种,采矿权相对于探矿权而言更具有研究价值。

(2)探矿权与采矿权

通说认为,矿业权包括探矿权和采矿权两类。

第一,探矿权。

探矿权的核心内容是在依法取得的勘查许可证规定的范围内,勘查矿产资源。除此之外,也有学者认为探矿权的内容还应包括取得矿石标本、地质资料的权利[⑤]以及优先取得勘查作业区内矿产资源的采矿权的权利。[⑥]

主流观点依据对矿权客体的界定,将探矿权的客体界定为特定区域(工作区)的地下土壤及其中可能赋存的矿产资源。[⑦]

---

① 崔建远:《准物权研究》,法律出版社 2003 年版,第 179 页。
② 金海统:《资源权论》,法律出版社 2010 年版,第 161 页。
③ 崔建远:《准物权研究》,法律出版社 2003 年版,第 185 页;李显冬主编:《中国矿业立法研究》,中国人民公安大学出版社 2006 年版,第 68 页。
④ 朱晓勤、温浩鹏:《对矿业权概念的反思》,载《中国地质大学学报(社会科学版)》2010 年第 1 期。
⑤ 崔建远:《准物权研究》,法律出版社 2003 年版,第 179 页。
⑥ 蒋承菘主编:《地质矿产行政管理》,地质出版社 1998 年版,第 117 页。
⑦ 崔建远:《准物权研究》,法律出版社 2003 年版,第 185 页;李显冬:《中国矿业立法研究》,中国人民公安大学出版社 2006 年版,第 122 页。

但是,主流观点对探矿权客体的界定显然过于粗糙,已有学者对此提出质疑。有的学者从矿产勘探的不同阶段和类型出发将探矿权细分为普查、详查和勘探三种,并借助拉伦茨的权利客体顺位理论,认为矿区或矿床是探矿权的直接客体,矿产资源是探矿权的间接客体。[①] 有的学者从地质形成学的角度,区分了矿体和地质体的概念,将探矿权的客体界定为地质体,即地壳内占有一定的空间、含有固定成分并与周围物质相区别的地质作用的产物。[②] 还有的学者认为探矿权的直接客体是行为,即请求自然资源和土地的所有者对探矿权人在一定范围内的勘探活动予以许可、辅助和容忍。而间接客体则是探矿行为可能涉及的土地、矿产资源等物。[③]

探矿权的内容包括排他性的占有权、勘探作业权、排他权、铺设管线权、临时用地权、通行权、优先取得权、自行销售权、转让权、保留权、妨害排除权和地下使用权等。[④]

关于探矿权的争论根源与对探矿权与采矿权关系的认识,主流的观点采取了演绎的逻辑方法。首先,以采矿权为原型抽象出了矿权这一概念,然后将探矿权和采矿权作为矿权的下位概念,以矿权的一般理论解释探矿权的主体、客体、内容。然而,基于探矿权和采矿权之间的本质差异,这种解释方法注定充满争议和矛盾。

笔者认为,矿权仅是形式概念而无实质内涵,对探矿权的界定无须考虑矿权的因素。基于此基本立场,笔者认为,探矿权并非一种物权,而是一种主体资格的赋予,即可以合法地从事矿产勘查行为。至于所谓的矿区土地使用权、地下土壤使用权等并非探矿权本身内容,只是矿产勘探行为行使的辅助性配套权利。

第二,采矿权。

与探矿权相比,有关采矿权的理论争议要小很多。

采矿权的核心内容是对采矿许可证规定范围内的特定矿产资源进行开采,获得所开采的矿产品,这里的"获得"包含了占有、使用、收益和处分在内

---

①　彭义刚:《论探矿权的客体——在德国民法理论体系下讨论》,载《国土资源导刊》2006 年第3 期。

②　刘欣:《物权法背景下的矿业权法律制度探析》,中国人民大学 2008 年博士学位论文。

③　朱晓勤、温浩鹏:《对矿业权概念的反思》,载《中国地质大学学报(社会科学版)》2010 年第 1期。

④　李显冬主编:《中国矿业立法研究》,中国人民公安大学出版社 2006 年版,第 126 页;崔建远:《准物权研究》,法律出版社 2003 年版,第 216—225 页。

的所有权的全部权能,但必须遵守国家对特殊矿产品统一收购等特别规定。①

除此之外,采矿权人还拥有在矿区范围内建设采矿所需的生产和生活设施权利、根据生产建设的需要依法取得土地使用权等其他权利。

主流观点认为,采矿权的客体是特定区域(矿区)内的地下土壤和其中赋存的矿产资源。② 将矿产资源界定为采矿权的客体没有争议,争议的焦点在于地下土壤是否是采矿权的客体。如果按照资源中心主义的思路,地下土壤仍属于土地的组成部分,是矿产资源的载体,不应是采矿权的客体。③ 实际上,问题的焦点在于如何理解矿产资源与地下土壤的关系,如果将地下土壤视为土地的一部分,则其与矿产资源显然属于两类自然资源;而如果将地下土壤视为矿产资源的一部分,可将地下土壤和矿产资源一同认定为采矿权的客体就不会存在争议。

笔者认为,资源中心主义反映了社会分工的细化,是一个渐进的过程,不应僵化和绝对化,在目前的技术条件下,地下土壤和矿产资源尚无法完全分离,因此还应将地下土壤视为采矿权的客体之一。但是,应当用更具专业性的概念来加以表述,即采矿权的客体应是矿体,即占有一定空间位置并具有一定形状和产状(指矿体在空间产出的位置、埋藏情况及其与围岩构造的空间位置关系等)的矿石堆积体。④

关于采矿权的性质,主流观点认为是准物权或特许物权。对此,笔者认为,采矿权首先是对"物"⑤之权,是取得物权之权,是将天然财富转换为社会财富的权利。此种权利很难为传统的以规范物之归属和利用为主要内容的物权体系所涵盖。如果非要定位为物权,也是一种非典型物权,就此而言准物权比较精确。但是,哪些准用物权,哪些不准用? 采矿权对物权之外的其他规则的开放性到底有多大? 这些都是准物权理论没有解决的问题。

或许个案处理,即先不讨论采矿权的性质,先使其摆脱诸多条条框框的限制,而仅根据实际需要看,采矿权到底有哪些内容,再据此给其定性,是更合理、可行的方法。

基于此思路,笔者的基本观点是:采矿权首先是一种财产权;其次采矿

---

① 崔建远:《准物权研究》,法律出版社 2003 年版,第 231—233 页。
② 同上书,第 185 页。
③ 金海统:《资源权论》,法律出版社 2010 年版,第 161 页。
④ 刘欣:《物权法背景下的矿业权法律制度探析》,中国人民大学 2008 年博士学位论文。
⑤ 此物非物权之"物",而泛指客观存在的、具有有形实体的存在物。

权是对自然物的权利;最后采矿权是手段性权利,其目的在于获取矿产品所有权这种典型物权。

4. 林权

(1) 林权的概念

与水权相似,目前关于林权的概念和外延并无统一认识。"林权"一词在我国现行法律上并未明确使用,所以它不是一个法律概念,而只是一个法学概念。目前,我国学界对林权的概念众说纷纭,各执一词。纵观学者们对林权的界定,均认为林权是一种复合性的权利,根据其权利客体的不同可以分为一元说、二元说与多元说。

持一元说的学者认为,林权也即林业权是对林木的所有权、用益物权和担保物权。持此观点的学者认为森林乃是指一个以树木为主体的生物群体,当然也是一个以树木为主体的生态系统。森林中的野生动、植物,也不是作为森林的从物而出现在法律中的,他们的所有权都已经有了相应的规定。唯剩下林木,在现有法律体系中没有单独规定。①

持二元说的学者认为,林权的基本内涵应限定于对森林资源开发利用及收益的权利,具体表现为森林使用权与林木所有权。持此观点的学者认为森林资源应当排除林地和野生动物,仅包括森林及林木。《土地管理法》(2019 年)确定林地属于土地,《野生动物保护法》(2018 年)规定野生动物资源属于国家所有。林权不应包括森林资源或森林所有权,是因为集体林权改革的基本初衷在于改变森林资源集体所有权被虚置或异化的局面,通过开发利用权利的合理设置,在不改变所有权的前提下,为森林资源的开发利用注入活力,在不改变公有制经济基础的前提下,确保林农对森林资源开发利用的合法权益。林权也只能限定于从森林资源或森林所有权中派生的开发利用并进行收益的权利。②

持多元说的学者对林权的认识有所差别,有的学者认为"林权"是"涉林物权"的统称,包括森林资源所有权、林木所有权、林地所有权、林地承包经营权,它们合称为林权。森林资源应限定为"森林",而不应扩及于其他。③有的学者认为林权是指国家、集体、单位或个人对森林、林木、林地享有的所

---

① 高利红:《林业权之物权法体系构造》,载《法学》2004 年第 12 期。

② 张璐:《"林权"概念的误读与理性认知》,载《中国地质大学学报(社会科学版)》2010 年第 1 期。

③ 温世扬:《"林权"的物权法解读》,载《江西社会科学》2008 年第 4 期。

有权、用益物权和担保物权。① 有的学者认为林权包括森林、林木和林地的所有权和使用权。② 有的学者认为,以林权权能的不同为标准,林权有广义和狭义两种:广义上的林权是指森林、林木、林地等森林资源的所有权和使用权;狭义上的林权是指非所有权人对森林资源进行使用的权利。③ 还有的学者认为林权是指森林资源物权,即森林资源的所有权和使用权,广义的森林资源物权包括林地、林木以及依托林地、林木生存的植物和微生物的所有权和使用权,而狭义(如物权法意义上)的森林资源仅指林地和林木的所有权和使用权。④

以上三种学说的主要分歧在于两点:第一,林权的"林"是什么? 第二,林权的"权"是什么?

关于林权客体的范围,大体可以包括林地、森林资源、森林、林木四类。

林地为木本植物群落覆盖的土地。⑤《森林法实施条例》(2018年)第2条第4款规定,林地,包括郁闭度0.2以上的乔木林地以及竹林地、灌木林地、疏林地、采伐迹地、火烧迹地、未成林造林地、苗圃地和县级以上人民政府规划的宜林地。

森林资源是林地及其生长的森林有机体的总称,包括林地、林木资源以及林下植物、野生动物、土壤微生物等资源。⑥《森林法实施条例》(2018年)第2条第1款规定,森林资源,包括森林、林木、林地以及依托森林、林木、林地生存的野生动物、植物和微生物。

森林为密密生长的树木和下层林丛覆盖着的一大片土地,特指包括处于生长和腐烂各种阶段的灌木和乔木在内的一个广泛的植物群落,带有一个闭合的顶盖,并具有自身永存和发展成为一个生态演替顶级的性质。⑦ 森林通常指大片生长的树木,林业上指在相当广阔的土地上生长的很多树木,

---

① 韦贵红:《集体林权制度改革中有关法律问题研究》,载《北京林业大学学报(社会科学版)》2008年第1期。

② 刘宏明:《我国林权有关问题评述》,载《绿色中国》2004年第2期。

③ 吕祥熙、沈文星:《林权主体及林权的物权属性分析》,载《南京林业大学学报(自然科学版)》2010年第1期。

④ 徐丰果、周训芳:《论集体林权制度改革中的林权流转制度》,载《林业经济问题》2008年第4期。

⑤ 王同亿主编:《语言大典》(上),三环出版社1990年版,第2177页。

⑥ 谢高地主编:《自然资源总论》,高等教育出版社2009年版,第232页。

⑦ 王同亿主编:《语言大典》(下),三环出版社1990年版,第2951页。

连同在这块土地上的动物以及其他植物所构成的整体。[①]《森林法实施条例》（2018 年）第 2 条第 2 款规定，森林，包括乔木林和竹林。

林木包含两层意思：一是树木，二是生长在森林中的树木。[②]《森林法实施条例》（2018 年）第 2 条第 3 款规定，林木，包括树木和竹子。

很显然，《森林法实施条例》（2018 年）对森林资源的解释过于宽泛[③]，森林资源应当排除林地和野生动物，仅包括森林及林木。这是因为《土地管理法》（2019 年）确定林地属于土地，《野生动物保护法》（2018 年）规定野生动物资源属于国家所有。[④]

笔者认为，林权的客体应当仅限于森林，即由乔木或竹子为主的森林植被构成的林木集合体，不包括其他伴生植物、动物及其环境。[⑤] 至于林木，若是森林中的林木，则被森林这个概念所吸收，没有独立成为权利客体的必要；若仅仅是未构成森林的、房前屋后的零星林木或承包经营所种植的林木，则是一般的物权客体，无须成为作为自然资源权利的林权客体。

关于林权的"权"，大体上可以包括所有权和非所有权两大类，非所有权又分为使用权和担保权两类。若是天然林，如果将林权的"林"仅视为林木，将其作为一般的物，则将林权的内容理解为所有权——用益物权＋担保物权，乃是必然结果。但是，林权之"林"，是由单体的林木所组成的合体——森林，而森林作为环境要素之一种，以物权之物并不能很好解释其法律性质，诸如采伐之类的利用很难定性为"用益"，而林木之担保与一般的担保物权并无二致，将涉林的担保物权归到林权，徒增权利体系划分之混乱，而无任何实质性的知识增量贡献。

综上，笔者认为，林权应当是指对森林进行利用并获取收益的权利；不包括森林所有权、林木所有权和他物权。

---

① 《现代汉语大词典》编委会编：《现代汉语大词典》，汉语大词典出版社 2000 年版，第 2093 页。

② 同上书，第 2037 页。

③ 事实上《宪法》所用的表述是"森林"而非"森林资源"，尽管有学者认为《森林法》法中的"森林资源"与《宪法》中的"森林"同义。认为森林乃是指一个以树木为主体的生物群体，当然也是一个以树木为主体的生态系统。参见高利红：《林业权之物权法体系构造》，载《法学》2004 年 12 期。但是，如果严格遵循立法解释的规则，《森林法》的解释显然超出了《宪法》用语的语义范围。

④ 张璐：《"林权"概念的误读与理性认知》，载《中国地质大学学报（社会科学版）》2010 年第 1 期。

⑤ 吕祥熙：《林权客体的物权法分析》，载《南京林业大学学报（人文社会科学版）》2008 年第 2 期。

（2）林权体系

林权是对特定森林（通常以林地的范围为界定标准）进行利用获取收益的权利。

林权的内容构成包括如下几方面：一是权利人占有一定林区并培养动植物的权利；二是该特定林区的占有权和使用权；三是保持该特定林区区域里动植物生存、生长状态的权利，也就是保持该动植物所有权存续状态的权利；四是享有该特定林区区域中的动植物、微生物所发挥的生态保护功能而获得生态效益价值补偿的权利；五是享有在该特定林区区域林上、林中、林下、地上的产品的采集权；六是林木经营权，此权利的实现通常有两个途径即使用和采伐；七是生态景观价值的经营权，林权人享有合理利用林地资源，开发林下种养业，发展森林旅游业的权利。这七方面共同构成一个完整的林权。①

从利用方式看，林权可以分为两类，一是使用权，二是采伐权。前者在不改变森林自然现状的条件下利用森林，主要包括林木培育、林副产品的采集②；后者则要改变森林的自然现状，将组成森林的林木（活立木）变为木材。前者通常是通过招投标、行政划拨或承包经营的方式获取，而后者的获取则需要获得相应的行政许可。

5．渔业权

（1）渔业权的概念

渔业权与矿业权类似，都是以经济产业作为权利命名的关键词。渔业权一般是指依法在特定水域上设定的从事渔业生产经营活动的权利，即利用水域直接进行水生动植物资源的养殖或捕捞行为的权利。③

随着《海域使用管理法》（2001年）对海域使用权的确认，在学界引起了一场有关渔业权的争论。争论的核心是渔业权概念有无必要存在？利用海域从事渔业生产的权利是渔业权还是海域使用权？

赞成者一方认为，在我国现阶段存在着事实上的养殖权、捕捞权，他们构成了渔业权。④

渔业权系权利人直接支配一定水域并排斥他人不法干涉的权利，属于

---

① 于军锋：《林权客体的物权法分析》，清华大学法学院2009届法律硕士学位论文。
② 周伯煌：《物权法视野下的林权法律制度》，中国人民大学出版社2010年版，第92页。
③ 崔建远：《论争中的渔业权》，法律出版社2006年版，第12页；孙宪忠主编：《中国渔业权研究》，法律出版社2006年版，第11页。
④ 崔建远：《论争中的渔业权》，法律出版社2006年版，第12页。

物权；渔业权是在他人的水域存在的物权，属于他物权；其内容在于使用水域并获得或保持水生动植物所有权，属于用益物权；渔业权与典型用益物权相比在客体、排他性等方面存在差别，属于准物权。①

渔业权的客体是一定的水域，而水域包括水体与此水域下的土地，水产生物资源也只是水域的组成部分。② 渔业权可细分为养殖权与捕捞权，养殖权的内容包括占有特定水域、使用特定水域从事养殖业、捕捞所养殖的水产和转让养殖权；捕捞权的内容包括占有指定渔场的水域、在特定渔场从事捕捞作业、对抗他人权利和请求损害赔偿的权利。③

渔业权均为使用水域并获得利益的权利，因此将渔业权界定为水权有一定道理。但是，水权体系内一旦某些条件具备，某些权利就会脱离水权体系而成为新兴法律部门中的权利。渔业权与其他水权相比，渔业因素占据重要地位，且在权利构成方面具有复合性。因此，宜认为渔业权已经具备了从水权体系中脱离的必要性。④

赞同渔业权的学者还认为，海域使用权本身没有独立的目的与功能，既有的权利，如渔业权、矿业权、水权、土地承包经营权等完全能够满足权利人的需求。只要不否认渔业权、矿业权、水权、土地承包经营权等存在的正当性，海域使用权的存在不仅是无用的，而且是有害的。具体到渔业权，有学者认为海域使用权的适用范围涵盖不了渔业权的作用领域，在内陆从事的渔业生产以及在海域从事渔业捕捞作业就不在海域使用权的作用范围内。⑤因此，应保留渔业权而废弃海域使用权。

反对者则认为，渔业权并不具有存在的合理性。首先，渔业权不具有统一的权利客体，养殖权的客体是其所支配的特定水域，而捕捞权的客体则是水生动植物资源。其次，作为渔业权两大构成要素的养殖权和捕捞权的个性远大于共性，两者在权利性质、权利内容、立法价值、产生的法律依据等方面均存在重大差异。最后，从权利的分离看，养殖权已被现有的用益物权体系所吸收；利用海域养殖的可归为海域使用权，利用内陆淡水养殖的则可归为土地承包经营权。⑥

---

① 崔建远：《准物权研究》，法律出版社 2003 年版，第 364 页。
② 崔建远：《论争中的渔业权》，法律出版社 2006 年版，第 45—59 页。
③ 同上书，第 270—274 页。
④ 同上书，第 124—125 页。
⑤ 同上书，第 138—139 页。
⑥ 税兵：《论渔业权》，载《现代法学》2005 年第 2 期。

笔者认为,无论是挺渔业权舍海域使用权,还是褒海域使用权贬渔业权,都无绝对的对错之分,而只有合理与否之争。从逻辑关系上看,争论产生根源在于权利设定的指导思想不同。赞同渔业权的观点更多是从现实出发、从既有渔业生产格局的法律解读出发;而否定渔业权的观点,则更多是从学理的角度进行分析,较少考虑现实的状况。

笔者基本赞同否定派的观点,即渔业权可以作为一种形式上的概念,即从事渔业生产的权利而存在。但不应牵强附会地从主体、客体、内容等方面为其填充实质内容。

(2)养殖权与捕捞权

虽然对渔业权概念的存在与否有较大争议,但是对组成渔业权的养殖权和捕捞权的权利属性并无争议。

养殖权一般是指在一定水域从事养殖水生动植物的权利。养殖权包括三方面的权利:一是权利人占有一定水域并养殖水生动植物的权利;二是该水体的使用权;三是保持该特定水域里水生动植物生存、生长状态的权利。捕捞权一般是指在一定水域从事捕捞水生动植物的权利。捕捞权包括三方面的权利:一是占有一定水域捕捞鱼类并取得其所有权的权利;二是一定水域的使用权;三是特定水域里水生动植物生存、生长状态的权利。[1]

6. 狩猎权

(1)狩猎权的概念

目前,我国学界在对"狩猎权"的界定存在较大的分歧。有学者认为,狩猎权是对于非国家重点保护的野生动物,狩猎人取得狩猎证后,在服从猎捕量限额管理的范围内享有狩猎的权利。还有学者认为,狩猎权是土地所有权人将其土地上的野生动物的捕获权授予他人而形成的一种私权利。[2] 一般来说,狩猎权是指猎捕野生动物并取得其所有权的一种权利,这一点并无争议。但对狩猎权的客体和性质的界定则存在重大争议。

关于狩猎权客体争论的核心在于,对土地和生活于其中的野生动物的关系如何理解。

有的学者认为狩猎权的客体具有复合性,既包括特定的狩猎场所,也包

① 崔建远:《准物权研究》,法律出版社 2003 年版,第 370 页。
② 参见宁红丽:《狩猎权的私法视角界定》,载《法学》2004 年第 12 期。

括生活于其中的特定种类的可猎捕野生动物。[①]　这种观点显然是受美国和德国的立法例的影响,将狩猎权视为土地所有权的组成部分,认为狩猎权的实现依赖于对私人所有土地的进入的权利。[②]

而有的学者则认为狩猎权的客体就是野生动物资源,不包括野生动物所栖息的土地。土地作为承载野生动物资源的载体,是狩猎权的辅助客体,被狩猎权的目的客体——野生动物资源所吸收。[③]

关于狩猎权的性质也存在较大争议,有的学者认为狩猎权属于用益物权[④],有的学者认为狩猎权属于特许物权[⑤],有的学者认为狩猎权属于准物权。[⑥]

笔者认为,对狩猎权客体的界定应当首先明确其理念是土地中心主义还是资源中心主义。就野生动物资源而言,笔者认为资源中心主义的适用条件已经具备。因此,应将狩猎权的客体界定为野生动物资源本身。但是,笔者并不认为土地作为辅助客体会被主客体——野生动物资源所吸收。实际上,狩猎权与狩猎场所的土地使用权是相互独立的权利,在两者的关系中,狩猎权是目的权利,而狩猎场土地使用权则是手段性权利,这与采矿权与矿地使用权的相互关系一样。

笔者认为,运用传统的物权理论并不能合理解释狩猎权的性质。据此而言,准物权理论具有合理性。但是准物权仅提供了一个大方向,即与典型物权不同;同时又施加了一个限制:物权,不能完全脱离物权的理论框架。事实上,笔者认为,狩猎权与取水权、采矿权等权利相同,尽管是对物之权,但又不是"物权",而应属于物权取得权。

狩猎权的内容包括三项:一是占有、使用狩猎场所;二是在一定的狩猎场所实施狩猎行为;三是取得猎获物的所有权。三者之间体现出明显的层次性:如果没有狩猎场所的使用权,狩猎权人就会无处实施狩猎行为;如果没有狩猎权人合法实施的狩猎行为,狩猎权人就不可能获得猎获

---

① 戴孟勇:《狩猎权的法律构造——从准物权的视角出发》,载《清华法学》2010年第6期。

② 宁红丽:《狩猎权的私法视角界定》,载《法学》2004年第12期。

③ 金海统:《资源权论》,法律出版社2010年版,第163页。

④ 屈茂辉:《用益物权论:源流分析·制度比较·立法思考》,湖南人民出版社1999年版,第281—282页。

⑤ 王利明主编:《中国物权法草案建议稿及说明》,中国法制出版社2001年版,第413—417页。

⑥ 崔建远:《准物权研究》,法律出版社2003年版,第20页。

物的所有权。^①

（2）狩猎权的体系

依据不同的标准，可以对狩猎权进行不同的体系划分。

依据取得狩猎权的条件、程序以及狩猎权主体、客体等方面的不同，可将狩猎权分为特许狩猎权与一般狩猎权。

特许狩猎权是指权利人出于科学研究、驯养繁殖等法律规定的特殊目的，经省级以上野生动物行政主管部门的特别许可而取得的，依法在特定的狩猎场所猎捕、捕捉国家一、二级保护野生动物并取得其所有权的权利。一般狩猎权是指权利人经县级以上行政主管部门的许可而取得的，依法在特定的狩猎场所猎捕非国家重点保护的陆生野生动物并取得其所有权的权利。^② 两者的主要区别在于客体不同，前者以国家重点保护的野生动物为狩猎对象，而后者则以非国家重点保护的野生动物为狩猎对象。由此，也导致了其在取得程序、内容方面存在较大差别。

依据狩猎目的不同，可将狩猎权分为生存性狩猎权、娱乐性狩猎权、商业性狩猎权、防护性狩猎权与公益性狩猎权。

生存性狩猎权是指为获取一定的生活资料或维护传统文化而取得及行使的狩猎权。娱乐性狩猎权是指为娱乐或获得猎物的战利品价值而取得及行使的狩猎权。商业性狩猎权是指为获取猎物的商业价值而取得及行使的狩猎权。防护性狩猎权是指为了防止某些种类的野生动物泛滥成灾、保护人民生产和生活而取得及行使的狩猎权。公益性狩猎权是指为了实现科学研究等特定的公益目的而取得及行使的狩猎权。基于不同目的而设定的狩猎权，在取得条件、取得方式、可否处分方面，都具有较大不同。^③

笔者原则上赞同上述对于狩猎权的体系划分，但是有两点需要特别说明：第一，特许狩猎权与一般狩猎权中，一般狩猎权应作为研究重点。国家重点保护野生动物原则上禁止猎捕，因此特许狩猎权的存在仅是例外。第二，在基于目的的体系划分中，生存性狩猎权比较特殊，它同时又可视为生存权的一种，属性上具有复合性。

---

① 戴孟勇：《狩猎权的法律构造——从准物权的视角出发》，载《清华法学》2010 年第 6 期。
② 同上。
③ 同上。

(二) 其他基于自然资源类别的类型化

1. 耗竭性资源权利和不可耗竭性资源权利

(1) 耗竭性资源和非耗竭性资源

自然资源按其利用限度，可分为耗竭性资源和非耗竭性资源。[①]

耗竭性资源又称有限资源，是指具有一定开发利用限度的资源。这类资源按其是否可以更新或再生，又可分为可更新资源和不可更新资源，亦称可再生资源与不可再生资源。

可更新资源主要包括土地资源、地区性水资源和生物资源等，其特点是可借助于自然循环和生物自身的生长繁殖而不断更新，保持一定的储量。如果对这些资源进行科学管理和合理利用，就能够做到取之不尽、用之不竭。但如果使用不当，破坏了其更新循环过程，则会造成资源枯竭。

不可再生资源或不可更新资源，是指储量在人类开发利用以后会逐渐减少以致枯竭，基本上或者根本不能再生的资源。包括：能被重复利用的资源，如宝石、黄金、铂等非消耗性金属；不能被重复利用的化石燃料、大部分金属性矿物、消耗性金属。由于这些资源的形成是由古代生物或非生物在地壳中经过漫长的地质年代才形成的，且要具备成矿条件，所以它们的储量是固定和有限的，而无法永续利用。对这类资源必须十分珍惜，尽量节约使用。

非耗竭性资源，又称无限资源，主要是指那些被利用后不会导致其贮藏量减少，也不会导致资源的迅速枯竭的一类物质。只要地球、太阳、月球等天体还存在，这类资源就会源源不断地供人类利用，如风力、太阳辐射和潮汐能等。

以资源是否耗竭为标准区分自然资源是对自然资源自身特征的肯定，有助于对资源的可持续利用。对于自然资源的特征的认定，不同的学者看法不一，然而可以肯定的是，受自然资源自身特征和人类开发利用水平的

---

① 著名地理学家哈格特将自然资源分为恒定性资源、储存性资源和临界性资源。恒定性资源是指按人类的时间尺度来看是无穷无尽并且也不会因人类利用而耗竭的资源。这类资源主要包括太阳能、风能、潮汐能、原子能、气候资源和水资源。储存性资源是指地壳中有固定储量的矿产资源。由于它们不能在人类历史上由自然过程再生产，或由于它们再生的速度远远慢于被开采利用的速度，它们可能被耗竭。这类资源主要包括我们常说的煤炭、石油、天然气等各类化石能源。临界性资源是指在正常情况下可通过自然过程再生的资源，但如果被利用的速度超过再生速度，它们也可能耗竭，这类资源主要包括土地资源和森林、草原、动植物等生物资源。这种分类实质与可再生自然资源与不可再生自然资源的分类相同。

限制,自然资源是具有有限性和稀缺性的。对于矿产资源、水资源等可消耗资源该种特性不言自明,而对不可耗竭资源来说,人类往往无法对其充分利用。例如,对于太阳能人类可利用的部分就相当有限。通过将自然资源划分为可耗竭资源与不可耗竭资源是正视自然资源有限性的表现,重申人类应该采取必要手段节约和合理使用资源,尤其是对于可耗竭性资源而言更具有重要意义。

由于可耗竭资源和不可耗竭资源具有不同的自然属性,导致二者之间在开发利用活动中调控的价值标准和基本方针不同。对于可耗竭资源要贯彻节约高效利用,需要实行总量控制、许可证管理等手段。同时,对其中可再生资源部分,应重视在维持增强其再生能力前提下的持续利用;而对于不可耗竭资源,要充分鼓励和发展对其开发利用,也要鼓励相关科技的发展和进步以扩大利用规模。

从所有权来看,所有权人使用可再生资源后,所有权性质不发生变化,因此可更新自然资源的权利人,通过有偿取得使用权,就可以行使对资源的占有、使用与收益权,国有土地所有权人有偿出让土地使用权就是例子。但使用不可再生资源的情况就有所不同,因为此时自然资源已不复存在,其价值已赋存于产品当中,这已涉及对自然资源的处分,因此不适宜定位为用益物权,而应属准物权范畴。

不同的自然属性决定了不同自然资源的物权特性,也必然导致其权利内容、边界与行使方法的不同。根据非耗竭性自然资源物权特性确定用益物权时应遵循地租理论,建立自然资源使用权的有偿出让与转让的法规体系,有偿出让的使用金是这类自然资源所有者权益的体现。根据不可再生自然资源特性确定特别用益物权时应遵循补偿原则,建立自然资源所有权转移的补偿法规体系,以确保这类资源所有者权益的充分实现。

(2)耗竭性资源权利和不可耗竭性资源权利

耗竭资源分为不可再生资源和可再生资源,由于这二者之间仍存在一定差异,需要构建不同制度使得资源利用效率达到最佳配置。因此对于可耗竭资源权利制度的分析应区分不可再生资源和可再生资源。

对于不可再生资源的开发利用要遵循两个原则:一是提高不可再生资源的开发利用效率;二是延长不可再生资源的开发利用期限。[①] 由此,对于不可再生资源开发利用制度的构建要注重以下几点:

---

① 张梓太主编:《自然资源法学》,北京大学出版社 2007 年版,第 9 页。

　　首先，要建立不可再生资源的开发规划和总量控制制度，合理计划、有效控制不可再生资源的开发利用。由于可消耗资源总量有限，因此对其开发利用必须合理规划，并对每一时间内可以开发的资源总量进行限制，即在总量范围内对自然资源开发利用的客体数量和范围进行限定。限制总量不能仅仅依据目前社会对资源的消费需求而确定，而是应当结合资源总量与预期开发年限，兼顾当代人与后代人利益而确定，其数额应低于目前社会消费需求，以达到适度抑制资源消耗和向其他不可再生资源方向移转的调控效果。

　　其次，设立许可证制度对资源的开发进行控制。总量分配解决的是宏观的资源开发控制，在微观层面要实现有限资源的优化配置、实现资源的高效开发利用，较为理想的办法是在自然资源开发利用权的首次取得即一级市场中实施许可证制度。国家作为自然资源的所有者，可以采用颁发许可证的形式，通过拍卖竞价等方式充分实现可消耗资源的经济价值，并建立可自由流转的许可证转让制度，以达到资源的优化配置。由于自然资源开发利用权人在资源的获取上付出了对价，因此出于自身利益的考量也会对所获取的不可再生资源尽可能节约高效地开发利用。

　　再次，要以综合利用和最优利用为宗旨，充分实现资源价值。在矿产资源领域，对于共生的和伴生的不可再生资源，应采取多种方法进行采选和冶炼，尽可能全面利用自然资源，减少取富弃贫等浪费资源的做法。同时，以充分考虑经济技术条件、资源储备和开采能力的方式来利用不可再生资源，充分发挥资源效益，实现资源价值的最大化。①

　　最后，建立不可再生资源节约利用的法律制度。节约、高效这一价值目标涉及资源开发利用的多个环节，也涉及社会生产生活的方方面面，因此，进一步制定可消耗资源节约利用的法律制度有其必要性。在自然资源物权制度领域，可以考虑对于自然资源开发利用权的主体资格进行限定，以保障权利主体有节约、高效开发资源的能力；同时也应在自然资源开发利用权的具体内容中设定节约开发利用的标准和其他义务性规定，如在石油开采许可证中规定必须达到的采收率。在权利转让的相关制度中，也要注意主体资格与权利内容方面的配套规定。

　　对于可再生资源的开发利用而言，要注意维持和增强其再生能力，注意对其开发利用的速度不可超过它的再生速度。可再生资源的持续供给依赖

---

① 　肖国兴、肖乾刚编著：《自然资源法》，法律出版社1999年版，第17页。

于其再生机制,而再生机制一般依赖于某些外界环境和相关条件的维持保障,同时需要一定的再生时间,如林木的成长、环境容量的恢复等。同时,对于可再生资源的开发利用也应当有一定的总量限制,如果超过了这一限度,可能会破坏资源再生的基础。

因此,对于可再生资源,在鼓励对其充分开发利用的同时,应当高度重视对其开发利用的规划控制和对其再生机制的保护。这方面的制度构建可以比照可消耗资源的相关制度,以开发规划和总量控制制度、许可证制度、权利主体资格限制和增加义务性规定等来实现。同时,可再生资源的利用中也要注意对其进行优化利用、适度利用和整体利用。① 要综合考虑资源自身特点和外在需求,优化其开发利用方式和方向,实现资源效能最大化;并对自然资源采取适度方式进行利用,以实现资源利用的持续性;同时,应注重可再生资源在生态和环境上的关联性,实现其整体功能效益。

与可耗竭资源不同,不可耗竭资源可以持续不断地供给人类社会发展所需的物质和能量,同时不可耗竭资源往往由于其低污染或无污染而被视为清洁资源,其对环境极其有益,因此应当鼓励对不可耗竭资源的开发利用。这种鼓励不仅体现在应从技术上扩大其开发范围及深度,而且应当在制度构建上对不可耗竭资源的权利制度从内容和层次上进行提升,如设立权利的担保物权制度、增强权利的证券化流通等。

相关制度的设计既要注意与现有法律制度的衔接,又要体现自然资源的特征需求,以切实有效地促进不可耗竭资源的开发利用。具体而言,要实现对不可耗竭资源的规模利用和及时利用。② 不可耗竭资源由于其化学、物理性质和形态决定了只有形成一定规模才具有开发价值,例如风能的使用只有达到一定规模才能实现风力发电的价值,这导致规模利用在不可耗竭资源领域成为必需;同时,要对不可耗竭资源进行及时加工、利用和收集。

2. 资源性资源权利与功能性资源权利

(1) 资源性自然资源和功能性自然资源

按照自然资源所承载的不同利益为标准,自然资源可以划分为资源性自然资源和功能性自然资源。

对资源性自然资源的开发利用主要是从其本身所具有的经济价值的角度来进行,如矿产资源。而功能性自然资源一方面具有经济价值,另一方面

---

① 张梓太主编:《自然资源法学》,北京大学出版社 2007 年版,第 9 页。
② 肖国兴、肖乾刚编著:《自然资源法》,法律出版社 1999 年版,第 17 页。

还承载着生态价值，如土地、水、森林、环境容量等。

对自然资源物权客体作上述划分的法律意义在于，两种自然资源的开发利用方式不同。对于资源性的自然资源应本着节约的原则；对于功能性资源，在对功能体进行利用时应处理好与所承载的生态价值的权利冲突问题。对资源性自然资源进行利用的主要方式是直接将处于自然赋存状态下的自然资源转化为资源产品，而对功能性自然资源进行利用的主要方式是以特定的自然资源为媒介完成一定的社会经济活动。如果说前者是一种消耗性的利用方式，那么后者则在更大程度上能够保持自然资源原有赋存状态的不变。正是认识到这种利用方式的差异，有学者将针对资源性自然资源的物权概括为"对物的采掘"类自然资源物权，而将针对功能性自然资源的物权概括为"非对物的采掘"类自然资源物权。①

从生态学的角度看，环境资源是人类生存和发展必不可少的条件，它与人类通过能量流动、物质循环和信息传递构成共生共荣的生态系统。在此，环境资源是生态资源，我们对其的理解具有生态学上的意义，森林、水流、矿藏都是生物圈必不可少的组成部分。森林可以净化空气、水流则为水生生物提供生境、矿藏是生态系统中岩石圈的组成部分，它们的存在对于生态平衡极为重要。作为生态资源的自然环境，具有整体性和自我调节性。另外，对于功能性自然资源还需对其承载的生态价值进行一定的量化。

（2）资源性资源权利与功能性资源权利

资源性资源往往在总量上存在限制，需要进行开发使用的总量控制。在开发的限制上可以参考可耗竭资源的总量控制制度、许可证制度等，以求对资源性资源的开发利用效益最大化。同时，对于具有重大战略意义的资源性资源，如部分矿产资源而言，需要加大国家行政力量的干预，有效调配和监控其开发利用的方式和范围。

由于资源性资源的开发利用有可能造成自然界物质的能量失衡，并进一步影响人类的正常生活。例如，对于化石燃料的开发利用造成了大气中温室气体的增多，从而引发了气候变化的严重问题。因此，对资源性资源开发利用要关注其不良后果。除了在资源性资源开发利用许可阶段加以限制外，对于已经进行的资源开发利用行为也要设计相关制度进行规范。具体方式包括主体资格限制和规定义务性规范，如要求资源开发利用权的主体

---

① 张璐：《论"对物的采掘"类自然资源物权》，载《资源节约型、环境友好型社会建设与环境资源法的热点问题研究——2006 年全国环境资源法学研讨会论文集》，第 294 页。

必须具备消除污染等装置或技术能力,资源开发活动必须以污染处理装置的建设运行为前提等。在这方面可参考环境保护法中关于污染控制的相关制度进行设计。

由于功能性资源的开发利用在环境效益上具有清洁性,对其开发利用与自然界物质能量循环相一致,对自然界不会或者很少会发生不利影响,因此对于功能性资源的开发利用应当进行鼓励。同时,由于功能性资源往往具有一定的区域性特征,对其开发利用需要结合所在区域进行属地化管理,加大地方在功能性资源合理开发利用上的积极性,提高其利用效率。例如,风力资源的开发利用往往与一定的地势和位置密切相关,为了鼓励当地政府利用风力资源,需要制定相应的加强对新能源、清洁能源使用的优惠制度和鼓励措施,赋予当地开发风力资源更大的自主权。

由于某些功能性资源可能同时又可作为资源性资源存在,在同一自然资源物权客体上,不同的开发方式之间有时会存在冲突。因此,有必要针对此类可以多种方式开发利用的自然资源进行专门的制度设计,以平衡各种开发方式可能会产生的利益冲突,建立矛盾冲突的解决机制。例如,对于水资源而言,权利人既可基于取水权来利用水资源,也可基于养殖权来利用水资源,在此时取水权与养殖权就必然存在冲突。

(三) 基于资源类别的自然资源利用权利类型化的局限

按照德国著名法学家拉伦茨的观点,类型化具有双向功能:一方面,它是对抽象概念等元叙事的进一步区分和演绎,表现为一种具体化的精致思考;另一方面,它更是对生活要素和具体个案的提炼与归纳,体现为一种抽象化的概括思维。[①]

所谓"抽象化的概括思维"可以理解为:通过类型化,实现对具有大致相同的外部特征的经验事实和社会现象的分类,从而使得相关研究由片面的深刻走向全面的深刻。很显然,对自然资源利用权利研究而言,类型划分的目标是要实现第二种功能,即通过类型划分,实现对自然资源开发利用行为的分类,进而使得权利理论能够更为精致地描述、规范和指引社会实践中的自然资源开发利用行为。

令人遗憾的是,主流的、基于资源类型的自然资源利用权利类型划分方法并不能很好地实现上述目标,并未从本质上提升自然资源利用权利理论

---

① 〔德〕卡尔·拉伦茨:《法学方法论》,陈爱娥译,商务印书馆 2003 年版,第 347 页。

的精致程度。基于资源类型的自然资源利用权利类型划分方法的局限主要表现在以下几个方面：

第一，仅仅是对自然资源开发利用实践的映射，未能实现理论研究应当具备的指引功能。主流的自然资源利用权利类型方法真实、客观地反映了当前的自然资源开发利用实践，根据人类社会经济发展过程中陆续形成的不同自然资源行业，形成了不同的自然资源利用权利类型。

然而，随着人类科学技术的进步，会不断产生新的自然资源类型。此时，已有的、以现有资源类型为基础的自然资源利用权利理论，对这些新的自然资源利用权利基本上不具备解释能力，失去了理论研究源于既有现实、指引未来实践的功能和目标。

第二，局限于传统的物权或财产权理论，未能回应自然资源的特殊性。主流的自然资源利用权利类型方法，在解决将类型标准确定为资源类型之后，对各类自然资源利用权利的研究基本局限在传统的物权或财产权理论框架之内。传统物权或财产权理论的客体是"物"或"财产"，而且这些"物"或"财产"是已经进入人类社会流通领域的"人造"物或财产。传统的财产权或物权规则的主要制度设计目标是规范人造财富的归属和流转秩序，实现物尽其用，其所谓的"用"主要是指物的经济效用。因此，大陆法系物权理论中才设计出了用益物权＋担保物权的权利框架，实现了对物的使用价值和交换价值的最大化利用。

在传统的物权或财产权规则和理论体系中，自然资源是被忽视甚至忽略的。在很长一段时间里，自然资源只被视为人造财富的源泉，其本身并非权利的客体。只是随着自然资源稀缺现象的加剧，自然资源利用权利的实际需求和法律实践才开始出现。此时，以人造财富为规范重心的财产权或物权规则体系已臻于完善，这些规则能否适用于天赋的自然资源开发利用实践还是一个有待认真思考的问题。

另外，自然资源作为环境要素具有多重价值，其中最为重要是经济价值和生态价值。完全沿袭以物尽其用为指导理念的权利规则，必然会引发严重的环境问题，进而导致社会秩序的混乱。因此，自然资源开发利用权利的制度目标应当是通过权利制度的设计实现自然资源的可持续利用。这一点在以资源类型为基础的自然资源利用权利类型框架中也没有得到应有的重视。

第三，自然资源类型划分的非周延性导致以此为基础的权利类型的交叉、冲突。自然资源依据不同的标准，可以进行不同的分类。例如以自然资源所在物理位置为标准，可以分为陆地自然资源与海洋自然资源；以数量多少为标准,可以分为可耗竭资源与不可耗竭资源;以能否再生为标准,可以分为可再生资源与不可再生资源;当然,更广为接受的是以自然资源行业为标准,分为水资源、森林资源、草原资源、矿产资源、渔业资源等。以自然资源行业为标准的资源类型划分也得到了我国《宪法》[①]《物权法》[②]等法律的正式确认。

然而,以行业为标准的自然资源类型划分并不周延,存在交叉冲突。例如,森林资源中的林地资源与土地资源发生了交叉、海域中的水产资源与渔业资源发生了冲突。与之相适应,以资源类型为基础的自然资源利用权利类型也存在交叉冲突。例如,渔业权与海域使用权的交叉冲突、养殖权与水体使用权的交叉冲突等。实际上,这种交叉冲突现象的背后,往往可能隐藏着新思想的火花。就自然资源利用权利类型划分来说,这可能蕴含着某种更为科学、合理的自然资源利用权利类型方法。例如,通过对捕捞权与狩猎权的权利客体、权利内容及权利取得及行使限制等方面的比较,可以发现两者并不存在实质性区别,应当属于同一性质的权利。[③]

总体上看,主流的自然资源利用权利类型化方法将焦点集中在了自然资源本身,这种方法对于自然资源权利的研究当然大有裨益,可以明晰各类自然资源的不同特性及其权利差异。但是,由于自然资源是一个类概念,是对一类自然环境要素的概称,自然资源的物理形态千差万别,既有固定的草原、森林,也有流动的水和野生动物;既有深埋地下的矿产,又有附于地表的水流。以资源类型为基础,对自然资源利用权利进行类型化研究,必然导致各自为营,无法总结出具有一定抽象度和解释力的自然资源利用权利理论,从而无法实现"抽象化的概括思维"的理论研究目标。

三、基于利用方式的自然资源利用权利类型的重构

(一) 资源载体使用权与资源产品取得权的类型构建

正是认识到基于资源类型的自然资源利用权利类型划分方法存在的局限,有学者开始了新的尝试,以自然资源利用所满足的不同人类需求为标

---

① 《宪法》第9条明确列举了矿藏、水流、森林、山岭、草原、荒地、滩涂等自然资源类型。
② 《物权法》第46条、第48条、第49条明确列举了矿藏、水流、海域、森林、山岭、草原、荒地、滩涂、野生动植物等自然资源类型。
③ 戴孟勇:《狩猎权的法律构造——从准物权的视角出发》,载《清华法学》2010年第6期。

准，将自然资源利用权分为自然性资源权和人为性资源权。自然性资源权是指法律上的人为满足人的"自然需求"——生存而对自然资源所享有的进行合理利用的权利。人为性资源权是指法律上的人为满足人的"人为需求"——发展而对自然资源所享有的进行合理利用的权利。[①]

此种类型化方法基本上摆脱了对资源类型的依赖，而从自然资源利用的目的出发，对自然资源权利进行了重新的类型化，具有一定的合理性。但是，这种类型化方法也存在缺陷。一方面，自然性资源权是为了满足人的生存需求而产生的权利，这种权利应定性为生存权；而人为性资源权是为了满足人的发展需求而产生的权利，这种权利应定性为发展权；将具有发展权和生存权属性的两类权利统合到资源权的名目下，并赋予其实质含义，显然在逻辑上存在硬伤。另一方面，自然资源利用权利的制度设计不应承载太多的价值追求，其应仅限于对自然资源经济价值的分配和确认；至于自然资源满足人生存需求的那一部分价值、作为环境要素的生态价值等非经济价值，应当排除在自然资源利用权的体系框架之外，另谋解决之道。

通过上述分析，笔者基本上否定了基于资源类型和利用目的的类型划分方法。那么，对自然资源利用权利进行类型划分的合理标准又应当是什么呢？

对照传统的财产权、物权分类理论可以发现，它们也以权利客体之类型化为权利类型化的重要参照，但是其权利类型化的最主要的标准依然是权利内容本身之特性，而非权利客体之特性。物权与债权的区分、物权中所有权与他物权之区分，莫不如此。因此，要想通过类型化，实现自然资源利用权理论抽象度上的升华，必须超越自然资源的类型化，而关注自然资源利用方式，即自然资源权利内容的类型。

对此，已有学者进行了初步尝试。有的学者将自然资源开发利用的方式分为三类：将自然资源作为物质载体的、利用自然资源自身的生产能力的、直接获取自然资源的，其中最后一类在学理上可被称为"对物的采掘"；在此基础上，自然资源权利分为"非对物的采掘"和"对物的采掘"两个基本类型。[②]还有学者将和自然资源有关的权利分为目的性权利和手段性权利，

---

① 金海统：《资源权论》，法律出版社 2010 年版，第 111—116 页。

② "对物的采掘"直接将处于自然赋存状态下的自然资源转化为资源产品，是一种消耗性的利用方式；非对物的采掘则是以特定的自然资源为媒介完成一定的社会经济活动，其能够保持自然资源原有赋存状态的不变。"非对物的采掘"类自然资源权利可以在传统物权制度的框架内解决，但"对物的采掘类"自然资源权利由于其无法兼容于传统物权理论，而往往造成为自然资源权利相关研究中争议的焦点所在。参见张璐：《生态经济视野下的自然资源权利研究》，载《法学评论》2008 年第 4 期。

认为取水权、捕捞权和狩猎权是手段性权利。[①] 上述两种分类有异曲同工之妙,对物采掘类自然资源权利和手段性自然资源权利指向大致相同,而目的性自然资源权利和非对物采掘类自然资源权利指向也大致相同。

笔者认为上述两种类型化方法具有合理性,值得借鉴,但尚需改进。以是否"采掘"为标准,比较直观,但仅指出了两类权利差异的表象,而未涉及其实质性差异。以手段性——目的性为标准,基本上抓住了两类权利的实质性差异,但是过于抽象,仅从名称本身无法理解权利的核心内容。

笔者在借鉴上述两种自然资源利用权利类型化方法的基础上,以自然资源利用方式为标准,将自然资源利用权分为两类:一是资源产品取得权,即以取得自然资源产品所有权为直接目的的自然资源利用权;二是资源载体使用权,即不改变自然资源的物理属性和自然分布,利用自然资源作为从事人类活动的平台或利用自然资源自身的生产能力从事生产活动的自然资源利用权。

资源产品取得权是以获取自然资源产品为主要目的权利。从利用方式看,资源产品取得权往往是通过特定方式使自然资源脱离自然状态成为资源产品。从外延上看,资源产品取得权主要包括捕捞权、狩猎权、采矿权、采伐权和取水权等具体权利种类。

资源载体使用权的主要内容就是对处于自然状态的自然资源进行某种使用而获取利益。其利用方式主要是将自然资源作为物质载体或利用自然资源自身的生产能力进行经济性开发利用活动。能够满足上述利用方式要求的,只能是那些具有基础性地位的自然资源类型,最为典型的即为土地、水体和海域。从类型上看,资源载体使用权主要包括土地使用权(含草地使用权、林地使用权等)、海域使用权、水体使用权(含养殖权)等具体权利种类。

类型研究的本质目的在于变换观察视角,达到"横看成岭侧成峰"的效果。因此,笔者对自然资源利用权的类型重构,其实并没有创造新的权利,只是换了一个视角对已有的自然资源利用权利种类进行了全新的描述。例如,作为资源产品取得权的取水权,与作为水权的取水权并没有本质的冲突,并不存在非此即彼的竞争关系,只是体现了观察取水权的不同角度。当然,这种不同的观察角度,往往也揭示出了其他观察角度所不能察觉的理论增长点。

---

① 崔建远:《准物权研究》,法律出版社 2003 年版,第 17 页。

　　具体到以利用方式为标准的自然资源利用权利类型方法，这种观察视角所揭示出的问题主要包括：

　　第一，揭示了自然资源利用权利理论研究的主要方向。通过技术处理和解释论的运用，资源载体使用权基本上可以适用传统的用益物权理论和规则进行规范，无须进行所谓的制度创新。只不过，资源载体使用权客体的范围要大于传统的用益物权。除了土地之外，开发利用水体、海域这两类自然资源的行为也可以通过用益物权来建议描述和规范。

　　与之相反，资源产品取得权在传统的物权体系中并没有相应的位置。资源产品取得权所要解决的是如何用权利工具描述和规范将天然之物变成"人造之物"的行为。在这个意义上，资源产品取得权是一种新型权利，是对物之权，但很难说就是物权，更准确说是取得物权之权。

　　因此，通过基于利用方式的类型化，可以发现自然资源利用权利研究的重点应当是作为新型权利的资源产品取得权，而非资源载体使用权。

　　对于资源产品取得权的研究重点应当包括两个方面：一方面，人类社会的物质财富主要源于自然资源，因此资源产品取得权研究的主要目标是如何规范由自然资源到资源产品的转化过程，实现公平、有效率的自然资源利用。另一方面，取得资源产品的过程必然意味着自然环境现状的改变，因此资源产品取得权研究必须考虑如何兼顾自然资源经济利益获取与生态利益保护，如何处理行政管制与资源产品取得权的关系，如何理解数量、地点、种类、方式等限定条件与资源产品取得权的边界之间的关系等问题。

　　第二，揭示了自然资源利用权利制度设计的发展机理和趋势。在自然资源利用的权利制度设计中，存在着"土地中心主义"与"资源中心主义"两种各具特色的制度建构理念与思路。土地中心主义以其他自然资源依附于土地这一物理现象和客观事实为依据，将地表和地下的自然资源视为土地的成分、附属物或天然孳息，土地的所有人对其土地内赋存的其他自然资源拥有所有权。[①] 资源中心主义鉴于自然资源在人类社会生活中的重要性，将土地与以其为载体的其他各种自然资源进行区分，认为土地与依附于土地的矿藏、水、森林等同为自然资源的组成部分。[②] 在权利制度设计方面，资源中心主义具体表现为土地所有权与其他自然资源所有权相分离，土地所有

---

　　① Diane Chappelle，*Land Law*，Pearson Education Limited，2004，P. 2.

　　② Daniel W Bromley，Michael M. Cernea，The Management of Common Property Natural Resources：Some Conceptual and Opera-tional Fallacies，The World Bank，1989，P. 15.

权人并不当然成为其土地上各种自然资源的所有人,其他自然资源的所有权也并不因其所赋存的土地及其所有权或其他权利的不同而改变。①

土地中心主义和资源中心主义是不同经济发展和技术水平条件下,人类对自然资源开发利用强度和方式的法律描述。随着人类对自然资源开发利用强度的不断增强和方式的不断精细化,自然资源利用权利制度设计的必然趋势是由土地中心主义走向资源中心主义,这也是现代社会中土地利用关系走向多元化趋势的必然结果。②

虽然基于资源类型的自然资源利用权利类型划分,也注意到了这两种研究思路的差别,并采取了资源中心主义。但是,并没有把握土地中心主义与资源中心主义的本质区别以及自然资源权利制度设计未来的发展趋势。

土地之所以能够作为自然资源权利制度设计的核心,是因为土地是林、矿、水等各种自然资源赋存的基础。但是,土地并不是唯一具有这种功能的自然资源。随着人类科学技术的进步,水体③和海洋同样可以蕴含其他的自然资源。因此,土地中心主义中"土地"的本质含义应当是指"资源载体",即应当根据自然价值、开发利用强度和水平,逐渐将资源与其载体相分离,构建不同的权利类型。

资源载体使用权和资源产品取得的类型划分,就能很好地反映自然资源开发利用的这种发展趋势,具有了相当的理论前瞻性和指导性。

(二) 资源载体使用权的权能

资源载体使用权的客体地理位置一般较为固定,可以如土地那样借助于某种工具而予以特定化;这些自然资源通常具有恢复更新能力,可以重复利用,是一种非消耗性利用,这也与传统的用益物权的特性相符。因此,对于资源载体完全可以适用传统用益物权的理论框架进行合理解释。从物权体系的周延性和继承性出发,也可以得出相同结论:应当根据自然资源使用权和用益物权的本质属性,将采矿权、林木采伐权、取水权和渔业捕捞权等划归为自然资源使用权体系,而将林地使用权、草原使用权和渔业养殖权等

---

① 金海统:《资源权论》,法律出版社 2010 年版,第 40 页。
② 梅夏英:《特许物权的性质与立法模式的选择》,载《人大法律评论》2001 年第 2 期。
③ 在从字面含义看,水体包括海洋。但是,在我国的资源法律体系中,水体特指陆地水体,如我国的《水法》(2016 年)、《水污染防治法》(2017 年)、《水土保持法》(2010 年)等法律中的水体均指地表水。

划归为用益物权体系。①

资源载体使用权的首要权能是占有。尽管占有并非目的,但是要进行利用却必须是以占有特定的自然资源为前提。资源载体使用权所利用的自然资源都是可以通过某种方式明确其四至,从而使其与其他自然资源相互独立而特定化。如海域使用权的客体是海域,即一国内水、领海的水面、水体、海床和底土。尽管海域是连绵不绝的一个整体,但是通过经纬度等方式,海域的四至是可以明确界定的。作为养殖权客体的特定养殖水域、放牧权客体的牧场、林地使用权客体的林地,都与海域一样可以通过特定方法予以特定化,从而成为占有的对象。

资源载体使用权人对自然资源之占有是否具有排他性,即是否为独占,还是可以共同占有?依照物权的一般理论,同一物之上不得有其他同以占有为内容的物权存在。② 然而,对于自然资源利用权之占有权能而言,却有些特殊。如在同一水域数个渔业经营者放养不同习性、吃不同食物的水产品的情况下,其占用就是共同占有,每个养殖权人所拥有的占有便无排他性。③ 笔者认为,资源载体使用权人的占有权能是否具有排他性,不能一概而论,而应根据自然资源利用的方式及其相互关系来考量,如果各种利用方式之间没有竞争关系,则不妨认为各权利人的占有不具有排他性,是一种共同占有。实际上这也是近现代社会以来对物的利用愈加充分和细化的必然结果,类似于建筑物区分所有的情况完全可以适用于自然资源利用之中。

资源载体使用权的核心权能就是利用自然资源从事种植业、渔业、畜牧业或者其他生产活动并获取收益。具体而言,养殖权的使用权权能表现为利用特定水域养殖水生野生生物④;海域使用权的使用权能表现为对海域的使用,如建设海洋工程、铺设海底电缆管道、海洋油气勘探开采等⑤;放牧权的使用权能表现为于特定牧场之上放养牲畜。

自然资源利用权的使用权能与土地承包经营权的使用权能相同,因此,有民法学者认为,"草原、滩涂、荒山、荒地、水面包括海洋洋面等养殖、垦殖、使用的承包经营权,也可以归并为土地承包经营权,法律上可以不创设新的概念。因为,这些自然资源的承包经营,在经济意义上属于大农业的范畴,

---

① 梁彗星主编:《中国物权法研究》(下),法律出版社 1998 年版,第 631—634 页。
② 梁慧星、陈华彬编著:《物权法》,法律出版社 1997 年版,第 58 页。
③ 崔建远:《论争中的渔业权》,北京大学出版社 2006 年版,第 270 页。
④ 孙宪忠:《中国渔业权研究》,法律出版社 2006 年版,第 95 页。
⑤ 尹田主编:《中国海域物权制度研究》,中国法制出版社 2004 年版,第 54 页。

仍然属于传统意义上的农业经营。另外,这些自然资源承包经营权的设定与行使,与一般的土地承包经营权没有实质区别。"①

对此,笔者认为对于自然资源利用权名称及其性质产生争论的根源在于,我国既有的法定物权类型划分标准不科学。土地承包经营权的客体是农民集体所有和国家所有依法由农民集体使用的耕地、林地、草地,以及其他依法用于农业的土地。尽管其也是根据土地利用方式标准对土地物权的类型划分,但是其首要分类标准是土地权属关系。如果将自然资源利用权中的养殖权、放牧权、林地使用权等归为土地承包经营权,则会产生另一种令人尴尬的情况:利用集体所有的草原放牧是土地承包经营权,而同样是利用草原放牧,仅仅因为利用的是国家所有的草原,就不是承包经营权了。

与上述情况类似,海域使用权这个概念也不够严谨。海域进入法律调整范围的时间要晚于土地,因此在提出海域使用权这个新的权利类型时,必须要考虑到其与已有权利分类的关系。如从字面上理解,只要是以海域为客体,以使用海域为内容的他物权都称为海域使用权。利用海域养殖、在海上从事捕捞作业、海上探矿采矿也都是利用海域的方式,也可以归为海域使用权;但是这些行为已有养殖权、捕捞权、采矿权等权利名目,此时就会出现权利重合。这些权利到底是称为海域使用权还是称为养殖权、捕捞权或者采矿权?

笔者认为,这个问题的出现,与海域使用权出现的历史较晚有关。在海域使用权出现之前,人类的活动范围主要局限于陆地之上,与自然资源有关的权利也都是根据陆地上的自然资源类型进行划分的,而且这些自然资源利用权经历了逐渐脱离土地而独立的发展历程。土地使用权早期的含义可能与现在的海域使用权类似,即凡以土地利用为内容之他物权都可称为土地使用权。但是在依附于土地的自然资源逐渐都成为独立的权利客体之后,土地使用权的外延大幅缩减,开发利用自然资源的那些内容不再是土地使用权的内容,而成为独立的养殖权、采矿权等。由于人类对海域开发利用的程度不如土地那么强,因此海域以及海域中的其他自然资源,如野生生物、矿产等,还没有被完全区分开来。然而,长远地看,随着人类开发利用海域强度的加大,海域使用权的范围也会逐渐缩小,海域之中的自然资源会成为独立于海域的权利客体。因此,笔者认为,应当对海域使用权做限缩解释,而将利用海域进行养殖、捕捞或者采矿的权利独立出来。

---

① 孙宪忠:《确定我国物权种类以及内容的难点》,载《法学研究》2001 年第 1 期。

资源载体使用权的使用权能并不是赋予了权利人任意使用自然资源的权利，对于自然资源的利用要受到诸多限制。由于资源载体使用权的客体往往是一些可再生资源，具有自我更新和恢复能力，因此对于资源载体使用权的使用权能进行限制的主要目的就是为了保障这种可更新能力，使其能够持续为人所利用。从限制方式看，主要包括对自然资源使用目的、方式和强度的限制。

这些限制同时也是对自然资源利用权之使用权能边界的划定，边界之内是合法的权利行使行为，超过边界就是权利滥用，若给他人造成损害则要承担侵权责任。

如根据我国《渔业法》(2013 年)的规定，从事养殖生产不得使用含有毒有害物质的饵料、饲料。从事养殖生产应当保护水域生态环境，科学确定养殖密度，合理投饵、施肥、使用药物，不得造成水域的环境污染。如果养殖权人违反了关于养殖饵料、饲料、养殖密度以及使用药物的限制，则会被视为超越了养殖权的权利范围，构成权利滥用。而根据《草原法》(2013 年)所规定的草畜平衡制度对权利人利用草原放牧的牲畜数量做了限制①，并要求草原承包经营者不得超过草原行政主管部门核定的载畜量。这里的载畜量实际上就是对放牧权使用权能边界的明确界定。

从目前相关自然资源法律的规定看，对资源载体使用权的使用权能的限制主要是通过禁止性规定的方式进行的，即权利人只要不违反法律设定的禁止性措施，就推定为合法的权利行使行为。

(三) 资源产品取得权的权能

资源产品取得权的核心权能是通过"采掘"的方式将自然资源变为资源产品，并取得其所有权。因此，这些权能也可以称为取得权，即取得资源产品的所有权的权能。②

由于获取资源产品的结果是原有自然资源数量的减少或形态的改变，因此各国普遍对资源产品取得权施加了较资源载体使用权更为广泛的限制。这些限制措施的目的无外乎两个，一是对不可再生资源进行合理规划，最大化其经济价值；二是保障可再生资源的再生能力。从限制方式看，主要

---

① 根据《草畜平衡管理办法》的规定，所谓草畜平衡是指为保持草原生态系统良性循环，在一定时间内，草原使用者或承包经营者通过草原和其他途径获取的可利用饲草饲料总量与其饲养的牲畜所需的饲草饲料量保持动态平衡。

② 崔建远：《准物权研究》，法律出版社 2003 年版，第 18 页。

是包括对自然资源开采方式、强度、时间、地点、种类和数量的限制。

如根据《渔业法》（2013 年）的规定，从事捕捞作业的单位和个人，必须按照捕捞许可证关于作业类型、场所、时限、渔具数量和捕捞限额的规定进行作业。根据《森林法》（2009 年）的规定，采伐林木的单位或个人，必须按照采伐许可证的规定采伐，并按采伐许可证规定的面积、株数、树种、期限完成更新造林任务，更新造林的面积和株数必须大于采伐的面积和株数。① 根据《野生动物保护法》（2018 年）的规定，猎捕者应当按照特许猎捕证、狩猎证规定的种类、数量、地点和期限进行猎捕。根据《矿产资源法》（2009 年修正）的规定，采矿权人必须按照采矿许可证规定的矿区范围、矿种、开采数量、开采方式进行开采。根据《水法》（2016 年）的规定，取水权人必须按照取水许可规定的取水地点、数量、方式取水。

上述地点、时间、种类、数量、方式等限制条件，就为我们清晰地勾画出资源产品取得权的边界和范围。违反了这些限制条件，就是超越权利范围行使权利，构成权利滥用。

资源产品取得权的客体往往是具有流动性的自然资源，或者在权利行使之前是非特定化的自然资源，因此，资源产品取得权往往并不具有真正意义上的占有权能。

当然如果对占有的概念持不同理解，也不妨认为资源产品取得权有占有权能。如有学者认为，自然资源利用权的占有不表现为对标的物的有形支配，而是通过数量、种类等方式对一定土地或者海域范围内的自然资源的抽象的占有，或者说是一种观念上的占有。②

另外，由于资源产品取得权的客体在成为资源产品之前往往依附于土地或者水体，对其的开发利用必然要求占有一定范围的土地或者水体。如狩猎权的行使以一定狩猎场所的占有为前提③，捕捞权的行使以占有一定面积的捕捞水域为前提④，采矿权的行使以占有矿产所在地域的土地为前提。⑤

———————————

① 另外《野生植物保护条例》（2017 年）还规定，采集国家重点保护野生植物的单位和个人，必须按照采集证规定的种类、数量、地点、期限和方法进行采集。

② 张洪波：《自然资源利用权对民法物权理论的新发展》，载《烟台大学学报（哲学社会科学版）》2004 年第 2 期。

③ 崔建远：《准物权研究》，法律出版社 2003 年版，第 41 页。但是对于狩猎场所的占有并不是排他性的占有，更准确地说应当是进入狩猎场所的权利。

④ 崔建远：《论争中的渔业权》，北京大学出版社 2006 年版，第 273 页。

⑤ 李显冬主编：《中国矿业立法研究》，中国人民公安大学出版社 2006 年版，第 72 页。

由于在法律上土地和其他自然资源是区别对待的，因此对自然资源所依附之土地的占有并不是自然资源利用权的权能，而是土地使用权的权能。这些土地使用权和自然资源利用权在法律上是两种权利，前者是后者的配套权利。一般只要获得自然资源利用权就会获得相应的土地使用权。如根据《矿产资源法实施细则》(1994 年)的规定，采矿权人享有的权利之一就是根据生产建设的需要依法取得土地使用权。

依附于水体的自然资源的利用权与依附于土地的自然资源利用权不同，它对特定水体之占有是自然资源利用权的权能，无须再获取一个所谓的水体使用权来行使占有。渔业捕捞权人对捕捞水域之占有，本身就是捕捞权的权能。只是不同的捕捞权其占有的排他性不同，定置捕捞权主体对捕捞水域享有以渔业经营为目的的排他使用权，而非定置捕捞权虽有固定的捕捞场所，但获得此种渔业权的各主体之间对渔场的利用不存在排他性，对作为权利客体的渔业资源无法进行排他性支配。①

最后需要强调的是，由于资源产品取得权是一种消耗性利用，为了弥补对自然资源的消耗，法律往往规定了自然资源利用权人的恢复义务。

从内容看，恢复义务主要包括自然资源功能的恢复和自然资源形态的恢复。② 如森林采伐后的更新造林义务，即采伐林木的单位或个人，必须按照采伐许可证规定的面积、株数、树种、期限完成更新造林任务，更新造林的面积和株数必须大于采伐的面积和株数。

四、结　　论

尽管自然资源开发利用是多元法律调整的领域，民法关注的主要是自然资源的经济价值及其权利配置，行政法关注的主要是自然资源管理，而环境法关注的主要则是自然资源生态价值的保护。但是，自然资源开发利用权利问题在任何部门法领域都是一个基础性、前置性问题。

自然资源并非严格的法律概念，而是环境科学对一类环境要素的概称。如果遵循演绎逻辑的思路，试图直接构建以自然资源为客体的权利理论，不免失之空洞；而如果完全按照归纳逻辑的思路，仅关注各具体自然资源的权利，则不免失之零乱。因此，借助类型化的方法对自然资源利用权进行研

① 余耀军：《物权法中渔业权之特质》，载《法学》2004 年第 12 期。
② 曹明德：《生态法原理》，人民出版社 2002 年版，第 246—255 页。

究,可能是最为合理和可行的方法。

主流的基于资源类型的自然资源利用权利类型方法具有局限性。因自然资源类型的多样性,以此为基础的自然资源利用权的类型化必然是差异性大于共同性,无法实现自然资源利用权理论的适度抽象,从而失去了类型化的意义。

要想通过类型化实现自然资源利用权理论的升华,必须超越以自然资源类型为基础的权利类型化方法,而关注于自然资源利用方式。基于利用方式的差异,笔者构建了资源载体使用权和资源产品取得权这一自然资源利用权利类型框架;前者包括土地使用权(含草地使用权、林地使用权等)、海域使用权、水体使用权(含养殖权)等具体权利种类,后者包括捕捞、狩猎权、采矿权、采伐权和取水权等具体权利种类。载体使用与产品取得这一类型划分,可以揭示出自然资源利用权利理论研究的主要方向,揭示出自然资源利用权利制度设计的发展机理和趋势。

习近平总书记在十九大报告中提出,要设立国有自然资源资产管理和自然生态监管机构,完善生态环境管理制度,统一行使全民所有自然资源资产所有者职责,统一行使所有国土空间用途管制和生态保护修复职责,统一行使监管城乡各类污染排放和行政执法职责。由此可见,自然资源利用的权利配置及权利行使的监管将是构成未来生态文明制度体系的核心内容之一。而随着《民法总则》(2017 年)的颁布实施,民法典分则的编撰工作进入立法机关的工作日程,因《物权法》(2007 年)颁布实施而暂时搁置的关于自然资源权利的争议,将再次成为民法典物权编起草中的争议问题之一。笔者对自然资源利用权利的梳理和类型再造,可以为自然资源权利在物权编中的体系定位与结构安排问题的解决提供一种有益的思路和方案。

第八章 环境容量资源利用：
权属体系与权利构成

就目前大陆法系的整体财产权利架构而言，作为无形财产权利的一种重要的表现形态，环境容量资源权属包含了以下几种基本权利束。

从权利属性与权能的角度看环境财产权体系基本可以将其划分为环境要素所有权与环境要素使用权。其中环境要素所有权近似于典型财产权中的绝对权，它以权利人对各类环境要素的占有、使用、收益和处分为基本权能。依现行法律的规定，该种权利的主体在我国主要为国家和集体经济组织两类。作为所有权人，比照现行物权法的相关规定，环境要素所有权人可以在其财产上设定准用益物权类型和准担保物权类型，其中的用益物权类型在法律上称为环境要素使用权，而担保物权类型目前学界和现行法尚未有更多触及，建议称为环境要素担保权。①

以上述划分为基础，对环境容量权属的研究便可以划分为两部分，其一，是体系研究，包括环境容量所有权、使用权、担保权的体系建构与内在逻辑关系。其二，为对环境容量担保权的细化研究。现分述如下：

一、环境容量资源权属体系

就环境要素的表现形式与用益方式的不同，环境要素所有权与环境要素使用权都可以进一步细化为有形环境要素所有权与无形环境要素所有权和有形环境要素使用权与无形环境要素使用权。其中有形环境要素所有权与使用权的权利客体均指向目前为法律所广泛调整的土地、水体等传统的有形物。基于经济功能上的重叠，上述有形环境要素所有权与使用权在实践中多被界定为各种资源所有权。如土地作为环境要素，对其权利人而言，其基于环境功能角度生成的权利类型为土壤环境要素所有权，而其基于资

---

① 由于各类以环境容量为客体的环境要素权利在法律性质上与典型物权存在一定的不同，因此此类权利尚未获得我国物权法的肯认。学界通说将此种在权利生成与客体上存在较大特殊性的权利类型概括为准物权、特许物权或类物权，笔者赞同上述划分，因此在此处文中使用了准用益物权与准担保物权的表述。

源经济性角度生成的权利类型则为土地所有权。

而无形环境要素所有权与使用权的权利客体则指向目前尚未完全被现行法所承认的包含于上述有形物之中并体现上述有形物吸纳、溶蚀、降解、稀释等环境功能的环境容量资源。因此各类无形环境要素所有权与使用权通常以环境容量资源作为概念定义的物质载体。这使环境容量资源所有权与使用权成为无形环境要素所有权与使用权体系中最重要的权利类型。

上述语境中的环境容量并不是一个法律术语，而是环境科学的固有称谓。一般认为环境容量的概念首先是由日本学者提出来的。[①] 20 世纪 60 年代末，日本为了改善水和大气环境质量状况，提出污染物排放总量控制的问题[②]，即把一定区域的大气或水体中的污染物总量控制在一定的允许限度内。这个"一定限度"就是以日本学者 1968 年提出的环境容量为依据的。[③] 之后日本环境厅委托日本卫生工学小组提出《1975 年环境容量计量化调查研究报告》，环境容量的应用逐渐推广，成为污染物治理的理论基础。[④] 欧洲国家的学者较少使用环境容量这一术语[⑤]，而是用同化容量、最大容许排污量和水体容许污染水平等来表达这个概念。[⑥] 经过多年的研究和总结，目前国内外通常将环境容量的概念理解为，"在人类生存和自然生态不致受害的前提下，某一环境所能容纳的污染物的最大负荷量"。[⑦] 析言之，自然界对外界侵入物（污染物）具有某种能使之无害的净化能力，但自然界的这种净化能力又是具有一定限度的。当污染物的入侵度低于这一限度时，这种功能能够维持正常运行，并能被人们循环永续地利用，但当污染物的入侵度高于这一限度的极值时，这种功能就会急剧地受到损害，甚至被彻底破坏，这里所说的限度就是"环境容量"。[⑧]

以环境容量作为权利客体的权利包括环境容量资源所有权与使用权两种。前者是指资源所有权人依据法律的规定，对环境容量资源享有的使用、收益和处分的权利。而环境容量资源使用权（简称环境容量使用权、排污

---

① 〔日〕阿部泰隆、淡路刚久：《环境法》（日文版），有斐阁 1995 年版，第 53—67 页。

② 〔日〕牛山積：《现代的公害法》（日文版），劲草书房 1976 年版，第 80—90 页。

③ 〔日〕阿部泰隆、淡路刚久：《环境法》（日文版），有斐阁 1995 年版，第 53—54 页。

④ 周密等编著：《环境容量》，东北师范大学出版社 1987 年版，第 8—10 页。

⑤ See Council Directive on pollution caused by certain dangerous substances discharged into the aquatic environment of the Community, [1976] OJL 129/23, as amended by [1990] OJL 353/59 and [1991]. OJL 337/48.

⑥ 张永良、刘培哲主编：《水环境容量综合手册》，清华大学出版社 1991 年版，第 138—139 页。

⑦ 参见曲格平等编：《环境科学基础知识》，中国环境科学出版社 1984 年版，第 41 页。

⑧ 参见鞠建林：《浅谈环境容量资源之配置［Ⅰ］》，载《环境污染与防治》1997 年第 4 期。

权)则是指权利人依法享有的对基于环境自净能力而产生的环境容量进行使用、收益的权利。

由于环境容量使用权(排污权)是以环境容量这一特殊物质作为客体而形成的权利,因此其在性质上又有别于典型物权。环境容量使用权所栖生的有些物质载体在法律上虽被归属于"动产"之列,如水、大气等,但其自身却属于不动产权益。因它以权利人对环境容量的使用和收益为权利内容,而不以担保债权的实现为目的,故环境容量使用权属于他物权;又因它与一般的用益物权在权利对象、行使方式、权利效力等诸方面存在着明显的不同,所以学者们一般将其定性为准物权。①

环境容量资源担保权,是本领域一种尚未被学界和实务界触及的潜在权利类型。它以实现了权利物化以及权利凭证证券化的环境容量资源所有权与环境容量资源用益物权(最为典型的是环境容量使用权)的交换价值为权利生成的根据,以担保一定的债权实现为权利设立的目的。

由以上分析可知,环境容量资源权属体系应由环境容量资源所有权、环境容量使用权和环境容量担保权三者共同构成。

二、环境容量资源权属体系研究的理论源流与现状梳理

环境容量资源权属的生成与理论建构客观上取决于一个现实条件的具备,这就是作为其权利客体或者权益栖生载体的物质基础——环境容量的客观化及其物理与化学性状的法制化。事实上,物理学意义上的环境容量并不是一个法律术语,它是环境科学的固有称谓。一般认为环境容量的概念首先是由日本学者提出来的。② 20 世纪 60 年代末,日本为了改善水和大气环境质量状况,提出污染物排放总量控制的问题③,即把一定区域的大气或水体中的污染物总量控制在一定的允许限度内。环境容量依其栖生的客体(或环境要素)不同又可以进一步细化为土壤环境容量、水体环境容量、大气环境容量等。当然如果研究者的目光仅仅停留在环境容量的物理与化学性状上,可能直至今天,环境容量的权属制度都无法出现。事实上,直接导

---

① 也有学者和国外的立法将其命名为特许物权、类物权、附属物权或自然资源使用权。笔者援用准物权的称谓,其具体的命名规则参阅崔建远:《准物权研究》,法律出版社 2003 年版,第 24—28 页。

② 〔日〕阿部泰隆、淡路刚久:《环境法》(日文版),有斐阁 1995 年版,第 53—67 页。

③ 〔日〕牛山积:《现代的公害法》(日文版),劲草书房 1976 年版,第 80—90 页。

致这种自然物进入法律视野的是经济理论界对于环境公共物品负外部性理论的突破性认识。

作为福利经济学的早期研究成果，外部性概念由剑桥学派的亨利·西季威克（Henry Sidgwick）、阿尔弗雷德·马歇尔（Alfred Marshall）和庇古（Pigou）在 20 世纪初首先提出①，因此有关这一问题的研究成果，也多见于国外学者的著述中。所谓外部性（externalities），也称外在效应或溢出效应，是指一个人或一个企业的活动对其他人或其他企业的外部影响。传统经济学认为，产生污染的一个重要原因是由于存在着外部性。由于外部性的作用，使得资源得不到最优利用，并会对环境造成损害。在如何解决环境的外部性问题上，国外学者大体形成了两种截然不同的理论。其一，是以英国著名福利经济学家庇古为代表的庇古税理论（Pigou tax）。庇古认为要想克服环境的外部性，实现环境外部不经济性的内部化，应建构起相应的制度框架，如税收等，将外部性作为负价格加以制度化。其二，是以科斯（Coase）为代表的环境产权理论（environment property）。科斯认为，从根本上说外部性是因为产权界定不明确或界定不恰当造成的，所以只要能界定并保护产权，随后产生的市场交易就能使资源的配置达到最优化。后世学者基于对这两种学说功能的不同理解，分别提出了化解环境外部不经济性的解决方案。其一是以环境税收、排污许可等为基础的公法管制路径。在此思路之下，环境容量的利用被纳入了许可管制的范围，通过行政管理手段抑制各类环境容量利用行为的负外部性。其二是以产权界定为基础的私法用益路径。在此思路之下，环境容量及其权属配置被纳入了无形财产权的范畴，通过产权明晰及其用益与担保制度的确立抑制各类环境容量利用行为的负外部性。正是以此为基点，我国对环境容量利用制度的研究派生出了行政管制分支与私法建构分支这两个相对独立的群体。

这两个群体的主要理论争议点在于对环境容量是否具有财产属性进而应否以解释论的视角通过将环境容量纳入财产权制度体系进行规制存在不同认识。前者主张环境容量的用益在根本上应通过公法管制路径解决，因此对于环境容量的利用而言，重要的在于能否建立起许可证制度并以此为基础利用行政法规则解决环境容量在不同利用人之间的分配与环境成本的内化。以此学说为基础确立起来的排污许可证交易在形式上移转的标的是许可证，在实质上移转的则是由公法所认可的排污尺度。而后者则主张应

① 戴星翼：《走向绿色的发展》，复旦大学出版社 1998 年版，第 65 页。

首先将环境容量确立为一种重要的自然资源，进而以解释论为基础，将环境容量的权属制度纳入物权抑或准物权的制度体系之中，通过财产权制度的既有规则解决环境容量在不同利用人之间的分配与环境成本的内化。以此学说为基础生成的排污权交易制度在形式上移转的是具有公、私法双重属性的排污权利凭证，在实质上移转的则是具有准物权性质的环境容量使用权。因该学说以私法理论为基础，因此它在解决了环境容量的初始分配之后，还可以通过与契约制度和准物权制度的对接进一步解决环境容量的市场化用益与担保需求。

我国学者对于环境容量的最初接触源于 20 世纪 80 年代中后期经济与管理学界对美国排污权交易制度的推介。此时包括马中、杜德克、吴健、张建宇、刘淑琴、罗勇、宋国军等在内的多位学者分别从不同的角度对美国排污权交易制度的沿革、制度功能与构成等做了大量的介绍。[①] 此间包括蔡守秋、张梓太、高利红、余耀军、罗吉等在内的一些环境资源法学者也开始关注排污权交易制度，并为此作出了重要的理论贡献。[②] 由于当时的研究在总体上仍处于概念开发与制度引进的初期阶段，因此经济与管理学者多直接以美国立法在形式上的外观为基础，主张排污权交易的对象就是许可证本身，而法律学者们也尚未关注到环境容量自身的法律属性与排污许可证之间的逻辑关联。据此，基本可以将此时学者们的观点纳入前述第一个学术群体之中。首次关注这一问题并从私法角度探讨排污权及其交易制度构成的法律学者是吕忠梅教授。她在 2000 年发表的《论环境使用权交易制度》一文中，率先用"环境使用权"这一术语标示了排污权可能的法域归属，进而开启了国内法律学者对环境容量与排污权交易两者之间在法理基础与逻辑关联层面的探索。[③] 笔者于 2002 年开始构思博士论文的选题并在初步接触排污

　　① 代表性文献参见吴健：《排污权交易——环境容量管理制度创新》，中国人民大学出版社 2005 年版；马中等：《论总量控制与排污权交易》，载《中国环境科学》2002 年第 1 期；罗勇、曾晓非：《环境保护的经济手段》，北京大学出版社 2002 年版，第 135 页；宋国君：《总量控制与排污权交易》，载《上海环境科学》2000 年第 4 期；宋国君：《论中国污染物排放总量控制和浓度控制》，载《环境保护》2000 年第 6 期。

　　② 代表性文献，参见蔡守秋、张建伟：《论排污权交易的法律问题》，载《河南大学学报（社会科学版）》2003 年第 5 期；张梓太：《污染权交易立法构想》，载《中国法学》1998 年第 3 期；高利红、余耀军：《论排污权的法律性质》，载《郑州大学学报（哲学社会科学版）》2003 年第 3 期。

　　③ 参见吕忠梅：《论环境使用权交易制度》，载《政法论坛》2000 年第 4 期；吕忠梅：《论环境物权》，载《人大法律评论》2001 年第 1 期；〔美〕丹尼尔·H.科尔：《污染与财产权：环境保护的所有权制度比较研究》，严厚福、王社坤译，北京大学出版社 2009 年版。

权及其交易制度之后,于 2004 年正式提出环境容量属于无形自然资源,以其为客体的财产权利为环境容量资源所有权,其作为母权会派生出环境容量使用权等准物权类型的理论构想。[①] 以此构想为基础,进一步提出排污许可证是一种兼具公法和私法属性的权利凭证,在公法意义上,它是国家环境行政管理机关允许持证人染指和用益国家依法享有的环境容量资源的权源基础,在私法意义上,它是权利人享有此种以环境容量为客体的资源性权利的凭证。[②] 至此,以环境容量资源化为主要理论路径的研究开始与排污权及其交易制度相联系并为王小龙等学者进一步拓展。[③]

随着全球气候变化谈判与我国生态损害救济制度的不断发展,因排污权交易制度需要而确立起来的环境容量产权制度及其逻辑框架进一步推演到了碳排放权、林业碳汇客体、生态损害救济请求权基础等问题上,包括王明远、林旭霞等学者开始以环境容量的权属制度为基础进一步从制度论的角度探索该理论预设的应用性问题。[④] 学者们的努力在实践层面产生了积极的影响,以财产权理论为基础的排污权交易试点开始在国内铺开。上述实践在促进环境保护市场化机制的同时,又创生了一种新的需求,那就是在得益于排污权的使用功能之后,市场主体开始呼唤让排污权的交换价值也能得以实现。于是,在我国的金融领域市场主体自发地承认了排污权抵押现象。这一次最先作出反应的学术群体仍然是经济与管理学者。自 2010 年开始,相继有经济学与管理学者开始探讨排污权抵押或质押的制度绩效与可能性问题。[⑤] 由于排污权抵押制度关涉环境容量使用权权属制度体系的构建,对其界定与深入研究对于探索准物权制度体系中分项权利的担保功能具有示范效应,因此排污权担保功能的研究成为继排污权用益功能研究后,无形自然资源准物权研究的另一个理论热点。本章对该问题的深入研究便是对这一热点问题的有益回应。由此可以预见,未来一段

---

① 参见邓海峰:《环境容量的准物权化及其权利构成》,载《中国法学》2005 年第 4 期。

② 代表性文献,参见邓海峰:《排污权:一种基于私法语境下的解读》,北京大学出版社 2008 年版。

③ 代表性文献,参见王小龙:《排污权交易研究:一个环境法学的视角》,法律出版社 2008 年版。

④ 代表性文献,参见王明远:《论碳排放权的准物权和发展权属性》,载《中国法学》2010 年第 6 期;林旭霞:《林业碳汇权利客体研究》,载《中国法学》2013 年第 2 期;邓海峰:《海洋环境容量的物权化及其权利构成》,载《政法论坛》2013 年第 2 期。

⑤ 参见叶勇飞:《排污权抵押贷款比例制初探》,载《浙江金融》2012 年第 3 期;陈欧飞:《排污权抵押贷款制度的合理性分析及相关完善建议》,载《法制与经济(中旬刊)》2010 年第 1 期;周树勋、严俊:《浙江省排污权抵押贷款现状与对策》,载《浙江金融》2012 年第 8 期。

时间对无形自然资源准物权的研究将会以排污权用益和排污权抵押为双圆点渐次向周边展开。学者们的潜心努力逐渐得到了立法机关与行政机关的积极回应。自 2013 年国务院首次在《大气污染防治行动计划》中言及"推进排污权有偿使用和交易试点"这一表述后①,排污权由此前的理论术语正式转化成为一个立法与政策概念,开始出现在我国的立法与规范性文件中。此后的《水污染防治行动计划》和《大气污染防治法》先后加入了涉排污权交易条款②,进而开启了我国排污权交易法律与政策规制的新篇章。

三、环境容量使用权及其权利构成③

前文已言,环境容量及以其为基础生成的各种权利目前并未进入我国财产性法律的调整领域,因此要想实现环境容量资源权属的法制化,核心的问题便是论证以环境容量作为客体生成的各种权利基本具备物权的特征。在此,笔者将以解释论的思路通过再现与检讨物权客体选择机理的方式明晰这一建构的理论可能性。

(一) 环境容量权利客体化论证的路径选择

1. 传统物权客体的选择机理与解释论思路的生成④

法律上的概念定义是一种根据主体的价值判断,通过对被定义对象本质属性的描述而使之法定化的工作,析言之,即在概念法学的"主—客体"法律逻辑体系中,哪种客观实在能成为法律客体以及法律客体的外部范围止于何处都是以作为法律关系主体的人的好恶为标准确定的。时至今日,在法学各分支学科中,这项工作主要是通过价值定义法来完成的,而这里所谓的"价值"通常又表现为被认识的对象对于主体主观需求的满足程度。可见,人类为了特定目的而产生的需求是现今"主—客体"法律逻辑体系中的最终价值判断标准,显然这是一个以"经济价值"为核心的极富功利主义色彩的判断标准。

物权法对于作为物权客体的物的选择也遵循了上述机理。物权法上的

---

① 参见《国务院关于印发大气污染防治行动计划的通知》,国发〔2013〕37 号,第 6 条第 19 项。

② 参见《国务院关于印发水污染防治行动计划的通知》,国发〔2015〕17 号,第 5 条第 16 项;《大气污染防治法》第 21 条第 5 款。

③ 参见邓海峰:《环境容量的准物权化及其权利构成》,载《中国法学》2005 年第 4 期。

④ 以下内容参见吕忠梅:《论环境物权》,载《人大法律评论》2001 年第 1 期。

物之所以不是物理学意义上的物,其原因也就在于作为物权的客体,这些物必须迎合主体的价值判断,并且能够满足主体的权利诉求。因为自从近代市民社会理论将民事主体假定为"理性的经济人"以来,追求利益最大化便成为主体行为的内在动力,乃至生存的最高目标。这就将主体享有权利的目的紧紧地锁定在了获取经济利益这一点上。因此,对于民事主体而言,只有那些能够为他所实际控制、支配并感知到的物才有可能成为物权的客体。① 因为它们可以被其占有、使用和收益,可以为其带来经济利益。至于那些不能为其所控制和支配的物,由于它们无法满足增加主体经济利益的目的,因而也就被理所当然地剥夺了作为物权客体的资格。可见,虽然物权法具有久远的历史,但对物的价值判断标准却只有一个——那就是能否为主体带来经济利益。所以尽管每个人生存都需要水、空气等物质资源,但因为它们在传统观念中不能为某个人所控制、支配,更不能为某个人带来经济利益,所以它们不能进入民法法域,更无法充当物权的客体。

但是,就像人的需求会发生变化一样,以经济价值作为判断标准的核心也不是永恒不变的。现在,随着环境问题的日益严峻和人类环境意识的不断增强,人类终于认识到以追求经济利益为单一的价值目标,其结果只会对人类自身的生存构成毁灭性打击。在现时社会条件下,人类已经不仅仅是"理性的经济人",而应当成为"理性的生态人"。与经济利益相比,包括后代人在内的全人类的可持续生存和发展是第一位的,经济利益的追求必须服从于人类持续生存的需要。

在这样的背景下,要使物权法尽可能地适应新的社会生活,客观上有两种选择可资参考。第一种是采用立法论的思路,全面重构物的概念,改变有关物的属性的描述,使之符合主体新的需求。但是这种方法的使用所带来的混乱也必将是震撼性的。首先,可能遇到的麻烦是,为了使大众明白新采用的概念的含义,人们必须不厌其烦地向他人逐一解释什么是新价值、新旧价值的区别以及采信新价值判断标准的依据。果真如此,新标准必然湮灭在无休止的争论与质疑声中;其次可能遇到的问题是,过去民法中物的概念是以"经济人"假设为基础的,而现在对物的认识却建立在"生态人"的假设之上,由于这两种前提是不能随意转换的,因此一旦改变物的价值判断标准,必将使法律规范的适用发生困难,其后果同样令人担忧。更为严重的

---

① 这也是本章在解释论视域内选择将可利用的环境容量而非绝对的环境容量作为排污权客体的原因之一。

是,传统的物权法之所以能够存续至今定有其合理的一面,况且物权法上除了资源形态的物之外还有其他形态的物。如果我们以其存在某一方面的不足而否定全部制度体系,必将使原本就应由物权法来规范的一部分社会关系被不当剥离出物权法域,这非但不能解决环境要素的物权化问题,反而可能导致新的混乱。[①] 这样看来,恐怕采取第二种方案即解释论的思路,来克服传统物权法为环境要素物权化设置的障碍在短时期内更具可采性。

所谓解释论的思路,即在保持传统物权法制度体系和以经济价值作为核心的客体选择机理的同时,通过将环境要素生态价值经济化的方式[②],将兼具经济价值与生态价值的各环境要素纳入物权客体的范畴,从而实现环境要素的物权化。按照这一思路,现在作为物权客体的物不仅包含了经济价值,同时也成为生态价值的载体。此时,"理性的经济人"再为民事法律行为时,不仅要考虑传统的经济利益得失,还会特别留意以经济利益的形式反映出的物的生态价值,从而使其在事实上成为一位"理性的生态人"。

2. 自然资源生态价值向经济价值转化的历史规律与解释论思路的成立

之所以认为解释论的思路较为可取还在于这一思路完全符合自然资源生态价值向经济价值转化的历史规律。每当提及自然资源的价值这一概念时,通常人们都认为其所指的是自然资源的经济价值。应该说这种理解在多数情况下并无大错,因为在人与自然这两者的矛盾互动中,经济关系是最普遍、最常见的。但是,如果在严格规范的意义上使用这一概念,这种认识便是片面的,其偏颇之处在于它忽略了"自然资源价值"体系所具有的多元化特性,漠视了作为"自然资源价值"重要表现形式的"生态价值"。事实上,笔者所指的与"自然资源经济价值"相对应的"自然资源生态价值"是在人类价值观体系范围之中使用的概念,它指的是当以人类作为主体时,生态对于满足人类需要所具有的意义。[③] 尽管与"经济价值"相比,"生态价值"很少为人们所提及,甚至处于几乎被遗忘的尴尬地位,但是作为自然价值的固有成分其所具有的历史却远久于"经济价值"。就世界范围而言,自然资源的生态价值是伴随着地球的形成而产生的,也就是说早在史前文明时期,自然资

---

① 参见吕忠梅:《论环境物权》,载《人大法律评论》2001 年第 1 期。
② 吕忠梅教授将这一过程概括为"生态资源的价值化"。
③ 赵海月:《论生态价值的特性、形态与实现》,载《电子科技大学学报(社会科学版)》1999 年第 3 期。

源的生态价值就已经存在了。① 因为自然资源调节地球上物质运动和能量转换的功能并不以人类的产生为条件,也不以人类的意志为转移。此时,自然资源的经济价值却无从产生,因为其所服务的主体——人类,及其所栖生的制度基础——产权规范均未出现。待至智人产生以后,客观形态的生态价值由于寻获了其所服务的主体,在被纳入人类价值观体系之后,实现了由客观形态向主观形态的转化。尽管当时智人的思辩程度尚不足以认识自然资源生态价值究竟为何物,但其与自然之间普遍存在的物质循环和能量交换却已是不容否认的事实。这说明在人类的历史上,首先接触的是自然资源的生态价值而非经济价值。

待至人类进入阶级社会,随着私有制和国家的出现,人们与自然资源之间的关系发生了深刻的变化。原始的以维持生存为主要内容的物质循环和能量交换关系被新的对自然资源的改造和利用关系所取代。这样,自然资源之于人类的价值开始了由生态转向经济的位移。此时主要以"经济形态的物"为表征的自然资源开始进入新兴国家的法权体系,并最终形成了原始的产权秩序立法。自奴隶社会以降的数千年法制史中,由于人类认识能力的局限性,人们无法对自然资源生态价值给予充分的认知,因此以人对具有经济价值的自然资源的支配和利用为核心的立法便占据了人类法制文化的主流。这说明自智人产生以后,基于法权规范和社会认知心理与习惯的限制,以物的经济价值为判断标准的价值体系仍是决定人类价值观的主导力量。

在今天,自然资源存在生态价值的事实已经不再被人们否认了,而且随着环境问题的日益严峻,自然资源的这种价值会愈发受到人们的重视。此点由包括我国在内的多个国家相继将发展"循环经济"作为一项基本国策所印证。然而无奈的是在现有的社会条件下,基于人类认知标准的一维性,自然资源生态价值要想获得法律的肯定进而获得行使的平台,仍需要按照上述标准进行"经济化"改造,套嵌于价格机制之中。这种形成于现代社会的对自然资源生态价值进行经济化改造的历史规律与前述将环境要素纳入物权客体范畴以实现环境要素物权化的变通措施一样,都是人们在理论困惑情势下的妥协性选择,不同的是前者的成立在为生态价值鸣不平的同时又

---

① 需指出的是此种自然资源的生态价值是自然本身所具有的生态属性所表征的价值,是一种客观形态上的价值,它与前文所说的生态价值的重要区别在于,前文所指的生态价值是以人类作为主体的一种主观形态上的价值,表征的是生态对于满足人类需要所具有的意义。

为后者的采行提供了更为充分的事实依据。据此，笔者认为以解释论的思路为基础建构排污权的制度体系，在事实层面上亦具有可行性。

(二) 环境容量的物权化特征

按照解释论的思路，要想实现环境容量物权化的使命，证明环境容量具有物权特征是不能回避的一项课题。传统物权理论认为，物权法上的物是指存在于人体之外、人力所能支配，并能满足人类社会需要的有体物及自然力。[①] 作为准物权的客体，环境容量要想完全达于上述各项所列的要求确有相当的难度，因此有学者曾据此对观察和界定准物权客体的思维模式及方法作出有别于传统物权客体的概括。[②] 但是站在解释论的立场上，作为排污权客体的环境容量在相当程度上仍能够满足物权客体的相关特征，这里仅从以下三方面加以论证：

1. 环境容量具有可感知性

环境作为一切生物生存和发展的物质基础和前提，其所具有的物质性是不容置疑的。尽管以系统形式存在的环境资源不易被人们所感知和亲近，但环境资源的各种功能却始终围绕在各种生物的左右。这在环境容量所表征的环境自净能力发挥作用时，表现得尤为突出。在人们的日常生活中，清洁水体对污染物的溶解和稀释、土壤对污染物的降解和溶蚀、森林对粉尘和污浊空气的吸附和过滤、大气对污染气体的稀释和转化等自然现象都是人类仅凭感官器官就可以感觉到的生态过程。据此，认为环境容量具有可感知的属性当无疑义。

2. 环境容量具有相对的可支配性

环境资源是一个无限广阔的生态系统，无论是其范围，还是其功能，到目前为止都还不能为人类所支配。因为作为生态系统的一个组成部分，人类的认知能力和驾驭能力都还不足以对其所栖生的整个系统产生根本性的影响。但是随着科学技术的不断发展，人类对于环境资源的一些基本规律已经有所掌握，并在此基础上创造了许多已为实践所验证的认知和驾驭部分环境要素的方法。例如法学理论中对"物所具有的独立性"的变通理解，便为环境容量的确定和交易创造了条件。"依据传统的民法观念，物必须具

[①]　参见陈华彬：《物权法原理》，国家行政学院出版社 1998 年版，第 49—51 页；梁慧星、陈华彬编著：《物权法》，法律出版社 1997 年版，第 27—29 页。

[②]　参见崔建远：《准物权研究》，法律出版社 2003 年版，第 33—38 页。

有物理上的独立性，才能成为独立物。物理上的独立性是指物必须在现实形态上与其他物相区分，并为主体所占有和控制。然而，随着社会的发展，独立物的概念正在发生变化。一个物具有物理上的独立性固然可以作为独立物而存在，但如果不具有物理上的独立性，也可以交易上的观念和法律规定作为标准来确定某物是否具有独立性。"①环境容量虽然在物理上与其所栖生的物质载体相互连接，但在交易时只要依据时空结合等判断标准将其划分为若干种类或若干部分的独立交易单位，就不妨碍其成为独立物，以获得为民法所认可的可支配属性。此外，经济学和管理学界的许多技术性创新也为环境资源具有相对的可支配性提供了论据。在日本，经济学家曾经采用替代方法将森林的涵养水源功能、防止土壤沙漠化功能、保护野生动物功能和提供氧气功能等分别进行了量化计算。② 这些计算，客观上使特定时间、特定地域环境要素的某项功能实现了与环境资源整体生态功能在观念上的分离，这就为将分离出来的环境要素功能纳入价格体系，在市场主体之间依据价值规律进行优化配置铺平了道路，也从事实层面证明包括环境容量在内的各种环境要素在特定条件下具有相对的可支配性。

　　3. 环境容量具有可确定性

　　前文在探讨自然科学中的环境容量时，曾详细介绍了环境容量的确定方法。它向我们表明，在现代自然科学的视域内，环境容量已不再高深莫测，只要遵循科学的方法，环境容量的具体数值是可以被精确测算的。结合上文对环境容量可支配性的探讨，更有理由相信，环境容量的测定问题不仅不会成为其物权化的障碍，反而会为推动环境容量交易制度早日走向成熟提供技术层面的支撑。

　　通过对环境容量法律层面特征的研讨，笔者得出了以下的结论：客观地说，与传统形态的物权客体相比，环境容量的物权性并不十分完满，特别是涉及支配性等物权的根本属性时，还需要站在解释论的立场上借助于较为开放和宽容的思辩方能合于既存理论的要求，因此，笔者将以此类客体为基础建构的权利定性为准物权，而非纯粹意义的物权。与此同时，也应当注意到这样的事实，那就是传统的物权理论在面对日益丰富多彩的人类物质生活时，已愈发地体现出其僵化和固执的一面。随着人际关系与物际关系的超常规发展，今后类似于环境容量这样的具有物权属性的法律客体会不断

---

① 参见王利明：《物权法论》，中国政法大学出版社1998年版，第36页。
② 吕忠梅：《论环境物权》，载《人大法律评论》2001年第1期。

地涌现。因而理性地接纳并适度地规制准物权客体，要较一味地抵制和拒绝承认此类客体明智和务实得多！据此，笔者认为已基本具备物权客体特征的环境容量作为一种物质性存在具有充当权利客体的资格。

（三）环境容量的权利化载体——排污权

实现环境容量物权化的处置，解决的仅仅是将环境容量引入民法领域这一课题，而要想在我国全面实践科斯提出的以市场化的方式配置环境要素的设想还必须为作为权利客体的环境容量寻找到合法移转的法律载体。参照国外推行"排污许可证交易"的经验，笔者认为在我国实现上述目的最有效的途径就是构建具有准物权属性的排污权制度。

1．排污权及其法域归属

排污权，也可称为环境容量使用权，是权利人依法享有的对基于环境自净能力而产生的环境容量进行使用、收益的权利。由于排污权是以环境容量这一特殊物质作为客体而形成的权利，因此其在性质上又有别于典型物权。排污权所栖生的有些物质载体在法律上虽被归属于"动产"之列，如水、大气等，但排污权自身却属于不动产权益。因它以权利人对环境容量的使用和收益为权利内容，而不以担保债权的实现为目的，故排污权属于他物权；又因它与一般的用益物权在权利对象、行使方式、权利效力等诸方面存在着明显的不同，所以学者们一般将其定性为准物权。[①]

所谓准物权不是属性相同的单一权利的称谓，而是一组性质有别的权利的总称。按照通说，它由矿业权、水权、渔业权和狩猎权等组成。[②] 也有学者认为权利抵押权和权利质权也包含在准物权的范围之中。[③] 在现代法制的推演过程中，准物权制度的出现不是偶然的，它是现代社会中土地利用关系走向多元化趋势的必然结果。在传统大陆法系民法中，土地的归属和利用关系主要是通过土地所有权及其用益物权制度架构来进行规制的。在此种模式下，与土地相关的自然资源被视为是土地的附属物，有关自然资源的利用、转让等法权关系也比照不动产物权规则来处理，以确保其时刻依附于土地之上的法律秩序能得以维系。但在当代的社会条件下，这种已显僵化

[①] 也有学者和国外的立法将其命名为特许物权、类物权、附属物权或自然资源使用权。本文援用准物权的称谓，其具体的命名规则参阅崔建远：《准物权研究》，法律出版社 2003 年版，第 24—28 页。

[②] 同上书，第 20 页。

[③] 王泽鉴：《民法物权》（第 1 册），台北三民书局 1992 年版，第 6 页。

的立法模式遭到了前所未有的挑战。一方面,矿产资源、水、渔业和森林等附属于土地的资源的开发和利用行为已具有了独立的价值,并逐渐开始脱离土地所有人的效力范围;另一方面,基于对自然资源的开发和利用形成的权利也不再是单纯的民法上的不动产用益物权,而有渐次形成具有相对独立性的新权利体系的趋势。[①] 不同的价值追求加之各异的权利体系使准物权制度开始寻求对传统不动产物权制度的超越,而排污权的出现则进一步加剧了这种超越的深度和广度。

与传统物权相比,排污权至少在以下几方面具有特殊性:首先,作为排污权客体的环境容量在常态下与其所栖生的物质载体难以分离,如水环境容量与水体在物理意义上具有同态性,因此排污权的客体需变通解释才具有相对的独立性。其次,排污权制度的重心不慕支配而侧重于利用,追求在无害环境质量的前提下,实现环境容量资源价值最大化,因此在行使的效果上其基本不具有占有权能。最后,由于排污权不以支配性的存在作为权利生成的基础,因此排污权不具有严格的排他属性,实践中存在数个排污权同时并存于某一环境容量资源物质载体之上的可能。正是基于上述差异的存在,使得排污权无法纳入用益物权的正常轨道,而归属于准物权序列。

2. 排污权属于准物权体系中的一种独立权利类型

之所以作出这一判断是基于如下三点考虑:首先,排污权的客体与基于其所栖生的土壤、水、森林等物质载体而形成的土地所有权、土地使用权、水所有权、水权、林木所有权等权利的客体不同。作为排污权客体的环境容量,是一种法律意义上的无形物,而基于其所栖生的物质载体而形成的各种物权类型的客体则多为各种物质载体本身,如土地所有权的客体为土地,它们都是法律意义上的有体物。在物权法的界域内,将与母权具有不同客体的权利视作子权,显然违反基本的法律逻辑。其次,将排污权归入其所栖生的载体物权将造成权利体系的混乱。这里以水权关系为例,加以说明。前文已述,水体排污权的母权是水环境容量资源所有权,如果将水体排污权视作是基于水权的某一项权能而形成的法律上之力,那么其结论必然是在物权法体系中属于他物权的水权里包含有水环境容量所有权。这与大陆法系既有的权利位阶观念显然是冲突的,且在水权的权利人非为国家时,这种权利布局违反国家自然资源永久主权原则。最后,排污权与基于其所栖生的物质载体而设定的物权在权利行使的理念和法律基础上存在不同。准物权

[①] 参见梅夏英:《特许物权的性质与立法模式的选择》,载《人大法律评论》2001年第2期。

制度设立的价值目标主要是为了实现准物权人对附属于不动产之上的其他资源的利用，而不在于对不动产自身的占有和控制，对于排污权而言，这一权利的兴奋点在于对栖生于各种不同物质载体之中的环境容量的利用，而不在于对排污权所栖生的各种物质载体行使占有和控制权。与此相反，对于基于排污权所栖生的各种物质载体而设定的各种物权类型而言，除了同具有准物权性质的水权、矿业权、渔业权、狩猎权等少数权利外，其他各项权利，如土地所有权、土地使用权、水所有权、林木所有权等均是典型的传统物权。均以对权利客体的占有和控制为第一目的，这与排污权的制度价值显然大异旨趣。综上所述，似应可以得出排污权是准物权体系中一种独立权利类型的结论。至此，以环境容量准物权化为手段，以排污权设立及其移转为特征的环境要素私法化交易模式的雏形已经构建完成。

四、环境容量担保权及其权利构成

与环境容量使用权相比，环境容量担保权更不为学界所知。在权利性质上，环境容量资源本身因其基本不具备占有权能，因此在其上难于设定以转移占有为权利行使方式的担保物权类型，亦即在环境容量资源上不宜设立动产质权。尽管环境容量资源属于不动产权益的范畴，但是否可设定不转移占有的抵押物权，尚取决于法律是否突破对抵押物有形化的限制。根据我国《宪法》有关自然资源权属的一般性规定，未来可能被法定化的环境容量资源所有权将被确认为国家所有，由于我国的自然资源所有权属于不可交易物，所以原则上处于资源形态的环境容量资源所有权将不能成为抵押权的客体。但以环境容量使用权为基础生成的权利因其同样具有不动产物权属性，则可以成为抵押物权的客体，此种权利可简称为环境容量抵押权；而环境容量使用权在实现权利凭证证券化后，如需创设以移转权利凭证为要件的担保物权，则可于其上设定环境容量权利质权。当然由于抵押权的设定无须转移权利凭证的占有，而权利质权需要转移权利凭证的占有，所以已经设定了权利质权的环境容量使用权将丧失再设定抵押权的可能，而已经设定抵押权的环境容量使用权则可能创设效力劣后于抵押权的权利质权或在剩余担保价值范围内再创设权利质权。下文将以排污权抵押制度为例对此种新型权利的特征与权利构成进行详细探讨。

(一) 排污权抵押及其适法性分析

1. 排污权抵押的含义与性质

以前文对排污权概念的诠释为基础,并结合我国《物权法》及《担保法》中关于抵押的定义,笔者认为,所谓的排污权抵押指的是为达致环境效益与经济效益、社会效益三者的有机统一,排污权抵押人在不转移其依法取得的排污权占有关系的前提下[①],以排污权作为其本人或者第三人的债权担保。若债务人不履行相应债务,则排污权抵押权人有权依据相关规定处理该抵押物,并就其价款优先受偿的法律制度。

排污权抵押权与排污权抵押是一对既相互区别又紧密联系的概念。两者的区别在于排污权抵押权是一种权利,而排污权抵押是一种担保方式或是担保行为。而两者的联系则在于排污权抵押行为是设定排污权抵押权的方式,没有排污权抵押行为,排污权抵押权的生成就无从谈起。排污权抵押行为存在的目的就是为了设定排污权抵押权,从这个意义上讲,排污权抵押行为是手段,而排污权抵押权的设定便是排污权抵押行为的目的和结果。

关于排污权抵押的性质究竟为何,笔者认为需要从现行立法对抵押权标的物的规定入手加以理解。我国《物权法》第 180 条规定:"债务人或者第三人有权处分的下列财产可以抵押:(一) 建筑物和其他土地附着物;(二) 建设用地使用权;(三) 以招标、拍卖、公开协商等方式取得的荒地等土地承包经营权;(四) 生产设备、原材料、半成品、产品;(五) 正在建造的建筑物、船舶、航空器;(六) 交通运输工具;(七) 法律、行政法规未禁止抵押的其他财产。抵押人可以将前款所列财产一并抵押。"由此可见,本条比较明确地界定了抵押权客体的范围,包括不动产、动产和权利三类。据此,我国的抵押权也可划分为不动产抵押权、动产抵押权和权利抵押权。

根据担保法原理,动产抵押权或者不动产抵押权多创设于物的所有权之上,而权利抵押权则仅指创设于他物权基础之上的抵押权,如《物权法》第180 条中所提到的土地承包经营权、建设用地使用权等。在这些具有用益物权性质的他物权基础上设立的抵押权即为权利抵押权。对于排污权而言,从其性质本身来看它是一种体现用益物权价值的准物权性权利,因其创设于应属于国家所有的环境容量资源所有权之上,因此排污权属于他物权

---

① 基于排污权不具有严格的特定性的特点,此处的占有通常为法律上的占有而非事实上的占有。

而非自物权。依据前述法理有关权利抵押权客体的认知,创设于排污权这一从环境容量资源国家所有权分离出来的他物权之上的抵押权在法律性质上应当归属于权利抵押权。

2. 排污权抵押的适法性分析

排污权抵押能否得到立法的承认不仅取决于实践的现实需要,还受制于其制度设计是否满足我国现行立法有关抵押权的基础性规范,亦即其是否具有适法性。理论上抵押权创设的法定限制条件可以被提炼为抵押权设定的目的合法与客体合法这两点。因而它们也成为检验排污权抵押是否具有潜在适法性的关键。

从权利抵押权设立的目的来看,它与现代各国物权法发展的趋势相一致。注重对物充分、有效的利用,以实现物尽其用的目的是各国物权法的核心价值之一。权利抵押权以权利的交换价值担保另一债权实现的目的,有利于充分提高物的利用效率。因此,为最大限度地发挥权利抵押权的功能,我们不应基于排污权在客体占有问题上的一些特殊性就将其排除于抵押物的范围之外,而应当看到承认排污权作为权利抵押客体所具有的适法价值性。

从权利抵押权对客体的要求来看,如果以解释论作为出发点,排污权也满足其基本要求。尽管《物权法》第 180 条的前六项中并未对具有准物权性质的权利能否适用权利抵押作出特别规定,但其第七项有"法律、行政法规未禁止抵押的其他财产"可以抵押的表述。[①]《物权法》之所以作出这样的规定究其实质还是希望尽量避免成文法与现实物质世界可能产生的过大隔阂。事实上,我们生活的物质世界是丰富多彩且不断变化的。随着社会融资需求的不断膨胀以及公示制度的日臻完善,能够充当抵押物的财产范围必定会不断扩大,法律不可能穷尽所有可以设定抵押的财产,严苛的列举方式必定是挂一漏万。这样的授权性条款,有助于为单行法不断扩展抵押财产的范围创造条件。只要某项财产符合抵押财产的条件,我们就不能否认其可抵押性。在满足物权法定原则的基本前提下,只要法律、行政法规没有明确禁止某种财产成为抵押物,便应允许民事主体探讨以此财产设定抵押的可能性,这也为企业选择以排污权进行抵押预留了空间。

作为以所有权以外的不动产物权或准物权为标的而成立的抵押权利,[②]

---

① 参见我国《物权法》第 180 条。
② 梁慧星、陈华彬:《物权法》(第四版),法律出版社 2007 年版,第 340 页。

权利抵押权的客体主要是不动产用益物权,因此只要满足下列条件,即具有财产性,且具有可转让性,就可以成为该种抵押的客体。[①] 排污权抵押与土地承包经营权、建设用地使用权、采矿权抵押一样,都是以权利为标的进行的抵押,从本质上说,排污权具备成为抵押权客体的条件。

首先,排污权具有财产性。抵押权直接支配抵押物的交换价值。若作为抵押物的排污权没有交换价值,排污权抵押权将形同虚设。因此,将排污权用作抵押的前提是排污权必须是一种财产性权利。

财产,指由具有金钱价值的权利所构成的集合体。财产与财产权同质同意,属于同一范畴的概念。[②] 财产权的客体主要是体现一定的财产和经济价值的物。排污权的客体是环境容量,由于大规模工农业生产的消耗,导致自然条件下环境容量的自净能力难以满足人类生产和生活的排污需要,这便在事实上使环境容量这一自然物成为一种稀缺的自然资源。环境容量的所有权在初始分配之前归国家所有,在初次分配之后则转归于环境容量使用权人支配。适格的权利人与具有稀缺性的合法财产的结合为排污权交换价值的行使铺平了道路。而其在法律上的后果则是使排污权成为一种具有财产性的权利。从宏观层面来看,排污权的财产性通过排污权交易制度的践行得到充分的体现。排污权在不同市场主体之间的交换充分彰显了此种权利客体的有用性及权利本身所具备的交换价值,交换的结果在为排污权设定市场价格的同时,已将作为资源体的环境容量转化成为一种特殊的商品;从微观层面来看,排污权的财产性还体现在其充当了交易主体获取财产性收益的媒介物。由于同一市场中,不同企业对资源的利用效率存在巨大差异,这直接导致了企业间治污成本的差异。资源利用效率较高的企业,治污负担较轻,可以相同的治污投入获得更多的环境容量使用空间,即排放指标。在成熟的市场环境下,上述经济信号反过来会促进企业致力于污染治理,从而将剩余的排放指标通过排污权交易市场出售以获取额外的收益。

其次,排污权具有可转让性。具有交换价值的财产必须具有流通性,才能依法转让。这是因为抵押权通常是以变价的形式实现的。抵押标的流通性越强,则其变价也越容易。抵押权实现时权利主体会产生变化,所以,不能以法律禁止流通的财产作为抵押权标的。法律限制流通的财产可以抵

---

① 胡开忠:《权利质权制度研究》,中国政法大学出版社 2004 年版,第 69 页。
② 梅夏英:《财产权构造的基础分析》,人民法院出版社 2002 年版,第 28 页。

押,但是如果由于抵押标的较难变价或者其流通受到限制,导致抵押物变价价格可能存在波动的风险,则应当由抵押人承担此种不利。在环保实践中,市场交易使排污权从治理成本低的排污者向治理成本高的排污者流转,这就会迫使排污者为追求盈利而降低治理成本,进而设法减少排污量。上述市场主体交易排污权的事实及排污权因其所具有的交换价值而反作用于市场主体投资决策的事实充分证明了排污权具有可转让性,因此作为抵押权的标的物,排污权不仅不会妨碍抵押权的实现,反而因其具有较好的流通性而成为抵押权人值得信赖的担保财产。

综上所述,排污权具有财产性和可转让性,因此其适合作为权利抵押权的客体。就我国目前所秉承的法理与立法例而言,排污权抵押制度具有适法性。

(二) 排污权抵押的实践及其存在的问题

排污权抵押是我国特有的一种制度,目前我国的排污权抵押主要是通过排污权抵押贷款的形式开展的。

随着近年来市场机制被越来越多地运用于环境保护工作之中,排污权及其交易制度逐渐被地方政府所熟悉和认可。在此背景下,一些地市为了充分发挥排污权所具有的财产权属性,先后开展了排污权抵押贷款的实践。嘉兴、金华、温州、诸暨、上虞、绍兴、建德等市还出台了一系列专门规范排污权抵押贷款的管理办法,与排污权抵押贷款相关的专业性的排污权交易机构或中介平台也不断涌现。为引导和规范相关地区的实践活动,一些地方人民政府还制定了部分规范性文件。国务院及环境保护部也于 2011 年开始先后在"环境保护十二五规划"等多项规范性文件中强调要积极"探索排污权抵押融资的模式"。① 除了政府部门制定的规范文件之外,开展排污权抵押贷款的银行也制定了相应的配套性文件,以规范排污权抵押贷款活动,如《嘉兴银行排污权抵押贷款管理办法》《嘉兴银行排污权抵押贷款操作流程》等。

以上述文件为基础,浙江省嘉兴市在全国率先开展了排污权抵押贷款的实践。2008 年 9 月嘉兴市嘉兴银行发出了第一笔排污权抵押贷款,向以

---

① 参见《国务院关于印发国家环境保护"十二五"规划的通知》(国发〔2011〕42 号),http://www. gov. cn/zhengce/content/2011-12/20/content_4461. htm,最后访问时间:2019 年 10 月 26 日。

排污权作为抵押的 5 家企业提供总额达到 2200 万元的授信额度。① 截至 2012 年 1 月末,嘉兴市商业银行排污权抵押贷款共发放 18295 万元,累计贷款客户到达 41 户。② 截至 2012 年 6 月末,浙江省排污权抵押贷款余额已达 10.4 亿元。③ 此外,2012 年 6 月 5 日湖南省也完成了第一笔排污权抵押贷款交易,由兴业银行长沙分行向以排污权作抵押的华菱湘潭钢铁有限公司发放 1600 万元贷款。④

1. 排污权抵押的法律根据缺失

排污权抵押实践开展的前提是排污权及其交易制度首先被立法所确立。而排污权及其交易制度得以确立的基础性前提是对环境容量资源权属的确认及其初始分配秩序的建立。因此,只有环境容量资源的产权明晰,才能据此确定排污权的初始分配秩序。遗憾的是尽管我国政府力倡开展排污权试点实践已经经愈数年,但是无论是我国的《宪法》自然资源所有权条款,还是《民法》《物权法》的自然资源所有抑或准物权条款,乃至《环境保护法》的环境要素管理与综合利用条款均未对环境容量资源的权属关系作出明确的规定。因此,利用环境容量排放污染物的行为还仅停留在公法管制阶段,这便直接导致了排污权抵押的客体——"排污权"无法成为实定法上的权利。既然无法在法律上对其进行确认并建立适法的用益秩序,排污权及其交易制度的推行便没有了根据,排污权抵押制度便处于灰色地带之中。

2. 排污权抵押登记制度存在缺陷

依照物权法理论及我国现有的法律制度,抵押登记的形式主要有登记要件主义和登记对抗主义两种立法例。但是关于排污权抵押登记究竟采取何种登记制度,现行法律法规并未作出明确规定。开展排污权抵押试点的地区也并未就此问题作出比较明确的规定。由于抵押登记对于排污权抵押的效力影响较大,因此,未来立法者有必要就此问题作出明确规定。

3. 排污权抵押权实现存在较大风险

从排污权抵押试点地区的相关制度设计来看,目前排污权抵押权的实现方式主要有两种,其一是以排污权交易为媒介的折现,其二是以公权力介

① 陈培华等:《嘉兴试水排污权抵押贷款》,http://www.zjol.com.cn/05zjnews/system/2008/10/08/010005879.shtml,最后访问时间:2019 年 10 月 26 日。
② 朱卉等:《我市推行绿色信贷初见成效》,http://nhnews/system/2012/03/08/014812710.shtml,最后访问日期:2019 年 10 月 26 日。
③ 周树勋、严俊:《浙江省排污权抵押贷款现状与对策》,载《浙江金融》2012 年第 8 期。
④ 《华菱湘钢获首笔排污权抵押授信》,http://epaper.xxcb.cn/XXCBC/html/2012-06/06/content_2613251.htm,最后访问时间:2019 年 10 月 26 日。

入为媒介的政府回购。笔者认为,在这两种模式下,排污权抵押权人的抵押权均存在难以实现的隐患。

根据各地有关排污权抵押的规范性文件对排污权抵押权实现方式的规定,在以市场为媒介的实现模式下,当企业无力偿还贷款时,银行可以通过排污权交易中心,将被抵押的排污权转让给合格的第三方,以实现其抵押权。这种看似合理的制度设计在实践中却会出现问题。由于目前我国无论是在全国范围内还是在地区范围内,排污权交易的二级市场均尚未真正建立,这导致试点地区可用于交易的排污指标较少,其市场的辐射功能与影响力均较弱,这有可能造成挂牌交易的排污权无法迅速变现,抵押权人的利益将因为排污权自身流动性较差而难以实现或增加较多的变现成本。因此通过排污权交易中心的转让行为实现抵押权的设计面临交易主体不足的现实性风险。

在通过政府部门回收实现排污权抵押权的模式下,排污权抵押人、抵押权人及政府三方通常会签订协议,约定当抵押人无力履行债务时,由有关政府部门回购排污权,以实现排污权抵押权人的权利。笔者认为,排污权抵押权人通过这种方式实现抵押权,也面临较大的风险。各地制定的有关排污权抵押的规范性文件效力层级均较低,有些甚至并无法律上的约束力,因此政府部门的回购并不是一项法定义务,于此情形下的政府"回购义务"更多的是一种政府信用的体现。一旦遭遇地方财政周转压力或者面临政府换届等因素的影响,政府有可能难以兑现回购的承诺,这时权利人的抵押权就会落空,况且公权力直接介入个别私主体间的民事行为也需要考虑社会公平性上的潜在影响,因此建立具有法律效力且切实可行的保障措施以促进抵押权人权利的实现就显得较为紧迫。

(三) 排污权抵押制度的型塑

排污权抵押制度符合提升环境保护市场化水平的制度方向,因此为促进该项制度由学理讨论走向社会实践,需要立法者及监管者进一步认识该项制度的重要价值,并在制度重塑的过程中对前述的缺陷作出回应。

1. 明确排污权的财产权属性并将其纳入抵押权客体范围

近年来,笔者曾多次撰文详细分析排污权所具有的财产权属性,这些论述的核心目的之一就是为我国立法机关承认该项制度奠定法理基础。[①] 事实上，排污权具有财产权属性不仅已成为学界共识，而且还因排污权抵押的实践获得了实务界的首肯。在法律实践倒逼立法与时俱进的形势下，尽快通过制定全国性规范文件的方式承认排污权的法律地位并将其纳入抵押权客体的范围，已经刻不容缓。因前文已就该权利的属性作出专门论证，此处除力倡立法的必要性之外，在理论层面不再赘述。

2. 明确排污权抵押登记的规则

排污权兼具公、私二重属性，因此理想的排污权抵押权公示方式应该既能满足行政管理的需要又有利于明晰其权利归属。对于抵押物登记的法律效力通常有两种主要模式，即登记对抗主义与登记要件主义。顾名思义，在登记对抗主义的国家，抵押权非经登记，不得对抗善意第三人；而在登记要件主义的国家，抵押权未经登记则不发生物权效力。前者更多关注的是交易的效率而对交易安全的保护要稍显逊色。后者则恰恰相反，它在强化交易安全保护的同时，在一定程度上限制了当事人的意思自治，部分地牺牲了交易效率。对这两者本身的优劣，学者们已经关注很多。事实上两种立法例各有短长，在排污权抵押的场合具体选取哪种立法例的关键还应取决于此种抵押行为对交易安全与交易效率的追求位序。据此，笔者认为，排污权抵押登记应该采取登记要件主义。原因如下：

首先，排污权抵押事关公共利益，其用益秩序自然应处于公权力部门的监管之下。这也是笔者坚持认为排污权应作为准物权来定性的重要原因之一。公权力部门的监管在实务操作层面意味着其需要对排污权的设定及抵押法律关系的形成进行实质性审查。而登记要件主义则为公权力部门的有效介入提供了最为便捷和高效的平台。

其次，我国现行立法对于具有准物权属性的其他权利，如矿业权的抵押等已经采用登记要件主义的立法例。遵循立法领域的可类推性原则并尊重既有的法律习惯，排污权抵押也宜采取类似矿业权抵押的规定，从而维护法律技术与立法手段上的统一。

再次，就排污权抵押权自身而言，它是以权利为抵押权客体的新型抵押制度。相较于以往的不动产抵押与动产抵押，权利抵押无论在观念上还是

---

① 参见邓海峰：《环境容量的准物权化及其权利构成》，载《中国法学》2005 年第 4 期；邓海峰、罗丽：《排污权制度论纲》，载《法律科学（西北政法学院学报）》2007 年第 6 期；邓海峰：《排污权：一种基于私法语境下的解读》，北京大学出版社 2008 年版；邓海峰：《海洋环境容量的物权化及其权利构成》，载《政法论坛》2013 年第 2 期。

在内容上都更为抽象,不易识别。因此为保障交易安全,避免不必要的争议,有必要选取外观上更为明显的公示方式作为其是否设定抵押权的表征。而这同样是登记要件主义的长处。据此,我们建议应以登记要件主义为基础构建排污权抵押的制度框架。

最后,登记要件主义有利于避免担保物权竞合的发生。[①] 由于排污权本身在事实占有方面具有特殊性,因此对于排污权的权利人及抵押权人而言,对排污权的占有只能以法律占有为限。此种占有在外观上通常表现为持有权利凭证或登记于权利凭证之上。因排污权抵押是不需且无法移转标的物占有的,所以在设定排污权抵押权后,抵押人还可以将排污权的权利凭证转移占有至权利人的方式另行设定质押,成立权利质权。因为如果排污权抵押登记采用登记要件主义的模式,则于此情形下,后设定的质权无害于抵押权。此时发生的仅是权利抵押权与权利质权的竞合。按照通说,先设定的抵押权的效力应优先于质权,但是若改采登记对抗主义的立法例,则未登记抵押权人的权益将因其不具有对抗第三人的效力而受损。因此,采登记要件主义将有助于化解基于排污权占有方面的特性而引发的担保物权竞合争议。

3. 强化保障抵押权顺利实现的具体措施

前文已言,无论在市场交易模式下还是在政府回购模式下,抵押权人于抵押人无法清偿到期债务情势下的权利实现都存在着较大风险。因此有必要通过立法的方式强化对抵押权人权益的保障。为此笔者提出如下两项具体的制度:

(1) 设立具有互保性质的专项基金

申请排污权抵押融资的多为一些中小企业,企业自身的资金实力较弱,抵押权落空风险较大。为解除排污权抵押权人的后顾之忧,在排污权抵押过程中,可以借助专项基金的形式对基金成员企业给予排污权抵押的补偿担保,以分散抵押权人的风险,建立排污权抵押的风险补偿机制。为防范未知风险,该专项基金可以实行会员制,由相关行业协会或金融机构发起成立具有互保性质的排污权抵押风险基金。相关金融机构对于基金会员和非会员企业在资质审查和放贷条件等方面可以给予差别对待,以鼓励企业积极加入该基金,实现其可持续运营。

---

① 担保物权的竞合,是指同一财产上存在数项担保物权且其效力相互冲突的现象。参见刘保玉:《论担保物权的竞存》,载《中国法学》1999 年第 2 期。

（2）设立专业化的商业保险

实践中，银行作为抵押权人向抵押人提供贷款时，大都会要求抵押人办理抵押物财产保险与贷款信用保险。笔者认为，可以将这一思路运用到排污权抵押贷款的风控环节中。通过开发专业化的保险险种，对抵押权人提供救济。申言之，企业申请贷款时，同时订立此种保险合同。当企业排污权被撤销或者其他导致排污权抵押权人权利难以实现的情形发生时，排污权抵押权人的风险可以通过保险补偿得到有效救济。在目前排污权抵押制度推行范围较小、风险比较高的情况下，商业保险公司设计险种并参与排污权抵押的积极性并不高。为推动排污权抵押工作的开展，试点地区的政府可以尝试通过为保险公司提供部分财政补贴的方式先将此种政策性保险救济机制确立起来，为今后这种商业模式全面自主化运行创造必要的条件。

作为一项新制度，排污权抵押在带来制度便利的同时，也必然对现有法律秩序造成一定程度的挑战。为促进环保手段的市场化与多样化，激发中小企业投身于环境保护的积极性，迫切需要立法者展现出其对新生事物的包容及与时俱进的灵活性。

第九章　国家环境行政许可权：环境
权利行使的保障与约束

　　国家环境管理中的权力主要体现为国家的环境行政权,它作为环境法上的一种权力类型,是用来规范、调整、解决环境法上不同主体之间的利益冲突。如公民享有清洁环境的权利与企业的排污权之间的冲突等,即需要国家利用这一权力来权衡各方利益并解决矛盾。

　　要使国家环境管理的权力与公民环境权利达到平衡状态,首先需要厘清二者的界限,尤其是国家环境管理权力的界限。国家环境管理活动中的权力即环境行政权,包括环境行政立法权、环境行政决定权、环境行政许可权、环境行政强制权、环境行政处罚权等。而在政府管理环境过程中,环境行政许可、环境行政强制、环境行政处罚是环境行政活动中的重中之重。笔者主要围绕"环境权利"展开研究,所以,本章主要集中研究国家环境行政许可权,因为,这项权力设定和行使的合法、合理将直接影响到环境权利能否得以行使、可否充分和高效地行使,从这一角度分析,环境行政许可权是环境权利行使的保障。与此同时,对于环境权利行使可能产生的相互冲突而言,国家环境行政许可权的设置和行使也是一种约束和秩序维护。有鉴于此,本章将主要讨论国家环境行政许可权,并以环境保护行政主管部门为核心权力主体开展研究。

一、环境行政许可概述

（一）环境行政许可的定义

　　环境行政许可系行政许可的一种。行政许可的概念在学界争议颇多,《行政许可法》的出台亦未能平息这一争议,遑论环境行政许可。对环境行政许可的概念界定建立在对环境行政许可的性质清楚把握的基础之上,目前学术界对行政许可的性质及概念界定主要有四种代表性的观点。

　　1. 赋权说

　　持该观点的学者认为,行政许可是行政主体依法审查后赋予行政相对人以从事活动的资格或者实施行为的权利的行政行为。① 相应地,有学者从政府行使环境与资源保护管理权的角度出发,将环境行政许可界定为由国家环境与资源保护法律法规授权的政府及其主管部门,赋予申请人实施开发利用环境的权利或者资格。② 亦有学者认为,环境行政许可是环保行政机关对从事可能造成环境不良影响活动的开发、建设或经营者提出申请,经依法审查,通过颁发许可证、执照等形式,赋予或确认该申请方从事该种活动的法律资格或法律权利。③

2. 解禁说,或称"权利恢复说"

该种学说是目前多数国家行政法学奉行的学说,即把行政许可看作是行政机关根据符合一定条件的行政相对人的申请进行审查并解除"一般禁止"的特定活动,使其能够从事特定的活动,享有特定权利。④ 持有此类观点的学者提出,环境行政许可是指"环境行政主体根据管理相对人的申请,经审查对符合法定条件者依法准予其从事某种环境活动的行为。环境行政许可是环境行政主体通过颁发许可证对环境采取的有效管理,如污染物排放许可"⑤,是"对符合条件者的不作为义务的解除"⑥。

3. 折中说

折中说认为,赋权说及解禁说并不截然对立,赋权说更强调许可行为中国家的地位及作用,而解禁说则更为关注相对人的权利,它们只是从不同认识角度出发而形成的不同观点。⑦ 折中说虽然希望弥补前两种学说的不足,但实际上却回避了对环境行政许可性质的明确。例如,较早对环境行政许可下定义的学者提出,环境行政许可是环境行政部门对相对方申请的可能对环境产生消极影响的事项或排污行为进行审查并决定是否给予许可的一种具体行政行为。⑧ 也有学者给出相类似的观点,"环境行政主体对行政相对人所提出的可能给环境带来消极影响的申请事项,经依法审查,并决定是否准予其从事特定活动的行为"⑨。

---

① 参见罗豪才主编:《行政法学》,北京大学出版社 1996 年版,第 175 页。
② 汪劲:《环境法学》(第二版),北京大学出版社 2011 年版,第 78 页。
③ 周珂:《环境法》,中国人民大学出版社 2008 年版,第 52 页。
④ 参见姜明安主编:《行政法与行政诉讼法》(第三版),北京大学出版社 2007 年版,第 260 页。
⑤ 吕忠梅:《环境法学》,法律出版社 2004 年版,第 146 页。
⑥ 江必新:《论行政许可的性质》,载《行政法学研究》2004 年第 2 期。
⑦ 马怀德主编:《行政法与行政诉讼法》,中国法制出版社 2010 年版,第 169 页。
⑧ 胡宝林、湛中乐主编:《环境行政法》,中国人事出版社 1993 年版,第 110 页。
⑨ 刘志坚:《环境行政法论》,兰州大学出版社 2007 年版,第 121 页。

4. 确认与规制说，或称"验证说"

该学说主张行政许可是行政主体对相对人行使特定权利的条件及资格进行确认，并于实施过程中进行依法监督及规制的过程性行政行为。"行政许可是对权利人行使权利的资格与条件加以验证，并给以合法性的证明"，是一个从"应有权利"到通过法律确认成为"法定权利"，再到根据相对人申请而使权利明确化的"实定权利"的过程。① 据此，有学者认为，"环境行政许可是指环境行政许可主体在环境资源管理中，针对行政相对人的申请，依法判定和确认行政相对人是否已具备从事某种特定活动或实施某种特定行为的条件或资格，并对经判定和确认的活动或行为进行全过程依法监督的过程性行政行为。"②

此外，还有部分学者认为以上理解都存在不足，主张从其他视角对环境行政许可的概念及性质进行思考，如有学者认为可以从社会功能及权利的相对性角度提出将环境行政许可界定为"无害性审查"③；亦有学者认为，环境行政许可不同于一般的行政许可，应当从"社会赋权说"出发，来理解相关概念。④

实际上，上述的各种学说对环境行政许可的概念及性质描述都有一定的合理性，赋权说更多的是从形式层面对环境行政许可进行解读，解禁说则从权利地位进行规定，验证说则动态地观察环境行政许可中权利性质的变化，无害性审查说从环境行政许可之事项性质及规范目的尝试跳出解禁说范畴；而社会赋权说则尝试以环境法调整对象的特殊性来部分修正解禁说和验证说。

综上所述，笔者认为，分析环境行政许可的概念需要注意两点：第一，观察视角应动态全面，不能仅仅看到政府准许或者不准许相对人从事特殊活动的一面，更应该看到自相对人申请至实施的整个过程；第二，需结合环境

---

① 参见郭道晖：《对行政许可是"赋权"行为的质疑——关于享有与行使权利的一点法理思考》，载《法学》1997 年第 11 期。

② 黄明健：《环境法制度论》，中国环境科学出版社 2004 年版，第 275 页。

③ 刘东亮指出："无害性审查"解释如下："具体到行政许可事项，法律要求相对人不得未经申请即自行从事某种行为，并非根本禁止该行为，而是为了通过相对人的申请，使行政机关有机会事先审查其所从事行为的无害性。这种无害性，表现为必须具备一定的条件或者资格，可以排除危险的发生，不至于对其他公民的自由和权利或者社会公共利益造成侵害。行政机关审查的内容，是核实申请人是否具备一定的条件或者资格。申请人具备法律规定的条件或资格的，准予从事该行为；不具备条件或资格的，则不允许从事该行为。"参见刘东亮：《无害性审查：行政许可性质新说》，载《行政法学研究》2005 年第 2 期。

④ 即认为，"社会赋权说"是指权利的取得以法律的规定为前提，人并非天生具有开发、利用自然的权利，"社会赋权"说是对权利恢复说中"权利"性质的修正。参见周玉华主编：《环境行政法学》，东北林业大学出版社 2002 年版，第 124—125 页。

法自身的特殊性进行定义,环境法绝对不是行政法学的附庸,而是具有自身独特的理念、原则、制度、调整对象等一系列完整而成体系的内容架构,故在对环境行政许可进行定义之时,要结合环境法自身的特殊性,例如生态中心主义的伦理基础及对人与自然关系的协调。

　　结合以上学说及现行法之规定,笔者认为,可将环境行政许可定义为:环境行政许可是指环境行政许可主体依相对人之申请,对相应的环境开发及利用行为进行依法审查,并决定是否许可申请人从事为环境法律、法规所一般禁止的活动,并对该活动依法进行监督的全过程的具体行政行为。

（二）环境行政许可的法理依据

1. 环境行政许可的本质探析

　　就"许可"本身的语词意思而言,它是一个相对的概念,即有控制、禁止才有许可;但是这种禁止又并非绝对禁止,否则不存有许可的可能性。环境行政许可亦是如此,在本质上,是基于利益衡平等条件对被限制或禁止的对环境具有潜在破坏性或危险性的活动或行为予以准许。

　　正如前文所述,环境行政许可的性质不仅关系环境行政许可的概念问题,亦与环境行政许可所能够得到的法理支持和依据有莫大联系。从对其性质分析中可以发现,环境行政许可的本质在于:一方面,环境行政许可作为环境管理机关进行环境保护监督管理的重要手段,在于所被许可或者不被许可的行为具有潜在的环境危险性或者生态破坏性。比如,对自然资源的开发有造成生态平衡被打破、资源面临枯竭的可能,对环境容量的利用有造成环境污染的可能,故此时由环境行政主管部门代表国家行使环境行政管理权力,即环境行政许可机关需要对其进行审查及限制。另一方面,环境行政许可作为行政管理相对人获得相关权利的法定方式,在于申请人的这种活动又能使社会或个人获得一定利益,故需要规定在一定的前提及条件下,所作的一般性的限制可以解除。

2. 环境行政许可的功能

　　环境行政许可能够解决利益之间的冲突。概言之,环境行政许可制度设计是为了解决环境利益与经济利益之间的冲突而产生的;具言之,则主要是试图解决"环境公益与经济个益之间的冲突——即市场失灵问题"[①]。对

　　[①]　参见李启家、李丹:《环境法的利益分析之提纲》,载《2003年环境资源法学会国际研讨会论文集》。

申请人所从事的特殊行为或活动是否予以许可，是以上利益之间的博弈过程。

现代社会多数国家对于公民所具有的环境权——享有在健康舒适的环境中生存的权利持肯定态度，亦通过立法对此予以确定，公众的环境权益也相应产生。但是在市场经济的条件下，企业等市场经济主体为了追求个体经济利益最大化而与公众环境利益产生冲突，也即所谓的"本能利用行为"与"开发利用行为"之间的冲突。① 比如环境容量的利用行为本身为促进社会经济发展之必要，存在正当合理性，但环境容量本身又是稀缺的，开发利用行为往往是向环境排放污染物或者废弃物来实现环境容量的利用，作为市场主体在缺乏规制之时即会本着利益最大化的驱动而过分利用环境容量，导致环境恶化，使得公众环境利益受损，在这种情况下，二者就会产生冲突。此时，政府能够运用为法律法规授权进行环境与资源保护管理权力，对此二者的冲突予以平衡——环境行政许可即其中非常典型的一种。以企业排污为例，政府对企业排污的种类、数量、浓度等进行认定及核准，对申请排污许可证的企业进行排污范围、方法、途径等的设定，即使得企业向环境的排污能够被尽量控制在不破坏环境容量本身能够自净的范围内，在不危害环境整体利益的前提下实现经济个体利益。

从利益冲突协调的功能出发，环境行政许可能够把各种有害或可能有害环境的活动纳入国家统一管理的轨道，并对其予以严格的控制与管理，进行无害性的预先审查。这样有利于防患于未然，对防止环境破坏，保护自然资源，维护生态安全有不可或缺的作用。基于以上分析，笔者认为，环境行政许可的存在有其合理性、必要性和重要性。

(三) 环境行政许可的主要特征

学界关于行政许可的特征虽然表述各有不同，但基本要点一致，主要为依申请、有限设限和解禁、授益性、要式性等。② 环境行政许可作为行政许可的一种，除了具有行政许可以上的基本特征之外，亦有其自身的特征。但是对于环境行政许可的特征，学界的观点未统一，有学者提出的环境行政许可

---

① 关于"本能利用行为"与"开发利用行为"的概念及关系，参见汪劲：《环境法学》(第二版)，北京大学出版社 2011 年版，第 52—54 页。

② 参见姜明安主编：《行政法与行政诉讼法》(第三版)，北京大学出版社 2007 年版，第 258—260 页。除此之外，有学者提出行政许可维护公共利益和社会秩序，保障和监督行政机关有效实施行政管理的目的亦是行政许可的特征之一，参见胡建淼主编：《行政法学》，复旦大学出版社 2003 年版，第 170 页；以及马怀德主编：《行政法与行政诉讼法》，中国法制出版社 2010 年版，第 166 页。

的特征与行政许可特征相类似。[①] 亦有学者提出,环境行政具有自己的独有特征。[②] 笔者总结,环境行政许可主要有以下特征:

1. 许可数量有限性

相对于一般行政许可而言,环境行政许可在许可数量方面的限制更加严格。对于自然资源开发行为或环境容量的利用行为,由于自然资源的环境容量的有限性及强调环境质量的改善,故通过环境行政许可来对这些利用行为进行规制。对环境要素有极大危险性及破坏性的行为,则应当通过更为严格的特许而非一般许可来进行环境行政许可。此外,对于诸如在自然保护区域内的一些利用行为(基于科研、教学等特定目的或公共利益需要),也需要通过特定许可才能进行。这也从另一方面看出环境行政许可的数量有限性。

2. 科技性与风险性

正如环境立法中存在技术性规范不断增多的趋势,对于环境利用行为是否予以许可的判定,亦需建立在大量的环境技术规范、操作规程、环境标准和污染控制工艺等的基础之上。"理想环境品质的设定、环境影响的评估、环境改善的认定等,亦涉及科技水准的考量。"[③]而正是在环境行政许可对科技的倚重及环境污染与生态破坏很难修复的背景下,环境行政许可具有较高的风险性,一旦许可失误,所造成的影响及损失绝不是一般行政许可失误所能比拟的,这就必然要求环境行政许可要慎之又慎。

3. 公正性与公开性

相对于一般行政许可,环境的保护与社会可持续发展、大众生存与生活的权利息息相关,环境具有的环境与经济双重价值所容易造成的冲突使得在环境行政许可过程中需加强对政府的行政裁量权的监督,公正、公开及公众的参与显得非常重要。

---

① 例如,有学者提出主体的广泛性、种类繁多、依申请、解除法律规范的一般禁止、授益性、要式、可诉性等为环境行政许可的特征。参见刘志坚:《环境行政法论》,兰州大学出版社 2007 年版,第 121—123 页。

② 例如有学者提出,从许可主体的特殊性、许可申请人的特殊性、许可内容的特殊性、许可目的的特殊性去分析环境行政许可的特征,参见周玉华主编:《环境行政法学》,东北林业大学出版社2002 年版,第 122—123 页。还有学者提出,环境行政许可具有风险品性、科技背景、代际平衡、利益平衡、国际关联等特征,参见姜敏:《环境法基本原则与环境行政许可制度建构》,载《中国政法大学学报》2011 年第 4 期。

③ 姜敏:《环境法基本原则与环境行政许可制度建构》,载《中国政法大学学报》2011 年第 4 期。

4. 利益平衡的特殊性

这主要是指环境行政许可需要对环境保护与社会发展之间、代际之间、区际(国际)之间进行利益平衡。环境行政许可牵涉的利益繁多,就环境保护与社会发展而言,环境行政许可一方面需要对能够促进社会经济发展的利用环境资源的行为予以准许,但另一方面又必须对行为人的行为进行约束,以缓解生态社会矛盾,促进社会可持续发展。而代际之间亦如是,一方面需要满足当代人对社会发展的要求,另一方面又要对当代人的活动予以规制,以不损害后代人对环境及自然资源的权益为前提。此外,一般的行政许可往往局限于国内各类利益的平衡,但是环境行政许可基于环境本身"牵一发而动全身"的特质,具有国际关联的特点,需要"做好国际义务与国内规划的协调"[1]。

(四) 环境行政许可的形式

根据不同的分类标准,行政许可的权力实施形式可以分为不同种类。

首先,依据行政许可的事项不同,行政许可分为特许(授权行为)、普通许可、认可、核准、登记等内容。[2] 环境行政特许权,是指行政机关代表国家对被许可人授予某种权利或者对有限资源进行有效配置的管理方式。环境行政普通许可权,是指准许符合法定条件的相对人行使某种权利的行为。[3]凡是直接关系国家安全、公共安全的活动,基于高度社会信用的行业的市场准入和法定经营活动,直接关系到人身健康、生命财产安全的产品、物品生产及销售活动,都适用于普通许可。环境行政认可权是对相对人是否具有某种资格、资质的认定,通常采取向取得资格的人员颁发资格、资质证书的方式。环境行政核准权是行政机关按照技术标准、经济技术规范,对申请人是否具备特定标准、规范的判断和确定。环境行政登记是行政机关对个人、企业是否具有特定民事权利能力和行为能力的主体资格和特定身份的确定,是日常生活中应用最为广泛的一项环境行政许可权力。[4]

其次,由于"许可证"成为环境行政许可最为常见的表现方式,许可证的分类也可以在一定程度上体现出环境许可的表现形式,具体包括:许可证、

---

① 参见姜敏:《环境法基本原则与环境行政许可制度建构》,载《中国政法大学学报》2011 年第 4 期。

② 汪劲:《环境法学》(第二版),北京大学出版社 2011 年版,第 309 页。

③ 胡建淼主编:《行政法与行政诉讼法》,清华大学出版社 2008 年版,第 104 页。

④ 同上书,第 105—106 页。

执照或者其他许可证书;资格证、资质证或者其他合格证书;法律法规规定的其他行政许可证件。行政机关实施检验、检测、检疫的,可以在检验、检测、检疫合格的设备、设施、产品、物品上加贴标签或者加盖检验、检测、检疫印章。[①]

最后,根据我国环境法规定并实行的环境行政许可证,按其作用可分为防止环境污染许可证、保护自然资源许可证、综合环境保护许可证。防止环境污染许可证包括排污许可证、废物进口许可证、海洋倾废许可证、危险废物经营许可证、放射性同位素与射线装置的生产、使用、销售许可证等。保护自然资源许可证,依其性质又可细分为三大类:(1)资源开发许可证,如林木采伐许可证、采矿许可证、捕捞许可证、采集证;(2)资源利用许可证,如土地使用证、草原使用证、养殖使用证等;(3)资源进出口许可证,如野生动植物进出口许可证等。综合环境保护许可证则主要包括规划、建设方面的许可证,如建设用地规划许可证、建设工程规划许可证、核设施建造许可证等。

(五) 环境行政许可权的权力体系

环境行政许可权力的体系可以分为纵向权力体系和横向权力体系。纵向权力体系主要是指从中央到地方各级环保行政机关的环境行政许可权的区分;横向权力体系则是指依据不同管理领域,不同政府职能部门就环境行政许可权力的横向划分。

1. 纵向环境行政许可权力体系

纵向环境行政许可权力体系主要是界分中央环境行政许可权及地方各级环境行政许可权。以环保行政机关为例,中央环境行政许可权主要有建设项目环境影响评价技术服务机构资质认定权、新化学物质环境管理登记证核发权、危险废物越境转移核准权、危险化学品进出口环境管理登记证核发权等28项(参见表9-1)。地方环境行政许可权则主要包括建设项目环境影响评价审批报告书(表)审批权、建设项目环保设施竣工验收审查权、防治污染设施的拆除或者闲置批准权、排污许可证核发审批权、危险废物经营许可证核发审批权、危险废物转移审批权、销售使用Ⅳ、Ⅴ类放射源和生产销售使用Ⅲ类射线装置单位辐射安全许可证核发审批权、医疗废物集中处置经营许可审批权以及废弃电子产品处理资格审批权等。

---

① 胡建淼主编:《行政法与行政诉讼法》,清华大学出版社 2008 年版,第 107 页。

表 9-1 中央环境行政许可权权力体系

	项目名称
1	建设项目环境影响评价技术服务机构资质认定
2	新化学物质环境管理登记证核发
3	危险废物越境转移核准
4	危险化学品进出口环境管理登记证核发
5	从事放射性污染防治的专业人员资格认定
6	从事放射性污染监测工作的机构资质认定
7	民用核设施操纵员执照核发
8	民用核材料许可证核准
9	民用核安全设备设计、制造、安装和无损检验单位许可证核发
10	民用核安全设备焊工、焊接操作工资格证书核发
11	进口民用核安全设备安全检验合格审批
12	民用核设施选址、建造、装料、运行、退役等活动审批
13	生产放射性同位素(除生产医疗自用的短半衰期放射性药物)、销售和使用Ⅰ类放射源(除医疗使用的Ⅰ类放射源)、销售和使用Ⅰ类射线装置单位许可证核发
14	列入限制进出口目录的放射性同位素进口审批
15	设立专门从事放射性固体废物贮存、处置单位许可
16	由环境保护部负责的建设项目环境影响评价审批
17	可能造成跨省界环境影响的放射性同位素野外示踪试验审批
18	由环境保护部负责的建设项目竣工环境保护验收
19	列入限制进口目录的固体废物进口许可
20	消耗臭氧层物质生产、使用、进出口配额许可及进出口审批
21	为境内民用核设施进行核安全设备设计、制造、安装和无损检验活动的境外单位注册登记审批
22	Ⅰ类放射性物品运输容器的设计审查批准
23	Ⅰ类放射性物品运输容器制造许可证核发
24	使用境外单位制造的Ⅰ类放射性物品运输容器审批
25	Ⅰ类放射性物品运输的核与辐射安全分析报告书审查批准
26	国家级自然保护区的建立、范围调整审核
27	对地方制定严于国家排放标准的机动车船大气污染物排放标准、规定对在用机动车实行新的污染物排放标准并对其进行改造的审核
28	民用核安全设备无损检验人员资格许可

2. 横向环境行政许可权力体系

横向环境行政许可权力体系主要是界定不同部门的环境行政许可权力。不同的行政机关所拥有的环境行政许可权不同。根据国务院公布的各部委权力清单，国务院各部委中行使环境行政许可权力的主要有环保部、农业部、林业局、交通运输部、海洋局、水利局、工业和信息化部、国土资源部、国家气象局等。由于环保部的环境行政许可在纵向环境行政许可权力体系中已经描述得较为清晰，在此不赘述。

第一，依据农业部权力清单，农业部共有 38 项行政许可权力。主要行使与农作物、农业生产、野生植物相关环境行政许可权力，如进出口农业主管部门管理的国家重点保护或者国际公约限制进出口的野生植物审批，转基因农作物种子生产许可证核发，跨省、自治区、直辖市运输或者运往国外高致病性病原微生物菌（毒）种或者样本审批，渔业捕捞许可证核发（涉外渔业）等。

第二，依据国家林业局权力清单，国家林业局共有 34 项行政许可权力。主要有开展与林业、林木、动植物相关的境行政许可事项，如向境外提供或从境外引进林木种质资源审批、在林业部门管理的国家级自然保护区建立机构和修筑设施审批、外来陆生野生动物物种野外放生审批、开展林木转基因工程活动审批、实施植物新品种强制许可审批等。

第三，依据交通运输部权力清单，交通运输部共有 41 项行政许可权力。主要行使与船舶相关的环境行政许可权力，包括新增客船、危险品船投入运营审批，船舶污染港区水域作业审批，船舶所有人、经营人或者管理人防治船舶及其有关作业活动污染海洋环境应急预案审批，船舶污染物接收单位从事船舶垃圾、残油、含油污水、含有毒有害物质污水接收作业审批，船舶油污损害民事责任保险证书或者财务保证证书核发，船舶进行散装液体污染危害性货物水上过驳作业审批，危险化学品水路运输人员资格认可等环境行政许可审批事项。

第四，依据国家海洋局的权力清单，国家海洋局的环境行政许可权力主要有海洋工程建设项目环境影响报告书核准、废弃物海洋倾倒许可证核发、海洋工程建设项目环境保护设施"三同时"检查批准、涉外海洋科学研究审批、海域使用论证单位资质认定等共 19 项。

第五，除上述部门外，其他中央部门（水利局、工业和信息化部、科学技术部、国土资源部、气象局、国家安全生产监督管理总局等）也有一些与环境保护相关的行政许可权。包括：（1）水利部的行政许可权力主要有取水许可、江河、湖泊新建、改建或者扩大排污口审核、水利水电建设项目环境影响报告书(表)预审、水利工程建设监理单位资质认定、生产建设项目水土保持方案验收审批等；(2)工业和信息化部则主要行使与化学品相关的环境行政许可权力，如第一类监控化学品生产许可、第一类监控化学品使用许可、第二、三类监控化学品和第四类监控化学品中含磷、硫、氟的特定有机化学品生产特别许可等；(3)国土资源部则主要有建设项目用地预审及建设项目压覆重要矿床审批、勘查矿产资源审批、开采矿产资源审批等环境行政许可权力；(4)国家气象局则行使新建、扩建、改建建设工程避免危害气象探测环境审批，人工影响天气作业组织资格审批、大气环境影响评价使用非气象主管部门提供的气象资料审批等多项环境行政许可权力。(5)国家安全生产监督管理总局主要行使矿山建设项目和用于生产、储存危险物品的建设项目的安全设施设计审查，国务院审批(核准、备案)或跨省危险化学品生产、储存建设项目安全条件审查，以及矿山企业、危险化学品生产企业安全生产许可等与环境保护有潜在影响的行政许可权。

二、环境行政许可设定中的国家权力类型

《行政许可法》第二章对行政许可的设定进行了规定。该法取消了曾经设定过大量行政许可的部门规章和较大的市的政府规章的设定权，规定只有法律、地方性法规、必要时国务院有普遍约束力的决定、省级地方政府规章(临时性行政许可)可设定环境保护行政许可，并且规定规章以下的其他规范性文件一律不得设定行政许可。从而可以推导解释得出，国务院部门制定的规章以及依法不享有规章制定权的地方人民政府和其他机关制定的规范性文件不得设定环境保护行政许可，大大减少了行政许可的设定主体。但是根据2004年国务院颁布的《对确需保留的行政审批项目设定行政许可的决定》(2016年修订)的规定，对法律、行政法规以外的规范性文件设定，但确需保留且符合《中华人民共和国行政许可法》第12条规定事项的行政许可项目，予以保留。其中7项属环境保护部(时为国家环保总局)的环境行政许可项目。① 笔者认为，国家在进行环境保护行政管理过程中与环境行

---

① 分别为环境保护设施运营单位资质认定，加工利用国家限制进口、可用作原料的废电器定点企业认定，民用核承压设备设计制造安装许可证核发、新化学物质环境管理登记证核发、危险废物越境转移核准、民用核承压设备焊接和无损检验人员资格证书核发、危险化学品出口环境管理登记证核发。

政许可事项设定相关的权力主要包括如下类型：

（一）制定环境标准的权力

严格而言，环境标准本身并非环境行政许可的内容，但由于其特殊性与环境行政许可密切相关。相当一部分环境行政许可实际上是需要以环境标准为依据决定设定或实施与否。虽然对于环境标准的性质学界尚未达成共识，但是由于环境行政许可本身具有的科技性及风险性，所以需要在设定及实施环境行政许可之前通过对许可事项或者申请事项在专业性较强的环境科技标准规范的层面上进行审查，以便决定后续法律行为。在此意义上，环境标准对于环境行政许可而言是必不可少的。

环境标准作为环境行政许可规制的依据，最早在 1973 年发布的《工业"三废"排放试行标准》中出现。1979 年颁布实行的《中华人民共和国环境保护法（试行）》的第 26 条，1989 年颁布实行的《中华人民共和国环境保护法》第 9、10 条，以及 2014 年修订的《中华人民共和国环境保护法》第 15、16 条都对环境标准的制定及实施提供了法律依据。

1983 年颁布实施的《环境保护标准管理办法》及 1999 年颁布实施的《环境标准管理办法》对环境标准制定、实施及监督等方面进行了专门的规定。此外，1988 年颁布实施的《中华人民共和国标准化法》（2017 年修订）为环境标准的分类——区分强制性及推荐性标准提供了明确的法律依据。

环境标准的官方定义最早见诸前述的《环境保护标准管理办法》，其第 3 条将环境标准定义为"为了保护人群健康、社会物质财富和维持生态平衡，对大气、水、土壤等环境质量，污染源、监测方法以及其他需要所制订的标准"。该部门规章后为 1999 年的《环境标准管理办法》代替，但是该定义未被保留，因而留有空白。我国学者对环境标准的内涵在一些细节方面存在差异，但是总体上并非无本质区别。综合而言，环境标准是指"为了保护人群健康、保护社会财富和维护生态平衡，就环境质量及污染物的排放、环境监测方法以及其他需要的事项，按照法律规定的程序制定的各种技术指标与规范的总称"[①]。就环境标准的外延而言，一般认为，环境标准体系包括环境质量标准、污染物排放（控制）标准、环境监测方法标准、环境标准样品标准、环境基础标准等五类，此外还包括环境保护部标准（或称"行业标准"）以及企业标准。由于企业标准主要由企业自行制定及在企业内部适用，所

[①]　汪劲：《环境法律的解释：问题与方法》，人民法院出版社 2006 年版，第 326 页。

以在此不对其进行展开讨论。此外,根据《标准化法》的规定,上述标准种类中,前三种为强制性标准,后几种为推荐性标准。根据《环境保护法》《标准化法》的规定,在环境标准制定领域的权力划分主要如下:

第一,制定环境质量标准方面。国务院环境保护行政主管部门有权制定国家环境质量标准;省、自治区、直辖市等地方人民政府对国家环境质量标准中未作规定的项目,可以制定地方环境质量标准,并报国务院环境保护行政主管部门备案。在整个环境标准体系中,环境质量标准处于核心地位,它是另一强制性标准——污染物排放标准的制定依据及前提,对后续的排污许可等都有前提性的影响。

第二,制定污染物排放标准方面。国务院环境保护行政主管部门根据国家环境质量标准和国家经济、技术条件,制定国家污染物排放标准;对国家污染物排放标准中未作规定的项目,省、自治区、直辖市人民政府可以规定地方污染物排放标准;对国家污染物排放标准已作规定的项目,省、自治区、直辖市人民政府可以制定严于国家污染物排放标准的地方污染物排放标准,地方性污染物排放标准向国家备案之后可成为本行政区域的强制性标准。污染物排放标准主要是针对污染物可排放的最大限值所作的直接规定,所以在排污许可这一环境行政许可中,该标准具有直接影响,对排污行为的环境行政许可具有约束力。

第三,制定环境监测方法标准、环境标准样品标准、环境基础标准方面。"鉴于有关环境监测方法、技术规范和相关数据需要在全国范围内统一"[1],所以这些标准的制定主体为国务院环保部门和其他主管部门。上述环境标准,尤其是监测方法、标准样品及相关技术规范数据在环境行政许可实践中,对于判断专业科技性上具有较大影响。

第四,制定环境保护部标准方面。需要在全国环境保护工作范围内统一的技术要求而又没有国家环境标准时,可以制定国家环境保护部标准,制定权力主体即为环境保护部。该标准目前主要存在于"环境基础标准和环境影响评价技术规范之中"[2]。上述标准也对环境行政许可产生较大影响,尤其是环境影响评价的技术性规范、指南等。

---

[1] 汪劲:《环境法学》(第二版),北京大学出版社2011年版,第122页。

[2] 同上。

（二）规定"环保名录"的权力

与环境行政许可相关的"环保名录"主要有以下几类：第一，防止环境破坏相关名录，诸如《中国现有化学物质名录》《国家危险废物名录》《放射性物品分类和名录》《国家先进污染防治技术示范名录》；第二，整体环境保护名录，最为典型的是《建设项目环境影响评价分类管理名录》；第三，自然资源保护相关名录，诸如《自然保护区名录》（包括全国及地方）、《中国生物多样性红色名录——高等植物卷》等；第四，其他环境行政事务名录，诸如《环境标志获证企业名录》《限制类固体废物进口审批名录》《自动类固体废物进口审批名录》《机动车环保达标目录》等。前三者能够在实际许可过程中得到反复应用，最后一种更多的是环境行政许可的结果公示或数据陈列。不过必须承认，上述目录的制定影响到环境行政许可实践。

环保名录的制定主体往往也有国家及地方之分，以前述列举的《建设项目环境影响评价分类管理名录》《中国现有化学物质名录》《国家危险废物名录》《放射性物品分类和名录》《全国自然保护区名录》《中国生物多样性红色名录——高等植物卷》等都是国务院环境行政主管部门单独或联合其他部门制定的，而地方的《自然保护区名录》则是地方根据各自的实际情况，各自制定。这也引出一个问题，即这些名录是否是规章还是其他规范性文件？其效力如何？根据《立法法》的规定，部门规章是指国务院各部门根据法律和国务院的行政法规、决定、命令在本部门的权限内按照规定程序所制定的规定、办法、实施细则、规则等规范性文件的总称。而国务院各部门和地方人民政府发布的内部的具体工作制度、文件，对具体事项的布告、公告以及行政处理决定，不是规章。可以看到的是，多数名录都是具体事项或者数据的公布，故而，大部分名录并非部门规章，而是属于制定部门"其他规范性文件"。

对于"名录"的性质，笔者认为可以从"名录"的功用中进行探索。其中，"其他环境行政事务名录"由于只是行政许可事务的结果公示或数据陈列，在行政许可的前阶段基本参与不了，只有在后期的监督过程中起到一定对照作用，在此不详细表述。与自然资源保护相关的名录，诸如《自然保护区名录》，在自然资源开发利用（非仅仅从资源层面）许可事项方面发挥着类似依据的作用，尤其是在自然保护区域内采集野生植物、捕获野生动物以及在其实验区、外围地带从事生态观光、旅游等行为的许可或不许可与该名录有着直接的联系，该名录对于自然保护区范围有具体数值的界定，并且每年都会有相应的更新。而防止环境破坏名录，诸如《中国现有化学物质名录》《国家危险废物名录》《放射性物品分类和名录》等，能够实现比较全面、灵活、合理、方便地实行对化学物质、危险废物、放射性物品的严格控制，在新化学物质环境管理登记证核发、危险废物经营许可证审批权、放射性污染防治监测机构的资质认可等相对应的环境行政许可中也发挥着技术性标准或规范的作用，在这方面与环境标准有相类之处。至于作为整体环境保护名录的代表——《建设项目环境影响评价分类管理名录》，是基于法律授权，是为了实施环境影响评价项目分类管理的目的而制定的，它就建设项目对环境影响程度的大小有详细的数量化数据的规定，对于有关建设环境影响评价多个方面的环境行政许可都有极大影响。

（三）设定环境行政许可事项的权力

哪些事项可以设定环境行政许可，哪些事项不能设定环境行政许可，对这一问题的界定实质上是在界定公权力能够在多大程度上干预私权利，政府管理与社会发展之间的平衡度应该置于何处。正如前文所述，根据《行政许可法》的规定，设定行政许可的有权主体为全国人大及其常委会，国务院、地方人大及常委会、省级政府，而且需要以法律、行政法规、地方性法规、省级政府规章的形式才可有效设定，在设定许可事项及许可形式之时都是如此。此外对于行政法规、地方性法规、省级地方规章可以在上位法范围内作出具体规定，但不得增设许可，不得增设违反上位法的其他条件。《行政许可法》第12条对可以设定行政许可的事项进行了规定，主要有六类事项：

第一，直接涉及国家安全、公共安全、经济宏观调控、生态环境保护以及直接关系人身健康、生命财产安全等特定活动，需要按照法定条件予以批准的事项。这类事项又可以称为一般（普通）许可事项，从事直接涉及公共利益或个人重大利益的特殊活动，其设定目的在于防止危险及保障安全，对这类许可事项法律法规等规定得相对较为明确，一般而言没有数量控制（这对于环境行政许可而言不适用）及不可转让。[①] 虽然这几个方面可以说是一个问题的不同方面，但是不同领域的行政许可还是会有不同的侧重及适用方面。就环境行政许可而言，主要关注的是"生态环境保护"及"直接关系人身健康、生命财产安全"两个方面。举例而言，我国的1989年《环境保护法》、

---

① 参见朱新力等：《行政法学》，中国人民大学出版社2012年版，第145—146页。

《水污染防治法》、2000 年《大气污染防治法》《固体废物污染环境防治法》《噪声污染防治法》《海洋环境保护法》《建设项目环境保护管理条例》等都规定,建设项目环境影响报告书、向环境排放污染物、环境保护工程设施相关的环境行政许可属于此类行政许可事项。

　　第二,有限自然资源开发利用、公共资源配置以及直接关系公共利益的特定行业的市场准入等,需要赋予特定权利的事项。这亦被称为"特许"事项。这类许可事项设定的目的在和合理分配有限的自然资源及公共资源,防止资源利用过程中出现无序状态,通常申请人获得许可需要付出一定对价(诸如在拍卖、竞标中支付相应费用,这一点在自然资源开发、利用方面的环境行政许可尤为彰显)。一般而言,有数量限制并且可以转让。[①] 我国环境与自然资源一般属于国家所有,国家对其所有的自然资源享有占有、使用、收益和处分的权利。政府代表国家向申请人赋予开发利用自然资源的事项即属于第一方面的内容,目前,全国人大常委会根据《宪法》,制定的《矿产资源法》《煤炭法》《水法》《森林法》《草原法》等法律,对这些地、矿产、草原、水等自然资源的开发利用许可规则都进行了规定。

　　第三,提供公众服务并且直接关系公共利益的职业、行业,需要确定具备特殊信誉、特殊条件或者特殊技能等资格、资质的事项,这亦被称为"认可"事项,即对特定职业行业资格、资质的确定。其设立的目的在于由于从事的职业、行业直接关系公共利益,故需要提高相关从业者的水平、信誉、资格、技能或条件。当然这类行政许可由于具有非常强烈的针对性及人身性,所以它是不可转让及继承的。[②] 在环境行政许可中,法律授权的环境与资源主管部门对有关环境与资源保护管理认证认定机构以及从事评审、审核等认证活动人员的能力和执业资格予以承认的行为,比如建设项目环境影响评价单位、放射性污染防治监测机构、民用核设施操纵人员需要进行资格审查,才可以获得相关资质的认证。

　　第四,直接关系公共安全、人身健康、生命财产安全的重要设备、设施、产品、物品,需要按照技术标准、技术规范,通过检验、检测、检疫等方式进行审定的事项。这亦可称为"核准"事项,是对特定物的检验、检测跟检疫。"虽然其表面看来是对物的许可,但是实际上却是对其所有或者使用人持有

---

　　① 参见姜明安主编:《行政法与行政诉讼法》(第三版),北京大学出版社 2007 年版,第 263 页。

　　② 参见罗豪才、湛中乐主编:《行政法学》(第三版),北京大学出版社 2012 年版,第 207 页。

或使用该物的一种许可。"①如对放射性固体废物贮存、处置的核准，环境行政主管部门实际上是通过审查该放射性固体废物贮存、处置是否符合相关条件，从而决定是否发给许可证件，准许其进行贮存及处置。诸如环保部对排污者申报向环境排放污染物的种类、数量和浓度等数据的认定，对环境保护认证认定机构所做认证认定结论如环境标志产品认证以及环境管理体系认证的审核等亦属于这一事项的行政许可。

第五，企业或者其他组织的设立等，需要确定主体资格的事项。这亦被称为登记事项。其目的在于通过登记，确立企业或其他组织的特殊主体资格，同时亦便于环境管理部门进行事后监管，同时未经合法登记手续的，不能从事相关活动，或者至少其行为不具有法律效力，不受法律保护。② 在环境行政许可方面，资源开采登记等都属于此类行政许可事项。

第六，法律、行政法规规定可以设定行政许可的其他事项。这一项属于兜底条款，但实际上这一项使得本来就较为含糊的行政许可设定范围更加的不确定了。但是随着社会的发展，目前的认知并不能够涵盖以后可能出现的其他行政许可事项，该项亦有存在之必要。对于环境行政许可而言，由于环境情况变化较为频繁，这一可能性则更加突出，故该兜底条款亦能够对未来可能出现的其他环境行政许可事项予以规制。

（四）设定环境行政许可方式的权力

在《行政许可法》立法过程中曾经有对许可方式进行分类然后分别规定相应程序的建议：将行政许可分为普通许可、特许、认可、核准、登记五类，对适用各类行政许可的事项再作出列举，并相应地规定特许、认可、核准、登记四类行政许可的特别程序。③ 但是最后修正出台的《行政许可法》并未明确这种分类。一般认为，普通许可和特许是指许可的类别，认可、核准、登记则是指许可的形式；有些类别如认可、核准、登记，是否属于行政许可，还值得进一步研究。

虽然《行政许可法》最后没有对行政许可的方式进行明确规定，但是从该法第 12 条的六类可以许可事项的列举还是可以看出行政许可形式的影

---

① 《〈中华人民共和国行政许可法〉释义》，http://www.npc.gov.cn/npc/flsyywd/xingzheng/2004-10/26/content_337759.htm，最后访问时间：2017 年 4 月 14 日。

② 参见汪劲：《环境法学》（第二版），北京大学出版社 2011 年版，第 79 页。

③ 《〈中华人民共和国行政许可法〉释义》，http://www.npc.gov.cn/npc/flsyywd/xingzheng/2004-10/26/content_337759.htm，最后访问时间：2017 年 4 月 14 日。

子。它将各类的适用范围合并,形成了现在的行政许可的设定范围(参见表 9-2)。

第一,《行政许可法》的第 12 条第一项规定的事项适用普通许可。正如前文所陈述的那样,普通许可也可以称为一般许可,是指"只要申请人依法向主管行政主体提出申请,经有权主体审查核实,符合法定的条件的,该申请人就能够获得从事某项活动的权利或者资格,对申请人并无特殊限制的许可"[1]。以最为典型的排污许可为例,《水污染防治法》以及 2000 年《大气污染防治法》中虽有对排污许可的规定,但较为原则。2015 年修订的《大气污染防治法》第 19 条明确提出了排污许可证管理要求,即"排放工业废气或者本法第 78 条规定名录中所列有毒有害大气污染物的企业事业单位、集中供热设施的燃煤热源生产运营单位以及其他依法实行排污许可管理的单位,应当取得排污许可证"。但也将排污许可的具体办法和实施步骤授权由国务院进行规定。2018 年修正的该法延续了这一规定。相反,地方对排污许可证的立法实践却非常丰富——浙江、广东、河北、陕西、上海等纷纷颁布各自省份、直辖市的排污许可管理办法或者排污许可实施细则,基础的程序大多为排污申报登记;排污审核、核发排污许可证;证后监督管理;年度复审等几方面。就普通环境行政许可而言,能否取得许可的关键在于申请人自身的条件是否达到法律、法规等规定的要求,环境行政许可机关在这方面的自由裁量权不大。由于普通环境行政许可是基于申请者的条件而颁发的,自然一般是不得转让的。

第二,《行政许可法》第 12 条第二项的行政许可事项适用其第 53 条的规定,该许可事项的实施"行政机关应当通过招标、拍卖等公平竞争的方式作出决定",此行政许可设定的方式即为特许。特许是指"直接为相对人设定权利能力、行为能力、特定的权利或者总括性法律关系的行为"[2],其目的在于对有限的资源进行合理的配置。目前,该设定方式中最为典型的就是我国对国家所有自然资源的开发利用所采用的特许制。

第三,《行政许可法》的第 12 条第三项规定的事项适用认可的许可方式。环境行政认可是指"对环境与资源保护法律规定要求具备某种信誉、条件或资格、资质而通过确认并作出相应表示的行政行为"[3]。《行政许可法》

①　姜明安主编:《行政法与行政诉讼法》(第三版),北京大学出版社 2007 年版,第 261 页。

②　同上。

③　汪劲:《环境法学》(第二版),北京大学出版社 2011 年版,第 79 页。

第 54 条对采认可方式的行政许可的程序进行了规定："实施本法第 12 条第三项所列事项的行政许可，赋予公民特定资格，依法应当举行国家考试的，行政机关根据考试成绩和其他法定条件作出行政许可决定；赋予法人或者其他组织特定的资格、资质的，行政机关根据申请人的专业人员构成、技术条件、经营业绩和管理水平等的考核结果作出行政许可决定。但是，法律、行政法规另有规定的，依照其规定。公民特定资格的考试依法由行政机关或者行业组织实施，公开举行。行政机关或者行业组织应当事先公布资格考试的报名条件、报考办法、考试科目以及考试大纲。但是，不得组织强制性的资格考试的考前培训，不得指定教材或者其他助考材料。"诸如环境影响评价资质证书、建设项目环境影响评价单位的资格、放射性污染防治监测机构的资质、放射性污染防治专业人员资格、民用核设施操纵人员执照、民用核安全设备无损检验人员资格证书、环境保护设施运营单位资质等需要通过考试或考核等认可的程序来获得。

第四，《行政许可法》第 12 条第四项的事项适用核准的方式，其第 55 条对核准方式进行了具体的规定，"……应当按照技术标准、技术规范依法进行检验、检测、检疫，行政机关根据检验、检测、检疫的结果作出行政许可决定。行政机关实施检验、检测、检疫，应当自受理申请之日起 5 日内指派两名以上工作人员按照技术标准、技术规范进行检验、检测、检疫。不需要对检验、检测、检疫结果作进一步技术分析即可认定设备、设施、产品、物品是否符合技术标准、技术规范的，行政机关应当当场作出行政许可决定。行政机关根据检验、检测、检疫结果，作出不予行政许可决定的，应当书面说明不予行政许可所依据的技术标准、技术规范。"

第五，《行政许可法》第 12 条第五项所列事项适用登记这一行政许可设定方式。环境行政登记是指"开发利用环境行为人依照环境与资源保护法律法规规定向环境与资源保护部门就法定登记事项提交书面申请材料的行为"①。登记实际上并非解除一般禁止，《行政许可法》第 56 条规定："实施本法第 12 条第五项所列事项的行政许可，申请人提交的申请材料齐全、符合法定形式的，行政机关应当当场予以登记。需要对申请材料的实质内容进行核实的，行政机关依照本法第 34 条第 3 款的规定办理。"也就是原则上只需要进行形式审查，符合形式要件行为即告成立。

---

① 汪劲：《环境法学》(第二版)，北京大学出版社 2011 年版，第 79 页。

表 9-2   综合环境行政许可事项及方式对环境行政许可权的分类

权力种类	中央环境许可权	地方环境许可权
环境行政普通许可权	1. 国家限制进口的可用作原料的固体废物进口审批权。 2. 危险废物经营许可证审批权。 3. 危险废物越境转移核准权。 4. 生产、销售、使用放射性同位素和射线装置的许可权。 5. 列入限制进出口目录的放射性同位素进口审查批准权。 6. 民用核材料许可证核准权。 7. 托运一类放射性物品时的放射性物品运输的核与辐射安全分析报告书的审查批准权	1. 污染物排放许可证审批权。 2. 危险废物经营许可权。 3. 没有陆路通道，需经水路运输医疗废物批准权。 4. 放射性同位素转让审批权。 5. 核发辐射安全许可权。 6. 因科研进入自然保护区缓冲区(环保系统)的审批权。 7. 核发排污许可证审批权。 8. 向大气排放转炉气等可燃气体的批准权。 9. 限制进口列入规定目录的固体废物的审核权。 10. 医疗危险废物经营许可证审批权
环境行政特许权	1. 加工利用国家限制进口、可用作原料的废电器定点企业认定权。 2. 消耗臭氧层物质生产、使用配额许可证核发及建设项目事前核准、进出口申请审批权	
环境行政认可权	1. 建设项目环境影响评价单位的资格审查权。 2. 放射性污染防治监测机构的资质认可和放射性污染防治专业人员资格证书核发权。 3. 民用核设施操纵人员执照核发权。 4. 民用核安全设备设计、制造、安装和无损检验单位许可证核发权。 5. 民用核安全设备焊工、焊接操作工资格证书核发权。 6. 民用核安全设备无损检验人员资格证书的核准权。 7. 环境保护设施运营单位资质认定权	

（续表）

权力种类	中央环境许可权	地方环境许可权
环境行政核准权	1. 建设项目环境影响评价文件的审批权〔含核设施选址、建造、运行和退役,核技术应用及铀(钍)矿和伴生放射性矿的开发利用、关闭的环境影响评价文件的审批〕。 2. 建设项目竣工环境保护验收权(含与核设施、核技术利用及铀(钍)矿和伴生放射性开发利用建设项目相配套的放射性污染防治设施的验收)。 3. 民用核设施建造、运行许可证核发及装料、退役的审批权。 4. 放射性固体废物贮存、处置许可证核发权。 5. 一类放射性物品运输容器的设计、首次用于制造前的审查批准权。 6. 一类放射性物品运输容器制造许可证审批权。 7. 使用境外单位制造的一类放射性物品运输容器——首次使用前的审查批准权	1. 防止污染设施验收审查权。 2. 污染防止设施拆除或者闲置许可权。 3. 建设项目环境影响评价文件审批权。 4. 进口固体废物审核权。 5. 建设项目竣工环保验收权。 6. 建设项目发生重大变化环评文件重新报批审核权(含环境影响报告书经过审批后超过5年的重新审核)
环境行政批准登记权	1. 进口危险化学品环境管理登记审批权(有毒化学品环境管理进口放行通知单的审批权)。 2. 危险化学品出口环境管理登记证核发权。 3. 新化学物质环境管理登记证核发权。 4. 在我国从事民用核安全设备设计、制造、安装和无损检验活动的境外单位的注册登记审批权	1. 污染物排放申报登记审批权。 2. 放射源、进口装有放射性同位素仪表登记备案公开信息审批权

三、环境行政许可实施中的国家权力类型

根据我国《行政许可法》的规定,我国环境行政许可的实施机关有以下三种:(1) 具有环境行政许可权的行政机关。例如,根据 2014 年《中华人民共和国环境保护法》第 10 条的规定,国务院环境保护行政主管部门,对全国环境保护工作实施统一监督管理;县级以上地方人民政府环境保护主管部门,对本行政区域环境保护工作实施统一监督管理。据此可判断出国家及县级以上人民政府环境行政主管部门在法定的职权范围内具有环境保护行政许可权,是环境保护行政许可的实施机关之一。(2) 法律、法规授权的具有环境管理职能的组织。例如,全国石油和化学工业协会、全国煤炭工业协会,这些全国性行业协会被国家授权具有部分或协助政府管理本行业的职

能,行使诸如建设项目环境影响评价的预审职能,这些组织也构成建设项目环境影响评价行政许可的实施机关。(3)受委托的其他行政机关。

可见,环境行政许可实施中的国家权力的主体一般为上述三类机关,这些主体所行使的环境行政许可实施权可以根据流程归纳如下。

(一) 审查和决定行政许可的权力

1. 审查权

环境行政机关对已经受理的行政许可申请材料的实质内容进行核查的过程称为审查。行政许可的审查程序是环境行政机关作出行政许可决定的必经环节,审查的质量直接影响行政许可决定的质量。审查的方式包括:书面审查、实地核查、听取利害关系人意见、其他审查方式。

有权办理环境行政许可证的环境行政管理机关接到申请人的申请后,应在法定的期限内,对申请从程序和实质两个方面进行审查:

第一,程序审查。即审查申请事项是否符合规定的程序要件、申请手续是否齐全完备。

第二,实质审查。审查申请人是否具有法律规定的获取许可证的先决条件;许可证申请是否符合相应环境行政法律、法规的实体规定。对许可申请的实质性审查是行政许可的有效的保证,是技术性和专业性很强的工作。对有些事项,发证机关应进行抽样调查或者进行实地调查,核实情况。

对行政许可的审查是贯彻环境行政管理制度的重要手段,必须严格依据相应的环境法律、法规有关环境质量控制标准的规定,还要重视专家意见,并可引入听证会等一些民主程序,以保护行政相对人的利益和保证环境行政许可证颁发的科学性。

2. 决定权

环境行政机关根据审查行政许可申请材料的结果,作出是否准予行政许可的决定的过程。

(1)准予行政许可的决定

环境行政机关经过审查,认为申请人的申请符合法定条件、标准的,依法作出准予行政许可的书面决定,并予以公开。

(2)不予行政许可的决定

环境行政机关经过审查,认为申请人的申请不符合法定条件、标准的,依法作出不予行政许可的书面决定。行政机关依法作出不予行政许可的书面决定的,应当说明理由,并告知申请人享有依法申请行政复议或者提起行政诉讼的权利。

（3）环境行政许可证件的颁发和送达

环境行政机关作出准予行政许可的决定，需要颁发行政许可证件的，应当向申请人颁发加盖本行政机关印章的下列行政许可证件：许可证、资格证、资质证或者其他合格证书；环境行政机关的批准文件或者证明文件；法律、法规规定的其他环境行政许可证件。

（4）作出行政许可决定的期限

一般规定。除可以当场作出行政许可决定的以外，应当自受理行政许可申请之日起 20 日内作出行政许可决定。20 日内不能作出决定的，经批准可以延长 10 日。采取统一办理或者联合办理、集中办理的行政许可的期限，不得超过 45 日；45 日不能办结的，经批准，可以延长 15 日。下级环境行政机关初审的期限，应当自其受理行政许可申请之日起 20 内审查完毕。

环境行政机关颁发、送达行政许可证件的期限。应当自作出决定之日起 10 日内向申请人颁发、送达行政许可证件。有权的环境行政管理机关审查行政许可申请后，认为符合法律规定的条件的，应在法定期限内颁发许可证，不得随意拖延。例如，《中华人民共和国海洋倾废管理条例》第 6 条规定："……主管部门在接到申请书之日起两个月内予以审批。对同意倾倒者应发给废弃物倾倒许可证。"第 10 条规定："倾倒许可证应注明倾倒单位、有效期限和废弃物的数量、种类、倾倒方法等事项……"

（二）环境行政许可后的监督检查的权力

环境行政许可作为环境管制的一项制度，不仅仅是指一个简单的许可行为，而是一个包括限制、审查、裁量和监督以及救济的完整过程。监督检查是指环境行政机关对实施行政许可和被许可人从事行政许可事项的活动进行监督检查，查处违法行为。监督检查包括两方面的含义：一是环境行政机关内部的层级监督；二是对被许可人的监督。

关于行政许可后监督检查的权力，《行政许可法》设第 6 章"监督检查"作了专门的规定，其主要内容涉及上级行政机关对下级行政机关实施行政许可的监督检查、行政机关对被许可人的监督检查、个人和组织对违法从事行政许可事项的举报监督等，重点内容放在行政机关对被许可人的监督方面。如《行政许可法》第 77 条规定："行政机关不依法履行监督职责或者监督不力，造成严重后果的，由其上级行政机关或者监察机关责令改正，对直接负责的主管人员和其他直接责任人员依法给予行政处分；构成犯罪的，依法追究刑事责任。"可见,对行政许可事项的监督是行政机关的责任,那种"只许可不监管"的行为,显然是行政不作为,应当受到法律的追究。

专门针对环境行政许可的监督问题,目前尚没有这样的法律、法规存在,但在法律、法规中规定有相关内容的条款,如《海洋倾废管理条例》第6条规定,向海洋倾倒废弃物需要获得海洋主管部门的许可;该条例第13条还规定,主管部门应对海洋倾倒活动进行监视和监督,必要时可派员随航。这种监督就是对许可事项的监督。

(三)撤销环境行政许可的权力

依法行政不仅要求行政行为始终保持合法的状态,而且还要求对一切违法的行政行为及时予以纠正并追究行政主体相应的法律责任。这就意味着行政主体对因其认定事实、适用法律错误或者其他原因而导致的违法行政行为都有主动撤销的义务。所以,撤销违法行政行为是符合行政法治原则的。

《行政许可法》第69条明确规定了"可以撤销"的事项,该法对可撤销的行政许可的情形进行列举,增强了可操作性。又将违法行政许可分为"可以撤销"和"应当撤销"两种类型。

目前我国环境行政许可的相关法律条文和规定当中尚无明确的有关"撤销"权力的规定,但是,基于《行政许可法》这一上位法,环境行政许可在实际操作中如遇到违法行政许可时应依照《行政许可法》的相关规定予以适用。

(四)注销环境行政许可的权力

行政许可注销是行政机关在行政许可效力终止后办理的手续,是一种程序行为。注销制度对于保证行政许可信息的完整准确,避免有限自然资源和社会资源的浪费,促进行政许可监督检查有效开展,有着十分重要的意义。

《行政许可法》第70条对注销作了规定:"有下列情形之一的,行政机关应当依法办理有关行政许可的注销手续:(一)行政许可有效期届满未延续的;(二)赋予公民特定资格的行政许可,该公民死亡或者丧失行为能力的;(三)法人或者其他组织依法终止的;(四)行政许可依法被撤销、撤回,或者行政许可证件依法被吊销的;(五)因不可抗力导致行政许可事项无法实施的;(六)法律、法规规定的应当注销行政许可的其他情形。"

环境行政许可的注销包括对相关证件、资质的取消以及对于行政许可有效期满未延续等情况，是国家权力在行政许可中的具体体现，实践中须具体适用《行政许可法》的相关法律规定。

四、结　　论

明晰国家环境管理活动中的权力类型，对于指导环境法理论与实践的发展都有重要意义。在理论上，明确国家环境管理活动中的权力类型，能够指导环境法学者有选择性、方向性地研究环境行政法理的薄弱环节，能够弥补环境行政法的不足以构建完善的环境行政法理基础。在实践上，明确国家环境管理活动中的权力类型，对于环境立法、执法、司法都具有重要意义。国家环境管理权力类型的明确，能够以此为依据，调整环境行政法律法规，赋予环境行政人员应有之权力，明确环境行政人员的行政执法权限，有效地将环境风险防范于未然；能够指导环境行政人员，明确职责与职权范围，避免滥用职权或有权而不作为的情况发生，指导环境行政人员依法行政。

笔者对国家环境管理活动中的权力进行类型化研究，将国家环境管理的主要行政活动中的权力类型进行梳理和研究。首先明确环境行政许可、环境行政处罚、环境行政强制三种环境行政活动的定义、特征、体系，而后分别从权力设定上和权力实施中的国家权力类型两个方面对国家环境行政许可活动、环境行政处罚活动、环境行政强制活动中的国家权力进行细致梳理研究。